21世纪高等院校人力资源管理专业教材新系

Human Resource Management

人员培训与开发

Employee Training & Development

（第六版）

金延平 主编

东北财经大学出版社
Dongbei University of Finance & Economics Press
大连

图书在版编目（CIP）数据

人员培训与开发/金延平主编．—6版．—大连：东北财经大学出版社，2023.2（2024.11重印）
（21世纪高等院校人力资源管理专业教材新系）
ISBN 978-7-5654-4792-1

Ⅰ.人…　Ⅱ.金…　Ⅲ.企业管理-职工培训-高等学校-教材　Ⅳ.F272.92

中国国家版本馆CIP数据核字（2023）第027024号

东北财经大学出版社出版
(大连市黑石礁尖山街217号　邮政编码　116025)
网　　址：http://www.dufep.cn
读者信箱：dufep@dufe.edu.cn

大连雪莲彩印有限公司印刷　　东北财经大学出版社发行

幅面尺寸：170mm×240mm　　字数：448千字　　印张：21.5
2023年2月第6版　　2024年11月第3次印刷

责任编辑：李　彬　刘　佳　　责任校对：刘东威　吉　扬
封面设计：张智波　　版式设计：原　皓

定价：55.00元

教学支持　售后服务　　联系电话：（0411）84710309

如有印装质量问题，请联系营销部：（0411）84710711

新世纪人力资源管理的思考（代序）

跨入新世纪，经济全球化、技术进步和消费者地位的提升等使得企业的外部经营环境变化越来越快。很多企业管理的研究者与实践者都有一个共识：不确定性是企业所面临的新竞争环境的主要特征。以不确定性为特征的竞争环境向企业提出了新的挑战，企业该如何应对这一挑战呢？企业管理的研究者和实践者不约而同地将目光投向了人力资源。例如，核心能力理论认为，企业在本质上是一个能力体系，能力是能够为人们共同感受到的智力资本，它包括人力资本、结构资本和顾客资本。组织变革理论认为，有效的沟通是一种重要的组织资源，组织内群体之间、个体之间以及群体与个体之间能否有效地整合和分享有价值的信息与知识是衡量组织有效性的标准，从而将研究的焦点指向了组织内的人。而以资源为基础的企业理论则认为，传统的竞争优势来源（如技术、财务资源的获得）已不再以稀缺的、不可模仿的和不可替代的方式为企业创造价值。因为人力资源的价值创造过程具有路径依赖和因果关系模糊的特征，其细微之处致使竞争对手难以模仿。所以，企业的人力资源将是持久竞争优势的重要来源，有效地管理人力资本，而不是物质资本，将是企业绩效的最终决定因素。尽管不同的理论对“什么是人力资源”有着不同的解释，但其根本原因却在于“人是企业能对自身进行变革以适应环境变化的唯一动力”。在企业系统中，人具有其他要素所没有的特性——自我变革与自我发展的能力，即只有人，才能够对企业的构成要素以及要素之间的关系进行调整。可见，当企业与环境间的平衡被打破时，必须借助于人的力量，才能重新达成企业与环境间的适配。因此，面对不确定性的竞争环境，企业管理的研究者和实践者都只能从人这个企业自身变革的唯一动力源上来找出有效的对策。从这一认识出发，可以毫无疑问地断言，人力资源成为企业管理研究与实践的热点和核心是一种历史的必然。

然而，“人力资源”并不等同于“人力资源管理”，正如一位首席执行官在回答记者提问时所说：“如果你是指小写的hr（指人力资源），那么我认为其是企业成功的关键；如果你是指大写的HR（指人力资源部或人力资源管理实践），那么我就不这么认为了。”这表明人力资源管理在实践中并没有受到重视。为什么人力资源管理并没有在实践中发挥应有的作用呢？我们知道，人力资源管理在本质上是人力资源能够被开发的工具。企业管理者们可以运用人力资源管理实践，如人力资源规划、招聘与挑选、培训与开发、绩效管理与评估、薪酬制度管理等，来吸引、确认和保留高质量的人力资源。企业在获得高质量的人力资源之后，人力资源管理的下一个目标是鼓励人们表现出支持企业利益的行为。因为人力资源对企业持续竞争优势来说只是一个必要条件，而不是一个充分条件。人力资源潜力的实现，在一定程度上是由于人们通过表现出特定的行为而允许企业从中获益。因此，人力资源管理是人力资源和企业绩效关系的中间变量。人力资源仅仅在与正确的人力资源管理实践——通过诱发员工行为产生优势的实践——相结合时，才是有效的，即拥有正确的人力资源管理是人力资源效率最大化的必要条件。这种中间变量角色在一定程度上也解释了为什么许多企业强调人力资源的重要性，而只有极少的企业能够开发出作为竞争优势之源的人力资源。

在现实中，人力资源管理没有能够发挥出应有的作用通常缘于人们对于人力资源管理角色的错误定位。人们依然按照传统人事管理的观念将企业人力资源管理看成“成本中心”，而在新经济条件下企业人力资源管理应该成为企业的“利润中心”。要实现人力资源管理从成本中心向利润中心的转变，企业对人力资源管理的定位应该实现如下的转变：

首先，人力资源管理部门必须转变其思想观念，从注重“人力资源管理做什么”转变为关心“人力资源管理的产出是什么”，从解决“企业经营运作过程中的人的问题”转变为解决“与人有关的企业经营运作问题”。

其次，人力资源管理者必须从传统的职能专家向战略伙伴、员工支持者转变。其中，战略伙伴角色主要集中于把人力资源的战略和行为与经营战略结合起来。在这一角色中，人力资源管理以战略伙伴的面目出现，通过提高组织实施战略的能力来帮助保证经营战略的成功。员工的支持者角色意味着人力资源管理需要帮助维持员工和企业之间的心理契约，把精力投入到员工日常关心的问题和需求上，积极地倾听，并向员工提供为满足他们不断变化的要求所需的资源，创造一个学习的氛围和环境，让企业员工置身于其中，激发出一种自然的学习动力和工作成就感。

最后，人力资源管理必须掌握如下新的技能：掌握业务，掌握人力资源，维护个人信誉和掌握变革。掌握业务要求人力资源管理成为企业核心经营管理的一部分，了解并参与基本的业务活动，具备强烈的战略业务导向。掌握人力资源是指人力资源管理要确保基本的管理和实践相互协调，并担当起行政职能。维护个人信誉是指人力资源管理者应具备良好的人际影响能力、问题解决能力和创新能力。掌握变革是指人力资源管理者懂得如何领导企业变革与重组。很显然这四种新技能是与人力资源管理的新角色一一对应的。

人力资源管理任重而道远。相对于肩上的千斤重担，这门年轻的学科显得十分稚嫩，迫切地需要企业管理研究者和实践者们辛勤地培育。东北财经大学出版社的这套丛书从不同的层面、不同的视角对人力资源管理领域内的不同问题做了全面、系统和深入的探讨，对推动人力资源管理的理论发展，提高人力资源管理的实践水平，无疑是雪中送炭。这套丛书与20世纪90年代以来陆续引进和出版的人力资源管理教材不同，其具有两个显著的特征：一是先进性，这套丛书紧跟时代步伐，汇集了人力资源管理的最新观点、内容、原理和方法；二是适用性，这套丛书以培养能力为目标，吸收了国外教材的众多优点，特别适合企业管理专业和人力资源管理专业的本科生、硕士研究生、教师以及人力资源经理们使用。总之，这套丛书是国内不可多得的优秀人力资源管理教材。十分感谢东北财经大学出版社给我先睹为快的机会，读书偶感，权且为这套丛书的出版作序。

赵曙明

于南京大学

第六版前言

2021年9月27日至28日，中央人才工作会议在北京召开。中共中央总书记、国家主席、中央军委主席习近平出席会议并发表重要讲话。习近平总书记强调："做好新时代人才工作，必须坚持党管人才，坚持面向世界科技前沿、面向经济主战场、面向国家重大需求、面向人民生命健康，深入实施新时代人才强国战略，全方位培养、引进、用好人才，加快建设世界重要人才中心和创新高地，为2035年基本实现社会主义现代化提供人才支撑，为2050年全面建成社会主义现代化强国打好人才基础。"①

习近平总书记的讲话具有重要意义，为我国向第二个百年奋斗目标进军的新征程中的人才工作指明了前进方向。对于党政机关、企事业单位和其他社会组织而言，全方位培养人才就意味高水平的人才培训与开发管理。在新时代，党政机关和企事业单位、其他社会组织更需要重视人才自主培养体系建设，这是我国高质量发展的基础，人才培训与开发管理要在国家和社会层面发挥作用，还要与时俱进，更上一层楼。

大力推进党的二十大精神和习近平新时代中国特色社会主义思想进教材、进课堂、进头脑。本书正是在新时代背景下完成的，本书力求用现代培训与开发的理论来指导管理实践，实现组织和员工的共同发展，从而增强组织的核心竞争力。本书从我国实际出发，吸收发达国家最新的培训与开发理论和方法，强调创新性和实践性，所研究的问题包括人员培训与开发的理论知识、操作实务及案例分析，既有一定的理论深度又有较强的可操作性，所运用的理论和方法具有较高的学术研究价值和实用价值，对组织科学地开展员工培训与开发具有重要的指导作用。

本书自2006年8月出版发行以来，作为普通高校人力资源管理专业的精品教材和管理类本科生、MBA、硕士研究生的参考书及企业管理人员的培训教材，社会影响力较大，读者一致反映本书实用性强、重点突出、主线清晰、简明适用，具有较强的理论研究和实用价值。本书数次再版，一直受到广大读者的喜欢，为了便于广大读者及时了解人员培训与开发的最新理论和实践中的热点问题，我们决定重新修订。本次修订仍然秉承学术性、实用性和可操作性相结合的原则，同时引入了人员培训与开发的最新理论和方法，重新梳理了结构和内容，增加了该学科最新的研究成果，对每一章的案例都进行了更新，案例更加突出中国本土特色，并调整了部分课堂讨论题及关键概念，部分章节增加了拓展阅读，更加便于读者的学习和

---

① 习近平. 深入实施新时代人才强国战略 加快建设世界重要人才中心和创新高地 [J]. 求是，2021 (24).

操作。

本书由金延平任主编，具体分工为：金延平编写第1章、第2章、第3章、第4章、第5章、第6章、第7章、第9章；金延平、何治、周盟共同编写第8章；金延平、栾宇翔共同编写第10章；金延平、耿丽媛、于亚妹共同编写第11章。全书由金延平提出编写大纲和具体要求，并修改定稿。

本书在修订过程中，参考和引用了国内外学者的大量研究成果，并得到了东北财经大学出版社编辑的热情帮助，在此表示衷心感谢。由于编者的水平有限，书中难免有不足之处，敬请广大读者批评指正。

金延平

2024年1月

目　录

第1章 /人员培训与开发概述

学习目标

通过学习人员培训与开发的概念、实质、作用、流程等基本内容，认识和了解我国在人员培训方面存在的问题，人员培训与开发的发展历程；掌握培训发展的总体趋势。

1.1 人员培训与开发的概念和实质

1.1.1 人员培训与开发的概念

人员培训与开发是人力资源管理的重要内容，是指组织根据组织目标，采用各种方式对员工实施的有目的、有计划的系统培养和训练的学习行为，使员工不断更新知识、开拓技能、改进态度、提高工作绩效，确保员工能够按照预期的标准或水平完成本职工作或更高级别的工作，从而提高组织效率，实现组织目标。美国学者L.S.克雷曼认为，培训与开发是“教会工人们怎样去有效地完成其目前或未来工作的有计划的学习经历”，“培训与开发的实践旨在通过提高雇员们的知识和技能以改进组织的绩效”。

当代培训已经成为广义教育范畴的一个重要概念，对于“培训”一词已经由起初强调技能的训练，转变为一种个体为了满足社会或者自身需要，提高个人知识、技能以及转变职业态度和职业行为方式的学习、培养活动。培训与教育、开发是有区别的，它们的本质容易被混淆。

如果说教育是培养人的活动，那么培训就是培养和训练人的技能的互动。教育是培养生产力，而培训是使现有生产力保值增值。尽管教育与培训都是人力资源投资的重要途径，但教育是培养人力资源，而培训是对现有的人力资源进行调整、优化与提升。

尽管培训与开发这两个术语在一些场合可以混用，但实际上两者还是有区别的。人员培训是根据组织和个人在某一时期的发展和工作需要，运用现代培训技术和手段，提高员工绩效和增强组织竞争力的过程。人员开发是指为员工未来发展而开展的正规教育、在职实践、人际互动以及个性和能力的测评等活动。两者的主要区别在于目标的指向。传统观念认为，培训侧重于近期目标，重心放在帮助员工完成当前的工作上，培训员工与当前工作或特定任务相关的能力，使其掌握基本的工作知识、方法、步骤和过程，故员工培训具有一定的强制性；而开发侧重于培养、提高管理人员的有关素质（如创造性、综合性、抽象推理等），帮助员工为企业的其他职位作准备，提高其面向未来职业的能力，同时帮助员工更好地适应由新技术、工作设计、顾客或产品市场带来的变化。

然而，随着企业培训地位的提高，培训越来越重视同企业发展和经营战略的契合，培训和开发之间的界限日益模糊。具体说来，越来越多的企业认为，要想通过培训获得竞争优势，培训就不能仅仅局限于基本技能的开发，还要关注员工，提高其分析和解决工作中出现的问题的能力，满足现代企业对速度和灵活性的要求。另外，培训还要从单纯地向员工传授具体技能发展为营造一种知识共享的氛围，使员工能自发地分享知识，创造性地应用知识以满足客户的需求。在现代意义下，两者都要注重员工与组织的发展，而且一般员工和管理人员都必须接受培训与开发，人们已经越来越习惯于把两者并称为培训（T&D）。

1.1.2 人员培训与开发的实质

培训实质上是一种系统化的智力投资。培训作为人力资源开发和组织发展的重要手段，并非纯粹是一种成本支付性活动，而是一种智力投资，企业投入人力、物力对员工进行培训，员工素质提高，人力资本升值，公司业绩改善，获得投资收益，这是创造智力资本的重要途径。许多化工企业发展的实践证明，如果企业的员工在两年之内没有接受任何培训与开发，那么他们的知识就落伍了。对于员工个人来说，这种机会不仅可以学习新知识、掌握新技能、接受新观念，还可以增强员工对终身职业的满足感，使员工更加忠诚自己的企业。而对于企业来说，虽然一时投入较大，但其成果迟早会在企业经济效益指标上反映出来，从而增强企业的竞争力。因此，这种奖励与其说是在奖励员工，不如说是使企业收益率提高的智力投资。

人员培训区别于其他投资活动的特点在于它的系统性。企业的员工培训是一个由多种培训要素组成的系统，它包括了培训主体，培训客体，培训的计划子系统、组织子系统、实施子系统、评估子系统等。例如，全员培训要求企业中所有的员工，从高级经理到基层工人，从新近招聘的员工到公司元老都要参加。而全方位培训就要求对企业员工的各个方面，包括知识、技能、企业文化等进行全面系统的培训。

具体来说，培训与开发的含义包括以下几方面的内容：

1）培训与开发是一种人力资本投资

人力资本是与物质资本、金融资本相并列的三种资本存在形态之一。根据劳动经济学中的人力资本理论，人力资本是一种稀缺的生产要素，是组织发展乃至社会进步的决定性因素，但是它的取得不是无代价的。要想获得人力资本，就要进行投资活动，即人力资本投资。员工培训就是要在改进员工的知识、技能，提高员工的工作积极性和行为活动中进行投资，这体现在道德、观念、知识和能力四个主要方面。其中，前两者是软性的、间接的；后两者是硬性的、直接的，是员工培训的重点。

2）培训与开发的主要目的是提高员工的绩效从而更好地实现组织的目标

当一个组织提出一项培训计划时，必须准确地分析培训的成本和收益，考查它对组织目标实现的价值。员工培训与开发的目的是提高员工现在和将来的绩效与职业能力，从根本上讲，是为实现组织的目标服务。这就要求组织在计划及实施员工培训与开发时，必须首先明确这样一些问题：为什么要进行培训，需要进行什么样的培训，哪些人需要接受培训，由谁来进行培训，如何评价培训的效果，如何进行员工开发等，不能为了培训和开发而进行培训与开发，更不能做表面文章。如果这些问题不明确，只能使培训与开发的效率和效果大打折扣。

3）培训与开发是组织开展的有计划、有步骤的系统管理行为

人员培训与开发必须确立特定的培训目标，提供特殊的资源条件，遵循科学的培训方法和步骤，进行专门的组织与管理。它包括分析培训需求、制订培训方案、实施培训方案、评价培训效果等环节。从管理的全过程来看，培训与开发既是一种管理手段，也是一个管理过程。

4）培训与开发是员工职业发展和实现自我价值的需要

现代人力资源管理理论认为，一个组织成员在为组织作出贡献的同时，也要尽力实现自身价值，不断进行自我完善和发展。有效的员工培训活动不仅能够促进组织目标的实现，而且能够提高员工的职业能力，拓展他们的发展空间。换言之，培训与开发带来的应该是组织与个人的共同发展。从实际效果来看，无论是知识、技能等的培训，还是素质、管理潜能的开发，都会使组织从中受益，员工个人自身的知识、技能等人力资本也会得到提升，同时还增强了员工适应各种工作岗位和职业的能力。从组织角度来说，在实施培训和开发的过程中，绝不能忽视员工的个人职业发展，这样才能进一步增强组织的凝聚力，以便更好地提高组织的运行绩效。因此，员工培训与开发是员工职业发展、实现自我价值的需要。

1.2　人员培训与开发的作用

1.2.1　培训与开发的作用模型

由图1-1可知，员工培训与开发的作用通过绩效体现出来，绩效是行为的结果，而行为又是由员工的动机引起的。员工的动机受到其知识、技能和态度的影响，态度尤其重要。因此，员工的培训与开发工作就要在使员工增长知识、提高技能、培养积极的态度和树立正确的价值观上下功夫，其作用也首先在这些方面体现出来。

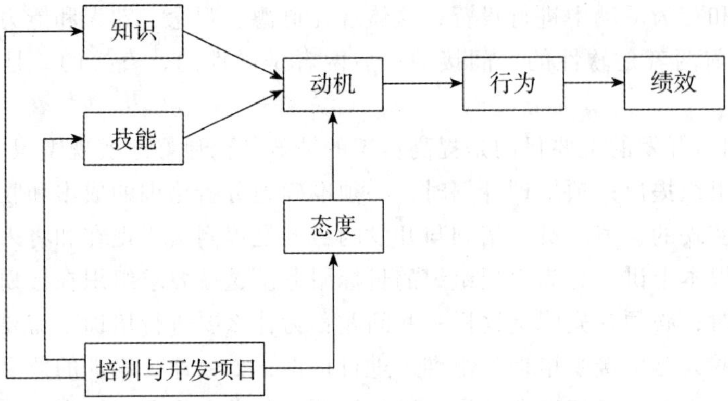

图1-1 员工培训与开发的作用模型

1.2.2 培训与开发的作用

1）培训与开发有利于提高员工的能力和素质

组织培训员工的直接目的就是提高员工的知识水平、技能水平，改进员工的工作态度等，使其能够更好地胜任本职工作。在培训的过程中，不仅要注重技能的提高，还要教会员工共享知识，尤其是现在人类社会步入知识经济时代，智力资本已成为获取生产力、竞争力的关键。这就要求建立一种新的适合未来发展的培训理念，提高企业员工的综合素质。

人员的培训与开发主要针对两种人：一种是企业新录用的员工；另一种是企业现有员工。对于企业新招募的员工来说，通过企业提供的各种培训，他们可以迅速地了解工作环境、组织文化以及新岗位所需的知识和技能。对于企业的现有员工来说，培训和开发能使他们跟上企业发展的步伐。企业随时都在发生变化，特别是在一些高新技术产业，客户在变化、竞争者在变化、环境在变化，企业永远不会保持静止。但是企业的现有员工并不一定欢迎变化，他们已经习惯于既定的工作方式和组织环境，变化常常会使他们无所适从，而培训与开发是提高他们的技能，帮助他们适应变化的一种必要方法。同时，培训使员工的工作能力得到提升，为其取得好的工作绩效提供了可能，也为员工提供了更多晋升和获得高收入的机会。

2）培训与开发有利于提高企业劳动生产率

20世纪80年代，美国经济学家舒尔茨创立了人力资本理论。1992年诺贝尔经济学奖得主加里·贝克尔进一步在这方面进行了研究。贝克尔认为，工人通过在生产过程中学习新技术，能增加人力资本的存量，如果企业再对工人进行培训，就会使人力资本存量继续增加，从而提高劳动生产率。

经过培训的员工，劳动的熟练程度会得到提高，同时也增强了对新知识、新技能的吸收能力，与其他员工的配合也会更加默契。培训与开发的作用可以在两方面体现出来：一方面，通过增加工人的知识、提高工人的能力，直接提高劳动生产率；另一方面，通过促进知识和技术的进步，改善生产要素的组合，从而间接提高劳动生产率。

工作质量包括生产过程质量、产品质量与客户服务质量等。经过培训的员工往往更能够掌握正确的工作方法，纠正错误或不良的工作方法，其直接结果必然会促进工作质量的提高。一般说来，随着员工技术水平的提高，企业生产的事故发生率降低，废品、次品率降低，原料损耗也会减少，企业的经济效益也就跟着上去了。

3）培训与开发有利于满足员工实现自我价值的需要

现代人力资源管理提倡以人为本的管理思想，就是在追求组织整体利益的同时，也把员工个人的职业生涯发展放在重要的位置。由马斯洛的需要层次论可知，生理、安全的需要是一个人较低层次的需要，而自尊、社交，特别是自我实现的需要是一个人较高层次的需要。在现代组织中，员工工作所追求的目标已经不仅仅停留在低层次需要上，绝大多数员工工作的目的在于追求高层次的需要，即自我实现的需要。培训与开发的激励作用正是体现在不仅要给员工物质上的满足感，而且要让他们体会到精神上的成就感。

您一定会惊讶，一个麦当劳餐厅经理的诞生，需要至少10万元的投资和超过450小时的培训。因为在麦当劳，强调的是全职业规划培训，也就是“全职业培训”。在麦当劳，从计时工开始到高级主管，结合他们的职业生涯规划，都有不同的培训计划，使得麦当劳的员工能够持续不断地学习、成长。由此不难发现，麦当劳非常重视员工的成长和职业生涯规划，在培训上投资巨大也是意料之中的事。

4）培训与开发有利于营造优秀的企业文化

企业文化包括企业哲学、企业价值、企业精神、企业制度等无形的意识形态及与之相适应的文化结构。企业文化具有导向功能、凝聚功能、激励功能和优化调节功能等。企业文化是企业生存和发展的根源，优秀的企业文化更是企业良性发展的有力保障。培训是建立企业文化的重要途径，企业通过对员工进行价值观的培训，传递并植入企业的理念和文化，使价值和流程发生转变。由此看见，培训与开发有利于营造优秀的企业文化，是企业成功的法宝。

目前，企业文化建设成为企业界的热门话题。企业文化成为培训的重要内容，而培训是传播、强化企业共同价值观的重要方式，因而培训成为企业文化建设的有力杠杆。西门子经过100多年的发展，形成了独特的企业文化。这些独特的文化渗透到西门子的方方面面，使西门子在管理、科研、产品开发、生产制造等各个方面成为长盛不衰的赢家。西门子管理学院就是传播这种文化的载体，而培训是传播这种文化的手段。

5）培训与开发是员工最大的福利

在我国的一项福利调查中，有88.7%的经理人反映，培训与医疗、住房相比，是更大的福利。有效的培训，是对员工技能与潜能的开发，也是完成员工职业生涯规划的重要组成部分。对员工来说，培训的成果属于员工个人的无形资产，可以使员工在未来的职业生涯中得到更高的工作回报。

因此，加强员工培训是企业生存的需要，也是员工发展的需要。

1.3 人员培训与开发的目标和原则

1.3.1 人员培训与开发的目标

1）培养员工的能力

能力分为基本能力和解决实际问题的能力。基本能力是员工从事岗位工作所需要的知识和技能；解决实际问题的能力包括心理素质、理解能力、判断能力、创造能力、组织能力和协调能力等。通过培训，员工能掌握相关的技术、程序、方法、工具等，并在培训过程中提升各方面的能力，为员工分析和解决问题提供参考。

2）提高企业效益

培训的目的是不断地提高企业的效益。对员工培训的目的主要是使员工掌握与工作有关的知识和技能，并使他们能够胜任工作内容变化后的新工作。只有技能水准合格、价值观与行为标准都与企业要求一致的素质良好的员工队伍，才能提高工作效率；只有持续不断地对员工进行培训，才能保持员工队伍的先进性和创造性，才能保证企业在激烈的竞争中充满活力。许多成功的国内外企业的实践证明，它们取得成功的秘诀之一是极为重视对本企业员工的培训。反之，忽视对员工的培训导致很多企业经营失败。

3）宣传企业文化

企业文化是企业所拥有的共同的价值观和经营理念。企业文化在增强组织的凝聚力、指引员工自觉行动、协调团队合作以及提升企业形象方面有着非常重要的作用。通过培训，企业要使员工清楚地认识到本企业的企业文化，使员工快速适应并融入企业文化氛围中，自觉地遵守企业文化。

4）满足员工的需要

从员工本人的期望来看，广大员工，特别是年轻人，都希望从事具有挑战性的工作，在自己的工作中有成长的机会。这就给企业管理者提出一个严峻的问题：如何才能不断地给员工分配具有挑战性的工作？如何才能给他们提供发展的机会？培训是一条重要的途径。培训的目标之一就是使员工不但熟练地掌握现有工作岗位所需要的知识和技能，而且还了解和掌握本企业或本行业的最新的科学技术动态，以增强他们在实践中的工作能力。事实证明，对企业员工来说，“高工资”不再是吸引或留住他们的唯一手段，有吸引力的培训和个人发展空间变得越来越重要。

5）适应竞争的需要

从市场竞争的角度来看，市场竞争的本质或取得市场竞争优势的关键仍然是人。只有掌握最新科学技术的人才能不断地研制出满足市场需要的新产品，才能生产出高质量的符合顾客需要的产品。从这点来看，企业进行培训的目的就是要培养一大批始终站在科学技术前沿的高级人才，并要通过培训使广大员工适应工作内容变化的需要。由于管理的基本作用是管理人和使人掌握现代化的科学技术，而环境又复杂多变，因而必须重视对企业管理人员的培训。

1.3.2　人员培训与开发的原则

培训作为人力资源开发的一项重要手段，可以为企业创造价值，但这种价值的实现，还要求企业在实施培训的过程中遵循以下几个基本的原则。遵循这些原则也是培训任务完成和培训目标实现的重要保证。

1）理论联系实际原则

企业员工培训和一般院校的普通教育不同，只有和实际相结合才能产生较好的效果。理论联系实际，就是要求企业根据自身经营和发展状况以及企业员工的特点来进行培训，既讲授专业技能知识和一般原理，提高受训者的理论水平和认识能力，又解决一些企业在经营管理中存在的实际问题，以提高企业的整体效益和管理水平。贯彻这一原则的基本要求是：①加强员工培训教材的编写，同时使员工了解教材与实际的关系。②结合本企业各岗位的实际，组织多种方式的培训实践，使员工掌握相应的技能技巧，培养运用知识的能力。

2）因材施教原则

培训作为教育的一种形式，运用教育的基本原理来指导培训，也可以保证培训的有效性，因材施教便是其中之一。因材施教首先要承认企业员工个体之间的差异，这对于制订有针对性的培训计划是非常重要的。所以，培训要根据企业员工的不同状况，选择不同的培训内容，采取不同的培训方式。同时，即使是对同一员工，在不同的发展阶段，培训也应有差异。

3）心态原则

企业员工以一种什么样的心态来对待培训，对培训效果有很大的影响。所以，对任何企业的培训而言，员工的积极心态是非常重要的。因此，培训要让员工有一种开始学习的心理准备，换句话说，就是要有思想启发，使其对培训内容、安排等各个方面都有一个初步的了解，然后尽量使培训成为一个轻松的过程，不要成为员工的一种负担。

4）兴趣原则

常言道，兴趣是最好的老师。有了兴趣，企业员工才有可能全身心地参与和投入到培训当中，所以任何企业开展培训，如果员工对其不感兴趣，是没有什么效果可言的。要使员工对培训产生兴趣，就必须使培训的内容、方式等最大限度地满足其需要。这样，培训才能由“要我学”变成“我要学”。

5）自发创造原则

由于对象、形式、内容、手段等方面的差异，每一次培训对组织者来说，都是一次新的挑战，都是一个创新的过程。因此在培训的过程中，要注意充分调动企业员工的主动性、创造性，强调员工的参与和合作，使他们在每一次培训的过程中都能从内心体验到创造的乐趣。

6）启发性和激励原则

启发性和激励原则是指在员工培训中，培训者要善于把培训的要求转化为员工的内在需要，运用激励手段，充分调动员工学习的积极性和主观能动性，启发员工进行观察、思考、探索和推断，提高员工独立发现问题、分析问题和解决实际问题的能力。在培训中，培训者要启发员工多思考，锻炼员工的思维能力。培训者要善于抛出问题、设定情景，提高员工发现问题、分析问题和解决问题的能力。培训者还要注重培养员工的自学能力，提高企业员工素质是针对全员而言的，对那些想学、肯学、愿学的员工，要尽量为他们提供条件，让他们学有所长，以更好地在本职工作岗位上多作贡献。

7）全员培训与重点提高的原则

全员培训就是有计划、有步骤地对在职各类人员进行全面培训，而不是只培训管理人员或一般工作人员。进行全员培训是提高全部员工素质和增强组织整体竞争能力的需要。因为在知识经济时代，每个人都面临知识的更新问题。目前凡是比较正规的组织，都建立了全员培训制度。但是全员培训不等于没有重点，在实施全员培训的同时，应重点培训一批技术骨干和管理骨干，特别是中高级管理人员和关键技术骨干，使这些重点培训对象发挥“火车头”式的带动作用。

1.4 人员培训与开发的流程

人员培训与开发如此重要，而培训活动的成本无论从时间、精力上来说都是不低的，因此精心组织培训过程就显得十分必要，应该把培训活动看成一个系统来组织，图1-2为培训系统流程图。

由图1-2可知，培训流程从时间上可以分为培训需求确认、培训计划、教学设计、培训实施和培训反馈几部分。

1.4.1 需求确认

1）需求动议的提出

企业管理人员根据企业理想需求与现实需求、预测需求与现实需求的差距，提出培训的需求动议，并报告给企业的培训组织管理部门。需求动议的提出是需求确认的第一步，也是整个培训过程的前提，通过需求分析能够验证这种需求的意向是否合理或能否被采纳。

2）需求分析

所谓培训需求分析，就是在进行培训活动之前，由培训部门及相关人员对组织的任务及其成员的知识、技能等进行鉴别与分析，并确定是否需要进行培训的过程。它是确定培训目标、实施培训方案的前提，培训需求分析包括组织分析、任务分析和个人分析等内容。其目的是确定是否真的需要培训，哪方面需要培训。图1-3表明了培训需求分析的目的，即确定有哪些培训需求、谁需要培训，哪些任务需要培训等。分析要从组织、任务和个人三方面入手。

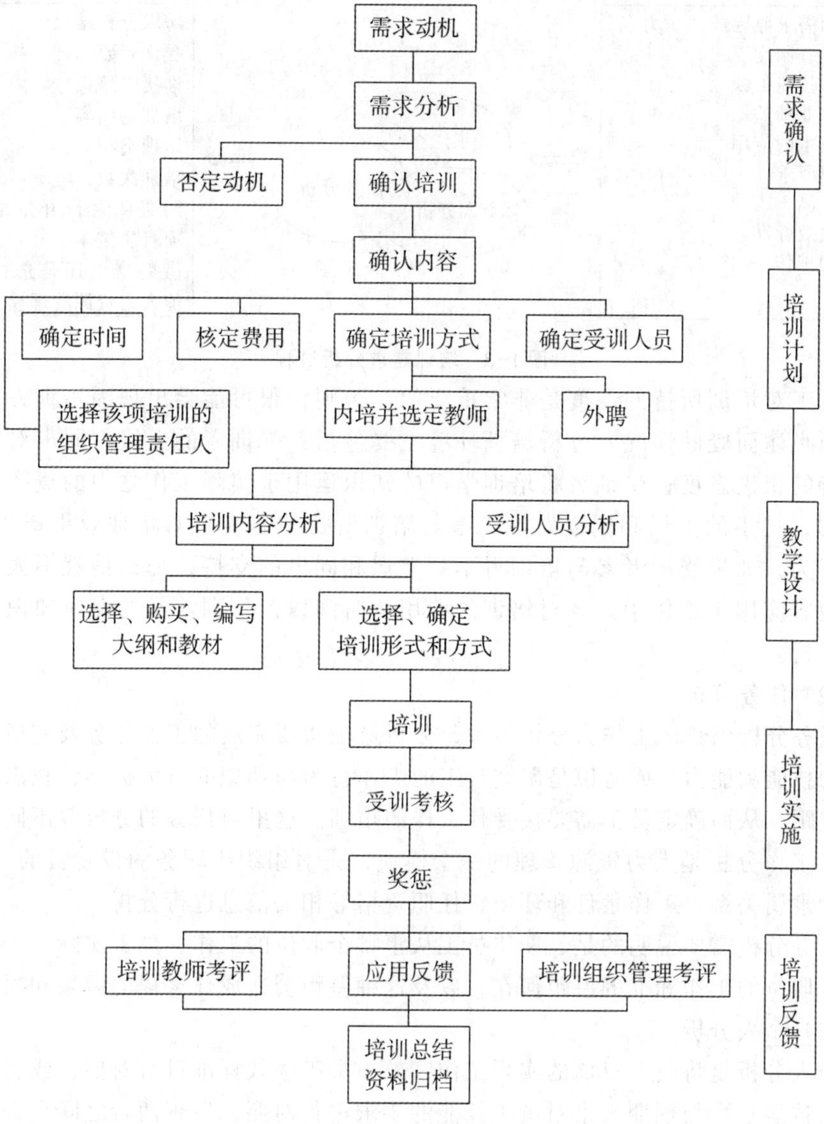

图1-2　培训系统流程图

（1）组织分析

组织分析是在企业的经营战略下，决定相应的培训，并为其提供可利用的资源、管理支持及企业能为培训活动提供的其他支持。它包括战略和目标分析、人力资源需求结构与规模分析、企业效率分析等。组织分析的关键是把对培训需求的估计与组织将要达到的目标联系起来。组织分析需要关注几个方面的问题：①分析组织的发展目标，以及企业发展需要员工具备的能力。图1-3反映了培训产生的原因及培训分析的结果，不同的发展目标需要不同的培训种类和数量，培训的主题也会由于企业不同阶段的目标有很大差异。②分析培训环境。在培训的开展过程中，管理者和员工的态度如何关系着培训的成败。因此，分析培训的环境，即培训的资

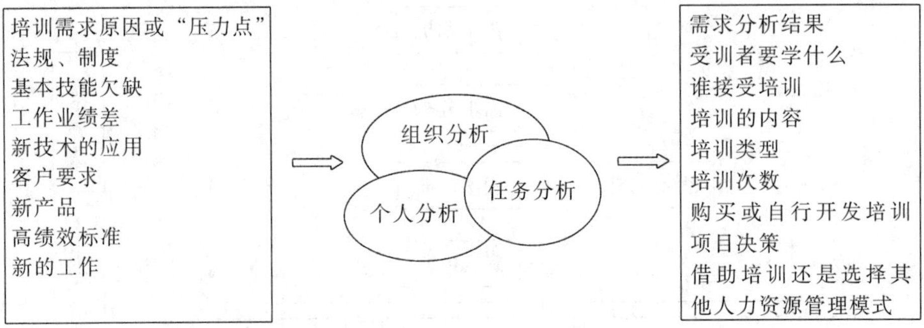

图1-3　培训需求分析过程

源和员工对培训所持的态度是非常重要的。否则，很可能会出现因培训方案遭到反对而半途而废的情况。分析培训环境主要包括：受训者的上级、同事对培训活动所持的积极态度；受训者将培训学习的知识运用于实际工作之中的概率等。实践证明，员工的上司和同事对员工参与培训所持的态度会对培训效果产生影响。这是因为，如果受训者参与培训得不到上司和同事的支持，那么他就不太可能将培训内容应用于工作中。③对培训的费用、时间以及培训涉及的专业知识等也要进行分析。

（2）任务分析

任务分析以具体工作为分析单位，分析员工所要完成的工作任务及完成任务所需要的技能和能力，或者说是研究员工的工作行为与期望的行为标准，找出两者之间的差距，从而确定员工需要接受什么样的培训。这里对任务的分析并不同于工作分析。工作分析是人力资源管理的一个模块，是对组织中职务的设置目的、任务、责任和隶属关系，工作条件和环境，任职资格等相关信息进行分析。

任务分析需要说明的是，期望员工从事哪个职位的工作，员工实际的工作表现与这个职位的工作标准的差距何在，以及这种差距会造成什么样的后果和损失。

（3）个人分析

个人分析是将员工目前的实际工作绩效与员工绩效标准进行对照，或者将员工现有的技能水平与预期未来对员工技能的要求进行对照，发现两者之间是否存在差距。个人分析的重点在于促成职工的个人行为发生期待的转变。个人分析可以帮助确定谁需要接受培训以及培训是否合适的问题。对影响员工绩效水平的因素进行分析，主要包括：①分析个体特征，即分析员工是否具有完成该职位工作的技能和能力。②分析员工的工作输入，即分析员工是否获得了必要的培训和指导，这是其绩效水平提高的重要因素。③分析员工的工作输出，即分析员工是否对工作的标准有所了解和熟悉。④分析员工的工作结果，员工需要对各种奖励措施有所了解，并且管理者需要让员工认为奖励具有激励作用，否则员工就不会主动地执行标准，而且团队行为也不会鼓励员工执行标准。⑤分析员工的工作反馈，即分析员工是否能获得执行工作中的有关信息。如果在工作中没有人向其反馈工作表现，其绩效水平就会受到影响。

需求分析包括一些专业的分析方法，如观察分析法、问卷调查法、任务分析法、员工个人培训需求分析法等，这些内容在第3章中有详细的论述。

1.4.2　培训计划

通过上面介绍的3个层次的分析，企业可以明晰培训的需求，下一步就要确定培训的计划了。这里有两个选择，企业可以自己设计、制订培训计划，也可以请外面的专门机构帮助企业设计培训计划。因此，要做出正确的选择，企业需要对培训的内部资源、外部资源有所了解。一方面，具有特殊技能和经验的员工与管理者是企业关键的内部资源，利用他们实施培训可以使受训者和培训者双方的能力都得到提高，另外还可以节省企业的资源。另一方面，现在很多专门从事培训的机构可以帮助企业制订、实施计划，是企业可以利用的外部资源。这些机构包括一些大学、公共培训机构和咨询公司等。企业可以利用外部资源拓宽员工的视野，引入新观念。一般来说，企业在制订培训计划时，应将外部资源和内部资源都考虑到。

制订培训计划需要考虑几个步骤：

1）确定培训内容

既然知道是由于现任职人员能力及素质的不足产生的差距，那么就应该对其进行针对性的培训。这自然也就确定了培训内容，但是，是否经过培训就可以提高或增强人的某方面的素质和能力，也不能一概而论。这需要有一定经验的人进行分析判断，要尽量避免确认偏差，保证培训的效果。

2）确定培训时间

在确定了培训内容后，就要确定培训时间了。这要看差距的性质是什么，是预期工作差距，还是现存工作差距。对于现存工作差距，应确定人的素质有多大差距，是不是需要马上进行培训。对于预期工作差距，一般来讲，紧迫感不是很强，可以根据企业的发展需要安排培训。

需要马上实施的培训，就要从费用、时间上来考虑采用何种培训方式，什么时间培训。

3）确认培训方式

确定了培训内容后，还要确定培训方式。确认培训方式无非有两个选择：一个是外派培训，另一个是内部组织培训。选择哪种培训方式，需要从培训内容、培训成本与收益、受训者特征等方面来进行考查。

4）确定受训人员

为了提高工作效率，实施的培训尽量让有关人员都参加，尤其是内部组织的培训，更是如此，这样可以降低单位投资成本。受训人员分为主要受训人员和次要受训人员，在不具备让所有有关人员都参加培训的情况下，要尽量保证主要受训人员得到培训。

5）选择培训教师

根据培训内容，选择和确定培训教师，决定是从外部聘请，还是由企业内部相关人员担任，但均应以保证培训目的的实现为前提。

6）选择该项培训的组织管理负责人

根据培训的内容和级别，选择并确定培训负责人，对该项培训活动进行管理、监督和控制，保证培训顺利进行。同时在培训实施过程中要及时发现并处理问题，做好各方面的沟通、协调工作，培训结束后对本次培训项目进行考核。

7）费用核定与控制

费用核定与控制是培训工作流程中极其重要的一个工作环节，既要保证培训目的的实现，又要注意成本控制。

1.4.3 教学设计

教学设计是实质性培训工作的第一步。这个阶段工作的好坏将直接影响受训人员对培训内容的接受程度。为什么这个阶段的工作要与培训准备工作分开呢？因为这与前一阶段的工作有着本质的区别。前一阶段的工作是以企业内负责培训组织管理的部门或岗位为主要执行人所进行的工作，而教学设计是以培训教师为主要执行人所进行的工作。在这一阶段的工作中，企业负责培训组织管理的部门或者人员只是协助培训教师做一些辅助准备工作。培训教师应当最了解所要培训的内容、受训人员的组成情况、什么教材最适合、什么教学方式最便于受训人员接受培训内容等。

1）培训内容分析

培训教师接受任务后，首先要做的工作就是对所要教授的内容或者培训内容进行分析，以便为选择、购买、编写教学大纲和教材以及确定培训形式和方式做准备。

2）选择、购买、编写教学大纲和教材

教学需要根据教学或培训内容编制教学大纲。同时，培训教师也应选择、购买或编写符合教学方式和教学内容的辅导教材。

3）受训人员分析

受训人员分析是对将要接受该项培训的受训人员的学历背景、工作经验、素质状况等进行综合分析，以便确定培训形式和方式。

4）选择、确定培训形式和方式

选择、确定培训形式和方式是指以培训教师为主，通过对培训内容和受训人员情况的分析来确定培训形式和方式。不同的内容，采用不同的培训形式；不同素质、不同水平的受训人员采用不同的培训形式。有时所有受训人员可在一起进行培训，但有时因培训方式的差异较大，而不得不分别或者分批对员工进行培训。

1.4.4　培训实施

实施培训是指在企业培训组织管理部门或相关岗位人员的组织下，由培训教师实施培训，并由该培训项目的组织管理责任人组织考核。

1）培训

培训是指培训教师在规定的时间、场所对受训人进行培训。

2）受训考核

对受训人员进行培训考核是考查受训人员对受训内容的接受情况，也是督促受训人员认真接受培训的一种方式。

3）培训奖惩

培训奖惩是督促受训人员接受培训的一项强制和激励措施。这是保障培训效果良好的一种重要手段。培训奖惩应及时，不能拖太长时间，否则会失去激励或惩罚的作用。为了增强激励效果，有时受训人员也在培训过程中被考评与奖惩。

1.4.5　培训反馈

培训反馈是组织管理过程中对培训修正、完善和提高的必要手段。这是企业组织与管理必不可少的一个程序。

1）培训教师考评

对培训教师的考评是由培训项目的组织管理责任人及组织受训人员对培训教师进行的考评，以便为下一次选择相同内容培训的培训教师做准备。这种考评一般采用问卷的形式，不记名填写。

2）培训组织管理的考评

培训组织管理的考评是由培训的组织管理人员组织，由受训人员对培训内容、培训时间、培训形式、培训的后勤保障等所进行的考评，以便改进企业的培训组织管理工作。

3）应用反馈

应用反馈，也可以称为延时反馈，即在培训后，受训人员到工作岗位上工作一段时间后，对其受训效果进行考查的一种方式。它包括对受训人员、受训人员主管领导的调查了解，以此来改进培训工作。

4）培训总结、资源归档

总结，即该项培训组织管理责任人对培训的善后处理及总结，为今后改善培训效果提供依据。同时，要将培训的相关资料编辑归档。

1.5　我国企业人员培训与开发存在的问题

1）企业尚未树立正确的员工培训观

许多企业对员工培训在思想观念上认识不清，或者说认识不到位。首先，企业认为员工培训是一桩花钱的买卖，是企业生产的一种成本，作为成本，当然能节约就节约，能省则省；其次，传统生产技术给企业管理者造成错觉；最后，员工培训的主体应是员工自身。导致这些认识偏差的原因是：很多人认为如果员工想要生存和发展，就必须努力学习，否则一旦你不适合岗位需要，自然会被企业淘汰，因而忽视对员工的培训。还有很多企业并未意识到培训文化对企业的重要性，培训工作的计划性不强，把培训工作看成是培训者的职责，对员工当前的能力和素质是否符合企业的发展关心不够。企业文化构建是一个多层面的渐进过程，不同的行业和经营模式，培训文化也会有所不同。只有符合组织自身发展特点的培训文化才是企业发展需要的。

2）员工培训的目的性不强，缺乏整体规划

企业员工培训既是企业发展对员工技能提出的要求，也是员工为适应岗位而对自身知识、技能提高的需要。我国企业培训之前缺少需求分析，培训目的不明确。许多企业在年初制订培训计划时，不是深入基层进行培训需求调研，而是根据企业现有岗位编制培训计划，因而不知道企业哪些部门、哪些岗位、哪些员工出现了与实际需要不匹配的情况，既缺乏整体性，又缺乏系统性。从培训对象上看，不分决策层、一般管理层和生产作业层，也不分管理人员、技术人员和生产人员，一个专题全员参加；从培训内容上看，没有针对企业和员工的个性需求进行专门设计，员工所学的东西不能马上用于工作，或者仅能部分而非系统地实施，这就降低了企业和员工对培训的期望值。另外，有些培训是上级部门摊派的任务，与企业需求相距甚远，培训效果微乎其微。

据调查，一些企业的管理者喜欢赶浪头，上级在推广整体营销，马上办一期“整体营销培训班”；报纸上宣传知识经济，就立即组织“知识经济研讨会”。于是，资产重组培训班、精益生产培训班、ISO 9000研讨会、外贸培训班、办公室自动化培训班等办了一期又一期。从表面上看，企业培训工作开展得轰轰烈烈，其实没有目的性，效果并不理想。

3）员工培训的形式单一、内容滞后

我国企业员工培训目前仍以讲课为主，老师讲，员工听；重知识传授，轻技能训练。课堂单向的教学方式，难以实现教学互动，缺少员工的主动参与，而且部分培训方式陈旧落后，难以达到“培训”目的。信息技术引入生产领域后，企业生产方式大大改观，以设计为例，现在是利用计算机来帮助设计人员进行设计，只要设计人员把设计要求以及设计方案输入计算机，进行相应的处理，就能得到满意的方案。这种设计方式已大大减轻了人们的脑力劳动和体力消耗。因此，员工培训要以自动化、信息化技术为重点，使员工掌握这方面的知识和技能。

4）社会和企业尚未形成员工参与培训的激励机制

我国员工在职培训同我国整体教育形势形成极大反差：一方面是学历教育形势喜人；另一方面则是员工培训冷冷清清。其主要原因是：员工接受在职培训后，没有正规学历，接受培训往往又不能与劳动报酬挂钩，即使有培训证书，多是“地方粮票”，只能局限于培训企业内部有效。员工一旦离开培训企业，由于缺乏权威的资格证书，别的企业不予承认，其培训也无法与报酬挂钩。员工培训不像学历教育那样得到普遍承认，在预期收益不能得到更好的保障甚至需要以付出部分工资为代价的情况下，员工接受在职培训的积极性自然不高。加之体制的障碍，培训与个人利益严重脱节，使员工失去了学技术的积极性。

5）培训效果缺乏考核

首先，企业常把培训当作一次性任务。培训课程结束，培训任务也就完成了，不对员工的培训效果进行考核，不重视培训结果。其次，没有投入产出核算。这既影响到对培训效果的经济效益考核，难以对以后的培训起到借鉴作用，也影响到企业整体的成本核算和效益分析。最后，缺乏激励机制。企业对员工参加培训的好坏没有奖惩，致使员工参加培训的积极性不高，培训效果不理想。

6）人力资源培训机构鱼龙混杂

我国人力资源市场的局面是：市场化与非市场化运作、正规机构与非正规机构、学历教育与能力培养并存。正规机构主要是各大院校及政府开办的各种培训机构，它们一般能为市场提供规范化的服务，学员能够在其中学到所需的知识，获得的学历与资质认证基本相符。但是由于大部分人力资源培训机构都沿袭了计划经济的教育体制，在市场化运作、满足市场需要方面还存在一定的差距，无法真正满足各方对人才的需要。此外，还有大量以企业形式存在的、市场化运作的培训机构。这些机构虽然能够准确抓住市场上的需求信息，但由于政府、行业部门的管理还未跟上，使得这部分市场存在鱼龙混杂、管理混乱的情况，学员的根本权益也得不到保证。

7）高层管理人员缺乏相应的培训

一些企业的最高领导人错误地认为，培训只是针对基层管理人员和普通员工，而高层管理人员不需要培训，其理由是：他们都很忙，他们经验丰富，他们本来就是人才。显然这种认识是错误的，应该说，一个企业高层管理人员的素质高低对企业发展的影响最大。因而高层管理人员更需要更新知识、改变观念。国外许多知名企业就有这样的规定：越是高层管理者，参加的培训就越多，有些企业甚至把培训作为一项福利按职级进行分配。

8）企业员工培训缺乏严格的评估机制和监督机制

培训工作的关键是讲求实效，为此必须建立针对培训效果的评估和监督机制。然而很多企业在培训的时候并没有严格规定评估考核的办法，也未注重对培训效果的有效应用，培训结束后，没有健全的效果评估系统，员工只要参加培训就都能通过，学与不学都一样，培训评估系统形同虚设。

在摩托罗拉（中国）公司，每个员工参加培训后都需要填写一份课程评估表，对教师、教材、时间安排等各项问题进行评估并提出建议，同时公司还要考查学员对课程内容的掌握情况和学员能否将所学知识转化为相应的能力。学员在受训前要接受多项评估以确定其培训前的能力水平，受训后的3~6个月还要再进行一次能力评估，公司将两次评估进行对比分析，以确定培训给学员能力发展所带来的影响和作用，同时公司还要考查培训投资给公司及员工个人所带来的影响和作用。

9）企业培训不注重员工的道德素质培养

人力资源是能够投入和即将投入经济与社会发展活动中的人的能力的结合，包括数量和质量两个方面。从质量方面来看，人力资源包括人的体力、智力和品德等方面的能力和素质。人力资源是一个综合的能力素质结构，其中伦理道德是人力资源的基本构成要素，同时伦理道德还对人力资源的其他素质结构的开发发挥着重要作用。而现在有些企业的培训却重知识、轻技能，忽视道德素质培养。

例如，某企业投资将近千万美元从国外引进一套生产线及流程设备，为了掌握和应用这条生产线，企业除了引进国外专家对员工进行指导外，还把两名技术骨干送去国外接受培训，但是员工学成归国后，却成为这家国外生产线供应商在国内的销售工程师。这说明这家企业在注重提高员工的知识、专业技能水平时，没有注重提高员工的道德素质，导致了人才流失或者制约人力资源效用发挥的后果。

10）培训的投资与收益不成比例

“不培训是等死，培训等于找死”，这使得有些管理者在考虑培训的时候陷入两难的境地：该不该对员工进行培训？怎么收回培训费用呢？现在有些企业流行什么就培训什么，不考虑企业自身的需要，这不仅浪费了大量的培训资源，也影响了培训效果。另外，培训效果评估不科学，也在一定程度上低估了培训收益。

可以肯定，一个没有培训机制的企业，如果只将员工看作制造利润的机器，它不但难以培养自己需要的人才，而且更难以留住人才。员工培训在很大程度上不是看重当前的利益，而是看重将来的机会和发展，所以培训必不可少。但是为了降低风险，培训费用要根据企业自身情况采取不同的方式收回，一个成熟的企业会在培训员工与收回投资间取得最大的平衡。诸如微软、通用等一些知名企业，在培训中层管理人员或技术人员前，都会予以书面通知，并从其薪资中扣除相应的培训费用。

1.6 人员培训与开发的发展历程与发展趋势

1.6.1 人员培训与开发的发展历程

培训行业从20世纪90年代初开始进入中国，经历了20多年的发展，已经从启蒙阶段发展到行业化、产业化阶段。

20世纪90年代初，外资企业进入中国的同时，也带入了培训。

1995年左右，保险公司、传销公司的蓬勃发展带动了培训行业的成长。

1997—1998年，成功学的流行，催生了一批自由讲师和培训公司。

1999—2000年，民营企业、外资企业的迅速发展，形成培训需求市场，各种培训力量开始试探性介入。

2001—2003年，市场竞争向人力资本层次升级，培训需求爆炸式增长，引起官方、产业、学校以及各方面媒体的关注。

2003年后，培训对企业的重要性日益被企业认知，出现了各式各样的培训班和培训形式，呈多元化发展。人们对人员培训与开发的态度从最初的不需要、不信任、盲目信任上升到理性思考，开始重视培训前的需求分析、培训中的监督指导以及培训后的效果评价。

近几年，战略人力资源的概念逐渐被企业界所熟悉，人员培训与开发也逐渐向战略层次转变，不断寻求企业战略与员工职业生涯发展的契合点。战略层次的培训与开发，真正达到了组织目标与个人发展双赢的局面。

随着我国人员培训的规模日益扩大，培训水平不断提高，我国培训技术体系也日益完善。其主要表现在：培训基础理论体系逐渐形成，培训技术体系日益完善，培训专业人员队伍不断壮大。

（1）培训基础理论体系逐渐形成。理论是有一定逻辑结构的概念、观点和原理的体系，是人们对客观事物的感性认识进一步条理化、系统化的思维成果。培训管理是一项复杂的系统工程，需要多学科理论的指导，其理论体系也必然呈现出综合的特点。改革开放40多年来，大量的培训实践促进了培训理论体系的形成与发展。从总体上说，我国现在的培训理论是在教育学、心理学、经济学和管理学等学科相关内容综合应用的基础上衍生和发展起来的。培训理论的形成对我国企业的培训工作起着非常重要的指导和推进作用。

（2）培训技术体系日趋完善。理论没有技术的支持就不能应用，也就不能转化为生产力。20世纪80年代以来，我国的培训工作经历了几个阶段的发展，即全面恢复→建立正规培训制度→广泛开展培训活动→培训活动社会化。同时，在汲取国外理论和经验的基础上，我国的培训实践活动不断丰富，水平不断提高。在整个培训过程中，从需求分析、计划制订、课程设计、企业实施、评估和反馈等方面，逐渐形成了一套适合我国国情和企业需要的培训运作技术系统。在理论和技术的指导与支持下，中国的培训业逐渐成为一项科学化、专业化的朝阳产业。

（3）培训专业人员队伍不断壮大。随着我国人员培训的规模不断扩大，培训管理的理论与技术系统逐步完善，培训管理逐渐成为一类专业化的工作，专业人员队伍也逐渐形成。有些企业开始对培训人员使用专业称号。目前，对培训专业人员的称谓有多种，如培训经理、培训主管、培训工程师、培训师等。有关专家认为，对独立完成培训任务、负责培训方案设计和培训活动实施的专门人员，应授予“培训师”的职称。培训师又分为三级：高级培训师、培训师、助理培训师。

1.6.2　人员培训与开发的发展趋势

21世纪是知识经济时代，中国的企业在面临着来自全球的市场竞争挑战的同时，还面临着人才竞争的挑战。随着新技术的不断发展和运用，原有的培训管理理念和体系已不能适应时代的发展需要。同时，企业组织结构日趋扁平化，企业的边界日趋模糊化，培训管理也相应地呈现出新的发展趋势。

1）新理念、新技术与新理论的出现促进了培训行业的发展，使培训效率更高

传统观念认为，培训是一种成本费用，能省就省，而且培训过于形式化。在大工业生产方式下，企业的培训几乎就是单纯的岗前技能培训，培训方式简单而单一。

现代的培训则把培训看成一种投资，企业越来越意识到，培训会给企业带来更多的无形资产，使培训成为有投入、有收益的一个持续的经济活动过程。新的培训理念把员工的素质也视为培训内容的一个重要方面，"软培训"（比如企业文化、员工道德素质培训等）所占比重日益增大，培训不再纯粹针对技术人员，而更多地针对中、高层管理人员。新理念指导下的培训无论在内容的安排或过程的实施方面，还是在方式的选用设计方面都充分体现了与实际相联系这一特征。

科学技术的发展，尤其是信息技术的应用，给培训提供了更多的方法和途径，新的培训方式包括软件培训、光盘培训、虚拟现实培训、网络培训、互动视频培训等。受训者在时间、地点、进度、途径、培训内容等方面的自我控制大大提高，使得个性化培训成为可能。

2）随着科技的发展和现代企业组织结构的变化，大量新的培训模式应运而生

（1）企业联合培训将成为实现人才和知识共享的一个重要途径

兄弟厂家可以互派员工去实地考察、学习，或者互派专家进行实地技术指导，也可以通过企业间共同聘请资深的培训师进行统一的培训。企业联合培训的优点在于可以节约成本、取长补短，实现资源共享。

（2）虚拟培训组织（VTO）成为企业培训部门发展的另一种趋势

在这种模式下，管理人员、业务部门和普通员工都被视为内部顾客，培训部门的工作以内部顾客为中心，侧重于学习和评估培训的有效性，再根据顾客的需求来提供培训，如科宁、苹果等组建了基于互联网的虚拟培训，使自己对客户需求迅速作出反应并提供高质量的服务。

（3）企业办学培养人才成为一种潮流

企业办学途径有两种：一种是企业自身成立专门的培训大学，自行设计课程，安排培训时间；另一种是与独立大学和学校进行联合办学。世界上最大的无线通信设备供应商摩托罗拉公司的成功可以说在很大程度上归功于它的员工培训模式——企业办学。

（4）专业培训咨询机构的出现使事务性工作外包成为可能

高层管理人员64%的时间应进行计划和组织，即处理战略规划和决策，而用在领导职能上的时间，譬如处理事务性问题，应只占工作时间的22%。但据相关调查发现，现在国内许多企业的高层管理人员，尤其是培训管理人员，他们80%的工作时间都用来处理大量琐碎的事务性工作，处境十分尴尬。在相关法律比较完善的情况下，事务性工作可以通过外包给专业的咨询公司得到很好的解决，但在相关法律不够完善的情况下，众多公司不敢将整块事务性工作外包。随着市场机制的不断完善，相关法律法规的逐渐健全，专业培训与管理咨询市场的规范，企业事务性

工作的外包将成为培训市场的一种趋势。

3）培训将出现终身化学习的趋势

在知识经济时代，一个人终身从事一种职业几乎是不可想象的，并且随着科技的发展，知识更新换代的脚步也日益加速，人只有不停地汲取新的知识和技能，充实自己，才能在激烈的竞争中站稳脚跟。在发达国家，面对日新月异的技术变革和知识更新，终身教育的思想已经开始付诸实践。

所谓终身教育，就是不断地对劳动者进行继续教育和在职培训。在知识经济转化的过程中，教育培训将从"要我学"的被动方式转变为"我要学"的主动方式，尤其在知识型员工占主导地位的时代，多数员工渴望学习，并且相对于高薪而言，他们更愿意去能给自己更多学习与培训机会的企业，以提高自身素质，增强竞争力。现在职员工买书自学，参加夜校充电或者在工作之余学习第二外语等已经成为一种趋势。

4）培训中心的地位与职能发生变化，培训的任务愈加繁重

很多管理大师认为，20世纪90年代末，知识型工人已占劳动力的1/3，并超过产业工人，成为最大的工作群体。有更多的人转入知识型工人队伍，需要接受更多、更复杂的培训。今后，企业将会在更大程度上投资教育和职业训练。从这一角度看，培训中心的任务会日益加重。

【案例】

万科"新动力"人才培养项目

企业的发展离不开人才，特别是中高层的管理人才，企业更是求贤若渴。但是仅仅依靠外部招聘是远远不能解决问题的，企业更多的是要通过内部培养来发现和提拔人才，也就是所谓的构筑人才蓄水池，增强企业发展的源动力。

（1）一个坚持做了20年之久的项目

早在1999年，万科针对国内著名高校的应届毕业生提出了"新动力"项目计划，这些学府包括北大、清华、南开、同济等。万科到这些名校进行校园招聘，将优秀的大学生培养成为万科未来发展的中坚力量，以满足万科对中高级人才的需求。该项目一经实施到现在，已经走过了20个春秋，实属难能可贵，这也足以证明该项目确实非常成功。据统计，在万科一线地产公司的总经理中，有接近30%的人都是通过"新动力"项目计划入职万科的，如今他们已经成为万科的中坚力量。

（2）项目详情

"新动力"项目计划是万科人才梯队建设的起点，被招来的大学生都被称为"新动力"。来自全国的"新动力"加入万科，第一件事不是上岗工作，而是到万科深圳总部参加为期三个月的"新动力培训营"。其培训课程内容有：万科基本情况介绍，包括公司历史、规章制度、发展规划、管理架构、业务流程等；公司理念讲解，包括企业文化和价值观的学习；职业化训练；自我发展；房地产业务培训；户

外团队训练等，形式丰富且有挑战性。

培训营结束之后，“新动力”将走上自己在万科的第一个工作岗位。工作满两年后，他们可以申请在集团各个公司进行轮岗，在进一步提高自身的综合素质和能力的同时，对集团公司各个业务模块能有充分的了解和认识。在“新动力”项目计划中表现优异、业绩出色的员工，将被纳入万科的另一个培训计划——“大雁行动”计划之中，把他们作为后备梯队人才来培养。

这些后备梯队人才被称为“大雁”，可能是他们在专业方面有所见长，抑或是具备一定的发展潜质和能力。如果他们的能力达到要求又有岗位空缺的话，公司就会从“大雁”中挑选合适的人将其培养为新经理，对他们进行一周的培训后上岗。培训内容与团队的沟通技巧、团队的领导力相关，这是为了帮助他们进行角色转变。当新经理工作满两三年后，万科会将他们集中在总部再进行一次培训，把他们培养成资深经理，培训时间变为一年，内容也更丰富。

如果资深经理要晋升更高的职位，万科目前跟惠普商学院合作，有系统的企业管理和案例分享等方面的培训。再往上一层，万科还会安排一些私人教练，或者是管理教练做培训。同时，万科与长江商学院等高等院校，包括一些咨询顾问也有合作，可以提供更加有针对性的，一对一的培训。

这样一种层层递进式的培训模式，保证骨干人员有晋升空间和发展通道，使得每个优秀的骨干分子都能感受到集团的关注。虽然万科“新动力”项目计划中的初期薪资在地产行业来讲不是很高，但是它为员工提供的成长和上升空间是一般地产公司无法比拟的。例如，“新动力”一般在入职3~4年时出现第一波晋升，7~8年基本能晋升到经理级职位，特别优秀的校招生30岁左右就能成为总经理。

因此，“新动力”人才培养项目能够使得万科在人才市场竞争激烈的环境当中构筑出内部的人才蓄水池，确保企业源源不断地获得包括员工和骨干队伍在内的人才供应。

资料来源　HRsee.万科“新动力”人才培养项目［EB/OL］.（2019-12-25）. http://www.hrsee.com/? id=1276.

本章小结

1.培训与开发是一种人力资本投资，是组织开展的有计划、有步骤的系统管理行为，是员工职业发展和实现自我价值的需要。

2.培训与开发有利于提高员工的能力和素质，有利于提高企业劳动生产率，有利于营造优秀的企业文化。

3.培训流程从时间上可以分为培训需求确认、培训计划的制订、教学设计、培训实施和培训反馈几部分。

4.人员培训与开发要遵循理论联系实际、因材施教、全员培训与重点提高等原则。

5.目前企业人员培训与开发存在的问题，主要表现在企业尚未树立正确的员工培训观；员工培训的目的性不强，缺乏整体规划；员工培训的形式单一、内容滞后；社会和企业尚未形成员工参与培训激励机制；培训效果缺乏考核；人力资源培训机构鱼龙混杂；尚未形成良好的培训文化；高层管理人员缺乏相应的培训等方面。

6.人员培训与开发呈现新的发展趋势，主要表现在新理念、新技术和新理论的运用使得培训的效率更高；由于科技的发展和现代企业组织结构的变化，大量新的培训模式应运而生；培训将出现终身学习的趋势；培训中心的地位与职能发生变化，培训的任务愈加繁重。

关键概念

培训与开发　培训需求分析　培训的流程

课堂讨论题

1.企业如何更有效地实施人员培训与开发？

2.结合实际，你能想到的培训与开发的方法有哪些？

3.组织为什么要重视对员工的培训？

4.随着时代的发展，企业培训涌现出哪些新发展、新趋势？

第2章 /战略性人员培训与开发

学习目标

本章重点讨论战略性人员培训与开发的含义、原则、意义及其与企业战略的关系。通过学习，要了解如何进行人员培训与开发的战略分析、战略制定、战略实施和战略评价；掌握如何在企业战略下制定人员培训与开发战略，如何获取使企业具有竞争优势的人员培训与开发战略；理解人员培训与开发的战略化管理的内涵。

2.1 战略性人员培训与开发的内涵

2.1.1 战略性人员培训与开发的含义

战略是指较长远的规划，它用于确定企业的发展方向和趋势，通常包括组织的发展目标以及实现该目标的一整套行动计划。战略需要考虑两方面的内容：一是管理一个组织的活动的全部过程；二是外界环境和内部环境对组织活动的影响。人员培训与开发是战略的、组织的、长期的、文化的、试图改变组织行为的活动。培训本身是针对当前的职务要求或者组织活动的要求进行的，而开发是一种主动的、系统化的干预，它与战略规划和文化变革联系紧密，无论是管理开发，组织开发还是职业生涯开发，都带有十分明显的变革导向和变革驱动的意图。因此，战略性人员培训与开发主要讨论的是管理开发、组织开发和职业生涯规划。

那么什么是战略性人员培训与开发呢？战略性人员培训与开发是指企业在分析外部环境和内部条件的基础上，为获得长期的人力资源竞争优势和企业的长远发展，而形成的人员培训与开发的目标、使命以及为了实现这个目标而制订的长期的、全局性的行动计划。战略性人员培训与开发即对企业的人员培训与开发提早作准备，提前作规划，将人员培训与开发战略纳入企业的战略规划之中，把人力资源优势作为赢得企业竞争优势的重要战略之一。这样做，一是体现人员培训与开发的超前性，防止出现人力资源的分布失衡；二是体现人员培训与开发的持续性，防止出现人力资源的断层与断档；三是体现人员培训与开发的全面性，防止出现某些领域的人才空白，从而保证企业发展所需要的人力资源供应。

2.1.2　基于三种视角下的战略性人员培训与开发

1）权变视角

在权变视角下，人员培训与开发战略应该根据企业总体战略的改变进行调整，即应该达到战略契合，否则，人员培训与开发不仅对企业的绩效没有帮助，反而可能会产生负面影响。一方面，可以将组织战略看作一项关键的权变因素，不同的组织战略将会影响人员培训与开发的实践。企业应该考虑在不同的企业总体战略（内部成长战略、外部成长战略、紧缩型战略）下应该采用什么样的人员培训与开发策略；在不同的企业经营战略（成本领先战略、差异化战略、集中化战略）中人员培训与开发应该如何与之相匹配。另一方面，也可以以企业发展阶段为基础，进行不同阶段的人员培训与开发战略的选择。如在企业的初始阶段、发展阶段、成熟阶段、衰退阶段，人员培训与开发的重点应该有所不同。除上述两方面外，不同的企业规模、不同的行业同样可以作为权变因素。

2）结构视角

在结构视角下，针对不同的人员培训与开发对象应该有不同的培训与开发方法。将所有的人员看成同质的并且仅施用一种培训与开发方法是不正确的，对不同类型的人员进行的培训与开发的内容、重点、方法应该是不同的。这一视角通常将人员划分为三种类型，并将其形象地比喻成三叶草。因为人员就像三叶草的三个不同的叶片，这三个叶片分别为核心人员、边缘人员和临时人员。企业战略性人员培训与开发的目的在于促进企业全体人员能力的提升，但对于不同的人员应该采用不同的培训与开发方法。

3）资源视角

这种观点重视对资源的认知和判断，所谓“资源”是指增加财富的来源。企业的资源包括物力资源、财力资源、人力资源和知识资源，但其中人力资源是最为核心的。因为人力资源是企业一切管理行为正确与否的根本保证，对企业能否得到长远的发展起着重要的作用。没有人力资源就没有物力资源、财力资源和知识资源的有效运作，从这个意义上说，人力资源毫无疑问是企业的“第一”资源。

在基于资源的视角下，企业的资源是异质的，在相同行业中不同企业的组织绩效存在差异，是因为它们所依赖的人力资源是有差异的。战略的实施需要重新组织企业的人力资源，战略的制定也要考虑企业的人力资源情况。因此，战略性人员培训与开发要求企业获得一种不易被模仿的、特殊的人力资源以获得持久的竞争优势。

2.1.3　战略性人员培训与开发的主导原则

企业实施战略性人员培训与开发，应秉承进取、务实的精神，确立并遵循整体性原则、差异性原则、动态性原则、长远性原则和创新性原则。

1）整体性原则

由于企业是一个由若干分工协作、相互依存的运营系统融合而成的有机整体，因此，企业的战略性人员培训与开发应充分体现整体性原则：一是培训与开发思路的整体性，即从整体上把握发展现状与发展目标之间的差距，统筹考虑发展战略、组织架构、资源禀赋、企业文化、经营特色、管理能力等因素，保证人员培训与开发的总体思路具有系统性、针对性、前瞻性。二是培训与开发过程的整体性，即人员培训与开发的总体思路应统揽企业人员培训与开发的全过程，贯穿培训与开发的需求分析、计划制订、项目实施、效果评估这四个阶段的每一个层面、每一个步骤。三是培训与开发操作的整体性，即人员培训与开发应“分工不分家”，所有的运营系统、每个职能部门都应该积极支持并推动企业的战略性人员培训与开发活动的深入开展，职责分担，成果共享。

2）差异性原则

因为企业是由众多知识背景不同、能力各异的人员汇集而成的，企业的战略性人员培训与开发应充分体现差异性原则：一是培训与开发目标的差异性，即针对不同的管理层级、经营环节、职能部门、工作岗位应确定不同的培训与开发目标，每个培训与开发目标都应以相应的绩效目标为参照，保持和相关的培训与开发目标之间的衔接和协调，以促成培训与开发目标体系和绩效目标体系两者的互动、共进。二是培训与开发内容的差异性，即针对不同的培训与开发目标确定不同的培训与开发内容，确保培训课程设置、培训教材的选择、培训师的选聘、培训内容的审定这四个关键的培训要素的质量控制。三是培训与开发方式的差异性，即针对不同的培训与开发内容确定不同的培训方式，注重教师讲解、学员讨论、案例分析、情景模拟这四种基本的培训形式的有效组合。

3）动态性原则

企业人力资源的数量（存量和增量）和质量（总体质量与个体质量）都是动态的变量，因此企业的战略性人员培训与开发应充分体现动态性原则。企业要关注行业的总体发展态势和趋势，从打造和巩固自身的核心竞争力出发，建立“全员性、低重点、高视点、最优化”的动态培训与开发体系。所谓全员性，即每个人员都能得到必要的、系统的、与时俱进的职业培训与开发，与企业同发展、共成长；所谓低重点，即以基层、中层工作人员和管理人员作为企业战略性人员培训与开发的重点对象；所谓高视点，即以高级专业人员、管理人员、后备人力资源和创新人力资源作为企业战略性人员培训与开发的深造对象；所谓最优化，即找到企业培训与开发需求同员工培训与开发需求的最佳结合点，保持企业与员工“双赢”的良性循环。

4）长远性原则

企业的发展是一个长期的过程，因此，战略性人员培训与开发应该具有长远性。在传统的人事管理观念中，往往认为人员培训与开发的目的是使人员掌握某一特定工作知识和工作技能，以便胜任目前的工作，因此比较重视岗前培训。而战略性人员培训与开发更加重视人员的终身教育，关注企业的长远发展对其人力资源的要求。例如，宝洁公司为了保持企业发展的活力和后劲，往往雇用刚刚从学校毕业的优秀年轻人，然后全力帮助他们进行职业生涯设计，把从各大学招聘来的年轻人才视为“企业未来的新鲜血液”。日本松下公司所有的专业人员均从公司的基层工作做起，每个人必须用半年的时间推销产品或在零售商店里卖货，还需用一定时间在生产装配线上完成常规的工作，以后每提升一级，均要接受进一步的培训。同时每年还有5%的人员通过职务轮换的方式进行培训，目的也是通过自行培训和“同化”来壮大企业的后备力量。

5）创新性原则

一个企业发展的外部环境和内部条件都处在不断变化之中，因此企业的战略性人员培训与开发应充分体现创新性原则。应创办创新型、学习型组织，把人员培训与开发的创新同企业的发展紧密联系起来，谋求可持续发展：一方面，人员培训与开发应不断创新，铸就以“适时转换培训与开发理念，相应调整培训与开发目标，持续更新培训与开发内容，努力改进培训与开发方式”为运作特征的培训与开发模式，塑造以“培养创新意识，激发创新热情，增强创新效力，挖掘创新潜能”为价值取向的企业人员培训与开发文化。另一方面，人员培训与开发的创新应以促进企业发展为己任，为企业的经营创新、管理创新、产品创新、制度创新服务，人员培训与开发及其创新的所有成果都必须转化为企业的经营特色、管理能力、品牌优势、服务水准以获得竞争优势。

2.1.4　人员培训与开发角色的演变

人员培训与开发角色的演变按培训与开发的关注点可分为三个阶段：一是注重教授技能与知识；二是结合培训与业务需要；三是利用培训与开发实现知识创造与共享。企业应以新的思维看待人员培训与开发的角色演变。

1）注重教授技能与知识

在传统观念中，人员培训与开发被看作一种教授人员特定技能与行为的方法。现在培训与开发的这种角色虽然会一直持续下去，但培训与开发的重点已发生了转移。因为关于培训与开发的这种观点隐含着经营环境是确定的这样一个条件，它可以为企业所驾驭，而且企业能控制并预测未来需要的知识和技能。在知识经济时代，知识技术的快速发展和变革已使这样的条件难以成立。

2）结合培训与业务需要

在知识经济时代，企业很可能会持续地在不确定的外部环境中运营。这意味着由于不能事先预见存在的问题，培训与开发要建立在虚拟的基础之上以帮助员工应对实际将出现的特定的经营难题。也就是说，不仅要通过培训与开发使员工胜任现有的工作，而且要使人员能适应未来的工作需求，当然，这样的培训与开发是建立在企业的经营需要基础之上的，并与之直接相关。

3）利用培训与开发实现知识创造与共享

许多企业相信赢得竞争优势的关键在于开发智力资本。智力资本包括一般技能（知道是什么）、高级技能（知道怎么样）、系统理解力和创造力（知道为什么）及自我激励的创新能力（关心为什么）。以前，培训部门将精力主要放在教授知识与高级技能的开发上。但实际上人员培训与开发的价值在于使员工了解整个生产或服务过程中几个部门之间的关系（系统理解力），同时激励员工进行革新并提供高质量的产品服务（关心为什么）。

2.1.5 战略性人员培训与开发的意义

1）战略性人员培训与开发是企业克敌制胜的重要保证

在知识经济时代，一个企业的可持续发展能力、未来获利能力的决定性因素不仅仅是财务资本，而是一个企业能否拥有高素质的人力资源队伍。人力资源作为最具有活力和最具有潜力的“活”资源，是未来社会经济增长永不枯竭的资源，它已成为在经济发展和社会进步中需要有效发挥和利用的战略性资源。

“终身教育”“学习型组织”的提法和概念都表明，人力资源的开发和培训已经成为企业增强自身竞争力的重要途径。一位管理学家曾经说过：“人员培训与开发是企业风险最小、收益最大的战略性投资。”在我国已经有不少企业把人力资源的培训与开发作为一项重要的发展战略，如联想、海尔等都建立了培训中心或大学。随着知识和技术的更新速度加快，企业需要不断创新和引进新设备、新技术、新工艺、新知识，这就要不断地对人员进行培训与开发。通过培训与开发可以增强人员对企业决策的理解和执行能力，使人员掌握企业的管理理念和先进的管理方法、技术，不断提高企业的市场竞争力。因此，实施战略性人员培训与开发，挖掘企业内部的人力资源潜力，充分利用各种培训与开发机制，进一步提高人员素质，使人才不断涌现、成熟起来，从而提高企业整体素质，便成为企业在激烈的市场竞争中克敌制胜的重要保证。

2）战略性人员培训与开发推动企业人力资本的扩展

人力资本是企业人力资源的全部价值，它是由企业中的人以及他们所拥有的并能用于工作中的能力所构成。因此，企业人员作为人力资本所有者所掌握的知识、技术、代表的先进生产力和管理能力正成为决定一个企业优劣的关键因素。战略性人员培训与开发通过培训和开发企业的内部人员，提高企业人力资源的质量，尤其要重点培训与开发企业未来发展所需要的能力，使企业人力资本不断增加。因为对于人力资本而言，如果企业出现技能短缺将会影响企业的市场竞争力。

企业要通过战略性人员培训与开发为员工提供职业生涯设计，提供更多的成长机会，缩短直至消除企业员工现有技能与企业发展所需技能之间的差距，从而使员工在不断的潜能开发中获得人力资本的提升。

3）战略性人员培训与开发促进企业绩效的提升

战略性人员培训与开发是企业根据其发展战略对人力资源的需要，对员工进行技术、技能、工作方法以及企业理念和文化的传授，使人员通过技能的提高和思维方式的转变改善工作绩效。人员培训与开发活动应贯穿企业经营活动的始终，当企业管理者看到员工工作绩效低时，除了要检查管理制度上的疏漏外，还需要考虑员工是不是该培训了。要好好分析问题的所在，然后作出相应的培训计划和方案，并实施培训。另外，战略性人员培训与开发能使员工对职业发展有更清晰的认识，并自觉地把自身发展与企业发展相结合，从而以更大的热情投入到工作中去，提升企业绩效。

4）战略性人员培训与开发促进企业文化建设

企业文化包括三个方面的内容：价值观、行为规范、惯例。在企业文化的三个组成部分中，价值观根植于文化的底层，很难清楚地描述，改变起来也十分困难，而行为规范和惯例要明显得多，更容易被员工识别、执行和操作。所以，企业通过战略性人员培训与开发不断地对员工灌输企业价值观、培养共同的行为规范和学习习惯，使其能够自觉按照惯例工作，从而形成良好、融洽的工作氛围，增强员工的工作满意度和成就感，为企业建立学习型组织，确保业务有效开展打下基础。应该说，战略性人员培训与开发对企业、对人员将会是一个双赢的选择。

2.2 人员培训与开发战略的制定程序

人员培训与开发战略在企业的生存和发展过程中起着举足轻重的作用，因此对它的制定必须谨慎、周全、切合实际，切不可单凭主观臆断、凭空想象。在制定人员培训与开发战略时，要注意以下几个方面的问题：第一，人员培训与开发战略必须是根据企业内外部环境的变化产生的。因此，在制定人员培训与开发战略时首先要考虑到企业所处的内部环境和外部环境。第二，人员培训与开发战略是企业发展战略的组成部分，或者说是企业发展战略实施的保障。与企业发展战略相比，人员培训与开发战略应该更加具体，而且人员培训与开发战略的目标应尽可能具体、现实。第三，人员培训与开发战略是企业长期稳定发展的有力保障，即它必须保障企业有一支稳定的、素质和能力达到企业发展要求的人员队伍。要做到这一点，就必须在企业的发展过程中让人员得到充分的发展和提高。所以，人员培训与开发战略在制定的过程中应将人员的个人发展和组织发展的目标有机结合起来。第四，由于受信息不对称和人员培训与开发战略的制定者认识水平的限制，会造成现实与理论的差距。因此，人员培训与开发战略的评价与反馈是必不可少的。第五，由于内外环境的快速变化，人员培训与开发战略也需要不断地进行调整和修改，它是一个制定、调整、再制定、再调整的反复而长期的过程，这一过程可以用图2-1来表示。

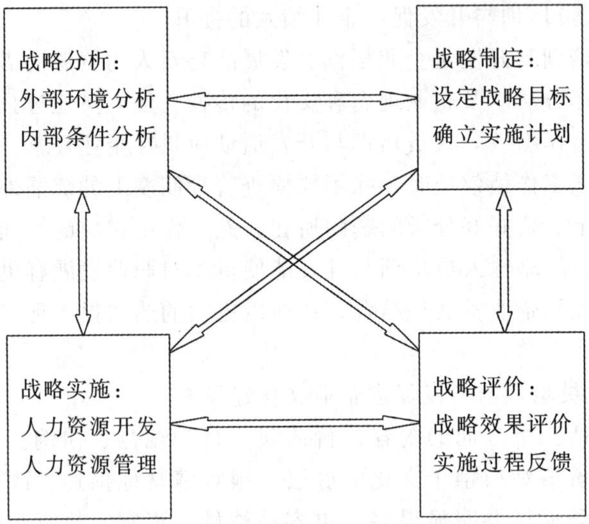

图2-1 人员培训与开发战略管理的过程

2.2.1 人员培训与开发战略分析

人员培训与开发战略分析的目的在于让决策者认清人员培训与开发的现状与理想状况之间的差距，认清这些差距是制定人员培训与开发战略并将人员培训与开发同企业发展重点结合起来的第一步。人员培训与开发战略同企业所处的内外部环境紧密联系，因此在制定人员培训与开发战略时，环境分析变成了第一步，环境包括外部环境和内部环境。

1）SWOT分析法在战略分析中的应用

所谓SWOT分析法，就是将与研究对象密切相关的各种主要内部优势因素(strengths)、劣势因素（weaknesses）、机会因素（opportunities）和威胁因素(threats)，通过调查罗列出来，并依照一定的次序按矩阵形式进行排列，然后运用系统分析的思想，把各种优势、劣势、机会、威胁相互匹配加以分析，从而制定一系列相应的战略。

把SWOT的分析框架运用于战略性人员培训与开发时需注意：首先应运用SWOT分析法将企业各方面内容进行综合概括，分析企业的优劣势、面临的机会和威胁。其次要利用变量因数法给SWOT矩阵中每个维度的每一项因素配以权重，并根据权重进行定量分析。最后要认清优势劣势、利用机会、化解威胁，从而确定需要采取何种行动来解决人员培训与开发中存在的问题，并制定相互匹配的人员培训与开发战略，以获得企业的竞争优势。

2）外部环境中的影响因素

外部环境对企业的人员培训与开发有着重要的影响作用。在进行外部环境扫描时重点包括经济环境、劳动力市场环境、技术环境、社会文化环境和竞争对手的挑战。

（1）经济环境

经济环境决定了企业的总体水平，经济环境可以被看作一种机制，这种机制决定着所有参与者的行为。

中国经济过去一直依赖低廉的劳动力成本作为在国际市场上竞争的主要法宝，并且保持了多年的快速增长。但是中国目前遇到来自其他发展中国家低成本的竞争，因此增加产品技术含量，提高生产率已成为中国保持持续发展的重要途径。来自劳动者的诉求、竞争激烈的市场环境和公司的社会责任影响着企业的生产率。开创一种以人力资源开发为基础、将巨大的人口资源转化为人力资源的发展模式是中国经济增长面临的巨大挑战。而企业的人员培训与开发作为提升人力资源水平的关键主体之一，发挥着重要作用。

（2）劳动力市场环境

劳动力市场是劳动力的供给与需求相互作用的场所，无论是劳动力供给的变化还是劳动力需求的变化，都会对企业的人员培训与开发产生重要影响。对人力资源供给和需求的预测是制定人员培训与开发战略的依据。劳动力市场的属性包括市场中人员的能力、态度、知识水平、想要的工作以及特殊需要。衡量劳动力市场有两个重要的维度：职业水平和年龄性别构成。

① 职业水平：从数量上来说，中国劳动力市场的供给是充分的，但是这种供给和企业的需求在结构上往往不吻合。例如，以前高级管理人才稀缺，引发了MBA教育热。而现在高级技术人员的稀缺开始从现实层面困扰企业，并且成为中国向高端制造业迈进的重要障碍。因此加强高级管理人员和核心技术人员的培训与开发是企业制定人员培训与开发战略需要考虑的重要问题。

② 年龄性别构成：近年，我国的人口结构发生了重大变化，如人口的出生率降低，劳动力供给逐年下降，我国已经进入老龄化社会。这些都会对人员培训与开发战略产生重要影响。另外，在受过高等教育的人中，男女比例的变化也是培训与开发战略中不可忽视的因素。

（3）技术环境

技术是生产及分销产品与服务的技巧和科学。技术的进步可以从产品本身上反映出来，也可以从设计、生产、分销产品和服务中反映出来。虽然技术有许多积极的作用，但是它也可能使现有人员的技能变得过时。为了确保人员具有所要求的技能并实现高生产率，培训和开发战略变得尤为关键。

与此同时，技术的变革也影响着培训与开发方法的选择。视听技术、计算机及网络技术使培训的方式发生改变，并影响着培训的效率和效果。

（4）社会文化环境

社会文化的变迁、人们生活方式的改变、社会权力结构的变化影响着人员培训与开发战略的制定。

一方面，关注生活质量的观念正在提升，与此相对应的便是工作时间的缩短和注重工作的乐趣。人们在寻求着工作和生活的平衡，这些变化在很大程度上影响着人们的价值观，从而对职业生涯观的形成产生作用，影响着企业人员的职业生涯开发和组织开发战略。另一方面，服务经济的兴起和消费者自我保护意识的增强对人员培训与开发也形成了新的挑战。消费水平的提高和消费领域的扩展也对企业员工的素质提出了新的要求。这既需要培训员工的服务意识和技巧，也需要培训他们应对服务工作巨大压力的能力。

（5）竞争对手的挑战

外部环境扫描还要注意竞争对手的状况。企业必须对竞争对手在人员培训与开发方面的活动进行评价，包括竞争对手人员培训与开发的优势和劣势，人员培训与开发的组织状况、活动状况，竞争对手的人员素质状况等。与竞争对手进行比较，可以为企业找到一个参照物，找出自身的劣势并改进。

在企业进行人员培训与开发的同时，还要考虑人才技术的流失会不会为竞争对手作了嫁衣。企业在人员培训与开发方面的投资，可能由于人才的流失而丧失。因此，在确定人员培训与开发战略的时候，要考虑对员工职业生涯的规划，并对员工进行企业价值观、企业使命的宣传，增强员工对企业文化的认同，加强对人员流失进行约束。

3）内部环境中的影响因素

企业的内部环境同样影响着人员培训与开发活动，这些因素包括组织类型、员工类型、组织目标和组织活动几方面。

（1）组织类型

不同类型的企业需要选择不同类型的人员培训与开发战略，因为战略只有落实到每个具体的企业才是真正可操作的战略。一般来说，利益驱动型企业比公共组织提供的培训多，制造型企业提供的培训不如非制造型企业多。

在新的竞争时代，出现了诸如高绩效组织、网络组织、学习型组织等新的组织形式，在这些新的组织形式中，决策的权力是下放的，强调团队之间的合作，职务安排更加灵活，人力资源管理围绕绩效进行，管理者与员工的关系应该是教练和运动员式的关系。由于管理围绕绩效进行，绩效管理的目的是弥补绩效的差距，被意识到的差距转变为培训与开发需求，通过人员培训与开发的设计和实施弥补这些差距。因此，人员培训与开发已经不是灌输思想和规则的简单工具，而成为提高组织绩效的一种重要的战略工具。

（2）员工类型

员工类型的不同也使人员培训与开发战略有所不同。在战略性人员培训与开发活动中，不同的员工类型开展的培训与开发活动的内容、投入的资源是有差异的。

对于专业技术人员，培训应该是多方面的，重点是技术能力的更新，但是对人际交往、组织协调等方面的技能也应有所兼顾。对于基层员工，后期的培训比较少，但是不能一概而论。对于处于核心地位的基层人员，培训不仅不能少，还要多一些。对于基层人员，培训重点应该放在关注行为方面；对于管理人员，培训重点应该放在处理人际关系能力、组织能力和领导能力方面。

（3）组织目标

组织经营活动目标的不同将直接影响着人员培训与开发战略的制定，应从降低产品成本、提高产品和服务质量、创新技术的应用三方面进行讨论。

① 降低产品成本：降低产品成本需要员工具备降低成本的意识和技能，需要员工关注在生产服务中哪些环节是低成本控制的最佳点。企业需要利用培训与开发让员工了解降低产品的次品率和差错率、降低原材料的消耗、降低资本费用等方面的内容。

② 提高产品和服务质量：提高产品和服务质量比较有效的方法是向员工授权，使他们能更快、更直接地处理顾客需要解决的问题，而不必等到请示的结果出来再提供进一步的服务，从而保证服务的准确性、标准化和灵活性。顾客的要求是不同的，所以在服务中如何做到标准化又做到个性化是比较关键的。这需要对员工进行细致的和带有启发性的培训。

③ 创新技术的应用：无论在什么领域，无论什么新技术的应用都离不开培训和开发活动。信息技术、计算机技术、通信技术、网络技术的进步只有通过正确有效地运用才能真正成为竞争优势。只有通过对员工进行新技术的培训，将产品及处理技术同员工的培训与开发紧密结合在一起，才能通过人的力量来实现生产率的提高，扩大竞争优势。

（4）组织活动

组织活动主要有组织兼并、组织再造以及全球化和国际化，这些活动都将对人员培训与开发战略产生影响。

① 组织兼并：组织兼并能使企业进入新的市场，获得新的市场份额，提供更多的产品和服务，使企业快速成长。而兼并的成败取决于被兼并企业和兼并企业的产品、技术、销售、财务，尤其是人力资源能否相适应。在考虑未来伙伴或者收购对象时，要考虑到现有管理人才的适用性，未来管理人才和技术人才的优势、劣势，兼并带来的组织变化、管理者变化，新老人员的融合和沟通，新人员导向培训等。兼并的战略实施取决于双方的合作程度，而这种合作在一定程度上同人员培训与开发工作的水平相关。

② 组织再造：组织再造包括组织的扁平化、团队化和网络化，职务的重构等多种形式。这些变化使组织更富创造性，反应更为迅速。而这些变化需要组织进行团队建设、更加主动地承担责任、开发新的技能等人员培训与开发活动。

③ 全球化和国际化：在全球化的背景下，人员培训与开发正进入一个全新的领域。员工的文化适应能力、语言能力、国际化思维、心理压力及调节能力等都成为人员培训与开发的全新课题。

2.2.2　制定人员培训与开发战略

1）制定人员培训与开发战略的原则

制定人员培训与开发战略需要重点体现企业绩效的提升与人员自身能力的提升

同步。企业开发人力资源是为了实现企业的营利。人员到企业去工作已不仅仅是为了谋生，还需实现个人发展和自我价值提升。这两者结合在一起，不管有多少种组合，如果人员没有得到最大限度的潜能开发，企业的效益就不可能实现最大化。人员积极性、创造性的调动是因，企业的效益是果，因此不断提升企业人员的人力资本存量，同时使企业盈利增加，将是人员培训与开发战略制定应遵循的核心原则。另外，人员培训与开发战略的制定也应该建立在科学、实际、统一的基础上。第一，战略性人员培训与开发必须遵循行为科学的基本理论，符合人员发展的基本要求，按照科学的培训与开发体系组织培训与开发活动。第二，战略性人员培训与开发必须符合企业的实际情况，能够直接解决企业存在的或可以预见的问题，为企业的发展目标服务。第三，人员培训与开发战略需要和企业战略相一致，而且在企业长期的培训与开发工作中，必须保持前后的连贯、统一，避免重复、低效。

2）制定人员培训与开发战略的步骤

（1）制定人员培训与开发战略，首先要确定人员培训与开发战略的总体目标。人员培训与开发战略的总体目标是根据组织的发展战略目标、人员培训与开发的现状和要达到的目标、人员的现有能力与需要达到的能力综合确定而成的。人员培训与开发战略的总体目标是对未来组织内部人力资源所需要的人力资源数量、结构、素质、能力和人员的工作态度、企业发展需要的文化与团队精神、培训与开发成本、人员培训与开发的方式和方法等提出的更高层次的具体要求。

（2）人员培训与开发战略的总体目标确定后，需要层层分解和落实到子公司、部门和个人。在分解人员培训与开发战略的总体目标，即确定各层次子目标时需要注意以下两点：一是要根据子公司、各部门、人员的自身条件与能力量力而行，切不可设定不切实际的子目标；二是分解后的目标应为具体明确的任务，具有可操作性、可监控性。

（3）制订人员培训与开发战略的实施计划，它是人员培训与开发战略实现的保障。它主要回答如何完成、何时完成人员培训与开发战略这两个问题，即要将人员培训与开发战略分解为行动计划与实施两个步骤。前者主要提出人员培训与开发战略目标实现的方法和程序，而后者从时间上对每个阶段组织部门与个人应完成的目标或任务作出规定。

（4）制订实施保障计划。实施保障计划是根据人员培训与开发战略实施的需要而制订的，是人员培训与开发战略实施的保障。它对人员培训与开发战略的实施从政策上、资源上（包括人、财、物、信息）、管理模式上、组织发展上、时间上、技术上等提供必要的条件。保障计划为企业人员培训与开发战略的实施创造了有利的条件。

（5）考虑战略平衡。战略平衡是指人员培训与开发战略、财务战略、营销战略、运营战略等之间的综合平衡。由于各战略一般均来自不同的部门、不同的制定者，因而它们往往带有一定的部门和个人倾向性，有时会过分强调各自的重要性，以争取组织的政策优惠与更多的资源供给。因此，组织必须对各项战略进行综合平衡。

2.2.3　人员培训与开发战略的实施

实施人员培训与开发战略应该从两个方面着手：一是要营造适宜的有利于人员发展的环境，给每个人员的发展提供舞台，无论是大才还是小才都能人尽其才。让每个人员都知道经过努力，会达到的自我发展程度。二是要实施人员培训与开发过程的战略化、系统化管理。要把人员培训与开发活动中培训与开发需求的分析、培训与开发计划的制订、培训与开发项目的实施、培训与开发效果的评价这四个部分视为一个整体，有机联系起来。要全面分析人员培训与开发需求，严格制订人员培训与开发计划，认真实施人员培训与开发项目，深入评估人员培训与开发的效果。

在人员培训与开发战略实施过程中，最重要的工作是日常的人员培训与开发管理工作。它将人员培训与开发战略落到实处，并检查战略实施的进度与质量，对人员培训与开发战略实施的方法提出改进意见，以提高员工工作能力，改善工作绩效。在人员培训与开发战略实施过程中，必须借助许多有效的工具与方法，这些工具和方法无疑有助于人力资源战略的实现，如企业培训与开发体系、人员潜能的开发体系、人员职业开发体系、组织开发体系的应用等。

2.2.4　人员培训与开发战略的评估

人员培训与开发战略的评估是指在战略实施过程中寻找战略与现实的差异，发现战略的不足之处以及时调整战略，使其更加符合组织战略和实际状况。但是，在实际评估过程中，由于评估的主体是人，这不可避免地会使人员培训与开发战略的评估受到各种难以量化的主客观因素的影响，在某种意义上成为一个非理性的过程。

1）影响人员培训与开发战略评估的非理性因素

（1）评估主体对风险的态度

由于对人员培训与开发战略成功可能性的估计在很大程度上严重依赖个人的主观价值判断，所以人员培训与开发战略评估在很大程度上取决于评估主体对风险的态度。

（2）外部环境变化及其带来的新压力

通过对人员培训与开发战略的评估，企业可能会作出使外部压力趋于最小化的选择。

（3）企业文化的影响

企业文化将影响人员培训与开发战略和企业战略之间的相容性问题，并影响员工对人员培训与开发战略的认同度和参与的积极性。因此，脱离企业文化进行人员培训与开发战略评估将是十分危险的。

（4）企业内部的政治关系

所有的企业都存在着内部政治关系，即企业内部正式与非正式团体以及个人相互之间所结成的一种联系，这种内部政治关系将影响和制约对人员培训与开发战略的评估。

2）人员培训与开发战略评估的程序

为了正确地进行人员培训与开发战略评估，必须严格按照人员培训与开发战略评估的程序进行实际操作。人员培训与开发战略评估的程序具体可分为5个阶段：确定评价内容、建立评价标准、衡量实际效果、实际效果与标准相比较、根据实际效果与标准要求的差距情况决定是否采取适当的校正行动，这一过程如图2-2所示。

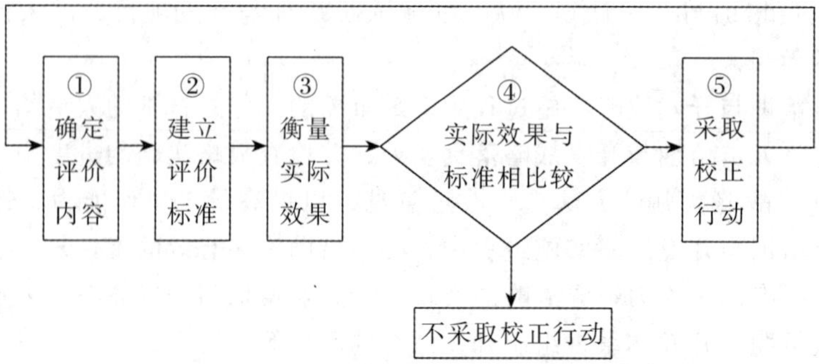

图2-2　人员培训与开发战略评估的程序

2.3 人员培训与开发战略和企业战略

2.3.1 人员培训与开发战略和企业战略结合

企业战略是指企业为谋求生存和发展，并使企业的资源和实力同不断变化的环境之间保持适应而设计的长远性、全局性、关键性的构想或方案，用以确保通过正确执行而达成企业的最终目标。企业战略一般分为企业总体战略和竞争战略两个层次。人员培训与开发战略需要与这两个层次的企业战略相结合。

1）依据企业总体战略确定培训与开发策略

企业的总体战略一般与人力资源的现状之间存在一定的差距，因为企业在制定战略目标的时候，一般都是机会导向的，主要是按照市场竞争的要求和压力来设定战略目标。因此，企业人力资源状况总是与战略要求存在一定的差距，这就需要企业调整人力资源的配置情况以适应企业总体战略的要求。

人力资源的配置情况适应企业总体战略的要求主要有两种形式：一是企业按照总体战略对人才的要求，引进短缺的人才，以此提高人力资源适应战略的水平；二是按照战略要求，企业依靠自身的培训与开发系统自行培养所需人才，这种培训与开发的力度取决于企业人力资源现状与企业总体战略对人才状况需求的差距有多大。因此，企业的总体发展战略在很大程度上影响着培训的类型（个体、团体、特定群体、全体人员培训）、培训的方法及培训所需要的资源（资金、培训者的时间）。企业的总体战略一般包括内部成长战略、外部成长战略和紧缩型战略。下面我们通过表2-1来说明不同的企业总体战略对培训与开发战略的要求。

表2-1　**企业总体战略对人员培训与开发战略的要求**

	战略要点	战略要求	关键事项	培训与开发重点
内部成长战略	市场开发 产品开发 技术制度革新 合资	销售现有产品 增加分销渠道 拓展现有市场 调整现有产品 创造新的或不同的产品 通过合伙发展壮大	创造新的工作任务 技术制度革新	文化培训 培养创造性思维和分析能力 提高工作的技术能力培训 对管理者进行反馈与沟通方面的培训 冲突的协调和技巧的培训
外部成长战略	兼并	横向联合 纵向联合	整合富余人员 重组	培训、开发被兼并公司的员工能力 对被兼并公司员工进行文化培训 整合培训系统 团队建设
紧缩型战略	节约开支 转产 剥离 债务清算	降低成本 减少资产 创造利润 重新制定目标 卖掉全部资产	提高效率 裁员与分流	管理变革、时间管理、压力管理的培训 适当控制培训的规模和花费 培养员工新的工作技能

2）企业不同经营战略下对人员培训与开发战略的要求

企业的经营战略是指在给定的产品或市场领域内，如何取得超过竞争对手优势的战略。企业一般采用三种战略来获取可持续的竞争优势：一是成本领先战略；二是差异化战略；三是集中化战略。而与此同时，人员培训与开发战略就要与这三种经营战略相结合。

（1）成本领先战略

如果企业进行所有价值活动的累积成本低于竞争对手，企业就具有成本优势。成本优势的战略性价值取决于其持久性，如果企业成本优势的来源对竞争对手来说是难以复制和模仿的，其持久性就会存在。企业获得成本优势的方法主要有两种：控制成本驱动因素和重构价值链。控制成本驱动因素是指企业可以在总成本中占有很大比例的价值活动的成本驱动因素方面获得优势；重构价值链是指企业可以采用不同的、效率更高的方式来设计、分销或销售产品。

在成本驱动因素中有多个是与人员培训与开发相关的。重要的一点便是学习，学习是指那些已经被证明能提高效率的行为。通过学习能产生降低成本的机制，包括安排的改变、进度的改变、劳动效率的提高、适于生产的产品设计改动、收益增加、资产利用率提高的程序和使原料更适合工艺流程等。要培训员工具备降低成本的意识和技能，让他们关注在生产服务中哪些环节是低成本控制的最佳点。需要运用培训让员工了解降低产品的次品率、差错率、降低原材料的消耗、降低资本费用等方面的内容。此外在重构价值链中，人员培训与开发可以通过团队建设和冲突的协调等方法来提高效率。

（2）差异化战略

差异化战略是指企业努力使其提供的产品或服务与竞争对手有所不同，具有自己的特色。在实现差异化战略的过程中，需要加强产品的独特性或对产品设计进行改进，这就需要进行人员培训与开发，加强员工的研究开发能力，开发员工的创造能力，培养具备创造性思维和分析能力的研发队伍。

服务业的差异化战略成功与否在很大意义上取决于直接面对顾客的人员是否具有了解和满足顾客需求的能力。因此在人员培训与开发过程中，要对员工进行细分化培训，使员工具备推行差异化战略所应具备的知识、能力、技能。

（3）集中化战略

集中化战略是指主攻某个特定的顾客群、某产品系列的一个细分区段或某个地区市场。其结果通常是企业通过较好满足特定对象的需要实现了差异化，或者在为这一对象服务时实现了低成本。在采用集中化战略时可针对具体的目标进行差异化和成本领先的战略组合。集中化战略培训的重点在于团队建设、交叉培训。

2.3.2 企业战略下的人员培训与开发战略制定

战略性人员培训与开发并不是一个独立的过程，它应是企业总体战略过程中的一个子过程。因此战略性人员培训与开发要想促进企业战略意图的实施，为企业带来价值，就必须未雨绸缪，依据企业未来的战略和目标而定，这样培训与开发才能真正为企业战略起到保驾护航的作用。战略性人员培训与开发需要遵循的流程如图2-3所示。

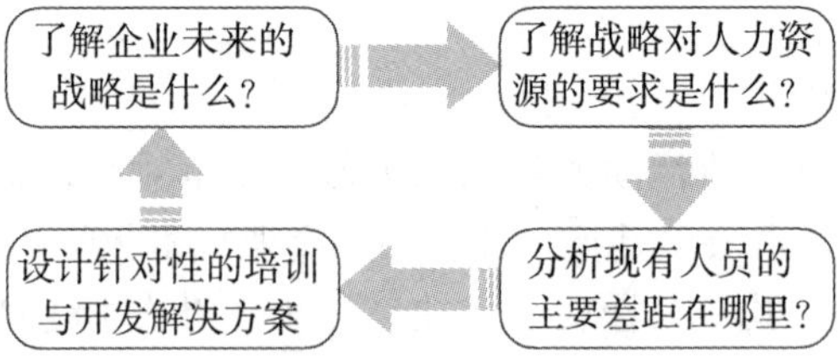

图2-3 战略性人员培训与开发流程图

1）了解企业未来的战略

根据企业的愿景和使命，了解企业当前在干什么？未来准备干什么？发展的重点和方向在哪里？为了保证战略的实施，确定企业需要进入哪些市场？进行哪些变革？未来面临的薄弱环节和需要加强的领域有哪些？等等。

通过上述问题的答案确定企业战略，然后，通过目标分解下达，确定每个部门和各个岗位承担的重点工作和主要目标是什么，包括近期及远期的重点目标都是什么？哪些是关键性的工作？目标分解要尽可能量化和具体化，让每个人都清晰明了。

2）了解战略对人力资源的要求

确定了企业的战略以及每个岗位应承担的目标后，就需要根据目标要求和任职条件为每个岗位构建素质模型，建立一个标准。明确企业长期战略对人力资源的要求是什么，近期具备的条件是什么，未来人力资源的数量和质量等。不同战略类型的企业，其岗位的素质模型是不一样的，如创新型的企业战略需要具有开拓性思维、冒险精神、反应速度灵敏等特质的人力资源。而成本领先战略则对团队合作精神、持续改进意识等方面要求更多一些。

3）分析现有员工主要的差距

企业应该对现有人力资源的基本情况有全面的了解，包括员工的年龄、教育程度、知识背景、工作经验、性格特征、工作态度等，并对其现有工作及未来工作的能力有一个基本的判断。通过岗位素质模型和标准的确立，能够从根本上反映现有人力资源状况与人力资源需求的差距。而通过分析造成这些差距的根本原因，培训的真正需求便一目了然了。然后，再根据“优先次序、轻重缓急”的原则，确定弥补这些差距的最佳培训手段。

4）设计有针对性的培训与开发解决方案

根据企业的战略需求和现有人力资源状况的差距，我们可以设计出企业的培训与开发体系以及培训与开发解决方案。确定企业未来的培训与开发重点，哪些关键课程和关键岗位的培训与开发能大幅度地为企业发展增值？目前最迫切需要解决的培训与开发问题有哪些？哪些人员的培训与开发是需要长期稳步进行的？等等。根据轻重缓急来安排培训，可以做到资源合理配置，培训效果显著，如企业的计划、时间管理是共性问题，通过短平快的培训就可以解决，而人员的技术水平、产品质量提升则是慢工细活，需要通过长期培训来提高。

同时，针对每个部门、每个员工的目标和差距，了解员工的个性需求，进而区别对待，设计分层次、分部门、分类别的培训课程，形成培训规划框架和具体的培训计划。如可分为公司部门重点培训与开发、高层/中层/基层管理人员/操作人员培训与开发、技术/营销/生产等专项培训与开发等。各类课程应以恰当的人员培训与开发方法，如高中层管理人员侧重于管理能力的培训与开发，而基层人员则侧重于通过现场辅导、岗位轮换方式进行培训与开发。力求在解决共性问题的同时解决个性需求，使战略与每个人的培训与开发需求充分结合，具体的步骤如下所述。

（1）明确人员培训与开发的目标

企业通过战略研究，确定中长期发展目标，从而对未来发展所需的各种类型的人力资源数量、质量等有总体的认识。这样，在对企业现有人力资源基本状况有了全面的了解之后，培训开发的目标也就自然确定了。

（2）确定人员培训开发的方式

目标确定之后，便要探寻达到目的的途径（不同的培训与开发方式，在适应条件、效果、成本与收益等方面都存在很大差异）。企业应该在综合内外部条件之后，选择具体的培训与开发方式。

（3）组织实施计划

培训与开发的目标与方式确定之后，便要制订详细的培训与开发计划，并组织实施。具体的计划可以由企业的战略规划部门同人事部门一起制订；也可以由培训人员、主管部门、企业领导多方协调，统一制订；还可以请企业外的专门咨询机构，承担综合方案的拟订，由企业自行选择决定。但是无论计划如何制订，企业必须有专门的职能机构负责组织实施，企业各级领导和各个部门应该密切配合，力求达到最佳的培训与开发效果。

（4）评价人员培训与开发的效果

企业应该更加重视实施效果的检查、评价，这种检查评价并不是一瞬间的事，而是一个过程。另外评价不仅仅要在培训与开发活动结束以后进行，也应该在培训与开发的过程中进行。检查评价工作可以总结经验教训，为下一步确定培训与开发方式、制定实施细则提供借鉴。

通过以上措施和步骤设计的企业培训体系和培训方案，既有前瞻性，又能解决企业的实际问题，同时又围绕着企业战略和战略分解目标进行，这样就避免了培训与开发的救火现象和无用结论。培训与开发需要推进企业战略的有效实施，真正为企业战略的发展保驾护航。

2.3.3 营造企业竞争优势的人员培训与开发措施

要使人力资源成为企业持久竞争优势的源泉，其关键是要开发和培养具有价值性、稀缺性，同时又难以模仿的人力资源，为此，企业应采取以下措施。

1）确定培养还是雇用员工

组织需要作出一个关键决定：企业选择培训、开发现有的员工，还是雇用已经在别的公司得到培训或开发的人员。

在决策中，组织规模的大小通常是一个很重要的因素。大公司常常负担得起花在人员培训与开发上所需的大量费用，如宝洁公司在新员工的全面培训上倾注了大量时间和精力，并建立了培训基地。有些公司倾向于雇用没有工作经验的员工，将他们安排在初级职位上并为他们提供升迁的机会。而有些公司，如苹果公司，则倾向于雇用那些有工作经验的员工来从事高级职位的工作。事实上，苹果公司雇用了很多来自IBM的员工，因为IBM以提供全面的培训和上岗引导计划而闻名。这就使那些提供全面培训的公司面临着一个问题：它们也许为员工提供了非常好的培训与开发，然而员工在培训结束后离开了公司，最后却在为竞争对手工作。

所以组织必须决定花费时间、精力、资源来对员工进行培训，还是选用“空降兵”以节省培训费用。一个成熟的人员培训与开发战略应该考虑到员工的离职情况所带来的损失，并制定相应的约束措施。

2）培训与开发企业人力资源的特殊技能

根据人力资本理论，人力资源的技能可以分为两类：一般技能和企业特殊技能。一般技能是指由个人拥有的对每个企业都具有价值并且适用的技能。例如，员工具有的一般认知能力、管理知识、专业基础知识、外语水平等，各个企业都可以从这些技能获得相同的价值。企业特殊技能是指只对某个企业具有价值，而对其他竞争对手没有价值的个人技能。例如，员工具有企业某种专门技术使用方法的知识，或具有只对本企业适用的有关企业各项政策和流程的知识等。

一般技能由于可为每一个企业提供相同的价值，如果在一个较为完善的劳动力市场中，这些技能就不能转化为企业竞争优势的源泉，企业想通过员工的一般技能获得持久的竞争优势是徒然的。然而，这并不意味着企业就可以忽视对员工一般技能的培养，其原因有：第一，一般技能能保持企业的竞争均势。例如，员工具有基本的读写能力是一般技能，它并不能给企业带来竞争优势。但是，如果一个企业招聘了不具备基本的读写能力的人员，将会给企业带来较大的市场竞争劣势。第二，从现代管理的发展趋势看，在激烈的市场竞争中，一个企业虽然不能保证其员工终身就业，但应保证所有的员工都有充分就业的能力，即能在此地或者异地找到新工作的能力。这就要求企业通过培训和开发人员的一般技能，提高员工未来的市场竞争能力，否则，企业就不能吸引和留住人才。

企业要获得持久的竞争优势，就必须重视开发员工的特殊技能，因为特殊技能既能为企业提供价值，又不容易被竞争对手模仿，而且也不容易被掌握这类技能的员工转化为市场行为。为此，企业需要加大投资，不断培训和开发人员以完成本企业特殊的工作流程。事实上“组织学习”就是一种企业创造、传播和应用企业特殊技能和知识的过程。通过组织学习这些企业特殊技能，不仅强化了企业的竞争力，而且对员工的成长和发展起到了积极的作用。

3）培育团队导向的企业文化氛围

在企业战略管理学界，一些理论观点认为企业的CEO或管理层是企业获取竞争优势的源泉。不可否认，如果一个企业拥有一位精明能干、业绩突出的CEO，那么企业便有很大的成功可能性。然而，在劳动力市场较为完善的情况下，尽管企业拥有了某些个别优秀人才，但是他们并不能成为企业持久竞争优势的源泉。因为吸引这些具有较高价值和稀缺的人才，企业不仅要为其付出很高的“身价”支出，而且他们可能会很快被竞争对手用重金“挖走”。在现实中，企业高层管理者频繁地在企业之间流动以及日益高涨的高层管理者报酬，都说明了从个体寻求企业持久的竞争优势是无效的。

企业开展人员培训与开发不是孤立进行的，必须与建设企业文化、建立学习型企业密切结合，彻底将员工从“要我学”转变为“我要学”，逐步形成人人学习新知识、掌握新技术、树立新理念、不断扩充和提升个人能力的风气。企业要获得持久的竞争优势，就必须培育团队导向的企业文化氛围。团队工作是一种体现集体主义精神，融合个体目标与集体目标的工作，其主要特征是完成工作任务有赖于整个团队成员的共同努力，工作成绩的好坏并不是由哪一个人决定的。团队成员之间应保持友爱、尊重和信任，通过团队成员思想心态上的高度整合，行动上的默契和互补，促进工作的协同，减少内耗，从而形成整体大于部分之和的裂变效应（即1+1>2）。团队工作既是一种状态或结果，更是一个过程，它是企业文化的升华，它使竞争对手难以分辨企业竞争优势的具体来源，使人员被联系在企业工作的特殊关系中，成为企业一种特殊的人力资本。正是由于团队工作的这种因果含糊性和社会复杂性，决定了团队工作只可“家产”，不可移植或模仿的性质。因此，应通过人员培训与开发培育团队导向的企业文化氛围，为企业获取持久竞争优势提供无穷潜力。

4）把对人员培训与开发的投入看成是企业的资本投资

战略性人员培训与开发必须把对培训与开发的投入（包括资本投入和人力投入）看成是企业的资本投资，而不仅仅是企业生产产品或提供服务的成本。如果把人员培训与开发的投入作为企业的生产成本来看待，就会导致企业在盈利时不愿意增加成本进行培训与开发投资，而在企业出现亏损时又无力进行培训与开发投资。但是，如果把企业人力资源的培训与开发投入作为资本投资来看待，就会产生积极的意义。由于人才竞争的加剧，用于人员培训与开发的投资对于企业的发展是必不可少的。把对人员培训与开发的投入作为资本投资，企业经营者就要讲回报，就会像对待其他资本投资一样，必然重视培训与开发的产出和经济回报，即重视培训与开发的经济效益和社会效益，从而企业的高层领导就会要求培训机构和参训人员不断地提高培训与开发的质量，注重培训与开发的效果，延伸培训与开发的价值链。

5）培训与开发对象应全员化并重点突出

企业的最大竞争力不只取决于某几个人的超群和突出，更取决于它的整体状况，取决于它是否存在某些突兀的薄弱环节。随着市场竞争不断加剧，某些薄弱环节的瓶颈作用就会表现得越来越突出。有不少企业受培训经费所限，只对某些一线人员和核心人员进行培训，忽视对其他人员的培训。然而在当今世界，经济、社会、科学技术的进步都极为迅速，忽视对这部分人的培训将使这些人在不知不觉中变成企业大木桶上最短的木板，从而制约企业整体竞争力的提高。因此，企业人员培训的对象应全员化。近年来，更有一些企业的培训与开发对象进一步从本企业的员工扩展到与企业相关的非本企业员工，例如，合作厂商的员工、顾客等，以使自己的产品充分展示其效能和优势。

同时，有不少企业的人员培训与开发工作不考虑员工实际水平的参差不齐，其培训与开发过程像学校上课一样要求采取统一模式，统一进度。这样做实际上是很不经济的，缺乏针对性，大大增加了培训与开发的投资，却不能收到良好的效果。

现在很流行揭短管理，即在企业管理过程中，不断查找和发现自己的最短处并及时对症下药使其由短变长，从而提高企业的整体竞争力。要想加长最短的木板，首先要及时找出最短的木板，即找出最需要接受培训的员工，这对员工绩效考核工作提出了很高的要求。要对员工的工作进行准确的绩效评估，编号法被证明是一种行之有效的方法。例如，在制造企业，产品经过每一道工序时，该工序工人的编号都要加到该产品上，最终产品的编号就包含所有经手的每一个工人的编号。一旦某个产品出现质量问题，根据该产品的编号便可直接找到责任人，然后对责任人进行有针对性的重点指导和培训，以加长这块最短的木板。

6）注重人员培训与开发的转变

人员培训与开发的转变主要体现在图2-4显示的几个方面。

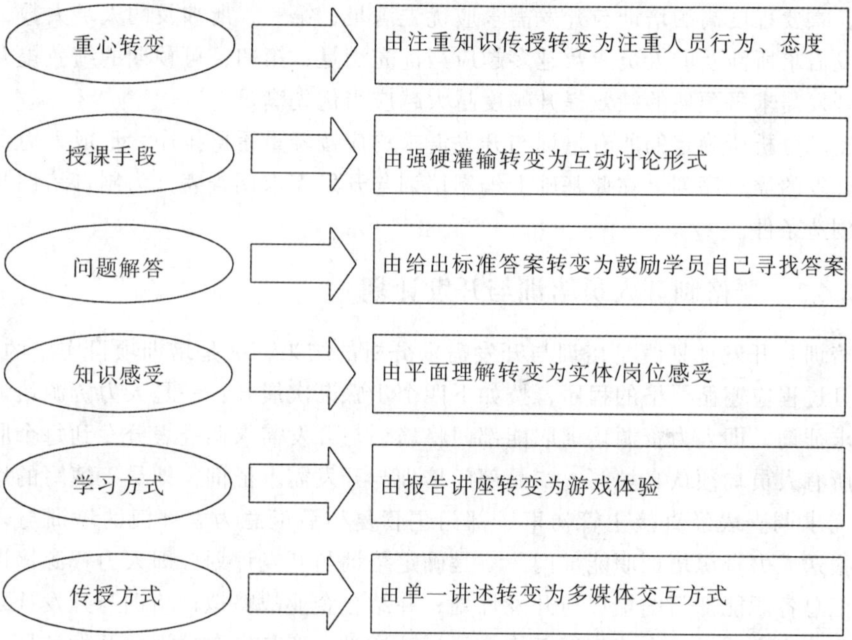

图2-4 人员培训与开发的转变

总之，当今的竞争归根到底是人力资源的竞争，特别是人才的竞争。一个企业要在未来市场竞争中获得持久的竞争优势，就必须不断努力去开发和培养有价值的、稀缺的、不容易被人模仿的人力资源特性。只有那些善于开发员工的潜在才能、善于开发企业人力资源的特殊技能、注重培育团队导向的企业文化氛围的企业，才有可能在未来获得成功。

2.4 人员培训与开发的战略化管理

企业实施人力资源培训与开发的战略化管理，应审慎地确定其近期及中长期定位，努力再造其管理及操作模式。

2.4.1 全面分析培训与开发需求

培训与开发需求分析既是制订培训与开发计划的前提，又是评估培训与开发效果的基础，主要从以下五个方面着手：一是组织分析，着重分析每个职能部门的组织结构和组织目标，确定其培训范围及重点。二是岗位分析，着重分析每个工作岗位的素质要求和绩效要求，确定其培训目标及内容。三是人员分析，着重分析每个现职人员的工作过程和工作结果，确定其培训方向及要求。四是绩效分析，着重分析每个部门、每个岗位、每个人员的实际绩效与目标绩效之间的差距，确定其潜在的培训与开发需求。五是需求评审，主要从以下四个方面进行：第一，与发展战略的关联程度，关联程度高的培训与开发需求应优先满足；第二，对企业运作的重要程度，重要程度高的培训与开发需求应优先满足；第三，所涉及的人员人数，培训与开发需求所涉及的人员人数越多越应当优先满足；第四，可预期的绩效提升，培训与开发需求可预期的绩效提升幅度越大越应当优先满足。

需求分析所确定的所有培训与开发需求均应按轻重缓急排序，形成人力资源培训与开发的需求序列，在此基础上编制培训与开发需求调查表，为制订培训与开发计划创造条件。

2.4.2 严格制订人员培训与开发计划

培训与开发计划既是培训与开发需求分析的结果，又是培训项目实施的依据，其制订过程应遵循严格的程序，按如下四个步骤渐次展开：一是人力资源培训与开发需求征询，即人力资源培训职能部门将培训与开发需求调查表分发到每个职能部门，所有人员均须认真填写。二是部门培训与开发需求征询，即员工填写的培训与开发需求调查表经直接主管初审、部门主管复核后汇总为本部门的培训与开发计划，报送人力资源培训职能部门。三是确定培训与开发计划，即人力资源培训职能部门汇总各职能部门的培训与开发计划，并结合企业战略拟订培训与开发计划，经总经理室审定后提请企业年度工作会议讨论通过。四是发布培训与开发计划，即在全企业范围内发布培训与开发计划，并确保每一位人员都能知晓相关内容，以便培训与开发计划的贯彻执行。

培训与开发计划应包含本企业所有的岗前培训（以新人员为培训对象的基础培训）、岗位培训（以在岗和拟转新岗的普通人员为培训对象的增值培训）和职务开发（以在职和拟任新职的管理人员为培训与开发对象的增值培训与开发），并应涵盖培训依据、培训目的、培训对象、培训时间、课程内容、师资来源、进度要求和经费安排等要素。

2.4.3 认真实施培训开发项目

企业培训开发项目可分为工作现场内培训和工作现场外培训开发两大类。工作现场内培训是由直接主管在工作现场范围内对人员进行的分散式培训，重在帮助人员在工作过程中持有严谨的工作态度、掌握适用的工作技能、养成良好的工作习惯、建立融洽的工作关系。工作现场外培训开发是由培训教师在工作现场范围以外对参训人员进行的集中式培训，重在向参训人员传播旨在提高其综合素质、增强其胜任能力的新理念、新知识、新方法、新技能。

无论是哪一类培训与开发项目，只要列入培训与开发计划，都应有组织、有计划地实施，且每个培训项目在实施过程中都要切实做到以下四点：一是注重过程管理，每个培训项目都应当是一个完整的“PDCA循环”过程，即“策划（Plan）→执行（Do）→检查（Check）→处理（Action）”的质量控制过程。二是注重营造氛围，即营造既有竞争又有合作的培训与开发氛围，使整个培训与开发活动变成一个团队活动。三是注重个人感受，即激发培训者和受训者之间的沟通与互动，使双方都能从中感受到培训的乐趣。四是注重职业规划，即每个培训与开发项目都应当对参训者的从业理念有启发、对参训者的职业规划有裨益。

2.4.4　深入评估培训与开发效果

培训与开发效果可分为反应、学习、行为、结果四个递进的层次，企业培训与开发效果评估即应从这四个方面入手：一是关注参训人员的反应，评估参训人员对培训的主题、内容、教材、教师、形式、进度、环境和设施等各项条件是否满意，评估方法有观察、面谈、意见征询、抽样调查等；二是测试参训人员的知识，主要评估参训人员是否掌握了培训所传授的原理、方法、技能、规程等，评估方法有卷面考试、实地操作、写心得、谈体会等；三是考查参训人员的行为，主要评估参训人员返岗后工作行为是否有所变化、工作绩效是否有所提高，评估方法有行为观察、绩效考评、实测、访谈（访谈对象除本人及其主管外，还应包括相关的同事和客户）等；四是衡量培训与开发项目的成效，主要评估培训项目是否有助于企业业绩的提高，评估方法依企业业绩评定、绩效考评的方法而定，但需注意定性评价与定量分析的有效结合。

这四项评估的主旨就是学以致用，前两项在培训结束之前完成，侧重解决学而有益的问题；后两项在培训结束之后开始，主要解决学而有成的问题。

【案例】

如何对新员工进行培训激励？

有家企业存在这样一个管理问题，因为一些关键技术工作人员缺口比较大，企业总招不满人，因此这些岗位上的老员工（有五年以上工作经验的员工）自视甚高，虽然工资已经很高了，但他们仍然怨声载道，多在应付工作。企业领导是看在眼里，急在心里，于是想到了“鲶鱼效应”，想引进一些新员工激发那些老员工的工作热情。

但随之而来的问题又摆在了企业管理者的眼前。该企业之前对新员工的做法是，经过一系列的文化或制度培训后，把新员工直接交给使用部门，由使用部门具体管理，生产部门虽然有师傅带徒弟的制度，但由于监督考核没跟上，基本流于形式。新员工被分配到各部门后，由于主管的带兵能力和用心程度不同，很多新人最后都是稀里糊涂地转了正，其能力并不一定胜任岗位，所以后续又出现一系列问题。

更何况企业是想培养这些新员工进入关键技术岗位上工作的，以前的套路是肯定不行了。企业于是想到采用新的培训方案，我们来具体看看这个案例。

为了能在短的时间内培养出一批合格的技术工人，企业费了不少心思。目前的情况是，关键技术岗位计划充实10人，其他岗位需要淘汰15人，共缺员25人。由于企业在当地给出的工资较高而且信誉还不错，招聘难度并不大。人力资源部从大中专院校和社会上集中招聘了45人，多增加的20人是为了确保淘汰后的优选人数。企业对新招聘来的人员统一培训关键工序的技能，既解决了眼前的关键技术人员短缺问题，也有利于未来人才的储备。人力资源部对新员工的培训分为两个阶段：一是基本素质的培养和优选；二是专业技能的培养和优选。每个环节都导入了优胜劣汰。

基本素质培养阶段。从入厂开始，凡是不能按时到岗的培训人员一律不再录用；在制度等培训过程中，针对不认真听讲的培训人员，人力资源部专员负责在课间休息时询问他们课堂讲授的内容，凡是不了解讲授内容的培训人员，一律立马走人；在军训过程中，凡是不按要求动作执行的（可以不标准，但不能不努力）培训人员，一律淘汰。因为如果连看得到的简单动作都执行不了，这种人不可能自觉地严格执行操作规程。在此期间，人力资源部专员还特地暗暗观察，凡是领导来了就起劲干，领导走了就吊儿郎当的培训人员，一律清退。7个工作日后，留下39人。这39人随后进入了第二阶段的技能训练环节。他们被分成3组，每组有一名老员工当教练，但统一归人力资源部管理，带队教练根据本组的综合排名可以获得不同等级的补助。

培训时，人力资源部将技术工人的作业方法拆分为6个步骤，每个步骤训练结束后，小组之间和组员内部都要通过竞赛来排名。小组根据名次先后，从第一名到第三名分为红旗组、绿旗组、黄旗组，各小组内部还要根据每次竞赛获得的名次入座，每次竞赛结束后对红旗组即时兑现奖励，对倒数的黄旗组的教练和员工罚做俯卧撑，同时黄旗组的倒数第一名被淘汰。小组内部，从第一名到最后一名也按名次入座，但与小组竞赛不同的是，个人竞赛的成绩同时公布两个排序：本次竞赛成绩和累计竞赛成绩，而座次安排按累计竞赛成绩来排。与此同时，每个小组内连续三次都排在后三名的组员，也将予以淘汰。这些新员工憋着一股劲儿，宁可自己主动走，也不能被淘汰。

其实竞赛的特点是：越是在一次次竞赛中胜出，参与者越珍惜竞赛机会。由于大家都是初学者，只要多刻苦一些，名次位置马上就会出现变化，因此整个活动下来，每次竞赛后几乎座次都会变换，而连续三次都排后三名而被淘汰的只有1人。训练期间，人力资源部专员特意安排每个小组配备一把训练室钥匙，正常上班时间以外的时间依然可以自行训练。

人力资源部专员发现，本来上午8点上班，但早上6点就有人到岗训练；下午6点下班，但很多人主动训练超过了晚上10点。经过1个多月的强化训练，最后胜出的员工为28人。随后，企业开始组织新老员工竞赛。当看到结果时，人力资源部专员几乎惊掉了下巴，在前十名中，新员工居然占了7人，工作超过5年的老员工都比不上他们。老员工看到结果之后，受到很大触动。

人力资源部专员适时在整个车间拉开了竞聘的大幕，竞聘结束后被淘汰的人员，有些渴望继续留在企业，人力资源部专员就让他们做辅助类工种，企业每季度给他们一次机会，可以竞聘企业的任何一个岗位，让他们变成员工背后的“第三只眼睛”，从而提醒所有在岗员工都不敢懈怠。

通过这种优胜劣汰的方法强化对新员工的培训，一来为企业的未来发展储备了力量；二来对那些吊儿郎当的老员工也能起到敲山震虎的作用，改变他们的精神面貌，提高他们的工作效率！

资料来源　HRsee.如何对新员工进行培训激励？[EB/OL].（2019-09-09）. http://www.hrsee.com/? id=1123.

【拓展阅读】

企业开展培训工作，根本目的是提高员工的素质和技能，从而增加他们的业绩输出。按道理说，业务部门对培训工作应该是鼎力支持的，但现实并不是这样的。由于种种原因，很多培训后的效果并不十分理想，而且在培训期间员工基本处于脱岗状态，这势必影响业务部门的工作安排和进度，因此业务部门的负责人对于各种培训免不了颇有微词，这种态度必然会影响到整个企业培训工作的开展。如何才能让业务部门支持本部门的培训工作呢？具体案例可扫码阅读。

培训工作如何赢得业务部门的支持

本章小结

1.战略性人员培训与开发是指企业在分析外部环境和内部条件的基础上，为获得长期的人力资源竞争优势和企业的长远发展，而形成的人员培训与开发的目标、使命以及为了实现这个目标而制订的长期的、全局性的行动计划。

2.可以基于权变、结构、资源三种视角对人员培训与开发的战略性进行考虑。在实施的过程中要遵循整体性原则、差异性原则、动态性原则、长远性原则和创新性原则。

3.战略性人员培训与开发的意义在于：战略性人员培训与开发是企业克敌制胜的重要保证，能推动企业人力资本的扩展，促进企业绩效的提升和企业文化建设。

4.人员培训与开发战略的制定程序：①战略分析（外部环境分析，内部条件分析）；②战略制定（设定战略目标，建立实施计划）；③战略实施（人力资源开发，人力资源管理）；④战略评价（战略效果评价，实施过程反馈）。在进行外部环境扫描时重点包括经济环境、劳动力市场环境、技术环境、社会文化环境和竞争对手的挑战。企业的内部环境同样影响着人员培训与开发活动，包括组织类型、人员类型、组织战略、组织目标和组织活动几方面。

5.人员培训与开发战略必须与企业战略相结合，依据企业总体战略和竞争战略进行人员的培训与开发。在企业战略下制定人员培训与开发战略的流程包括：①了解企业未来的战略；②了解战略对人力资源的要求；③分析现有人员主要的差距；④设计有针对性的培训与开发解决方案。

6.建立为企业获得竞争优势的人员培训与开发战略，企业应关注：确定培养还是雇用人员、培训与开发企业人力资源的特殊技能、培育团队导向的企业文化氛围、把对人员培训与开发的投入看成是企业的资本投资、培训与开发对象应全员化并重点突出、注重人员培训与开发的转变。

7.人力资源培训的战略化管理分为：全面分析培训与开发需求、严格制订人员培训与开发计划、认真实施培训开发项目、深入评估培训与开发效果。

关键概念

战略性人员培训与开发　SWOT分析法　企业战略与人员培训与开发战略

课堂讨论题

1.如何在实施过程中体现战略性人员培训与开发的五个原则？

2.讨论企业战略的两个层次以及如何根据这两个层次制定企业的人员培训与开发战略。

3.当运用SWOT分析法对企业战略进行分析时，应该考虑哪些外部环境以及内部影响因素？

4.制定人员培训与开发战略的步骤是怎样的？

复习思考题

1.简述战略性人员培训与开发的含义、原则与意义。

2. 人员培训与开发战略制定程序包括________、________、________、_______。

3. 为企业获取竞争优势的人员培训与开发战略重点是什么？

4. 如何进行人员培训与开发的战略化管理？

5. 评估人员培训与开发战略时应注意哪些非理性因素？评估程序是怎样的？

第3章 / 培训需求分析

学习目标

培训需求分析是企业培训活动的首要环节，在本章的学习中需要理解培训需求和培训需求分析的含义；了解培训需求分析的作用和参与者；掌握培训需求分析框架及如何从组织层面、任务层面、人员层面进行培训需求分析；掌握培训需求分析的方法和需求信息搜集的方法；了解培训的目标种类和如何制订培训计划。

3.1 培训需求分析概述

在企业培训中，培训需求、培训计划、培训实施、培训评估构成了培训的过程。在培训过程中，确定培训需求是培训过程的开始，也是培训过程的重要环节。

需求就是一个组织预期应该发生的事情和实际发生的事情之间的差距，这一差距就是“状态缺口”。企业对雇员的能力水平提出的要求就是“理想状态”，而雇员本人目前的实际水平即为“目前状态”，两者之间的差距就是“状态缺口”。企业要减小这种“缺口”，就形成了培训需求。

培训需求分析是指在规划和设计人力资源培训与开发活动之前，由培训部门、主管人员、工作人员等收集企业战略、组织与员工的相关数据信息，然后采用一定的分析方法和技术，对各种组织及其成员的目标、知识、能力等方面进行系统的鉴别与分析，以确定企业是否需要进行培训与开发活动及培训内容的一个过程。它的关键是找出产生培训需求的真正原因，并确定是否能通过培训来解决。培训需求分析既是确定培训目标、培训方案的前提，也是进行培训评估的基础，是培训活动的首要环节。

戈德斯坦分析模型是培训需求分析的模型，如图3-1所示，显示了从培训需求分析中得出的培训原因和评估结果。培训需求的压力点是来自多方面的，包括绩效问题、新技术的应用、法规和制度的变更、员工基本技能的欠缺、客户偏好的变化、新的工作要求等。许多压力点的存在说明培训是必要的。但是，并不是所有的问题都能通过培训来解决，只有知识、技能的欠缺可以用培训手段来解决，其他的压力点可以通过工作环境的重新设计、薪酬机制等来解决。

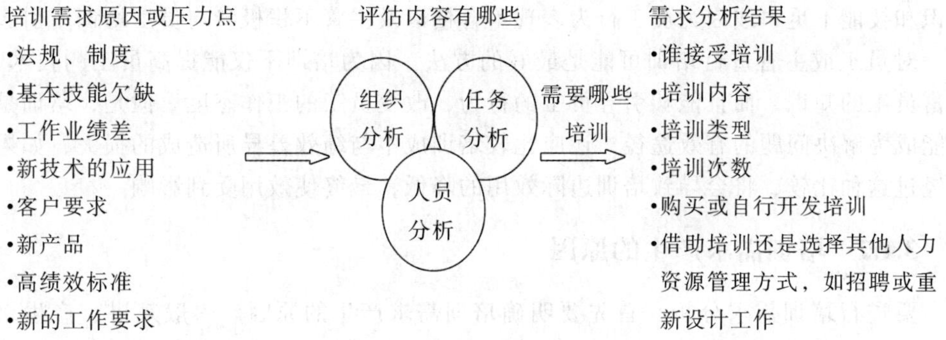

图3-1　培训需求分析模型

3.1.1　培训需求的确认

在进行人力资源开发前，我们有必要对采取培训措施带来的回报有一个清楚的认识。要不要进行培训，如何进行培训，在决定进行培训之前，管理者首先应该回答以下几个问题：

• 组织的目标是什么？

• 达成这些目标需要完成的工作是什么？

• 对于负有工作完成责任者来说，什么行为是必需的？

• 负有工作完成义务者在表现应有行为时所缺乏的是什么？技术、知识或态度？

以上4个问题与人员培训需求的决定是紧密相连的。一旦我们可以明确地回答这4个问题，对培训需求的本质和内容就有所了解。

究竟哪些现象可以警示管理者需要进行员工培训呢？很明显，与绩效有直接关系的现象是最足以让管理者觉察的现象。一般说来，我们可以通过以下步骤确定培训需求：

（1）员工行为或工作绩效的差异是否存在。行为或工作绩效差异是指实际行为或工作绩效和计划的行为或工作绩效的差异。组织可以从单位生产、单位成本、安全记录、缺席率、能力测验、个人态度调查、员工意见箱、员工申诉案件、工作绩效评估等指标，了解组织现有员工的行为、态度及工作绩效与组织目标之间的差异。如果有差异存在，就说明有培训的必要。

（2）绩效差异的重要性。只有绩效和行为差异对组织有不良影响，绩效和行为层面才值得重视，才有必要进行培训。绩效层面的重要性自然要根据组织的目标和发展方向而定。当绩效差异影响到组织目标的实现与组织的未来发展时，就必须分析影响的原因和根源：欠缺适当的知识技能？环境的限制或制约？缺乏适当的诱因或动机，还是员工的身心健康状况不佳？这主要由组织的上层领导来分析，并确认是否有进行培训的必要。

（3）培训员工是否成为提高绩效的最佳途径。如果绩效和行为差异是因为个人知识和技能不足，或因为员工行为表现不合格以及主管不积极参与员工培训所引起的，对员工或主管进行培训可能是最好的方法。因为培训不仅能提高员工的技术、丰富员工的知识，而且能够引导员工的行为，改变员工的工作态度。但是，培训是否能成为解决问题的有效途径，还应比较培训成本与绩效差异所造成的损失，如果不经过这种比较，将会导致培训边际效用的降低，最终使效用受到影响。

3.1.2 培训需求产生的原因

要进行培训需求分析，首先要明确培训需求产生的原因。一般来讲，产生培训需求的原因大致包括企业经营方向的变化、工作变化、企业员工的流动、绩效低。

（1）企业经营方向的变化。企业经营方向不是一成不变的，当企业经营战略发生变化后，经营方向也会作出相应的调整。经营方向一旦发生变化，企业面临的环境和条件也会发生变化，企业对每一个员工的要求也会发生变化，这时企业所有的员工可能都需要适应新环境和新的工作条件，这就会产生培训需求。

（2）工作变化。工作变化主要是工作环境和工作内容的变化。引进新设备、新技术或新工艺，重组和管理风格的变化，重新定位和重新立法都使得组织和个人必须作出灵活的反应，以在变化的环境中生存和发展。

（3）企业员工的流动。企业要健康发展，企业内部的员工就应该在稳定的基础上不断地流动，同时，为了满足企业发展的需要，企业应该不断从外界引进人才，不断淘汰不合格的员工并调整企业内部的员工岗位。不管是新员工流入企业，还是原有员工在企业内横向、纵向流动，都会使员工面临知识、技能等方面的挑战，这就产生了培训需求。

（4）绩效低。企业绩效的提高是培训的重要原因，员工的工作态度、技能以及知识直接关系到企业的绩效，怠工、操作失误和事故等使其无法达到应有的绩效，因此开展有针对性的培训是必不可少的。

3.1.3 培训需求的影响因素

影响培训需求的因素分为两大类：常规性影响因素和事件性影响因素。常规性影响因素主要是指企业在日常经营活动中经常涉及的一些问题，对于这些问题要在确定培训需求时作为一般因素来加以考虑；事件性影响因素则是指一些偶发的、非经常性的事件，对于它们要在确定培训需求时作为补充因素来加以考虑。培训需求的影响因素见表3-1。

3.1.4 培训需求分析的特征

从不同的角度来看，培训需求分析包括以下四个特征。

1）参与培训主体的层次性

参与培训主体的层次性主要体现在参与需求分析的人员方面，从上至下涵盖了公司高层领导、人力资源管理部门员工、其他部门的总监和经理。

表3-1 培训需求的影响因素

常规性影响因素	事件性影响因素
企业发展目标	新员工的加入
企业发展战略	员工职位的调整
员工个人职业生涯规划	顾客的投诉、抱怨
岗位胜任能力	生产意外事故的发生
社会环境、法律法规、规章制度	产品生产质量下降
员工行为评估、员工考核	产品销售量下降
竞争对手的发展变化	企业内部损耗增加
新技术应用、新产品开发	员工工作效率下降、士气低落
客户偏好的变化	应对特殊事件的能力
企业培训资源状况的限制	世界或国内偶发的重大事件

培训需求分析是一种系统性的分析，不同的部门对培训的需求不一样，因此需要公司高层领导根据当前公司战略决定培训的主要方向，充当培训顾问的角色；各部门的总监根据公司战略和高层领导意见设计培训需求调查方案，充当项目负责人的角色；经理及中层领导主要负责执行培训需求调查方案，充当执行者的角色。

当然在分析员工培训需求的过程中，可以号召员工积极参与，形成自下而上的反馈机制，这也同样具有层次性，下属将信息反馈至直接管理者，直接管理者再逐层上报，形成一条完整的层级链。

2）培训需求内容的丰富性

员工由于工作性质、积累的人力资本等差异对培训的需求存在区别。企业的资源是有限的，短期内培训内容的安排应在员工多元化需求的基础上确定企业现有绩效与理想绩效之间的差距。

3）培训需求分析方法的多样性

培训需求分析的方法和工具众多，规模不同的企业对于培训需求分析方法的侧重点不同，因此企业在实际操作中需要结合自身特点，综合利用各种方法进行培训需求分析，得出培训需求结论。

4）培训需求分析结果的指导性

有效的培训需求分析是建立在对培训需求成因有效性分析基础之上的，对培训需求的客观分析直接关系着培训需求分析的针对性和实效性，因而需求分析结果具有很强的指导性。需求分析贯穿于培训目标确定、培训规划制定和培训评估全过程。如果培训需求分析结果不准确，就会让随后的培训工作偏离轨道，浪费了企业资源却收不到应有的效果。

3.1.5 培训需求分析的意义

培训需求分析是对培训对象现状与将达到的要求的系统分析与探索，它是与组织和个人的业绩分析及目标设置紧密相关的。

在企业培训过程中，培训需求分析是设计培训项目、建立评估模型的基础。现代培训系统理论认为，培训是一个系统，这一系统始于对培训需求的分析评价，然后确定培训目标，选择、设计培训方案，实施培训，最后检验培训效果。培训系统是各部分相互联系的网络，培训需求分析是培训的首要和必经环节，是其他培训活动的前提和基础，在培训中具有很重要的作用。培训需求分析的作用具体表现为：

1）确认差距

培训需求分析的基本目标是确认差距，它主要包括两个方面：一是绩效差距，即组织及其成员绩效的实际水平与绩效应有水平之间的差距，它主要是通过绩效评估的方式完成的。绩效评估的方式多种多样，主要有评级量表法、排序考评法、配对比较法、强制分布法、关键绩效指标法、平衡计分卡、标杆超越法、360°绩效反馈体系、关键事件法等。二是完成一定绩效所需要的知识、技能和能力与企业现有人力资源状况的差距。确认差距一般包括3个环节：一是对所需要的知识、技能和能力进行分析，以确定理想的知识、技能和能力的模型；二是对企业或组织实际经营过程中出现的问题进行分析，找出与业绩相关的知识、技能和能力等方面因素的现状；三是通过对理想的知识、技能和能力模型与企业或组织现有的知识、技能和能力模型进行对比，找出它们之间存在的差距，这3个环节应独立有序地进行，以保证分析的有效性。

2）改变原有需求分析

原有需求分析基本是针对组织及其员工的状况所进行的。当组织面临着持续动态的变革的挑战时，原有需求分析就可能脱离组织需要及其员工的实际状况，因而改变原有需求分析对培训显得尤为重要。当组织发生变化时，不管这种变化涉及技术、程序、人员，还是涉及产品或服务的提供问题，组织对人力资源都有特殊的、直接的需求。那些负责培训和开发的人应及时把握住这些变化，改变原有需求分析，从而制定符合企业实际情况的培训规划和设计。

3）促进人力资源分类系统向人力资源开发系统转换

需求分析的另一个重要作用便是能促进人力资源分类系统向人力资源开发系统转换。无论是公共部门，还是私营部门，一般都有人力资源分类系统。人力资源分类系统作为一个单位的信息资料库，在制定关于新员工录用、预算、职位升降、工资待遇、退休金等方面的政策时非常重要，但在工作人员开发计划、培训、解决问题等方面用途有限。原有的人力资源分类系统不能帮助工作人员确定他们缺少什么技能以及如何获得这些技能，工作人员就不可能在一个较高的工作岗位上承担责任；原有的人力资源分类系统不能分析由任务和技能所决定的培训功能，就不能形成高质量的目标规划。当培训部门和人力资源分类系统的设计与资料搜集密切结合在一起时，这种系统就会变得更加具有综合性和人力资源开发导向。

4）提供可供选择的解决问题的方法

那种认为培训需求分析的目的就是通过培训解决组织及其成员存在的问题的想法是一种非常片面的认识。美国学者米切尔把通过需求分析获得的问题分为4类：体制问题、组织问题、技能问题、动机问题，他认为并不是所有问题都是培训问题。实际上，培训需求分析可以提供一些与培训无关的解决方案，如人员变动、工资增长、新员工吸收、组织变革或是几个方案的综合。假设人力资源部门预测，在高速公路建设方面急需增加一批交通工程专家，第一个选择是对已经工作在组织内的工程人员进行再培训；第二个选择是雇用已经获得高薪的资深工程专家；第三个选择是雇用一些低薪的、资历浅的人员，然后对他们进行大规模培训。选择的方式不同，培训的分类也不一样，现实中，最好是把几种可供选择的方法综合起来，制定具有多样性的培训策略。

5）形成一个信息资料库

培训需求分析实际上是一个通过各种方法搜集与培训有关的各种信息资料的过程，经由这一过程，企业可以尽可能了解员工的基本情况，包括他们的兴趣爱好、特长、需求等，形成一个人力资源开发与培训的信息资料库。一个设计良好的培训需求分析系统能够确定一般的培训需求与受训者、确立培训内容、指出最有效的培训方法，也能确定特殊的受训者等。此外，在培训之前，企业可通过研究这些资料并结合培训目标，建立一个评估标准，然后用此标准来分析所进行的培训项目的有效性。

6）测算培训的成本与价值

如果进行了系统的培训需求分析，并且找到了存在的问题，分析人员就能够把成本因素引入到培训需求分析中去。分析人员需要研究的一个问题是："不进行培训的损失与进行培训的成本之差是多少。"如果不进行培训的损失大于进行培训的成本，那么培训就是可行的；反之，如果不进行培训的损失小于培训成本，则说明当前还不需要或不具备条件进行培训。当然，不同性质的组织，培训成本确定的难易程度是不同的。

7）为获得组织对培训的支持创造有利条件

组织支持是指在培训过程中，各种组织及其成员，如管理人员、领导人员、工作人员对培训活动的支持，从而保证培训活动的顺利进行。组织支持贯穿于培训的全过程之中，没有组织支持，任何培训活动都不可能顺利进行，也不可能获得成功。因此，培训部门必须想方设法获得组织支持。而获得组织支持的重要途径之一便是进行培训需求分析。通过培训需求分析，可以使有关人员认识到组织存在的问题，发现组织成员在知识、能力和技能方面的差距，了解培训的成本和价值，从而为获得组织支持创造条件。

3.1.6 培训需求分析的参与者

培训需求分析的参与者可以有以下人员：

（1）人力资源部门工作人员。培训需求分析的整个工作是由人力资源部门主持的，同时他们对每个岗位的要求和变化也是最清楚的。

（2）员工本人。培训的对象就是针对每位员工，本着促进员工职业发展的原则，了解他们的培训需要并制订相应的培训项目与计划，这将有助于培训得到员工的支持并取得理想的效果。

（3）员工的上级。作为员工的直接管理者，他们对员工的优缺点比较清楚，他们能帮助人力资源部门明确培训目标和培训内容，并亲自督促执行。

（4）有关项目专家。专家具有丰富的经验和深厚的知识，他们对问题的看法往往是颇有见地的，因此向专家请教，无疑会得到一些启示。

（5）客户以及其他相关人员。“当局者迷，旁观者清”，企业外的人员对企业中存在问题的分析一般会更客观，这对培训项目的设计是有帮助的。

3.2 培训需求分析的框架

企业员工培训需求分析评价是20世纪60年代麦基（Mcgehee）和泰勒（Thayer）等人提出的一种通过系统评价确定培训目标、培训内容及其相互关系的方法。到了20世纪70年代，人力资源培训和开发成为国外组织心理学的热门研究领域之一，培训需求分析在这种背景下得到进一步的发展与完善。20世纪80年代，戈德斯坦（I.L.Goldstein）、布雷弗曼（E.P.Braverman）、戈德斯坦（H.Goldstein）经长期研究将培训需求评价方法系统化，指出培训需求分析应从3个方面着手，即组织分析、任务分析和人员分析，构建了传播最为广泛的培训需求分析框架。

进行培训的需求分析，一般来说，应从组织层次、任务层次、人员层次3方面着手，大致的分析步骤如图3-2所示。

3.2.1 组织分析

培训需求的组织分析主要是在给定公司经营战略的条件下，通过对组织的目标、资源、特质、环境等因素的分析，准确地找出组织存在的问题与问题产生的根源，即现有状况与应有状况的差距和造成差距的原因，以确定培训能否成为解决这类问题的最有效的方法。培训需求的组织分析涉及能够影响培训规划的组织的各个组成部分，包括对组织目标的检查、组织资源的评估、组织特质的分析以及环境的影响等方面。组织分析的目的是在搜集信息与分析组织绩效和组织特质的基础上，确认绩效问题及其成因，判断组织中哪些人员和哪些部门需要训练，寻找可能的解决办法，以保证培训计划符合组织的整体目标与战略要求，保证为培训提供可利用的资源及获得管理者和同事对培训活动的支持。

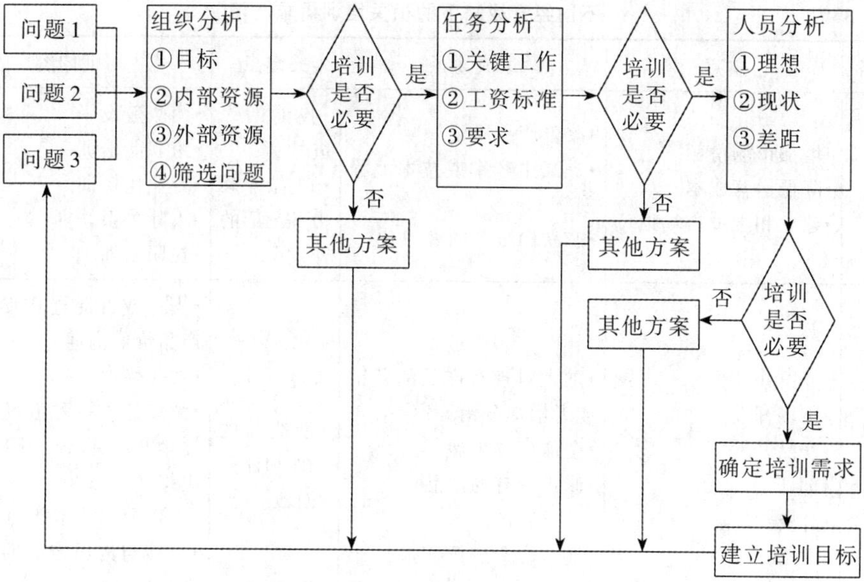

图3-2　培训需求分析的步骤

1）组织分析的重要步骤

一般而言，组织分析主要包括下列几个重要步骤：

（1）组织目标分析。组织目标是企业或组织一切活动的导向，深刻影响培训活动的进行，组织目标决定着组织培训的中心，对员工知识与技能的提升有着约束和导向作用。明确、清晰的组织目标既可以对组织的发展产生决定性作用，也对培训计划的设计与执行起决定性作用，组织目标决定培训目标。例如，如果一个组织的目标是推出新产品，那么培训活动就必须与这一目标相一致。假如组织目标模糊不清，培训计划的设计与执行就会很困难。在制订培训计划时，首先需要深入分析本企业是长期还是短期规划，明确企业的优势、劣势、风险和挑战，在此基础上制订科学可行的培训需求计划。如果培训偏离组织发展目标，可能会导致培训无效，浪费企业资源。

（2）组织战略分析。培训最终是为实现企业战略和经营目标服务的。从企业经营战略到年度经营计划，从年度经营计划到人力资源开发计划，都应当分析、制订相应的培训需求计划。培训需求计划还必须随企业业务的变化而调整，才能真正服务于企业发展的需要。所以，系统的培训计划要基于符合企业战略的人力资源规划来制订，培训需求分析就是为实现企业战略目标对人才的要求应运而生的。

企业战略在很大程度上影响着组织的培训类型、数量，也影响着培训的频率和组建方式，将企业战略作为影响培训需求的重要因素，突出了员工培训的战略导向，展现了战略性人力资源管理的特色。可见，组织战略分析能够对达成企业战略目标提供支持，确保培训活动产生附加价值。因此，在进行员工培训需求分析时，透彻理解企业战略、准确把握业务发展方向，成为这一工作的重点和难点。培训的侧重点会因组织经营战略的不同而存在巨大差异，表3-2展示了不同经营战略下的相关培训需求。

表3-2　　不同经营战略下的相关培训需求

战略	重点	达成途径	关键点	培训内容
集中战略	•增加市场份额 •降低运营成本 •建立和维护市场地位	•改善产品质量 •提高生产率或技术流程创新 •产品和服务的客户化	•技能的先进性 •现有劳动力队伍的开发	•团队建设 •跨职能培训 •专业化培训 •人际关系培训 •在职培训
内部成长战略	•市场开发 •产品开发 •创新 •合资	•加大对现有产品的营销或者增加分销渠道 •全球市场扩展 •修正现有的产品 •开发新产品 •通过合资进行扩张	•创造新的工作和任务 •创新	•支持或者促进高质量的产品价值沟通 •文化培训 •帮助建立一种鼓励创造性地思考和分析问题的组织文化 •工作中的技术能力 •反馈与沟通方面的管理者培训 •冲突谈判技能
外部成长战略（兼并）	•横向一体化 •纵向一体化 •集中多元化	•兼并产品市场链条上与本企业处于相同阶段的企业 •兼并能够为本企业供应原材料或购买本企业产品的企业 •兼并与本企业毫无关系的其他企业	•一体化 •人员富余 •重组	•确定被兼并企业的雇员能力 •使两家企业的培训体系一体化 •兼并后企业的各种工作方法和流程 •团队培训
收回投资战略	•精简规模 •转向 •剥离 •清算	•降低成本 •减少资产规模 •获取收入 •重新确定目标 •出售所有资产	•效率	•激励、目标设定、时间管理、压力管理、跨职能培训 •领导能力培训 •人际沟通培训 •重新求职帮助 •工作搜寻技巧培训

资料来源　诺伊R A，霍伦贝克J R，哈格特B，等. 人力资源管理：赢得竞争优势［M］. 刘昕，译. 9版. 北京：中国人民大学出版社，2018.

（3）组织资源分析。组织资源分析包括对组织的资金、时间、人力等资源的描述。组织内部的人力、物力、财力都是有限的，如何利用这些有限的资源创造最大的价值是组织的最终目标。如果没有确定可被利用的人力、物力和财力资源，就难以确立切合实际的培训目标。只有弄清楚组织拥有的培训资源状况，才能准确评估组织是否拥有适宜的资金、时间、人力等资源来支持培训活动的开展。通常，可以通过对下面问题的分析，来了解一个组织资源的大致情况。

·资金。资金主要是指组织支持培训工作开展所能提供的经费，经费额度将影响培训的广度和深度。

·时间。是否能够投入足够的培训时间，是影响培训效果的重要因素。对组织而言，时间就是金钱，培训需要大量的时间，如果时间紧迫或安排不当，极有可能使培训效果大打折扣。

·人力。人力对组织人力状况的了解非常重要，它是决定是否培训的关键因素。人力资源包括两个层面：第一，分析组织目前的人力资源状况，包括组织能够提供的培训讲师的数量及特点、能够担任的培训课程、工作人员的数量、工作人员的年龄、工作人员对工作与单位的态度、工作人员的技能水平和知识水平、工作人员的工作绩效等。第二，分析组织未来的人力资源需求，通过对组织人力资源状况的了解，结合组织发展目标，决定是否需要培训及培训内容。

（4）组织特质分析。组织特质对培训的成功与否也有着重要的影响。因为当培训规划与组织的价值不一致时，培训的效果很难保证。组织特质分析主要是对组织的系统结构、文化、资讯传播情况等方面进行了解，它包括以下内容：

·系统特质。这是指组织的输入、运作、输出、次级系统互动以及与外界环境间的交流特质，使管理者能够系统地了解组织，避免在组织分析中发生以偏概全的现象。

·文化特质。这是指组织的软硬件设施、规章、制度、组织经营运作的方式、组织成员待人处事的特殊风格，这些内容可以使管理者更深入地了解组织。

·资讯传播特质。这是指组织部门和成员搜集、分析和传递信息的分工与运作，促使管理者了解组织信息传递和沟通的特性。

（5）组织环境分析。企业要生存和发展，就必须适应社会环境并不断发展创新，因此培训需求的组织环境分析还应包括组织环境分析——如对企业的培训需求有着广泛影响的经济及公共问题等环境因素，市场竞争情况、本行业的技术水平、其他同类企业的培训水平，以及企业外部的资源状况等外部因素。要保持培训的预见性，就要预测组织未来在业务、产品、技术、销售、组织结构上可能发生的变化，以发展的眼光评估培训需求。

2）与组织分析相关的信息搜集

在进行组织分析时，最应该关注搜集的信息是与组织战略有关的信息。表3-3列举了一些在组织搜集信息时应关注的问题。

组织分析既可以利用组织已有的信息进行，也可以专门进行调查或为了某一目标搜集相关的数据。表3-4列举了在组织分析过程中可用的信息。

3.2.2　任务分析

任务分析是指通过查阅工作说明书或具体分析完成任务所需要的知识、技能和态度，找出差距，确定培训需求，由此确定与任务相关的各项培训内容，并定义各项培训内容的重要性和困难程度。任务分析的结果也是将来设计和编制相关培训课程的重要资料来源。

表3-3 组织搜集信息时应关注的问题

广泛的问题

•组织运作环境问题：组织目前的行业是静止型的，还是进取型的？行业的增长趋势如何？

•过去组织为什么成功？其成功的策略是什么？当时所学到的东西有哪些可用于新的战略？什么力量能够驱使组织采用新的战略？

•组织计划使用什么新技术/产品/服务？有新的程序吗？什么时候能实施？

•行业是否期望改变市场格局的新革命？这对现存的产品/技术/服务有根本性突破和调整吗？对本组织的竞争地位有何影响？

•组织将采用哪些新的管理理念？如何开展团队工作？如何进行参与式管理？如何授权？什么时候进行？

•有何制度性问题（以前、即将出现或预期的）会影响组织的战略？

•各种决策和运作部门将使用哪些职能性战略与中心性战略？为什么使用？如何使用？

人力资源开发方面的问题

•工作场所的情况：组织雇员当前的强项和弱项是什么？总体上说，雇员的技术、技能和知识状况如何？其灵活性和适应性如何？为了进入岗位，多数雇员接受的是什么样的培训？为了适应现有岗位，他们需要什么样的培训？

•组织追求的战略是否可能导致解雇或其他形式的人员调整？预计有多大的可能性？

•哪些人力资源管理政策（招聘、筛选、绩效评估、职业生涯开发）应根据组织战略的重点进行调整或重新审视？

•中心性战略的培训内容有哪些？各项职能性运作战略及其组成战略的培训内容有哪些？培训怎样协助组织达到一些甚至全部战略目标？

•组织是否需要下列特定培训项目：基本工作技术，技能和知识培训；管理监督和激励技能；产品知识。组织内部有完成所需项目的能力吗？组织外有专家可以提供帮助吗？有的话，是谁？

•过去雇员怎样看待培训？管理层怎样看待培训？培训项目和培训人员的可信度如何？这些观点对未来的培训有何影响？

•对每个培训项目，哪些实施机制最节省成本、最实际？

•组织有雇员教育辅助计划（学费补偿）吗？有很多雇员利用这一计划吗？如果是这样，它可以怎样提高雇员的技能？

•目前使用的是哪种培训评估程序？它提供投资回报方面的信息了吗？如果没有，这样的程序会有助于战略信息沟通吗？

•要确认当前的培训是合适的，或要找出将受新战略支配的培训需要，有正式的程序吗？

•人力资源管理职能（如招聘、筛选、绩效评估、薪酬与福利等）需要重新调整吗？

组织分析的特殊问题

•是否有特殊的组织目标应该被转换成相应的培训目标或者标准？

•组织的不同层次对人力资源开发活动的承诺程度如何？

•从人力资源开发需求分析到对结果的评估，组织的不同层次是否参与了培训项目的设计？

•公司的关键绩效人物是否愿意作为标杆行为的模范？

•受训者是否由于在岗位上恰当地表现出了所学的行为而受到奖励？

•高层管理者愿意为培训和开发活动提供各种各样的支持吗？

资料来源 CARNEVALE A P，GAINER L J，VILLET J.Training in America：The organization and strategic role of training［M］. San Francisco：Jossey-Bass，1991：203-205.

表3-4　　组织分析过程中可用的信息

信息来源	在人力资源培训与开发需求分析中的运用
组织目标	应该将人力资源开发的重点放在什么地方； 为人力资源开发活动提供方向和预期影响的标准，这些标准能帮助我们确认目标与现实状况的差距
人力资源清单	由于退休、员工流失等情况，确定人力资源开发应该在什么地方帮助弥补对人员需求的差距
技能标准	具有不同的技能、知识、能力的员工的数量，能帮助确定对特殊人力资源开发的需求，人力资源开发项目的成本——可用于收益分析
•组织氛围指数 抱怨、流失、缺席、建议与意见、生产率、事故、短期病假、对员工行为的观察、态度调查、顾客抱怨	这些在组织层次的"工作生活质量"指标能使我们关注那些可能产生人力资源开发需求的问题； 这些与工作参与和生产率相关的项目对于帮助管理层确定价值观和行为准则都很有用，可以帮助确定需要改进的价值观和行为准则； 对于了解组织的期望和感觉的结果之间的差距很有用； 有价值的反馈，应该特别注意抱怨的类型和抱怨出现的次数
•对效率指标的研究 劳动成本 材料成本 产品质量 设备使用 浪费 停工 送货不及时 维修	成本会计能反映实际绩效与期望或者标准绩效之间的差距
系统或者子系统的变化	新的或者改变的设备、工具等意味着培训需求
管理层的问询或要求	一项最常见的需求分析方法
离职面谈	通过与离职者的谈话，经常可以获得其他来源不能获得的信息；对于存在问题进行的培训和对主管的培训，是了解需求的特别好的方法
目标管理/工作计划/检查系统	提供绩效/潜力和长期经营目标的标准；在组织/个人或者团队经谈判确定的绩效标准的基础上对实际绩效进行多次测量获得相关信息，从而了解测量的底线，识别并分析随后的绩效提高或绩效退步

资料来源　MOORE M L, DUTTON P. Training needs analysis: review and critique [J]. Academy of Management Review, 1978 (3): 534-535.

1）任务分析需要确定的因素

对员工个人所在岗位的工作进行全面的分析，需要确定的因素主要有：

（1）工作的复杂程度：这里主要是指对其思维的要求，是抽象一些还是形象一些，需要更多的创造性思维还是按照有关的标准严格执行等。

（2）工作的饱和程度：工作量的大小以及工作的难易程度，大多数工作所消耗时间的长短等。例如，行政部的工作琐碎且繁杂，但是工作的时间相对较短，而人力资源部的工作量相对较少，但是对工作的细致程度要求较高，那么在对这两个部门员工进行培训时，就要注意培训重点的差别。

（3）公司业务的发展引起的工作的发展状况：随着公司业务的不断发展，有些部门的工作量会增加很多，而有些部门增加的工作量则相对较小，那么在进行培训时就要注意到这一点，并在培训中给予其不同的培训内容并采取不同的培训方式。例如，市场部的工作量会随着公司业务的发展而急剧增加，那么对于未来的计划需要有一定的前瞻性，才能够坦然应对，而不至于在衔接上出现问题。

（4）从公司整体的角度，对其所在的岗位任务进行分析：公司的各项工作任务之间是相互协调统一的，所以有必要从公司整体的角度对工作进行分析，这样能更准确地确定该岗位在公司整体工作体系中的地位和所承担的责任。

2）任务分析的步骤

（1）建立全面的工作说明书。这种工作说明书主要是对各岗位的主要职责及其任职条件的说明。有的组织具备职务工作说明书，对这些资料进行核实就可以了，如果没有，就需要进行工作分析，建立较为全面的反映职务内容和要求的工作说明书。

（2）进行职责任务分析。这主要是指对工作的结构、内容及其要求的分析，即要弄清楚每个职务的主要任务是什么，每项任务完成后应该达到什么标准。

（3）确定完成任务所需的KSAO。对完成职责所需的KSAO进行分析，为人力资源培训与开发提供目标和依据。其中：K指知识，即完成任务所需要了解的相关信息、原理、方法；S指技能，指完成任务所需要的某些熟练性、技巧性的行为能力；A指能力，指完成任务所需要的某些身体与精神方面较综合的行为能力；O指其他个性特征，包括态度、品性与兴趣因素。

（4）确定培训需求。通过分析与比较每个任务及其相应的任职条件的评估分数，包括任务在职务中的重要性、出现的频率或者所花费的有效劳动时间、完成的难度、任职条件相对职务工作绩效的重要性、学习难度以及在工作中获得的机会等，具体确定哪些任务与KSAO应该纳入培训需求系统中。

（5）确定培训需求系统的因素级别和开发顺序。培训需求系统的建立确定了组织培训的具体需求。但由于支持组织培训的资源有限，不可能让所有的培训需求得到满足，所以就应该考虑每一种需求的优先级别，具体确定需求系统中每个任务与KSAO的开发顺序。

任务分析是培训需求分析中最烦琐的一部分，但是，只有明确任务分析的重点

(具体见表3-5)，对工作进行精确分析并以此为依据，才能编制出真正符合企业绩效和特殊工作环境的培训课程来。任务分析过程中使用的调查问卷内容见表3-6。

表3-5　**任务分析的重点**

序号	重点
1	●任务分析不仅要知道员工在实际工作中做些什么，还要知道他们应该怎么做
2	●任务分析首先要将工作分解成职责和任务
3	●使用两种以上的搜集任务信息的方法，以提高分析的有效性
4	●为使任务分析更有效，应从专门项目专家（包括熟悉该项工作的在职人员、经理人员和普通员工）那里搜集信息
5	●在对任务进行评价时，重点应放在能实现企业长远目标和现实目标的任务上

表3-6　**任务分析调查问卷**

姓名		日期	
职位			

请从以下3个方面（任务对工作绩效的重要性、任务执行的频率和任务执行的难度）给每一项任务打分。在评分时请参照下列尺度：

重要性	4=任务对有效绩效至关重要 3=任务比较重要但并非至关重要 2=任务比较重要 1=不重要 0=没有执行过这项任务
频率	4=每天执行一次任务 3=每周执行一次任务 2=几个月执行一次任务 1=一两年执行一次任务 0=没有执行过这项任务
难度	4=有效执行这项任务需要有丰富的工作经验或培训经历（12～18个月或更长） 3=有效执行这项任务需要有一定的工作经验或培训经历（6～12个月） 2=有效执行这项任务需要以前有过短期的工作经验或培训经历（1～6个月） 1=有效执行这项任务不需要以前有过特定的工作经验或培训经历 0=没有执行过这项任务

任务	重要性	频率	难度
维修设备、工具和安全系统			
监督员工工作绩效			
为员工制定工作日程进度			
使用计算机统计软件			
监控生产过程			
统计方法带来的变化			

3）与任务分析相关的信息搜集

任务分析的过程同样也是以信息搜集为基础的，已有信息和为培训需求分析专门搜集的信息都可为任务分析服务。任务分析过程中可用的信息见表3-7。

表3-7 任务分析过程中可用的信息

获得工作信息的技术	在人力资源培训与开发需求分析中的运用
职务描述	对典型职务的活动和职责进行概述； 但不需要包含所有的活动； 用以帮助界定绩效差异
职务说明书/任务分析	列出每项职务所要求的任务； 比职务描述更详尽； 说明书的内容会延伸到该职务所要求的知识、技能和其他特质
绩效标准	任务的目标及其判断标准； 其中也包括量化的最低标准
履行职责	找出详尽任务的最有效标准； 局限性在于绩效要求越高，绩效要求与实际工作产出水平的差距越大
观察工作样本	
•有关职务的文献回顾 其他行业的研究 专业刊物 文档资料 政府资源 博士或硕士论文	在对职务进行结构性的比较分析时有用，但是在特定组织或有特定绩效要求的情形下，可能没有意义
•对职务的提问 工作执行者 主管 高层管理者	
培训委员会	不同的观点（来自参与培训委员会的各个方面）通常能显现出培训需求或接受培训的意愿
•运作问题分析 停工报告 浪费 维修 送货不及时 质量控制	妨碍任务的迹象，环境因素等
卡片分类	在培训会议中使用； 依据培训的重要性对“应该怎样做”进行分类

资料来源 MOORE M L，DUTTON P . Training needs analysis: review and critique [J]. Academy of Management Review，1978（3）：537-538.

3.2.3 人员分析

人员分析主要是从员工实际状况出发，通过分析员工实际绩效与期望绩效或绩效标准之间的差距，来确定谁需要接受培训以及培训的内容，以形成制定培训目标和内容的依据。人员分析关注的重点是员工绩效不良或低于组织标准的情况。

1）培训因素与非培训因素的鉴别

培训的一个压力点是较差的或达不到标准的工作绩效，但这是由何种原因引起的，是否可以采用培训的方法解决是首先要回答的问题。表3-8给出了影响绩效水平的因素，包括个体特征、工作输入、工作输出、工作结果和工作反馈。人员分析通过分析个体特征、工作输入、工作输出、工作结果、工作反馈对绩效的影响，来鉴别培训因素与非培训因素，即鉴别影响绩效的因素是否可以通过培训来改善。

表3-8 **影响员工绩效的因素**

个体与工作特征	主要影响因素
个体特征	能力与技术； 态度与动机
工作输入	对工作必要性的了解； 必要资源（机器设备等）； 其他工作要求的干预； 执行机会
工作输出	判断优秀执行者的标准
工作结果	执行的积极结果/动力； 执行的少量消极结果
工作反馈	有关工作执行情况的反馈

资料来源 RUMMLER G.In search of the holy performance grail［J］. Training and Development, 1996（4）：26-31.

（1）个体特征。基本技能是指能使员工顺利地完成工作并且能够学习培训项目内容所需要的技能。基本技能包括认知能力和阅读写作能力。自我效能感是员工对自己能够胜任一项工作或学习一项培训内容的一种自信。

（2）工作输入。工作输入指的是工作环境，包括条件限制和社会支持。条件限制是指缺乏合适的工具设备、材料、资金和时间。社会支持指管理者和同事愿意提供的信息反馈和帮助。如果员工具备完成工作必需的知识、能力、态度和行为方式，但缺少合适的工具和设备，那么他们的绩效水平也不会高。

（3）工作输出。在工作中，员工经常出现较差的或达不到标准要求的业绩表现，其中一个原因是员工不知道他们应达到什么样的绩效水平。员工可能具备执行任务的知识、技能和态度，但由于不知道绩效标准而使绩效不理想。对绩效标准缺乏认识属于沟通问题，不属于培训可“修补”的问题。

（4）工作结果。良好的绩效是需要激励的。如果员工认为绩效奖励不具有激励作用的话，那么即使他们具备必要的知识、技能、态度和行为方式，也不愿执行绩效标准，就会导致绩效不良的结果。

（5）工作反馈。如果在工作中没有人定期向员工反馈他们的工作表现，也会导致绩效问题。对于“员工知道自己应该做什么（工作输出），但不知道做得怎么样”这类问题，培训不是最好的解决方法。理想的方法是向员工提供有针对性的、关于工作执行情况的详细反馈，让其明确自己的行为是有效的还是无效的。

总之，如果员工缺乏完成工作的知识和技能且在其他条件许可的情况下，培训是必要的；如果员工已经具备必要的知识、技能和其他条件，但工作输入、工作输出、工作结果或工作反馈不足，培训就不是解决问题的最好方法了。

2）人员分析的步骤

绩效评价法通常用于人员分析，通过确定员工的绩效问题，分析产生实际绩效与期望绩效或绩效标准之间差距的原因，便可帮助管理者确认员工培训的线索、方向以及必要性和可行性。

第一，查找绩效差距。培训需求分析应从绩效差距入手，寻找企业工作岗位要求的绩效标准与员工实际工作绩效之间存在的差距，或者是包括企业战略或企业文化需要的员工能力与员工实际能力之间的差距。只有找出存在绩效差距的地方，才能明确改进的目标，进而确定能否通过培训手段消除差距，提高员工生产率。

第二，分析绩效差距的原因。发现了绩效差距的存在，并不等于完成了培训需求分析，还必须寻找差距的原因，因为不是所有的绩效差距都可以通过培训的方式消除。影响绩效的因素很多：如个人的知识、技能或能力；个人的态度和动机，设备、时间、预算等资源方面的支持；来自上级、同事的反馈和强化；薪酬的激励；关于如何做好工作的及时且具体的反馈等。

第三，确定解决方案。找出了差距原因，就能判断应该采用培训方法还是非培训方法去消除差距。可以提出若干问题来确定培训能否成为解决绩效问题的最佳途径：

（1）该员工是否存在工作绩效问题，严重程度如何？

（2）该员工是否知道如何有效地工作？

（3）该员工是否掌握并正确运用了工作所要求的知识、技能和行为方式？

（4）该员工是否得到了恰当的激励和工作反馈？

（5）是否还存在其他可替代的解决方案？

如果员工缺乏完成工作的知识和技能，在其他条件许可的情况下，就要进行培训。如果员工具备需要的知识、技能和其他条件，但工作输入、工作输出、工作结果或工作反馈不足，就应当通过非培训手段（如改善环境、设备或激励制度等），来提升员工绩效。

3）与人员分析相关的信息搜集

获得数据的准确性和全面性关系到分析的质量，所以要充分利用各种可用资料。在人员分析过程中，可采用以下方法搜集数据：

（1）个人考核绩效记录。个人考核绩效主要包括员工的工作能力、平时表现（请假、怠工、抱怨）、意外事件、参加培训的记录、离（调）职访谈记录等。

（2）员工的自我考量。员工的自我考量是以员工的工作清单为基础，由员工针对每一单元的工作成就、相关知识和相关技能真实地进行自我考量。

（3）知识技能测验。知识技能测验以实际操作或笔试的方式测验工作人员真实的工作表现。

（4）员工态度考量。员工对工作的态度不仅影响其知识技能的学习和发挥，还影响与同事间的人际关系，影响与顾客或客户的关系，这些又直接影响其工作表现。因此，运用定向测验或态度量表，有助于了解员工的工作态度。

个人分析过程中可用的信息见表3-9。

表3-9　**个人分析过程中可用的信息**

技术或获得的信息	在人力资源培训与开发需求分析中的运用
1.以绩效资料或弱项作为问题或者弱项指标： 生产率 缺勤或迟到次数 事故率 短期病假 抱怨 浪费 送货不及时 产品质量 停工 维修 设备使用 顾客抱怨	包括弱项及可改进的领域，也包括强项用于确定培训需求的主题及类别，易于分析和量化； 这些数据能被用于识别绩效差异
2.观察工作样本	比较主观的技术，但优点是同时提供了雇员行为及行为结果的信息
3.采访	员工个人最了解自己的培训需求； 让他们参与到培训需求分析中，能够提高他们学习的积极性
4.调查问卷	问卷编制可以根据组织特点灵活安排； 使用事先设计好的项目进行调查，可能会产生偏见
5.测验 职务知识 技能 成绩	测验可以是特制的，也可以是标准化的； 必须注意测验的对象，是否具备与工作相关的素质

续表

技术或获得的信息	在人力资源培训与开发需求分析中的运用
6.态度调查	基于个人的调查，有益于发现每位雇员的工作情绪、工作动机及满意度情况
7.清单/培训进度表	每位雇员的技能更新列表； 能表明每项职务的未来培训需求
8.等级量表	必须注意确保等级量表中对雇员的测量是相关、可靠和真实的
9.关键事件	对工作绩效的成功或失败起关键作用的可观测到的行为
10.工作日志	雇员个人的详细工作记录
11.虚构情景 角色扮演 案例学习 会议领导 培训课程 商业游戏 纸篓游戏	在这些技术中显示出某些知识、技能、态度
12.判断性分级	使用清单进行等级判断
13评估中心	前面几项技术结合在一起，成为一项综合性的评估方案
14.教练	与一对一访谈相似
15.目标管理/工作计划与检查系统	在组织、个人或团队经谈判确定的绩效标准的基础上对实际绩效进行多次测量，获得相关信息，从而了解测量的底线，识别并分析随后的绩效进步或绩效退步； 这种绩效回顾及潜能回顾应该与更大的组织目标相协调和联系

资料来源　MOORE M L，DUTTON P. Training needs analysis：review and critique［J］. Academy of Management Review，1978（3）：539-540.

总之，对以上问题的分析结果可以帮助培训部门列出一张代表其培训需求的清单，并以此作为将来设置培训课程的基础。完整、科学的培训需求分析是确保工作绩效与培训高度契合的基础。

3.2.4　不同人员关注的重点

很多信息资源被用来确认员工所需要的知识、技能和能力，但这些资源相互之间可能发生冲突。不同的人在企业经营活动中扮演着不同的角色，在培训需求分析中关注的重点就不一样（见表3-10）。例如，不同层次的管理人员，在培训需求分析中关注的重点就不一样。高层管理者更倾向于从公司发展前景来关注培训和其他人力资源的管理活动；中层管理者更关心影响本部门财务目标实现的那些因素；培训者更关注绩效差距产生的原因、确定培训对象和培训内容、选择培训方法，做好一切培训准备活动，并争取上层管理人员的支持。

表3-10　不同人员在培训需求分析中关注的重点

	高层管理者	中层管理者	培训者
组织分析	•培训对实现我们的经营目标重要吗？ •培训将如何支持战略目标的实现？	•我愿意花钱搞培训吗？ •要花多少钱？	•出席高层管理会议吗？ •我有资金来源购买培训产品和服务吗？ •经理们会支持培训吗？
人员分析	•哪些职能部门和经营部门需要培训？	•哪些人需要接受培训（经理、专业人员、一线雇员）？	•我怎样确定需要培训的雇员？
任务分析	•公司拥有具备一定知识、技能、技术，可参与市场竞争的雇员吗？	•在哪些工作领域培训可大幅度地改变产品质量或顾客服务水平？	•哪些任务需要培训？ •该任务需要具备哪些知识、技能或者其他特点？

资料来源　诺伊 R A.雇员培训与开发［M］. 徐芳，邵晨，译. 6版. 北京：中国人民大学出版社，2015.

3.3　培训需求分析的方法与信息搜集

3.3.1　培训需求分析方法

1）组织整体分析法

组织整体分析法是从组织的整体现实出发，以战略目标为依据确定组织培训需求的方法。组织整体分析法一般从分析反映组织经营状况的指标开始，这些指标包括经营环境、利润率、投资回报率、销售利润率、员工流动率、客户满意率、权益报酬率等。通过分析这些指标，找出组织在技术、生产、经营、管理、公众关系等方面的差距，从而确定各种培训需求。组织整体分析法具有操作方便，容易得出具有普遍意义的培训需求，从而引起高层管理人员重视的优点。但是，这种方法必须以得到充分的数据为基础，并理解掌握它们，然而得到这些详细真实的数据是比较困难的。

2）任务分析法

任务分析法也称工作分析法或工作盘点法，是指依据工作描述和工作说明书，来确定员工达到要求所必须掌握的知识、技能和态度。它通过系统地搜集反映工作特性的数据，对照员工现有的能力水平，来确定培训应达到什么样的目标。在工作说明书中一般都会明确规定：

（1）每个岗位的具体工作任务或工作职责；

（2）对上岗人员的知识、技能或资格条件的要求；

（3）完成工作职责的衡量标准。除了使用工作说明书和工作规范外，还可以使用工作任务分析表，它记录了工作中的任务以及所需要的技能。工作任务分析表通常包括工作的主要任务和子任务，各项工作的执行频率、绩效标准，执行工作任务的环境，所需的技能和知识以及学习技能的场所。显然，依据上述几方面的信息，对比员工个人的实际状况，即可以发现培训需求。

3）员工个人培训需求分析法

员工个人培训需求分析法是员工对自己进行分析，提出对今后发展的要求，并不断寻求进步的一种培训需求分析法。这种方法主要是通过员工根据工作感受和自己的职业发展规划，对自身的知识和能力结构进行主观评估，进而确定培训需求。这种方法具有层次深、针对性强和能够有效调动员工参与培训兴趣的优点。但由于员工很难客观地对自己进行评估分析，往往会产生不切合实际的培训需求。

4）问卷调查法

问卷调查法是通过员工填写“培训需求调查问卷”，并对问卷信息进行整理、汇总、分析，从而确定培训需求的方法，这也是组织经常使用的一种方法。这种方法的优点是调查面广、资料来源广泛、搜集的信息多、相对省时省力，并有利于总结和报告。其缺点是调查结果是间接取得的，如对结果有疑问，无法当面澄清或证实；调查对象很容易被问题所误导，获得的深层信息不够等。但在公共关系专家或统计专家的指导下，可以大大减轻这些缺陷的程度。另外，调查问卷的设计需要花费大量的时间和精力，并且难以保证问卷回收率和问卷质量。

5）绩效分析法

绩效分析法是通过考查员工目前的绩效与组织的理想绩效之间存在的差距，来分析存在绩效差距的原因——是不能做还是不想做；同时，还要进一步分析知识、能力和行为改善方面存在差距的程度，最后确定培训的具体选择。这种分析法主要围绕“缺陷”展开，也称缺陷分析。通常，员工缺陷有两种：一种是“技能”上的缺陷，称之为“不能做”；另一种是“管理”上的缺陷，称之为“不想做”。前一种“缺陷”是指员工工作技能、工作技巧、工作熟练程度、业务知识水平等方面的不足；后一种“缺陷”是指员工工作态度、领导层的任务分派和指导、信息沟通与反馈等方面的不足。

对于缺陷的分析，可归结为组织和员工个人两方面的原因：

（1）“技能缺陷”。组织方面的原因是工作设计不合理、任务分配不当、工作标准过高、工作条件差等。个人方面的原因是未能理解工作任务、缺乏工作所需的知识和技能等。

（2）“管理缺陷”。组织方面的原因有薪酬系统不合理、激励措施不当、组织内人际关系紧张、组织氛围差等。个人方面的原因有责任心差、职业道德水平较低等。

如果是属于个人知识、技能和态度方面的原因，则需要进行培训。培训需求分析的动机模型（如图3-3所示）可以用在绩效分析过程中。

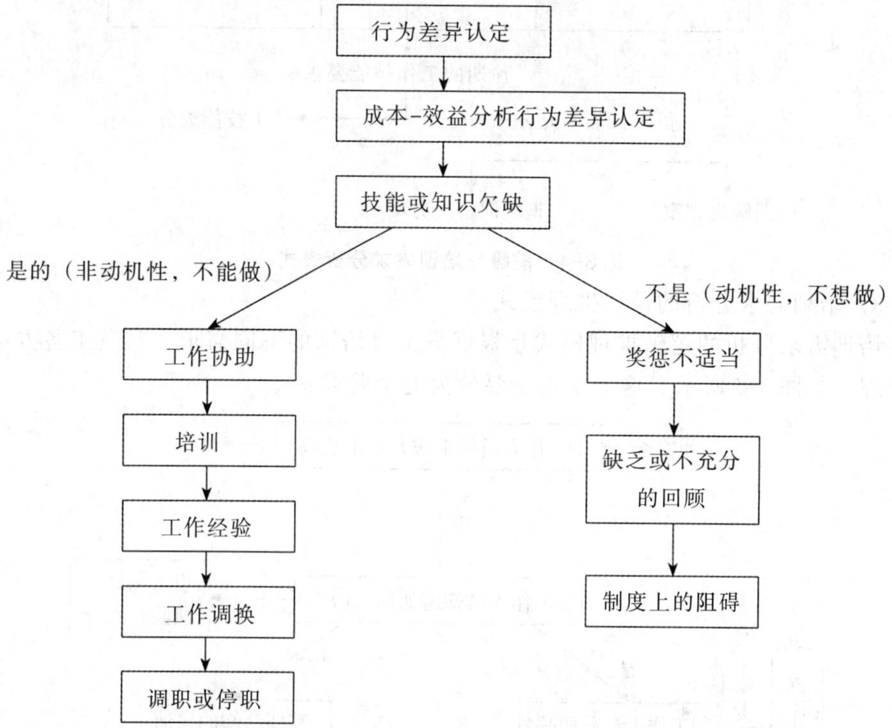

图3-3　培训需求分析的动机模型

6）观察分析法

观察分析法是指通过亲自观察每一位员工的工作状况，如操作是否熟练、完成每项工作所需时间等情况，从中分析出该员工需要培训的内容。该方法较为简单，但是存在着无法克服的缺陷：如果员工意识到自己正处于被观察状态，就容易紧张、表现失常，使观察结果出现较大的偏差；在评价别人时，受个人成见的影响，评价人可能会犯各种错误，导致评价结果出现偏差；同时，消耗时间长也是观察法的突出缺陷；而且这种方法只适用于可观察的体力劳动，不适合复杂的脑力劳动。

7）前瞻性培训需求分析模式

前瞻性培训需求分析模式是以组织未来发展需要为依据，确定员工培训需求的方法。随着技术的不断进步和员工在组织中个人成长的需要，即使员工目前的工作绩效是令人满意的，也可能会为工作调动或职位晋升、为适应工作内容要求的变化等原因提出培训的要求，甚至员工个人的职业生涯发展规划也会对培训提出前瞻性的要求。同时，在发展过程中，组织会不断地在知识和能力等方面对员工提出更高的要求。前瞻性培训需求分析模式如图3-4所示。

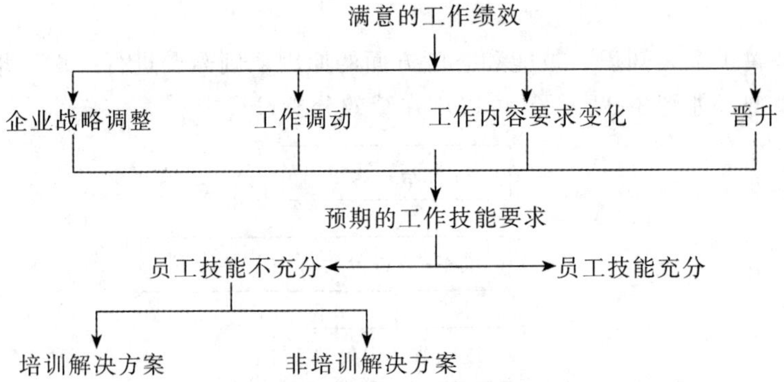

图3-4 前瞻性培训需求分析模式

8）培训需求分析的逻辑推理模式

培训需求分析的逻辑推理模式是根据员工对培训的不同需求，对员工各方面进行推理，如图3-5所示。这个模式主要分为七个阶段：

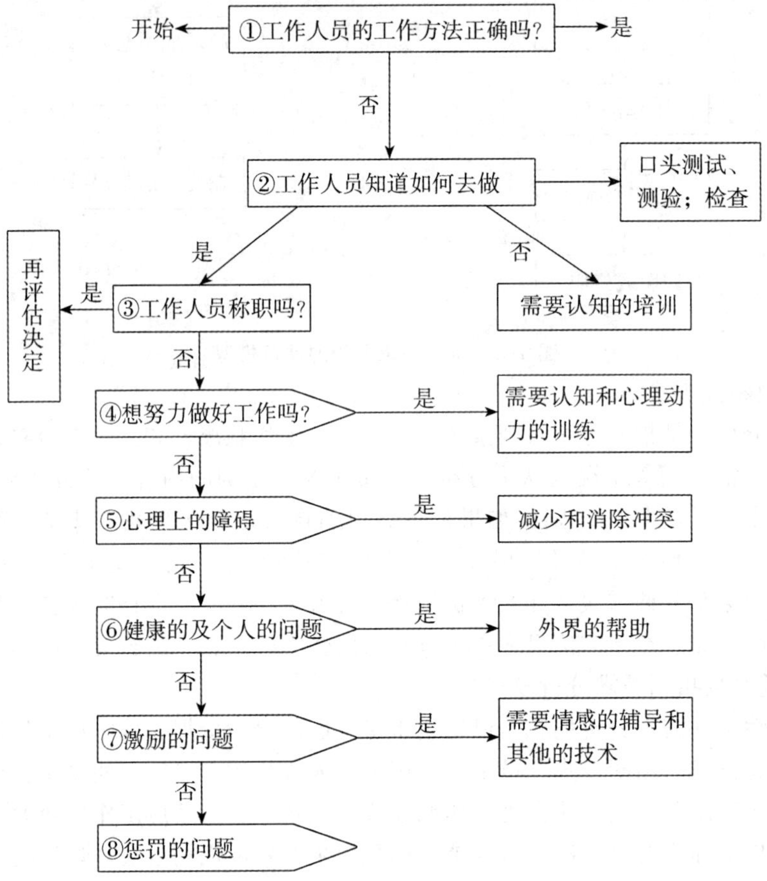

图3-5 培训需求分析的逻辑推理模式

阶段一：说明员工目前工作的现状。

阶段二：检查过去的工作情形，从员工的上级、同事那里获得资料，并与员工直接讨论或做测试。

阶段三：培训工作者如果发现工作流程出了错误，则应该设法改善流程；如果员工未能圆满地达成工作任务，则进入第四阶段。

阶段四：培训专家通过培训来给予员工协助，如展示新的工作方法，改变工作观念上的认知偏差。

阶段五：消除员工心理上存在的障碍。

阶段六：要考虑员工的健康状况及其他个人问题是否导致其工作表现不良。

阶段七：通过满足员工个人内在的心理需要、消除其心理障碍，来改善员工的行为和态度。

9）基于胜任力的培训需求分析法

胜任力是指员工胜任某一工作或任务所需要的个体特征，包括个人知识、技能、态度和价值观等。胜任力模型则是指担任某一特定的任务角色所需要具备的胜任特征总和。这种胜任特征分析不只局限于组织、任务或人员分析的某一个层面，同时强调需求分析和培训结果应能提高受培训者对未来职务的胜任特征。许多公司依据自身的经营战略建立了组织层面的胜任力模型，为公司员工招聘选拔、培训与开发、绩效考评和薪酬管理提供服务。

基于胜任力的培训需求分析，主要步骤如下：

（1）职位概述（position profiling）。将所需要的绩效水平的胜任力要求分配到职位中，通过职位要求的绩效水平，确定所需的相关胜任力。职位概述为胜任力识别和分配提供了基础。

（2）个人能力概述（personal ability profiling）。依据职位要求的绩效标准来评估职位任职者个体目前的绩效水平。结合有关数据资料，依据个体绩效现状及重要性排序确定培训需求。个人能力概述提供了员工胜任力的记录。

职位和个人胜任力得到界定后，确定培训需求就变得容易了。同样地，组织层面的新的胜任力需要可以与已知的胜任力结构相呼应，由此可以有效地预测组织范围内的未来培训需求。

3.3.2 培训需求信息搜集方法

要进行培训需求分析，首先要搜集与培训需求相关的信息，在培训需求分析中可采用多种方法，包括现场观察法、问卷调查法、绩效考核法、资料档案搜集法等。在对这些方法进行归纳后，可以比较其优缺点，为能在培训需求信息搜集过程中选择适当的方法提供一些帮助。培训需求信息搜集方法比较见表3-11。

从另一个角度讲，培训效果的好坏必然要受到培训需求分析时被培训对象的参与程度、管理人员的参与程度、分析过程所耗时间、培训需求分析成本以及分析过程量化程度的影响。通过对上述指标的比较分析，你会发现在具体应用过程中这些方法有着不同的效果，具体见表3-12。

表 3-11 **培训需求信息搜集方法比较**

方法	优点	缺点
员工行为观察法	比较深入、全面地了解工作要求； 所得的资料与实际培训需求之间的相关性较高	需要水平高的观察者； 雇员的行为方式有可能因为被观察而受影响； 适应范围有限
问卷调查法	费用低廉； 可在短时间内从大量人员那里搜集大量的反馈数据； 易于对数据进行归纳、分析； 不影响员工工作	需要大量的时间和较强的问卷设计能力和分析能力； 回收率可能会很低，有些答案不符合要求； 不够具体，无法得到问卷以外问题的答案
绩效考核法	有助于弄清楚导致绩效不佳的所有原因； 针对性强，可以形成一个书面的绩效辅导清单	易于把一切问题都归于培训，而忽视态度或管理需求方面的问题
管理层调查法	管理层对自己下属员工的培训需求比较清楚； 省时省力	管理层个人主观好恶会影响调查的效果； 出于对未来职位竞争的考虑，可能会选错培训对象
面谈候选培训对象法	可充分了解相关信息； 有利于培训双方建立信任关系，易于得到员工对培训工作的支持； 有利于激发员工参与培训的热情	培训双方的面谈可能占用很长时间； 员工不一定真实反映个人发展规划； 对访谈者的谈话技巧要求较高
关键事件法	易于分析和总结； 可以分清楚是培训需求还是管理需求； 易于将培训与绩效改善相结合	事件的发生具有偶然性； 容易以偏概全
集体（小组）讨论法	能够在现场把不同的观点综合起来，有利于最终形成决策； 为决策的执行创造有利条件	费时费钱； 部分人可能在公开场合不愿表达自己的观点和看法
技能测试法	帮助确定一个已知问题是由于能力问题还是由于态度问题造成的	测试项目数量少，则有效程度优先；数量多则费时费力
资料档案搜集法	资料便于搜集； 可以了解员工现有的技术职称资格； 可以了解员工已接受过哪些培训	不一定能反映员工现在的真实技术水平

续表

方法	优点	缺点
以前项目评估法	可为发现问题提供线索； 在活动和集体中，为问题的解决提供客观证据	问题的原因和解决方法很难被发现； 材料中的观点往往是对过去有所反映，而不是对现在的情况或最近的变化作出反应
顾问委员会研究法	反映的内容和问题比较客观； 有利于培训需求的长期趋势分析	成本较高； 时间较长
态度调查法	易于区分工作上表现欠佳是不是由于技能缺陷造成的； 易于发现工作中的其他问题	态度调查的对象可能会故意掩饰自己的看法和心态
趋势研究法	可提供企业培训远期发展目标	费时； 方向难以把握

表3-12　　**培训需求信息搜集方法比较**

信息搜集方法	被培训者参与程度	管理者参与程度	分析过程耗时程度	培训需求分析成本	分析过程量化程度
顾问委员会研究法	低	中	中	高	低
趋势研究法	低	高	高	高	中
态度调查法	中	低	中	中	低
集体（小组）讨论法	高	中	中	中	中
面谈候选培训对象法	高	低	高	高	中
管理层调查法	低	高	低	低	低
员工行为观察法	中	低	高	高	中
绩效考核法	中	高	中	低	高
关键事件法	高	低	中	低	高
问卷调查法	高	高	中	中	高
技能测试法	高	低	高	高	高
以前项目评估法	中	低	中	低	高
资料档案搜集法	低	中	低	低	中

资料来源　赵曼，陈全明．人力资源开发与管理［M］．北京：中国劳动社会保障出版社，2013.

培训需求分析调查问卷内容格式见表3-13、表3-14和表3-15。

表3-13　　某公司技术工人培训需求调查问卷

为了配合我公司及员工个人成长发展，公司计划于近期为部分员工提供培训机会，请您根据实际情况配合我们完成此项调查问卷，这对您自己也是非常有意义的。感谢您的合作！

第一部分：基本情况

年龄：　　性别：

目前的工种：　　技术等级：

在本公司工作年限：　　从事本工种年限：

第二部分：培训需求

请您在与您观点相符的项目括号内打“√”

1.培训对帮助我做好工作非常重要：

同意（　　）中立（　　）不同意（　　）

2.培训对个人发展很有帮助：

同意（　　）中立（　　）不同意（　　）

3.从总体上说，我接受的培训不够：

同意（　　）中立（　　）不同意（　　）

4.以往参加培训的原因：

自己主动提出（　　）领导指派（　　）

5.请说明您近两年参加培训的情况：

6.您目前在工作中遇到哪些问题和困难：

7.您希望通过学习哪些课程和知识来帮助您克服目前的困难：

8.您目前工作中的主要压力来源于：

技术水平跟不上（　　）　活儿很难干（　　）

活儿太多干不完（　　）　零件差，质量很难把握（　　）

9.如果利用业余时间开展技能培训，您愿意参加吗？

非常愿意参加（　　）　不愿意参加（　　）

短期业余时间培训愿意参加，如果占用过多业余时间就不愿意参加（　　）

10.希望学到的主要方面：

与工作相关的基本知识和原理，具体操作技巧在工作中可实践摸索（　　）

与工作相关的操作技巧，基本知识和原理作用不太大（　　）

基本知识原理和操作技巧两个方面相结合（　　）

其他方面：

11.希望得到的培训的方式：

配备高水平的老师传授（　　）　在公司外集中时间参加学习（　　）

就工作中的普遍问题、难点，请教师来公司讲授（　　）

公司内按高级技校课程设置要求，系统培训（　　）

12.就本公司知识型技术工人培训工作的建议：

表3-14　　管理培训需求调查问卷

请标出您认为最合适的描述或回答以下问题：
1.您的工作部门与工作岗位：
2.您在目前这个岗位上工作了多长时间？
□少于1年
□1～2年
□2～3年
□3～4年
□4年以上
3.您希望接受什么方面的培训？
□目标管理和绩效考核
□薪酬福利管理
□企业文化建设
□有效授权技巧
□部门主管（经理）的综合管理技能培训
□高绩效团队
□项目管理
□非财务人员的财务管理
□商务谈判技巧
□其他：请详细说明
4.您期望在什么时候接受上述培训？
培训周期跨度：□3天以内　□1周　□2～4周　□4周以上
培训时段安排：□上班时间　□晚上时间　□周末时间
单元培训时间：□50分钟　□90分钟　□120分钟　□150分钟
培训开展的形式：□脱产　□外派　□实习　□聘请外部专业人员讲课　□其他
5.其他建议或要求：

非常感谢您的参与，请于　月　日前将本调查表交到以下邮箱：

表3-15　　培训需求调查问卷

培训意向征询函（个人用）

为了更好地满足公司全体员工的培训需求，公司人力资源部培训中心将根据实际情况，在××年度举办各类培训班及专题讲座。请实事求是地填写本征询函，于××日前交于培训中心。

姓 名		性 别		出生年月	
学 历		部门及职务			

请在合适的答案前打“√”

一、目前最急需的培训
□能力培训　□岗位业务培训　□专业知识　□学历进修
□英语　□计算机　□其他

二、营销培训
□市场营销原理　□营销中的产品知识　□营销技巧训练
□市场经济法规知识　□公共关系和心理学　□其他

三、专题讲座

四、有关意见和建议

3.4 培训计划的制订

目前国内真正有系统培训计划的企业还不足50%，也就是说仍然有一半以上的企业对培训计划缺乏足够的认识，在管理方面的计划性还十分欠缺，这对培训管理来说是非常不利的。培训计划性不够会间接地影响培训的效果，而且缺乏计划性的培训不仅容易在培训目标上出现诸多偏差，还容易导致资源应用不合理、分配不均等后果。最为重要的是，只有当培训计划是成长性的培训管理计划时，才能够使培训管理水平不断得到提高，并且不会出现“管理泡沫”的现象。

3.4.1 培训目标的确定

培训需求分析之后，就要为培训项目确定目标。马丁·布罗德威尔（Martin Broadwell）指出：“教学过程中最重要的、唯一需要考虑的是设定目标，选择了合适的视角后，全部课程从开始到结束应围绕着目标转。”培训目标就是培训活动的目的和结果。培训目标是一个体系，每个培训开发项目都应当确定自身切实可行的总体目标以及具体目标。有了建立在需求分析基础上的培训目标，才能为培训计划提供方向、指针、构架和信息输入，才能将对象、内容、时间、方法、教师等要素有机结合，才能为衡量培训效果提供评估依据。

培训目标可分为知识传播、技能培养和态度转变三大类。培训目标所指向或预期的培训成果可分为认知成果、技能成果、情感成果、绩效成果和投资回报率五大类。其中：认知成果用来衡量员工对培训内容中强调的原理、事实、技术、程序或过程的熟悉程度；技能成果用来评价员工在技术或操作技能，以及行为方式上的提高程度，它包括员工对一定技能的学习心得，以及在实际工作过程中的应用两个方面；情感成果包括态度和动机，它不仅包含对培训本身的态度，还包括与培训有关的态度转变，如对企业文化的看法、对推行团队合作的态度等；绩效成果用来衡量员工接受培训后的工作绩效提高情况，它通常以受训员工的流动率、事故发生率、成本、产量、质量、顾客服务水平等指标的上升或下降来度量；投资回报率是指培训的货币收益与培训成本（包括直接成本和间接成本）的比较，它可以用来评价组织培训的效益。

设置的培训目标要与组织的宗旨相一致，要与组织资源、员工基础、培训条件相协调，要尽可能量化、细致化并具有可行性。还应当注意的是，设置的培训目标须同组织的长远目标相吻合，并且一次培训的目标不宜过多。设置的目标要有一个合理的期限，还要考虑到是否有足够的时间让员工完成实践，以达到这些目标；目标不宜过大，可将其分解成几个小目标在不同的培训课程中实现。

3.4.2　何谓培训计划及其作用

1）何谓培训计划

培训计划是按照一定的逻辑顺序排列的记录，它是从组织的战略出发，在全面、客观的培训需求分析基础上作出的对培训时间（when）、培训地点（where）、培训者（who）、培训对象（whom）、培训方式（how）和培训内容（what）等的预先系统设定。培训计划必须满足组织及员工两方面的需求，兼顾组织资源条件及员工素质基础，并充分考虑人才培养的超前性及培训结果的不确定性。

培训计划要考虑的问题

（1）why：为什么要进行培训？人力资源的开发就是要最大程度地挖掘人的潜力，使人在工作中充分发挥其优势。培训是人力资源开发的主要手段之一。

（2）what：培训的内容是什么？

（3）who：培训的负责人是谁？

（4）whom：培训的对象是谁？

（5）when：什么时间进行培训，需要多长时间？

（6）where：培训的场所在哪儿？

（7）how：如何实施培训，实施操作步骤有哪些和采用什么方式、技术？

（8）how much：培训的投入和预算是多少？培训的直接成本和间接成本是多少？

2）培训计划的作用

从某种意义上讲，培训计划的作用就如同驾车外出旅行时常需的道路指南。有了它，培训者就能够知道起点在哪、终点在哪、所要经过地方的确切位置；否则，虽可出发旅行，但无从得知去什么地方，或能否抵达目的地。具体来说，培训计划有利于管理和控制：它保证不会遗忘主要任务；它清楚地说明了谁负责、谁有责任、谁有职权；它预先设定了某项任务与其他任务的依赖关系，这样也就规定了工作职能上的依赖关系；它是一种尺度，可用于衡量对照各种状态，最后则用于判断项目、管理者及各成员培训的成败；它是用作监控、跟踪及控制的重要工具，也是一种交流和管理的工具。

3.4.3　培训计划的种类与内容

按不同的划分标准，培训计划可以有不同的分类：以培训计划的时间跨度为分类标准，可将培训计划分为长期、中期和短期培训计划三种类型；按培训计划的层次，可将培训计划分为企业整体培训计划、各部门的培训计划和个人的培训计划三个层面。

一个完整的培训计划应包含培训目的、培训对象、培训课程、培训形式、培训内容、培训讲师、培训时间、培训地点、培训设备准备、考评方式、培训预算以及培训出现问题时的调整方式等内容，具体见表3-16。

表 3-16 具体的培训计划内容

项目	具体内容
培训目的	每个培训项目都要有明确的目的（目标）：为什么培训？要达到什么样的培训效果？怎样培训才能做到有的放矢？培训目的要简洁、具有可操作性，最好能够衡量，这样就可以有效检查人员培训的效果，便于以后的培训评估
培训对象	主要培训对象通常包括中高层管理人员、关键技术人员、营销人员，以及业务骨干等。确定了培训对象后，就可以根据培训内容进行分组或分类，把同样水平的人员放在一组进行培训，这样可以避免培训浪费
培训课程	培训课程一定要遵循轻重缓急的原则，分为重点培训课程、常规培训课程和临时性培训课程三类。其中重点培训课程主要是针对全公司的共性问题、未来发展大计进行的培训，或者是针对重点对象进行的培训
培训形式	培训形式大体可以分为内训和外训两大类：其中内训包括集中培训、在职辅导、交流讨论、个人学习等；外训包括外部短训、MBA进修、专业会议交流等
培训内容	培训内容涉及管理实践、行业发展、企业规章制度、工作流程、专项业务、企业文化等课程。从人员上讲，对中高层管理人员和技术人员的培训宜采用外训、进修、交流、参观等方式；而普通员工则采用现场培训、在职辅导、实践练习等方式
培训讲师	讲师在培训中具有举足轻重的作用，讲师分为外部讲师和内部讲师。涉及外训或者内训中的关键课程以及企业内部人员讲不了的，就需要聘请外部讲师
培训时间	培训时间包括培训执行的计划期或有效期、培训计划中每一个培训项目的实施时间，以及培训计划中每一个培训项目的课时等。培训计划的时间安排应具有前瞻性，时机选择要得当，以尽量不与日常的工作时间相冲突为原则，同时要兼顾学员的时间
培训地点	培训地点包括每个培训项目实施的地点，以及实施每个培训项目时的集合地点或召集地点
培训设备准备	培训设备主要有两大类：一是资料类，二是器材类。资料类主要包括配给学员的教材、笔记本、评估表、培训说明等，其中以培训教材最为重要。器材类主要包括视听设备、录音录像设备及教室布置的器材，设备的配置要考虑到现有条件的可能性
考评方式	采用笔试、面试或是绩效考核等方式进行
培训预算	包括整体计划的执行费用和每一个培训项目的执行或实施费用。预算方法很多，如根据销售收入或利润的百分比确定经费预算额，或根据公司人均经费预算额计算等
调整方式	计划变更或调整的程序及权限范围

3.4.4　影响培训计划制订的因素

在制订培训计划时，必须考虑以下因素：

（1）员工的参与。让员工参与设计和确定培训计划，除了可以加深员工对培训的了解外，还能提高他们对培训计划的兴趣。此外，员工的参与可使课程设计更切合员工的真实需要。

（2）管理者的参与。各部门主管对部门内员工的能力及所需培训种类，通常较负责培训计划者或最高管理层更清楚，故他们的参与、支持及协助对计划的成功有很大帮助。

（3）时间安排。在制订培训计划时，必须准确预测培训所需时间及该段时间内人员调动是否会影响组织的运作。安排课程及培训方法必须严格依照预先拟订的时间表执行。

（4）成本资源约束。培训计划必须符合组织的资源限制。有些计划可能很理想，但如果需要庞大的培训经费，就会降低可行性。能否确保经费的来源、合理地分配和使用经费，不仅直接关系到培训的规模、水平及程度，而且关系到培训者与学员能否有很好的心态来对待培训。

【案例】

如何确定培训需求

确定培训需求，是指在规划与设计每项培训活动之前，由培训部门、主管人员、工作人员等采用各种方法与技术，对组织及其成员的目标、知识和技能等方面进行系统的鉴别与分析，以确定是否需要培训及培训内容的一种活动或过程。它既是确定培训目标、制订培训计划的前提，也是进行培训评估的基础，因而成为培训活动的首要环节。企业如何来确定培训需求呢？我们将通过下面一个案例来进行说明。

【案例背景】

2012年年底，武汉某高新技术企业举办了年度工作总结会议。在本次总结会议上，总经理张飞对技术部的工作很不满意，年初设定的考核目标，技术部基本都没有完成，部分重点工作任务也没有及时完成。新上任的技术部经理李默然是公司的技术大牛，但在管理上却有很多不足。目前，技术部的问题主要表现在：

1.不重视部门建设，部分关键岗位人员一直未能到位。

2.部门没有明确工作目标，考核工作不落地。

3.项目管理无序化，项目无立项即上马，项目进度滞后，人员管理松散。

4.项目组长的能力不足，项目成员不服从项目组长的管理。

经过与管理人员沟通，考虑到今年的销售压力更加严峻，技术部的研发工作一定要规范、及时、有效，保障产品上市，充分支持产品销售。人力资源部必须在两周内确定技术部的培训需求，制订培训计划。请问，如何确定培训需求，设置培训课程？

【案例分析】

在本案例中，我们可以看到：首先，技术部的部门经理虽然是技术大牛，但在管理方面仍有很多不足。这固然跟工作经验有一定的关系，但更多的是需要相应的管理技能。李默然作为技术骨干，在管理方面无论是技能还是经验都是比较欠缺的(不重视部门建设，考核工作不落地等)。其次，在各个项目组也存在类似问题，项目管理无序，项目组长能力不足等。因此人力资源部应结合这些岗位所需的知识和技能，并通过工作访谈，问卷调查的方式，对共性的培训需求进行提炼，设置相应的培训课程。

【相关知识点】

如何确定员工的培训需求

1.确定岗位知识和技能

由于不同岗位所从事的工作不同，所以每个岗位所需要的知识和技能也不相同，即便是同一个部门，各岗位对知识和技能的要求也有较小或较大的差异。了解岗位知识和技能可以从分析该岗位的岗位职责和任职资格入手，但有些企业以前的工作分析做得不够细致，或者企业组织结构发生了很大的变化，这些都会造成信息失真。所以与该岗位的直接上级进行沟通是非常重要的。

当然，我们也可以从该岗位的岗位人员那里了解到相关知识和技能，但这样做可能更容易出现一些偏差。因为岗位人员有时会过高或过低地估计本岗位在组织中的功能，或者误将自己的特长或发展动机看成岗位本身所需要的知识和技能。完全准确地确定各岗位所需的所有知识和技能是非常困难的。一般来讲，我们可以要求岗位的直线经理列出他认为最重要的六项（或者更多）岗位知识和技能。需要注意的是，这些岗位知识和技能应该是与本岗位工作有直接关系的，而不应该是一些泛泛而谈的内容。比如，对于“软件开发工程师”这个岗位，“熟悉使用C语言”就可以作为一项技能要求，而“工作努力认真”就比较空泛。

2.员工工作区域划分

明确了各岗位对知识和技能的要求之后，就要以此为参照找到现有员工的差距。培训的一个重要目的就是让不符合岗位知识和技能要求的员工通过培训后符合要求。但是，并不是员工接受培训以后，就一定有所收获，因为这和员工的主观意愿有很大关系。如果员工压根就没有接受培训的欲望，或者不愿意做好本职工作，培训对员工是没有意义的。为了使培训有的放矢，真正对员工有所帮助，对员工进行区分是有必要的。根据员工工作态度和工作技能这两项要求，可以把员工划分在四个区域内。

第一区：工作态度好，岗位知识和技能符合要求；

第二区：工作态度不好，岗位知识和技能符合要求；

第三区：工作态度好，岗位知识和技能不符合要求；

第四区：工作态度不好，岗位知识和技能不符合要求。

对于第一区的员工，他们已经是（或者很快会成为）公司的骨干员工，对于这些员工，公司应该积极地考虑他们的职业发展问题，并为这些员工规划一条在公司成长的路径。基于成长的考虑，公司要安排一些相应的培训，协助员工成长，并达到激励的目的。他们是培训的重点。

对于第二区的员工，他们的岗位知识和技能已经符合了公司的要求，所以要解决的是工作态度问题。工作态度问题可能是由于员工个人对公司的组织文化、管理理念和管理方式不认同，或者是没有将自己的未来发展与公司相结合。公司可以通过座谈或单独沟通的形式，及时地了解第二区员工的想法，如果是公司管理的问题，应该及时解决。如果是个人发展的问题，可以给他们提供更多的施展才华的机会。第二区的员工主要参加公司的常规性培训。

对于第三区的员工，他们也是公司培训的重点，与第一区不同的是，对他们主要侧重于保健性培训，培训的目的是使他们尽快地适应岗位的要求。由于他们有良好的工作态度，所以公司有理由相信通过培训，他们能够更好地为公司工作。上述案例中的李默然明显属于第三区域的员工。

对于第四区的员工，公司要花费很大的精力才能让他们完成自己的工作任务，一般来讲，企业很难容忍这种员工在工作岗位上继续工作下去。对于第四区的员工，人力资源部门可以先分别与员工和其直接上级进行一次谈话，全面地了解实情。如果情况属实，可以要求员工在有限的时间内达到岗位要求，否则要进行转岗或作辞退处理。第四区的员工主要参加公司的常规性培训。

3.明确员工差距

通过对员工进行工作区域的划分，可以确定重点的培训对象（第一区和第三区的员工）。

对于每一个重点培训对象，我们都要明确其与目标的差距。

对于第一区的员工，直线上级要与员工讨论员工在公司中的职业发展问题，确定本年度的职业发展目标。目标与员工现有能力的差距就是培训的需求。对于第三区的员工，要明确其知识和技能的不符合项具体有哪些，这个差距就是第三区员工的培训需求。

由于每个员工的岗位或具体工作能力不同，所以在明确员工差距方面应该单独进行。人力资源部门要将每个员工的差距记录下来，以便在下一步制订培训计划时进行参考。

4.编写《培训需求调研报告》

人力资源部门将所有的信息收集完以后，要对信息进行整理和分析。分析时，要注意对普遍存在的培训需求进行合并。最后在分析的基础上编写《培训需求调研报告》，报告最好以部门为单位进行编写，报告中一般应涉及“各岗位知识与技能要求”“各员工与要求的差距”“部门员工及经理对培训的建议”等。

资料来源 HRsee. 如何确定培训需求［EB/OL］.（2018-11-27）. http: //www.hrsee.com/?id=452.

本章小结

1.需求就是一个组织预期应该发生的事情和实际发生的事情之间的差距。培训需求分析是指在规划与设计人力资源培训和开发活动之前，由培训部门、主管人员、工作人员等搜集企业战略、组织与员工的相关数据信息，然后采用一定的分析方法和技术，对各种组织及其成员的目标、知识、能力等方面进行系统的鉴别与分析，以确定企业是否需要进行培训及培训内容的一种活动或过程。

2.产生培训需求的原因大致包括企业经营方向的变化、工作变化、企业人员的变化、绩效低等因素。影响培训需求的因素分为常规性影响因素和事件性影响因素。

3.培训需求分析的作用有：确认差距、改变原有分析、促进人力资源分类系统向人力资源开发系统转换、提供可供选择的解决问题的方法、形成一个信息资料库、决定培训的成本与价值、为获得组织对培训的支持创造有利条件。

4.培训需求分析的参与者包括：人力资源部门的工作人员、员工本人、员工的上级、有关项目专家、客户以及其他相关人员。

5.培训需求分析应从三个方面着手：组织分析、任务分析和人员分析，这些方面构建了最为广泛流行的培训需求分析框架。组织分析涉及组织目标、组织战略、组织资源、组织特质以及组织环境等方面的分析。任务分析主要是通过对工作任务和岗位责任的研究，发现从事某项工作的具体内容和完成该工作所需具备的各项知识、技能和能力，以确定培训项目的具体内容。人员分析主要是从员工的实际状况出发，通过分析员工实际绩效与期望绩效或绩效标准之间的差距，来确定谁需要接受培训以及培训内容。

6.培训需求的分析方法包括组织整体分析法、任务分析法、员工个人培训需求分析法、问卷调查法、绩效分析法、观察分析法、前瞻性培训需求分析模式、培训需求的逻辑推理模式、基于胜任力的培训需求分析法等。培训需求信息搜集方法包括顾问委员会研究法、态度调查法、绩效考核法、员工行为观察法、问卷调查法等方法。

7.培训目标主要可分为知识传播、技能培养和态度转变等三大类。培训成果可以分成认知成果、技能成果、感情成果、绩效成果和投资回报率等五大类。一个完整的培训计划应包含培训目的、培训对象、培训课程、培训形式、培训内容、培训讲师、培训时间、培训地点、培训设备准备、考评方式、培训预算以及培训出现问题时的调整方式等内容。影响培训计划制订的因素包括：员工的参与、管理者的参与、时间安排、成本资源约束。

关键概念

培训需求　培训需求分析　组织整体分析法　任务分析法　绩效分析法　员工个人培训需求分析法　前瞻性培训需求分析模式　培训需求的逻辑推理模式　培训计划

课堂讨论题

1.培训需求产生的原因和影响因素各是什么?

2.培训需求分析的含义及其作用是什么?

3.培训需求分析的框架是什么?如何从组织层面、任务层面、人员层面进行培训需求分析?

4.培训需求分析的方法有哪些?

5.培训需求信息搜集的方法及其优缺点是什么?

6.培训的目标有哪些?一个完整的培训计划应包括哪些内容?

7.影响培训计划制订的因素有哪些?

第4章 /培训的组织与实施

学习目标

本章讨论了如何构建企业的培训体系，重点介绍如何选择培训方法、培训技术、培训内容以及培训师。通过本章的学习，了解培训体系的构成因素和目标要求，从而掌握构建结构化的培训体系的方法；了解各种培训方法的要求以及优缺点；掌握如何选择培训内容、培训方法以及培训师。

4.1 企业培训体系的建立

4.1.1 培训体系的构成因素

1）培训机构

从事企业培训的机构有两类：外部培训机构和企业内部培训机构。外部培训机构包括专业培训公司、大学以及跨公司间的合作（即派本公司的员工到其他企业挂职锻炼等）。企业内部培训机构则是指专门的培训实体，或由人力资源部履行其职责。

通常，企业从其资金、人员及培训内容等因素考虑，决定采用外部培训机构还是企业内部培训机构。一般来讲，规模较大的企业会建立自己的培训机构，如摩托罗拉公司的摩托罗拉大学和明基公司的明基大学等。当培训内容比较专业，或者参加培训的人员较少、缺乏规模经济效益时，规模较小的公司可以求助于外部培训机构。

2）培训对象

根据参加培训的人员不同，可将培训对象分为：高层管理人员培训、中层管理人员培训、基层管理人员培训和普通员工培训。企业应根据不同的受训对象，设计相应的培训方式和内容。一般而言，对于高层管理人员，应以灌输理念能力为主，参训人数不宜太多，采用短期而密集的方式，运用讨论学习方法；对于中层管理人员，应注重人际交往能力的训练和引导，参训规模可以适当扩大，延长培训时间，采用讲授法、研讨法等交错的方式，利用互动机会增强学习效果；对于普通员工的培训，需要加强其专业技能的培养，可以采用大班制进行长期性的延伸教育，充实员工的基本理念，加强事务操作能力。

3）培训方式

按照不同划分标准，培训方式可以分为以下类型：脱产、不脱产、半脱产；长期、短期；按其授课形式，还可以分为知识讲座、案例讨论、场景模拟、团队互动等。企业需要依据不同的培训对象和内容选择不同的培训方式，以达到最佳的培训效果。

4）培训时机

从需求的角度来讲，员工对培训内容的渴望程度越高，其产生的作用越明显；把握好培训的时机，可以提高培训的效果。如随着企业战略业务的调整，要对员工进行新知识、技能等的培训，就存在一个培训时机的选择问题。

5）培训师

培训师是培训活动的授课主体，其知识丰富程度、语言表达方式、授课形式等均对培训效果产生影响，培训师可以来源于企业内部，也可以来源于企业外部，其选择主要受到培训内容和培训费用的影响。

6）培训预算

多少开支办多少事，是培训预算必须考虑的基本出发点。如何在既有的培训预算范围内，组织安排培训内容和方式以达到最佳的培训效果，是企业需要考虑的重要问题。培训计划必须从企业战略出发，满足组织及员工两方面的要求，考虑企业资源条件与员工素质基础，以及人才培养的超前性和培训效果的不确定性，确定职工培训的目标，选择培训内容及培训方式。

7）培训地点与环境

培训地点可分为国内与国外，国内又有远近之分，还有企业内外之分；具体环境有大有小、情况各异，企业应该综合多方面因素选择好地点与环境。企业在开展外部培训的时候，要谨防假培训、真旅游的形式。

4.1.2 构建培训体系的目标要求

1）将培训与企业经营战略相结合

企业的经营战略是一项综合公司的目标、政策和行动计划的规划。战略会对一个企业如何运用它的实物资本（如厂房和设备）、金融资本（资产和现金储备）和人力资本产生影响。经营战略决定企业对人力资源需求的数量、质量，因此，经营战略影响企业在培训方面的决策，如培训目标、培训类型、培训方式等。为使企业获得发展，培训活动应该有助于企业实现其经营战略，使培训活动不仅着眼于当前所需知识和技术的传授，更着眼于企业未来的发展。培训方式具有战略性，才能更好地将培训活动与企业的发展相结合，使培训真正符合企业的需要。

例如，集中经营战略的侧重点是提高市场份额、降低成本，使产品和服务保持鲜明的市场定位。实现集中战略的途径是提高产品质量、提高生产率、革新技术流程，按客户需要制造产品或提供服务。实施集中战略的企业比较注重技术交流和现有劳动力的开发，在培训中，要有针对性地将培训重点放在团队建设、交叉培训、新技术培训和人际交往能力培训上。

2）明确员工的培训需求

培训需求结果确认不完善或不真实，培训内容的设计就会变成“无的放矢”，缺乏针对性，会造成培训效率低，效果不明显。因此，要根据企业的实际需求组织培训，就要求企业在培训初期就做好员工的培训需求分析工作。

为了获得充分的资料和支持信息，培训需求分析必须从三个层次上进行：首先，从组织层次进行分析；再次，从任务层次进行分析；最后，从个人层次进行分析。

在分析培训需求之前，需要搜集员工的培训需求信息，为培训需求分析提供良好的依据。搜集信息的方法有很多种，如面谈候选培训对象法、问卷调查法、员工观察法等。在进行不同层次的培训需求分析时，要根据培训的实际情况，选择合适的调查方法。

3）保证培训投资回报

培训分为通用培训和专业培训。通用培训适用于任何企业，专业培训只对本企业有用。由于通用培训的非排他性和人力资本价格的低市场化，以及企业财力限制等诸多原因，企业在进行培训投资时顾虑重重，造成培训投资十分有限。

通用培训并非企业单方面的投资，而是企业与员工的共同投资。企业的投资包括培训费用、培训期间员工工资、培训期间由于受训员工不在工作岗位而使公司产生的其他间接成本。受训员工的投资包括受训员工本身所具有的能够有效接受培训的能力、受训员工为接受培训而多付出的精力和时间。

企业应根据自身情况，制定有效的培训投资回收制度。

（1）在培训前收回投资。企业在培训开始时，可以从员工的薪酬中扣除相应费用，也可以在制定薪酬政策时，将员工薪酬的一部分划为培训费用。在培训结束后，企业可以根据员工培训结果，决定是否为员工报销培训费用。

（2）在培训时收回投资。如在试用期培训，试用期薪酬与转正后薪酬的差距就是员工支付的培训费用。

（3）在培训后收回投资。企业与员工签订培训协议，在协议上明确规定，受训员工只有在企业工作满一定时期后，才能离开公司，否则必须按比例补偿企业的部分培训费用。

4）构建有效的培训管理体系

构建有效的培训管理体系要注意以下几点：

（1）在培训实施前，企业首先要确定好岗位或部门人员所应承担的职能和责任。岗位职责要落实到岗位的任职人员身上，部门职责要落实到部门内所有人员的身上，如果责任不清，就会影响工作的有效进行。

（2）要为培训创造良好的培训环境。培训环境因素包括教室空间是否合适、培训地点是否偏僻等。除此之外，确保环境舒适的相关要求还有：设备齐全、桌椅舒适、采光自然、纸笔充足、茶点齐备、温度适中、教具直观。一些细节因素，如门窗开关自如、电源设施完备、教室形状合适等也要提前考虑好。

(3) 要设计好培训教室的布局。培训教室的布局可以有许多方式，如马蹄形、扇形、会议形等，最理想的安排方式要视房间的类型、座位的数量、参加的人数、培训的方式等情况而定。

(4) 要在培训活动实施前对培训活动所涉及的物品进行总体检查。检查内容包括：教室预订情况；电脑、投影仪等设备是否到位；上课前几分钟，桌椅、教室、茶点供应的准备情况等。

5）确定合适的培训方法

培训方法是指为了有效地实现培训目标而采用的手段和方法。培训方法必须与培训需求、培训课程、培训内容、培训目标相适应。在培训中，可视需要选择一系列培训方法，如讲授法、研讨法、案例法、角色扮演法等，可采取其中一两种方法作为重点，通过多种方法变换组合的方式，使培训效果达到最理想的状态。同时，培训方法的设计也要注意受训者的知识层次和岗位类型，如管理人员比较适合案例教学法，操作人员比较适合操作示范法。为了吸引和启发学员、引导思考，在培训时可采用如案例、图片、游戏、录像、动画等多种讲授方式。

6）创造培训成果转化氛围

受训者在获得知识、技能、理念上的进步之后，要巩固培训效果，必须进行实践，通过实践有效且持续地将所学到的知识、技能、能力等运用于生产、管理、研发工作中。影响培训成果转化的氛围包括上司支持、企业文化、同事支持、应用所学内容的机会等。

4.1.3　如何构建结构化的培训体系

通常，一个完整的培训体系包括培训课程体系、培训管理体系、培训效果评估体系三部分。下面就各部分体系的建立分别进行说明。

1）建立培训课程体系

培训课程设置是建立在培训需求分析基础之上的，根据培训课程的普及性、基础性和提高性，可将培训课程分为员工入职培训课程、固定培训课程和动态培训课程三类。员工入职培训课程设置较为简单，属普及性培训，课程主要包括企业文化、企业政策、企业相关制度、企业发展历史等。固定培训课程是基础性培训，是从事各类、各级岗位需掌握的应知应会知识和技能的培训，因岗位调动，职位晋升，绩效考核反映知识、技能有欠缺者需加强固定课程培训。动态培训课程是根据科技、管理等发展动态，结合企业发展目标和竞争战略作出的培训安排，这类培训的目的是保证员工能力的提升，为企业的发展提供人才支持。

固定培训课程设置是培训工作中工作量最大的工作。要做好这项工作，在企业中必须建立起以员工职业化为目标的分层、分类员工培训体系，明确不同岗位、不同级别的人员必须掌握的知识、技能。首先，人力资源部会同各级部门，从岗位分析入手，对所有岗位进行分类，如分为管理类、专业类、技术类等。在分类的基础上，再对每一类进行层次级别定义和划分。由此，按照企业的组织结构和岗位胜任模式来建立固定课程体系，就有了分析的基础和依据。以各级各类岗位为基础，分析员工开展业务工作所需的职业化行为模块和行为标准，分析支持这些职业化行为模块和行为标准所需的专业知识和专业技能。由此，确定各级各类的培训课程，从而开发相应的培训教材。不同级别的必备知识可以是相同的，但在深度和广度上应该有所区别。

动态培训课程可以从两个层次上进行分析。一是从企业目标上分析，分析企业的发展方向、竞争战略、企业目标，考虑与此相关的管理思路、管理观念和工作重点的转移，组织流程的再造及可能涉及的新的技术领域、工艺技术，并以此确定培训课程。二是从科技发展角度分析。当今世界，科学技术、管理知识发展日新月异。员工只有不断地更新他们的知识与技能，才能更好地保持企业的核心竞争力。因此，在培训课程设计过程中，应该考虑新的技术和新的管理理念。

2）建立培训管理系统

（1）明确实施责任。培训计划的制订和实施，关键是落实负责人或负责单位。要建立责任制，明确分工。培训工作的负责人要有一定工作经验和工作热情，要有能力让公司领导批准培训计划和培训预算，要善于协调与业务部门和其他职能部门的关系，以确保培训计划的实施。

（2）确定培训的目标和内容。在培训需求调查的基础上，结合组织分析、任务分析、个体分析等因素，以决定培训重点、目标和内容。总之，应整合企业和员工的培训目的，使培训目标准确，培训的内容符合实际需要。

（3）选择培训方法。每种培训方法都有不同的侧重点，培训效果也有较大差异，因此必须根据培训对象的不同，选择适当的培训方法。方法的选择除了要考虑人员特点外，还要考虑培训内容和企业客观条件。

（4）确定被培训对象。除了普遍的观念性培训外，参加培训的学员必须经过适当的挑选；因为培训的费用应当用在有一定潜力的人员身上，也就是说学员的可塑性是非常重要的。如果学员的可塑性较差，跟不上教学进度，不仅达不到培训的目的，而且这种无效投资将大大增加企业的经济负担。以目前大多数企业的经济实力，还不可能在每个人身上都投入大量的培训费用。另外，即使企业用于培训的资金充足，也要根据组织分析、任务分析、人员分析的结果来确定员工是否参加培训、参加何种类型的培训。

（5）选择培训讲师。这对于培训的顺利进行也非常重要，是选择企业内部讲师还是外部讲师要依据培训的目标与内容来确定，同时也受到培训预算影响。从企业各级管理人员中聘请培训教师，会更加了解培训目标，更善于将组织实际状况与培训内容相结合，有利于与员工进行沟通、获取信任，但可能在培训知识和技巧等方面受到限制。因此，企业也可以聘请外部讲师，特别是在企业进行内部变革时。

（6）制订培训计划。制订计划的目的是明确培训的内容、时间、地点、方式、要求等因素，便于参与培训各方获取信息，也便于其他工作的安排。

（7）对培训进行评估以不断改善培训体系。每次进行培训后，应从影响培训因素的几个方面进行培训评估，以有针对性地改进企业培训体系。

3）建立培训效果评估体系

企业完成一个培训项目之后，培训主管必须对其进行效果评估。培训效果评估可以对上一阶段培训取得的效果与利弊进行测量，为培训成果的有效运用提供标准和依据，也是改进和完善将来培训工作的重要步骤。主要应该抓住以下四个层次：第一，反应评估。反应评估是指参与者对培训项目的评价，如培训材料、培训师、设备、方法等。受训者反应是培训设计需要考虑的重要因素。第二，学习评估。学习评估是测量原理、事实、技术和技能获取的程度。评估方法包括纸笔测试、技能练习与工作模拟等。第三，行为评估。行为评估是测量在培训项目中所学到的技能和知识的转化程度，分析受训者的工作行为有没有得到改善。这方面的评估可以通过参与者的上级、下属、同事和参与者本人对其接受培训前后的行为变化进行评价。第四，结果评估。结果评估是针对组织层面绩效是否改善的评估，如节约成本、工作结果改变和质量改变。

无论采用何种培训方法与手段，受训者在获得知识技能、理念上的进步之后，要巩固培训效果，必须通过实践才能有效且持续地将所学到的知识、技能等运用于生产、管理、研发工作中。企业应建立相应的机制来对这种转化过程进行跟进和强化。

（1）协作支持机制。它包括：①直接上级支持，即受训者的上级管理人员积极支持其下属参加培训，支持受训者将所学的技能运用到工作中去，并为其创造更多应用所学技能的机会。②同事支持，即以自愿的方式组成一个小群体，在一起进行定期讨论，强化培训成果的转化。

（2）强化激励机制。这是指通过与企业内部其他管理激励机制相联系，来强化受训者的培训转化行为过程与结果。它主要包括：①外部强化，受训者因为运用在培训中所学新技能和行为而得到加薪、晋升等外在奖励；②内部强化，受训者因为运用在培训中所学新技能和行为而得到如上级和同事的赞赏等内在奖励。而且，为了全方位地运用强化激励机制，对于为受训者提供协作支持的相关人员也应给予相应的奖励。

4.2　培训的方法和技术

4.2.1　课堂讲授法

讲授属于传统的培训方式，是指培训师通过语言表达想要受训者学习的内容，系统地向受训者传授知识，期望这些受训者能记住其中的重要观念与特定知识。

1）要求

（1）讲授内容要有科学性，这是保证讲授质量的首要条件。

（2）讲授要有系统性，条理清晰，重点突出。

（3）应尽量配备必要的多媒体设备，以加强培训的效果。

（4）培训师与受训者要相互配合，用问答方式获取员工对讲授内容的反馈。这是取得良好的讲授效果的重要保证。

（5）培训师应具有丰富的知识和经验，讲授时语言要清晰、生动、准确。

2）优点

（1）有利于受训者系统地接受新知识。

（2）容易掌握和控制学习的进度。

（3）有利于对难度大的内容加深理解。

（4）运用方便，可以同时对许多人进行培训，培训成本较低，具有规模效应。

3）缺点

（1）讲授内容具有强制性，受训者无权自主选择学习内容。

（2）学习效果易受培训师讲授水平的影响。

（3）由于主要是单向性的信息传递，缺乏灵活性，缺乏教师和员工间必要的交流和反馈，学过的知识不易被巩固，故常被运用于一些理念性知识的培训。

（4）受训者之间不能讨论，不利于促进理解，不能让受训者直接体验知识和技能，学过的知识不易被巩固。

（5）讲授法是一种规模教学方法，难以实现因材施教。

4.2.2 研讨法

所谓研讨法，是指由指导教师有效地组织研习人员以团体的方式对工作中的课题或问题进行讨论，并得出共同的结论，由此让研习人员在讨论过程中互相交流、启发，以提高研习人员知识和能力的一种教育方法。

“集思广益”是讨论法的基础，只有集众人之智慧，并相互激发，才可达到1+1>2的创造性效果。关键是要畅所欲言，通过自由思考，能产生各种各样的想法，然后把这些想法综合起来解决某一问题。按照费用高低与操作的复杂程度又可分成研讨会与小组讨论两种方式。研讨会多以专题演讲为主，中途或会后允许员工与演讲者进行交流沟通，一般费用较高，而小组讨论则费用较低。

1）要求

（1）每次讨论要建立明确的目标，并让每一位参与者了解这些目标。

（2）要使受训人员对讨论的问题产生兴趣，并启发他们积极思考。

（3）在大家都能看到的地方公布议程表（包括时间限制），并于每一阶段结束时检查进度。

2）优点

（1）强调员工的积极参与，鼓励员工积极思考，主动提出问题，表达个人的感受，有助于激发学习兴趣，开发自主学习能力。

（2）在讨论过程中，教师与员工间，员工与员工间的信息可以多向传递，知识和经验可以相互交流、启发，取长补短，有利于员工发现自己的不足，开阔思路，加深对知识的理解，促进能力的提高。据研究，这种方法对提高受训者的责任感或改变工作态度特别有效。

（3）受训人员集思广益，共享集体的经验与意见，有助于他们将受训的收益在未来实际工作中加以思考和应用，建立系统的思考模式。

3）缺点

（1）运用时对培训指导教师的要求较高。

（2）讨论课题选择的好坏将直接影响培训的效果。

（3）受训人员自身的水平也会影响培训的效果。

（4）不利于受训人员系统地掌握知识和技能。

（5）有效的讨论需要充足的时间。

研讨法适用于企业内所有成员，其培训目标是提高能力、培养意识、交流信息、产生新知识。它比较适合于管理人员的训练或用于解决某些有一定难度的管理问题。它作为一种企业培训员工的教育方法，以其显著的培训效果在实际应用中占有非常重要的地位，它与授课法并称为职业培训两大培训法。

4.2.3 案例研究法

案例研究法是美国哈佛大学管理学院推出的，目前广泛应用于企业管理人员（特别是中层管理人员）的培训。案例研究法是指为参加培训的员工或组织提供如何处理棘手问题的书面描述，让员工分析和评价案例，提出解决问题的建议和方案的培训方法。其目的是让他们具有良好的决策能力，帮助他们学习如何在紧急状况下处理各类事件。

此方法是针对某一典型性事例进行分析和解答，始终有个主题，即“你将怎么做”，参加者的答案必须是切实可行的和最好的。培训对象组成小组来完成案例分析，作出判断，提出解决问题的方法。随后，在集体讨论中发表自己小组的看法，同时听取别人的意见。讨论结束后，公布讨论结果，并由教员再对培训对象进行引导分析，直至达成共识。

1）要求

（1）案例研究法需要培训人员事先充分准备，经过对受训群体情况的深入了解，确定培训目标，针对目标收集具有客观性与实用性的资料加以选用，根据预定的主题编写案例或选用现成的案例。案例应具有真实性，不能随意捏造，并且要和培训内容相一致。

（2）案例研究法需要向培训对象提供一则描述完整的经营问题或组织问题的案例，向受训者提供大量背景材料，为了保密，有关的人名、单位名、地名可以改用假名，这被称为掩饰，但其基本情节不得虚假，有关数字可以乘以某掩饰系数加以放大或缩小，但相互间比例不能改变。由受训者依据背景材料分析问题，提出解决问题的方法，从而培养参加者分析和解决实际问题的能力。

（3）案例中应包含一定的管理问题，否则便无学习与研究的价值，教学案例必须有明确的教学目的，它的编写与使用都是为某些既定的教学目的服务的。

（4）在正式培训中，先给受训人员足够的时间去研读案例，引导他们产生“身临其境”“感同身受”的感觉，使他们自己如同当事人一样去思考和解决问题。

2）优点

（1）员工参与性强，变员工被动接受为主动参与，可以提高员工有效沟通、发现问题、分析问题、解决问题的能力。

（2）将员工解决问题能力的提高融入知识传授中，有利于提高员工解决企业实际问题的能力。

（3）它提供了一个系统的思考模式，正规案例分析使学生得到经验和锻炼机会，在个案研究的学习过程中，接受培训可得到另一些有关管理方面的知识与原则。

（4）教学方式生动具体，直观易学，容易使员工养成积极参与和向他人学习的习惯。

3）缺点

（1）每一个案例都是为既定的教学目的服务的，缺乏普遍适用性，不一定能与培训目的很好吻合。

（2）对案例质量的要求较高，难以选择合适的案例；案例数量有限，并不能满足每个问题都有相应案例的需求；案例的来源往往不能满足培训的需要。

（3）有时案例中与问题相关的资料可能不甚明了，影响分析的结果。

（4）案例的准备需时较长，且对培训师和员工的要求都比较高。

（5）案例无论多么真实，它毕竟是使受训者以当事人的角度去考虑，因而不必承担任何责任，不能像当事人那样承受种种压力，因此，不可避免地存在失真性。

4.2.4 角色扮演法

角色扮演法是指在一个模拟的工作环境中，在未经预先演练且无预定的对话剧本而表演实际遭遇的情况下，指定参加者扮演某种角色，按照实际工作中应有的权责来担当与其实际工作类似的角色，模拟性地处理工作事务，借助角色的演练来理解角色的内容，从而提高参加者处理各种问题的能力。

角色扮演法相当于一种非正式的表演，不用彩排，它通过员工自发地参与各种与人们有关的问题，扮演各种角色去体验其他人的感情，通过别人的眼睛去看问题，或者体验别人在特定的环境里会有什么样的反应和行为。通过这种方法，参加者能较快熟悉自己的工作环境，了解自己的工作业务，掌握必需的工作技能，尽快适应实际工作的要求。

1）要求

（1）角色扮演的关键问题是排除参加者的心理障碍，让参加者意识到角色扮演的重要意义，减轻其心理压力。演出前要明确议题所遭遇的情况，谨慎挑选演出员工并分配角色，培训人员应鼓励员工以轻松的心情演出。

（2）教师要为角色扮演准备好材料以及一些必要的场景工具，使演出员工与观众之间保持一段距离，确保每一事项均能代表培训计划中所教导的行为。

（3）为了鼓舞演练者的士气，在演出开始之前及结束之后，全体员工应鼓掌表示感谢。演出结束，教员针对各演出者存在的问题进行分析和评价。

（4）角色扮演法应和授课法、研讨法结合使用，才能产生更好的效果。

2）优点

（1）员工参与性强，员工与教员之间的互动交流充分，能激发员工解决问题的热情，使员工各抒己见，提高员工培训的积极性。

（2）可增强学习的多样性和趣味性，特定的模拟环境和主题有利于增强培训的效果。

（3）教会受训者换位思考。通过扮演和观察其他员工的行为，能够提供在他人立场上设身处地思考问题的机会，从而发现不足并可以学习各种交流技能。

（4）通过这种方法，参加者能较快熟悉自己的工作环境，了解自己的工作业务，掌握必需的工作技能，尽快适应实际工作的要求。

（5）通过模拟后的指导，可以及时认识自身存在的问题并进行改正，以避免可能的危险与尝试错误的痛苦。

3）缺点

（1）角色扮演法效果的好坏主要取决于培训教师的水平。

（2）场景人为性地减弱了培训的实际效果，扮演中的问题分析限于个人，不具有普遍性。

（3）演出效果可能受限于员工过度羞怯或过深的自我意识，容易影响员工的态度，而不易影响其行为。

这种方法比较适用于训练态度仪容和言谈举止等人际关系技能，比如询问、电话应对、销售技术、业务会谈等基本技能的学习和提高；适用于新员工、岗位轮换和职位晋升的员工，其主要目的是让他们尽快适应新岗位和新环境。

4.2.5　操作示范法

操作示范法是部门专业技能训练的通用方法，一般由部门经理或管理员主持，由技术能手担任培训员，在现场向受训人员简单地讲授操作理论与技术规范，然后进行标准化的操作示范。培训人员利用演示方法把所要学的技术、程序、技巧、事实、概念或规则等呈现给员工。员工通过反复模仿实习，经过一段时间的训练，操作逐渐熟练直至符合规范的程序与要求，达到运用自如的程度。

1）要求

（1）培训前要准备好所有的用具，搁置整齐，让每个受训者都能看清示范物。

（2）教练一边示范操作一边讲解动作或操作要领。示范完毕，让每个受训者反复模仿实习，对每个受训者的试做立即给予反馈。

2）优点

（1）通常能在培训者与培训对象之间形成良好的关系，有助于工作的开展。

（2）一旦师傅调动、提升或退休、辞职，企业能有训练有素的员工顶上。

（3）学习内容针对性强，可立即运用于工作。

3）缺点

（1）不容易挑选到合格的教练或师傅，有些师傅担心“带会徒弟饿死师傅”而不愿意倾尽全力，所以应挑选具有较强沟通能力、监督和指导能力以及宽广胸怀的教练。

（2）这种方法有时显得单调而枯燥，因此培训人员可以结合其他培训方法与其交替进行，以增强培训效果。

操作示范法是职前实务训练中被广泛采用的一种方法，适用于机械性较强的工种。

4.2.6 头脑风暴法

头脑风暴法是一种通过会议的形式，让所有参加者在自由愉快、畅所欲言的气氛中，针对某一特殊问题，在不受任何限制的情况下，提出所有能想象到的意见，自由交换想法或点子，并以此激励与会者的创意及灵感，以产生更多创意的方法。

头脑风暴法主要用于帮助员工尝试解决问题的新措施或新办法，用以启发员工的思考能力和开发其想象力。此方法重在集体参与，许多人一起努力，协作完成某项任务或解决某一问题。集体参与能增强员工的团队协作精神，增强个人的自我表现能力以及口头表达能力，使员工在集体活动中变得更为积极活跃，在集体参与的过程中会有很多新的想法产生。

1）要求

（1）准备一个舒适而无干扰的场地，并寻找一个热诚而又有激励与统合技巧的培训人员，参与者人数不要多于8人，有时间限制（一般为20～60分钟）以便让参与者感受压力。

（2）思路要尽可能自由，一个新颖的、异想天开的主意本身虽然很少能够直接构成创新方案的一部分，但是它有助于培训人员获得一个全新概念，打破常规，不被局限在常规途径中。这是一条最难遵循的原则，因为它要求每个人无论如何必须做到不急于判断。

（3）想出尽可能多的主意，努力追求数量有助于产生高质量的主意。想出的主意越多，就越有可能从这些粗泛的想法中找到你真正想要的东西。讨论过程要有记录，激励员工间互相交流与辩论，鼓励良性竞争。

（4）讨论之前禁止参与者发表任何意见，先提出各种主意而不考虑其价值、可行性及重要性，讨论之后，鼓励员工选出最佳意见并进行比较。

2）优点

（1）能平等自由地发表意见，能激发创造性思维火花，适合任何人的参与和贡献，使参加培训的员工不断涌现新的设想。

（2）通过联想思维，可以对旧有问题产生新的解决方法。

（3）能最大限度地鼓励员工发表其意见，调动员工的积极性，启发员工的思考能力，开阔其想象力。

3）缺点

（1）头脑风暴法要求参与者有较好的素质，否则所得的部分意见可能一文不值。

（2）多数员工可能因拘泥于旧有的观念，不愿踊跃发言。

（3）头脑风暴法实施的时间成本是很高的。

（4）选题难度大，不是所有的主题都适合讨论。

4.2.7　视听教学

视听教学是指针对某一特殊议题所设计，利用现代视听技术（如投影仪、录像、电视、电影、电脑等工具）对员工进行培训。现在的视听教学多强调应用电脑科技，配合光碟设备，以满足员工个别差异、自学步调与双向沟通的需求。

1）要求

（1）准备适当的教学软件、电脑与其他辅助设施。如CD-ROM或触摸式监视器等，依讲课的主题选择合适的视听教材。

（2）播放前要清楚地说明培训的目的，依据播映内容来发表个人的感想或以“如何应用在工作上”来讨论，最好能边看边讨论，以加深理解。

（3）学习结束后召集员工进行讨论或问题解答，讨论后培训师必须做重点总结或将如何应用在工作上的具体方法告诉受训人员。

2）优点

（1）视听教材适合重复与大量使用，从而能更好地适应受训人员的个别差异和不同水平的要求。

（2）由于视听培训是运用视觉和听觉的感知方式，并且教材内容与现实情况比较接近，不单单是靠理解，而是借助感觉去理解，直观鲜明，所以比讲授或讨论能给人更深的印象。

（3）教材生动形象且给员工以亲近感和真实感，所以也比较容易引起受训人员的兴趣。

（4）受训者可以受到前后一致的指导，使项目内容不受培训者兴趣和目标的影响。

3）缺点

（1）视听设备和教材的成本较高，且容易过时。

（2）有时员工处于消极的地位，反馈和实践较差，一般可作为培训的辅助手段。

（3）制作耗费相当的时间（以CD-ROM而言，每小时的教学至少需要400小时设计与制作）。

（4）受训人员受视听设备和视听场所的限制。

4.2.8 E-Learning

所谓E-Learning，就是网络培训，简单地说，就是在线学习或网络化学习，即在线教育领域建立互联网平台，学员通过计算机上网，通过网络进行学习的一种全新的学习方式。它包括因特网在线学习和内部网在线学习两种基本方式。

这种方式离不开多媒体网络学习资源、网上学习社区及网络技术平台沟通的网络学习环境。在网络学习环境中，汇集了大量的数据、程序、教学软件、兴趣讨论组、新闻组等学习资源，形成了一个高度综合集成的资源库。而这些学习资源对所有人都是开放的：一方面，这些资源可以为成千上万的学习者同时使用，没有任何限制；另一方面，所有成员都可以发表看法，将自己的资源加入网络资源库中，大家共享。这一平台能为企业创建学习型组织奠定良好的基础，21世纪最成功的企业将会是“学习型组织”，因为“未来唯一持久的竞争优势就是有能力比你的竞争对手学习得更快”。

1）优点

（1）基于网络的培训，彻底打破了时空的限制，员工可以随时随地通过网络接受培训。

（2）成本低。网络培训在一定程度上减少了甚至避免了传统培训所必需的差旅费、住宿费以及误工费等，从而大大降低了培训成本；成本的大幅度降低使全员培训成为可能，有利于全体员工综合实力的提高。

（3）方便、高效的网络培训方式使不同知识背景和工作经验的员工统一在相对一致的知识和技能层面成为可能，同时有利于在企业内部形成一种健康向上的、统一的企业文化，增强企业凝聚力。

（4）基于网络的培训课程更新速度快，使员工能够跟随知识经济的发展步伐、在第一时间掌握最新、最实用的工作技能。

（5）个性化的网络培训课程方便员工将学习进度、学习内容与自身需要相结合，为自身的职业发展奠定良好的基础，从而提高公司的业绩，并加强员工队伍的稳定性和人力资源的储备。

2）缺点

（1）不是所有的学习都能通过网络发送，尤其是当学习者需要了解微妙的行为暗示或认知过程时更是如此。

（2）网络培训对员工的自我管理和控制、自我效能要求高。

（3）对于学习者来说，网络培训往往会存在判断问题、伦理问题和距离问题。

4.2.9 游戏法

游戏法是一种较先进的高级训练法，是指通过让员工参与到小游戏的过程中来进行培训。游戏法具有更加生动、更加具体的特点，游戏的设计使员工在决策过程中会面临更多切合实际的管理矛盾，决策成功或失败的可能性同时存在，需要受训人员积极地参与训练，运用有关的管理理论与原则、决策力与判断力对游戏中所设置的种种遭遇进行分析研究，采取有效的办法去解决问题，以争取游戏的胜利。

1）要求

（1）采取游戏训练法的目的是培训员工，因此不要以游戏本身作为培训的目的而要使其成为一种单纯的游戏，而应将其纳入培训计划作为辅助教学的方式，同时应慎重考虑游戏在整个课程中的插入位置，避免使其与前后内容格格不入，打破培训计划的连贯性。

（2）培训师最好能熟知各游戏的特征（目的、效果、观察要点等），然后在订立培训计划时反复斟酌在哪一阶段的培训过程中加入哪一种游戏。

（3）游戏中必须有一定的游戏规则，并且需要培训师根据规则掌握游戏的进度，有洞察团体及个人行为的能力。

（4）作为培训师，在游戏训练中培训者应是游戏的组织者、旁观者和协助者。在游戏过程中指导员应把握参与游戏的“度”，既不能对游戏方法不闻不问，又不能过分热情地参与游戏。这是由于培训师在游戏中还有其他职责，其除了让游戏顺利开展外，还应注意现场状况，掌控各种情况的变化。

（5）游戏的设计需要涉及竞争的内容并且有一定的深度，游戏需要有一定的结局，并且能启发受训员工深入思考。

2）优点

（1）把游戏加入到培训中可以改变培训现场气氛并且由于游戏本身的趣味性，还能提高员工的好奇心、兴趣及参与意识。

（2）可以在游戏过程中，通过参加者的互相配合、团结合作，改善人际关系，增强团体的凝聚力。

（3）可以使受训者理解深刻，联想到对现实的启示。

3）缺点

（1）游戏有时将现实过于简单化。

（2）游戏法培训需要事先准备，即游戏设计、胜负评判等都有相当的难度要求。

（3）游戏的设计过程和实施过程比较浪费时间。

4）培训游戏举例

（1）造房子。

目标是让学员领会到协调、合作、计划、交流的重要。参加人数每组4～6人，可有4～5组，练习时间为25分钟。各小组所需工具为剪刀一把，塑料胶带一圈，A4废纸100张（可以包含5张各种颜色的彩纸）。

①游戏过程。

在练习前，各小组造一栋纸房子，房子将推销给讲师；房子要标准，高、大、稳、美；造房子的时间为25分钟；25分钟后，各小组须派一人上台推销他们所建的房子；讲师将以糖果支付房款。

在造房子后，各小组要清点所余的纸张数，以便核算成本（一张A4纸的成本是一颗糖果）；各小组向讲师报价，讲师最后可以用糖果买下一栋楼。

②共同讨论。

需要共同讨论的论题可以是：是否有向客户（讲师）澄清要求；是否有领导者；是否有作计划；是否进行有效分工和授权；成本是否很高（用了多少纸）。

这一游戏可用在解决问题的技能、团队合作培训之中，整个练习需时45~60分钟。

（2）结网托物。

目标是让学员领会到计划、协调、合作、交流的重要性。参加人数为每组6~8人，可有2~3组。学员练习时间约为20分钟。各小组所需工具为大线团一个、可乐或其他饮料一罐。

①游戏过程。

各小组有20分钟的时间进行准备，小组成员可用身体的任何部位，将线结成网；将可乐罐放在网上，保持一分钟不掉下来。

②共同讨论。

需要共同讨论的论题可以是有无指挥者、是否有协助者、是否相互合作。

这一游戏可用在良好的分工、解决问题的技能、团队合作培训中，整个练习需时30~45分钟。

（3）信任背摔。

目标是在团队建立信任。参加人数和学员练习时间随意。

游戏过程：

学员围成一个圈，有一个学员站在中间；中间的学员询问周边的学员是否准备好了；周边的学员准备好后，中间的学员可以笔直地倒向任何方向，不能移动脚步；周围的学员要接住中间的学员，并轻轻地转向其他方向。每一个学员都可以做中间的学员。

这个游戏可以用在团队合作中，可以帮助队员练习建立信任。十名队员轮流做一遍约需要15分钟。

4.2.10　自我培训

自我培训的一般含义是自己做自己的老师、自己给自己讲课、对自己进行训练，达到教与学的统一。自我培训的根本含义是激励员工自我学习、自我追求、自我超越的动机，这同时也是一种激励，激励员工超越自我、实现自我。

要想真正实现员工的自我培训，企业必须做好各方面的准备，建立、健全培训激励机制，从制度上对员工的自我培训进行激励。例如，对员工的技能改进、学业晋升实施奖励，对技能水平达到一定高度的员工进行晋升，通过各种形式的竞赛、活动，认可和表扬员工等。自我培训的方法很多，企业员工可以根据自己的实际情况具体实施。下面简单介绍几种常用的自我培训方法：

1）周末的员工课堂

一般企业的周六周日是休息日，可以专门拿出一些时间，组织员工学习。

学习的方式有很多，可以是员工就自己的本职工作谈感受、讲体验，每个人都是自己本职工作的专家，而往往自己的本职工作很少被别人了解，这也是许多企业的弊病所在——缺乏沟通，各自为政。每个人都认为自己的工作重要，对别人的工作缺乏了解，也缺乏尊重。通过每周末的互补学习，员工们既互相学习了知识，增长了见识，也加强了彼此的沟通，在以后的工作中，还能多一份谅解。周末的员工课堂既增进了同事间的感情，也增长了员工的知识，提高了员工的技能，是一项一举多得的活动。

2）鼓励员工深造

在工作之中，员工自己所学专业与所从事的工作之间有着很大的差距，存在着很多的专业缺口，有的根本就是外行，半路出家。所以这些人在从事实际工作时，都或多或少地感觉到了一些压力，感觉力不从心。

为了跟上时代的步伐，为了不被别人取代，员工就必须有针对性地选择自己工作需要，又是自己比较薄弱的专业进行充电，使自己多掌握几项技能和本领。所以企业可以不失时机地出台一些政策，鼓励员工继续深造，对深造的成果进行奖励，形成人人学习、人人追求上进的良好局面。

3）利用互联网

我们现在处于一个信息爆炸的时代，而互联网恰恰是信息传播最广泛、最及时的媒介，所需要的大量信息都能很便捷地从中获取，如能很好地利用，将给员工打开一扇通往信息的天窗。

现实的情况是很多企业想方设法控制员工上网，能上网是员工在企业里身份的象征，一般都是管理层才拥有上网的权利，普通员工只能趁经理不在，匆匆登录，又匆匆下线，这种现象在很多企业里都有。其实完全没有必要，互联网本身就是一个信息共享、联系外界的工具，只要企业采取适当的办法，进行适当的引导，就能发挥互联网的强大优势。比如规定合适的开网时间，到开网时间，工作任务不急的员工可以查阅资料，阅读新闻，浏览信息等。

4）鼓励员工读书

书籍是人类智慧的结晶，是专家经验的总结。读书的过程就是和专家对话的过程，是与专家的侧面沟通。在这个沟通循环中，花时间与金钱购买专家的书籍并阅读，就购买了专家的知识和经验。但仅仅阅读书籍还不够，还要细细品味，勇于实践。没有实践的阅读注定不是成功的阅读，只有在不断的阅读和实践过程中，才能真正地从专家手中接过知识的火炬，化专家经验为个人经验，再由此展开，慢慢就有了大路宽敞的感觉。

4.2.11 虚拟现实法

虚拟现实法通常是以计算机为基础开发的三维模拟，通过使用专业设备（佩戴特殊的眼镜和头套）和观看计算机屏幕上的虚拟模型，学习者可以感受到模拟情景中的环境，并同这一环境中的要素，如设备、操纵器、人物等进行沟通。它可以刺激学习者的多重感知，有的设备还具有将环境信息转变为知觉反应的能力。例如，通过可视界面、可真实地传递触觉手套、脚踏和运动平台来创造一个虚拟的环境。利用各种装置，学习者可以将运动指令输入电脑，这些装置就会让学习者产生身临其境的感觉。

1）优点

（1）虚拟现实可以为学习者提供大量的感性经验，模拟真实的生活情景，给予受训者在受控制环境中检验各种假设的机会，这样学习者在操作中既不承担现实世界的后果，又不浪费资源。这种培训方法对具有一定危险性并且练习费用昂贵的培训内容比较适用。

（2）虚拟现实的环境与真实工作的环境没有太大的差异，可以让学习者进行连续性的学习，还可以帮助他们增强记忆。

2）缺点

（1）虚拟现实系统的开发设计需要大量的资源投入。

（2）设备和设计方面的问题都可能使学习者所获得的感觉是错误的，例如空间感是失真的，触觉的反馈不佳，或感觉和行为反应的时间间隔不真实等，由于学习者的感觉被扭曲，他们可能会出现被称为模拟病的症状，包括恶心、眩晕等；也可能使学习者在回到现实工作场景时，把握不住真实世界的空间和时间。

对于以上各种培训方法，我们可按需要选用一种或若干种并用或交叉应用。由于企业人员结构复杂、内部工种繁多、技术要求各不相同，企业培训必然是多层次、多内容、多形式与多方法的。这种特点要求培训部门在制订培训计划时，必须真正做到因需施教、因材施教、注重实效。

4.3 培训内容和方法的选择

4.3.1 不同培训方法之间的比较

不同的培训方法，所要求的师资力量、培训投入、培训时间和学员素质各有不同，产生的培训效果也有所不同，具体的比较可参见表4-1。

4.3.2 培训内容的选择

尽管具体的培训内容千差万别，但一般来说，培训内容包括三个层次，即知识培训、技能培训和态度培训，究竟该选择哪个层次的培训内容，应根据各个培训内容层次的特点和培训需求分析来选择。

表4-1　　不同培训方法的比较

方法	师资要求	培训投入	培训时间	对学员的要求	培训效果
课堂讲授法	高	少	可长可短	水平较一致为好	较好
研讨法	较高	少	较长	有一定的工作经验	好
案例研究法	较高	较少	较长	有一定的工作经验	不易见效
角色扮演法	不高	少	较长	能积极参与，把握角色	较好
操作示范法	高	较少	较长	无特殊要求	好
头脑风暴法	不高	少	较长	需要积极发表自己的见解	较好
视听教学	低	较多	可长可短	对培训内容有一定了解	较好
E-Learning	低	较多	较长	有初步工作经验，会电脑	好
游戏法	较高	少	较长	能积极参与，有创新意识	较好
自我培训	低	较少	长	需要有自我学习的积极性	好
虚拟现实法	不高	较多	可长可短	能积极参与，有一定的工作经验	好

1）知识培训

知识培训是组织培训中的第一层次。员工只要听一次讲座，或者看一本书，就可能获得相应的知识。在学校教育中，获得的大部分是知识。知识培训有利于理解概念，增强对新环境的适应能力，减少企业引进新技术、新设备、新工艺的障碍和阻挠。同时，要系统掌握一门专业知识，则必须进行系统的知识培训，如要成为专业型人才，知识培训是其必要途径。虽然知识培训简单易行，但其容易忘记，若组织仅停留在知识培训层次上，效果不好是可以预见的。

2）技能培训

技能培训是组织培训的第二个层次。员工从事本职工作需要掌握熟练的业务、人际交往技能，这些技能除了干中学之外，主要通过培训取得。这些技能主要包括：各项业务操作技能（技术技能）、处理人际关系技能（人际技能）、谈判技能、计算机运用技能、基本的文秘技能、管理技能。对于从事不同工作性质和不同职级的一般员工和管理人员来说，技能培训的内容各有侧重。

3）态度培训

态度培训是组织培训的第三个层次。员工的工作态度主要包括：责任心、敬业精神、奉献精神、对组织的忠诚等。态度是影响工作绩效的重要因素，而员工态度能否转变以适应组织文化和工作的需要又主要取决于培训，特别对新员工来说，态度培训尤其重要。

上面介绍了三个层次的培训内容，究竟选择哪个层次的培训内容，是由不同受训者的具体情况决定的。一般来说，管理者偏向于知识培训与态度培训，而一般职员则倾向于知识培训和技能培训，它最终是由受训者的“职能”与预期的“职务”

之间的差异所决定的。

4.3.3 影响企业选择培训方法的因素

企业在选择培训方式时，经常考虑的因素有：

1）经济性问题

因为企业培训成本经常比较高，包括经济成本、时间成本、精力成本和机会成本，而培训后效果不可预期，难以衡量，因而要关注培训的投入与产出比。

2）企业的实力和规模

一些中小企业，更多选择商学院的教师或咨询顾问进行培训，或就企业出现的问题进行培训，经常是快要出问题或出现问题后才着手实施；而一些大型企业和外资企业一般都具有系统的培训规划，针对某些领域定期聘请知名的培训师进行培训，而且采取不同方式，如情景练习、户外拓展训练、沙盘模拟等，通过体验式培训提升员工的团队精神和解决实际问题的能力。

3）企业的发展阶段

企业在不同的发展阶段，对培训的选择也不同，如在发展初期，企业可能更多的是为员工选择一些技巧和专业领域的培训，随后为增强员工对企业文化、理念方面的认同，进而对其在态度、道德、诚信、思维创新、个人修炼等方面进行培训。

4）对培训师的考查

因为市场上“培训大师”满天飞，有许多是在“忽悠”，因而企业在选择培训时也要考查和选择培训师，如培训师近期的科研成果怎样，成功案例的情况，已培训客户的反馈等。

5）培训的具体内容

不同类型和规模的企业在选择培训时关注的内容不一样，有些强调在营销、人力资源管理、税收筹划等技巧方面的培训，有些侧重企业文化、员工思维拓展、行业发展趋势等方面的培训，有些侧重于对一些新的法规和政策方面的培训等，企业应根据其事情的重要和紧急程度有针对性地选择培训内容。

总之，企业培训应以实效为根本，一方面要建立培训系统规划，做到“事前控制”；另一方面在培训过程中，要增强互动，培育团队协作精神，激发个人的学习兴趣和欲望，通过创造一种良好、有趣的学习环境，结合企业实际进行正确引导，使员工不断整合自己的知识，并迅速将其转化为行动。企业要通过对市场中培训种类和方式的正确辨别，结合企业所处行业、阶段和发展战略，选择最适合的培训师和最佳的培训方式。

4.3.4 培训方法的选择

1）不同的培训目标下培训方法的选择

要根据企业的培训目标选择培训方法，通常企业的培训目标有更新知识、培养能力（包括工作技巧、工作技能和经营决策能力等内容）、改变态度等。具体的培训目标与培训方法的对应关系见表4-2。

表4-2 培训目标与培训方法的对应关系

培训目标	培训方法	原因
更新知识	课堂讲授法 视听教学 E-Learning 自我培训	知识性培训涵盖的内容较多，而且理论性强，课堂讲授法能体现其逻辑关联性，对于一些概念性内容、专业术语性内容需要通过培训师的讲授以便于学员理解；视听教学能够增强直观的感受便于深刻理解；E-Learning和自我培训则可作为补充
培养能力	角色扮演法 案例研究法 头脑风暴法 研讨法 操作示范法 虚拟现实法	技能培训要求员工掌握实际操作能力，如销售技能、生产作业技能等，学员经过角色扮演法、操作示范法和虚拟现实法反复练习，能将技能运用自如；当以培养企业中级以上经营管理人员的经营决策能力为培训目标时，则应选择案例研究法、研讨法、头脑风暴法，通过案例研究、事件讨论开拓思维，提高员工解决实际问题的能力
改变态度	角色扮演法 游戏法	态度培训如采用课堂讲授会使员工感到空洞，角色扮演法能体现员工的态度；采用游戏法培训可以使学员通过共同参与的活动游戏，在轻松愉快的氛围中得到启发

2）不同的培训课程内容下培训方法的选择

不同的培训课程内容需要采用适合的培训方法才能达到最佳的培训效果，具体可参见表4-3。

表4-3 在不同的培训课程内容下培训方法的选择

培训课程内容	适合的培训方法
领导艺术	研讨法、案例研究法、头脑风暴法等
战略决策	案例研究法、研讨法、课堂讲授法等
企业管理	课堂讲授法、自我培训等
产品知识	课堂讲授法、研讨法、视听教学、自我培训等
营销知识	课堂讲授法、研讨法、自我培训等
财会知识	课堂讲授法、视听教学、操作示范法等
生产管理	课堂讲授法、E-Learning、案例研究法等
资本运作	课堂讲授法、案例研究法等
礼节礼貌	课堂讲授法、角色扮演法等
品牌管理	课堂讲授法、案例研究法等
管理技能	角色扮演法、虚拟现实法、自我培训等

续表

培训课程内容	适合的培训方法
销售技能	角色扮演法、头脑风暴法、虚拟现实法等
服务技能	角色扮演法、操作示范法、视听教学等
人际沟通能力	角色扮演法、游戏法、虚拟现实法等
创新技能	头脑风暴法、虚拟现实法等
商务谈判技能	角色扮演法、研讨法等
团队精神	游戏法等
服务心态	游戏法等

4.4 培训师的选择

4.4.1 培训师的角色

优秀的培训师在培训中应该扮演好的不是一个角色而是四个角色：

1）教师

从培训师字面上理解，师者，所以传道授业解惑也。培训师首先是老师，因此无论是教授学员如何做人还是教授销售、管理或者财务技巧，都要具备老师一样的专业知识和授课技巧。

（1）具备课程的编写能力。

培训师的课程应当是系统而明确的，如同老师的教案一样，每个课程都围绕着一个中心，说明一个问题。就拿营销课程来说，如果要做成教案，估计如同MBA教材一般厚，不可能在一天或几天的培训课中系统地讲解作为培训师应当将课程重点集中在自己擅长的点上。例如，专讲市场调研的课程，专讲定价策略的课程等，或者是针对初级营销人员大致了解营销整体内容的介绍型课程，只谈营销的工作大块划分不涉及细微领域，才能让该课程有不同的针对性和系统性。最忌讳按照培训者主观逻辑拼凑的课程，既没有明确的主题也不具备完整的课程体系。

（2）具备教师的课堂讲解能力。

应该说培训师大多不是教师出身，没有受过师范学院的课程讲解训练，但是如同教师一样的讲解能力是培训师必不可缺的能力。讲解需要把一个观点、一个问题深入浅出地剖析清楚，无论深奥或是浅显都能让学员明了培训师所要阐发的观点和意图。例如，某位教授财务课程的培训师，是企业的管理人员出身，虽然自己做财务工作取得很大的成就，能很好地完成各种财务工作，但是由于财务不像其他岗位那样与人交流的时间较多，加上财务课程本身涉及的数据、理论、方程式等较多，因此这位培训师在讲解时常常让学员感到似懂非懂。

2）演员

培训师的职责除了传授知识外，更要让学员接受知识。传授与接受是两个截然不同的概念，就像同在一个课堂学习的学生最后获得的知识量完全不同一样。传授只是一个教的过程，而接受是学的过程，培训师应能让学员将自己传授的知识理解、记忆并掌握。

（1）像演员一样始终吸引受训者的注意力。

许多培训大师的课程，大多动作幅度较大，表情丰富甚至夸张。如果在生活中估计大多数人很难接受这种说话方式，可是培训课堂上需要培训师的这种“表演”，此时培训师已经不是课下的“某老师”，而是课堂教学中的一个演员。培训师需要用这种方式始终吸引学员的注意，让学员全身心地投入到对课程的理解和体会上来。

（2）将课程用表演的方式演绎出来。

同一个课程，有经验的培训师可以将其演绎得淋漓尽致，充分调动学员的热情，让学员在不知不觉当中投入；而同样内容的课程如果换成一个经验欠缺的培训师上，就无法吸引学员的兴趣，甚至让学员感觉内容枯燥，形式做作，容易产生抵触情绪。

就企业培训的一些销售课程来说，很多大的企业集团不能说没有销售高手，也不是没有既通晓销售知识，又有销售经验同时也能言善辩的人才，但为什么仍然需要借助专业的培训师呢？因为同样的话从不同人的嘴里说出来，或者用不同的表达方式，给别人的感觉是不一样的。专业的培训师就像给这些知识加上了华丽的包装，原本一些朴素的知识或道理由不起眼变成了“金玉良言”，通过培训师的演绎，这些知识让受训者感觉是“如此重要”，以至于在今后的实际工作中会牢牢地记住，这就达到了培训的目的。

3）教练

培训师除了教授知识以外，更为重要的角色是教练功能，对学员的培养和训练就体现在整个培训过程中。例如，拓展训练、体验式教学、游戏教学是对学员能力的训练，需要培训师对学员进行辅助、引导，让学员身体力行地参与到培训项目中来。

（1）体现教练的示范性。

在培训课程中除了讲解以外，很多时候也采用角色扮演法，如教授沟通技巧的课程，就会让学员分组采用角色扮演法，在角色扮演时可能暴露出学员在该项技巧运用中存在的问题。此时培训师就会自己示范，请学员扮演极难沟通的客户故意刁难培训师，然后看培训师如何采用所授技巧予以化解。

（2）体现教练的耐心指导。

优秀的培训师对学员知识的掌握较为负责，如果有的学员掌握知识较慢，培训师会主动予以指导，一次次辅导学员准确运用技巧，直到每个小组基本通过模拟实验。

4）咨询顾问

优秀的培训师也是企业的咨询顾问，可以根据企业状况提出培训课程及培训重点的建议。培训师大多有自己擅长的领域，如教授销售课程的培训师以前大多有过不错的销售业绩，在销售领域有着丰富的实践和理论基础，所以有自己独特的课程讲授和营销技巧。

（1）具备顾问级的专业知识和丰富经验。

如果说培训师只是人云亦云，将其他人所讲的课程复述出来，那他（她）一定不可能成为优秀的培训师。一个优秀的培训师应该是自己专业领域的专家，不是简单地照搬知识而是灵活应用知识、技巧，授课时能旁征博引、充分阐释，遇到实际问题也能凭丰富经验与知识给予准确解答。

（2）具备咨询顾问的诊断、咨询功能。

培训师既然教授学员解决问题的知识和技巧，那么自己必然对该知识和技巧有娴熟的掌握，更应在对企业实际问题的诊断中体现出“师”者的水平。往往一堂课后学员都会根据自己遇到的难题对课程中所教内容提出相应问题，希望能得到培训师的解答，此时要求培训师找到问题所在及解决问题的方法或方向。

另外，很多课程在开展培训前，培训师只有先诊断出企业或学员的问题所在，才能提出相应的有针对性的课程建议及培训方案。

4.4.2 培训师所需具备的能力

1）深厚的理论知识、过硬的教学经验和实战经验

俗话说：“你要给别人一杯水，自己需要有一桶水。”否则，如何“传道、授业、解惑”呢？尤其在成人教育和职业培训中，师生关系不是一种单向传递关系，而是双向沟通交流的关系。首先，培训师要有能力回答被培训人员提出的各种各样的问题，所以要求培训师必须是一个学识渊博的人。其次，一名优秀的培训师向学习者传递的是一种工作的思路和方法，而不是空洞的、不着边际的泛泛之谈。培训师对企业的人事管理、市场管理、财务管理等各方面都要有一定深度的认知和独到的见解。只有这样才能把他们拥有的知识和成功的经验有效地传递给员工。

2）激励他人的能力

培训师应能够意识到被培训者的发展需要并激励他们认同自己的情感和价值观，为实现他们的最高目标而努力。成功的企业培训师能激发被培训者内在的动力而不是使用外在的压力。培训师的信念是使被培训者发挥自己的潜能。企业培训师可以使被培训者克服任何障碍达成其目标。不是每个人生来都有激励他人的能力，有些人善于教育和支持他人度过他们认为困难或痛苦的生活。成功的企业培训师善于激励和鼓励那些犹豫不决和失败的人勇于承担风险和建立安全网络。

3）建立关系的能力

企业培训师看起来应当是可接近的、友好的、值得信任的。培训师必须是乐于

助人的、有办法的，并且能充分地表达自己的想法。培训的成功与否在很大程度上取决于企业培训师和被培训者之间的关系是否融洽。

4）变通的能力

与有固定的课程安排的培训师不同，出色的企业培训师的培训日程表是灵活变动的。培训师要与被培训者一起确定优先考虑的事情和目标，并制订行动计划以实现行为的改变。然而，这一日程安排并不是固定不变的，出色的企业培训师能够调整日程并且进行“课外”培训，以适应个人的不同需要，根据受训者认为重要的事情（而不是对培训师重要的事）决定日程安排。

5）沟通的能力

培训师应该拥有广泛的人际交往和沟通的技能，并对他人的担忧表现出敏感和耐心。许多人在与合作者、同事和客户产生交流困难时常采用培训这种方式提高自己的沟通能力，培训师要能够对被培训者的世界观、价值观、恐惧和梦想表现出赞同和理解。培训师要能够聆听，提出能激发热情的适当问题，并经常做出清晰的、直接的反馈。重要的是，培训师必须愿意进行坦诚的交流，能够清楚地识别出不受欢迎的行为，而不要过于顾及被培训者的反抗情绪或担心使他们难堪。

6）诊断问题并找出解决方法的能力

培训师应该收集被培训者的有关资料，以便确定他们的特定需求。虽然评估和会谈的技巧可以通过学习获得，但一个成功的培训师必须具备一些特定的素质，这些素质使他们能够更富有创造性地利用这些信息，诊断被培训者的问题所在，或提出令人振奋的解决方案。这些素质包括能真正了解所询问的问题，能意识到什么是“错误”的以及应该做什么，将理论运用于实际问题上，创造性地提供新的观点和新的视角，独特地和新奇地解决问题的能力。

7）人格魅力

培训师的人格魅力是其综合素质的集中体现。优秀的培训师一定会具有积极向上的人生态度和正确的价值观。培训师的道德行为规范、个人修养、兴趣、礼仪等都会在学员面前表现得一览无余。因此，培训师的人格魅力无疑是影响培训效果的重要因素。一名热情、诚实、幽默、耐心、灵活、冷静、客观的培训师能在多方面得到学习者的尊重甚至敬仰，这也是“为人师表”的道理所在。

4.4.3 培训师的作用

培训师是培训体系中最重要的组成部分，是培训的基石和可再生力量，在企业中起着非常重要的作用。

1）传道、授业、解惑

传道就是传播企业精神。老师在中国的传统中，一直都是人们敬仰和学习的模范。培训师是企业内的老师，是一群对企业文化最认同和最拥护的群体，他们将企业精神融入自己开发的课程中，并在讲课过程中尽情地展示，让所有听其讲课的学员都能被他（她）对企业的忠诚、奉献精神所感染，让所有听其讲课的学员都能体会到他（她）所开发和讲授课程中的拼搏、创新精神。授业就是讲解知识、传授技能。企业培训师将自己拥有的知识和技能通过专业的技巧转化为标准化的课程传授给企业员工。解惑就是解答疑难问题，企业的培训师通过日常工作中的现场指导和辅导，为企业员工解答各类疑难问题。

2）推动管理变革

在企业变革中，从观念变革到新方法、新方案实施的整个过程中，培训作为一种管理手段，历来受到青睐。企业培训师也就自然成为企业变革中的主要推动者之一，他们将在企业变革中承担起宣传变革新观念、传授新方法、实施新技术等方面的职责。

3）促进跨部门沟通

跨部门不能进行很好的沟通，其中一个很重要的原因就是部门间对彼此工作的不理解和不了解。企业内部培训师作为所在领域的行家里手，可以将自身所在部门的工作制度、流程及其他有关本部门的基本知识向关联部门的员工进行宣传，以便关联部门理解自己所在部门的工作，为部门间的沟通奠定基础。

4）创造良好的学习气氛，引导创建学习型组织

建立学习型组织是所有培训人员的最终目标。创建学习型组织的一个必要前提是组织中要有学习的氛围。在学习氛围的营造过程中，企业的内部培训师首先要通过自己不断学习的精神感染企业员工，成为企业学习的标兵；其次要将学习的理念和价值观与学员进行沟通和交流，不断向学员推荐好书、好课，鼓励学员不断学习；最后要积极参与企业人力资源部门组织的“读书会”“分享会”等学习活动，带动企业的其他员工也积极参与这些学习活动。

4.4.4 培训师的选择和培养

培训师的选择是培训项目取得成功的关键。培训管理者应根据每个培训项目的具体需求选择德才兼备的培训师。培训师既可以在企业内部选择，也可以从企业之外进行选聘。内选和外聘的比例应依据培训的实际需求，尽可能做到内外搭配合理、相互学习、相互促进，形成和谐高效的精英团队。

1）选择合适的外部培训师

就目前国内企业的培训现状来看，企业培训师是一个新兴的职业，对个人综合素质和实践经验的要求极高，优秀的培训师还相当缺乏，企业自己的培训师更是凤毛麟角。因此，许多企业都希望外聘培训师。那么，怎样才能外聘到优秀的培训师呢？

（1）广开门路，不拘一格。

要通过各种渠道获取相关的信息，信息越多，范围越广，选择到优秀培训师的机会就越多，如参加各种培训班，旁听高等院校专家教授的讲座，通过熟人、中介服务机构和专业培训组织介绍，还可以通过网络或者借助媒体广告联系和招聘培训师等。

(2) 多方考查，慎重选择。

鉴于目前市场上培训师的水平参差不齐，在选择培训师时必须认真考查和评估其能力与素质。首先可以让培训师做一次培训试讲，从而了解其知识、经验、培训技能和个人魅力；其次可以让培训师填写一份工作简历，从中了解其从事过什么工作，主持过什么培训；再次可以通过面试问答了解培训师对企业培训相关方面的熟悉程度，从而判断培训师的实际水平；最后可以要求培训师制定一份培训大纲，从中了解其对培训目标、培训方法、培训技能等方面的把握。

2) 培养企业内部培训师

内部培训师指的是除人力资源部之外的其他部门的兼职培训师。从企业中选拔、聘用兼职培训师是一项具有创造力的工作，做好这项工作，将对人力资源的开发和培训起到巨大的推进作用。

(1) 建立内部培训师队伍的必要性。

内部培训师是企业人力资源培训的重要资源之一，建立内部培训师队伍对于企业人力资源的开发与培训具有十分重要的意义和作用。

①建立内部培训师队伍是人力资源培训与开发体系的重要组成部分。

一套完善的企业内部人力资源培训和开发体系，从其构架来讲，内部培训师队伍是不可或缺的重要组成部分。建立一支有力的内部培训师队伍，对培训计划顺利、有效地实施，对推进人力资源培训和开发的规模化、科学化和规范化都有举足轻重的作用。发现、挖掘和培养内部兼职培训师，这本身就属于人力资源开发和培训行为，是人力资源开发和培训工作的一部分，即人力资源开发和培训包括开发和培训自己所需要的人力资源内部兼职培训师。

②充分利用内部培训力量能够有效降低培训成本。

现今许多企业把人力资源培训和开发的某些项目外包。培训项目外包作为培训和开发的有效途径之一是无可厚非的，但是，培训项目外包和充分利用内部培训资源两者相比，哪一个效益大呢?

众所周知，评价一个培训项目效益的好坏，其标准是培训效果与培训投入的比例。用一个公式可以表示为：培训收益=培训效果÷培训投入。如果其他条件不变，培训投入越大，则培训的效益越小。现今的顾问公司或咨询公司一般都有专门给企业进行培训的业务，但它们的收费都是相当高的。如果能充分利用企业内部的培训资源，所需要的费用就会大大降低。

因此，在培训效果相同的条件下，充分利用企业内部资源的效益比企业培训外包的效益更好。而利用企业内部培训资源一个很重要的途径就是建立内部培训师队伍并发挥其作用。

③利用内部培训师力量能够有效增强开发与培训的效果。

企业的培训项目实行外包适合专业化运作的发展趋势，有利于管理，同时在一定程度上也减轻了企业的负担。但是，培训项目的根本是其效果，也就是培训能不能改善员工的态度和行为，并最终提高其工作绩效。

决定培训效果的因素主要有：培训师、培训内容和培训方式。在这些因素中，最主要的是培训师。这是因为：培训师是培训活动的主导者，直接决定着培训的现场效果，而且，作为培训工作的承担者，培训内容和培训方式都是以其为依托的。培训师应该具备熟练的培训技能和精湛的业务知识。培训技能是培训的基本功，如课堂组织和控制技巧、表达技巧、使用培训工具的技巧等。这种培训技能和培训风格对培训方式有直接的影响。一个培训师的业务知识和技能是和培训内容紧密相关的。这种业务知识和技能必须是具体的、实务的，这样才能够以“专家”的身份把培训内容传授给受训者并对他们进行训练。

企业培训外包的培训师与内部培训师相比，前者的培训技能要略胜一筹，但是在业务知识、技能和培训的内容方面，其针对性、适用性一般不如后者。虽然有的外包项目的培训师在类似或相同的企业、岗位有过工作经历，但是不同企业之间在管理体制、企业文化等方面存在很大差异。另外，培训项目外包的培训师在培训内容、培训方式上大都千篇一律，即使有的顾问公司或咨询公司做了培训前的调查工作，其培训的内容基本上还是一种笼统抽象的说教，导致培训效果和培训效益大都不能让人满意，而内部培训师就可以克服这个缺陷。内部培训师所设计的培训内容都具有十分显著的个性化特点，是真正针对管理体制、企业文化和培训需要等量身定制的，这就是典型的个性化培训。内部培训师的培训技能和培训风格及其所使用的培训方式虽然多不及外包培训师那样专业化，但这些方面在较短的时间内进行培训和锻炼后，将会有显著改进。

可见，组建内部培训师队伍并充分发挥其作用，收到的培训效果会明显好于项目外包的培训效果。综合以上几个方面，组建内部培训师队伍并有效利用，对企业的人力资源开发和培训工作是十分必要的。

（2）组建内部培训师队伍的可行过程。

组建内部培训师队伍并有效地利用，在企业人力资源的开发和培训中是必要的，同时也是可行的。组建内部培训师队伍的过程如下：

①进行工作动员。

这是组建内部培训师队伍的首要环节。因为这些培训师都是兼职的，本职工作是主要的，而培训工作是兼任的。做好这项工作，必须要在动员的基础上，争取其所在部门的支持，并征得本人的同意。

首先，公布兼职培训师的资格条件。在一般情况下，这些资格条件要说明目前所从事工作的业务知识和技能（包括沟通能力、合作精神、奉献精神等）、培训技能等方面的标准。另外，还需要公布内部培训师的待遇、福利、荣誉等。

其次，要在企业高层管理者的支持下进行。具体做法可由高层管理者出席动员会或亲自举行动员会。这样可使得选聘兼职培训师的工作更具有权威性，从而可自上而下获得各个方面的支持。

最后，各个部门在本部门管理者的主持下自上而下进行动员。

②各个部门上报有资格的培训师候选人名单，培训部门对候选人进行筛选。

在前期动员工作的基础上，人力资源部门或培训的组织者就要着手实施选拔工作。这是组建内部培训师队伍关键的一环。

首先，整理上报的名单。对于那些符合资格条件的人员，尤其是在职的管理人员、业务精湛的员工，应纳入候选人的行列并予以重视。

其次，对候选人进行考试筛选。考试筛选可采用试讲、面谈的方式进行，考查其培训的基本功，比如组织能力、表达能力、逻辑能力等，同时要兼顾考查其他的素质和能力。

最后，初步确定培训师队伍组成人员。按照资格条件进行考查后，可遵循一个部门或一类部门1～2个名额的原则确定人员，并上报至高层管理者确认。

③培训部门负责对培训师队伍进行培训技能方面的培训。

对所有培训师队伍的组成人员进行培训是组建内部培训师队伍的最重要环节。这关系着初步组建的培训师队伍能否有效地发挥应有的作用，并关系着人力资源开发和培训的效果。

由于这些组成人员以前很少或没有接触过企业培训，对培训的专业技巧掌握得很少，即使具备一些，也需要加以规范和强化，因此，培训的重点就是关于培训活动的策划组织技巧方面，具体包括培训师的职责和角色、培训师的基本技能、课堂组织技巧、培训效果的评估方法等。

对这些组成人员进行培训后，再次进行测试，以保障组成人员被培训的效果，提高培训师队伍的整体素质。

④企业高层管理机构或高层管理者对培训合格后的人员进行培训师的资格认定。

培训测试后，要对这些组成人员进行正式的资格确认。这一最后环节标志着培训师队伍最终建立起来。

⑤最后，人力资源部门将其培训师资格归档并录入个人人事资料中，从而成为绩效考核、晋升、薪酬评定等方面的依据。

上述过程不仅使选聘兼职培训师的工作做得扎实，而且使培训理念、公司发展、个人成长等公司文化风靡整个企业，十分有利于企业的健康、快速发展，从而取得一箭双雕的效果。

（3）内部培训师队伍的管理体制。

因为内部培训师基本上都是兼职的，所以对他们的管理就需要采用比较独特的方法。

①授予资格，并给予相应的鼓励。

培训师的地位确认是以上述资格授予为标志的。由于他们有自己的本职工作，参与人力资源开发和培训的主讲或主持是他们的额外工作，因此，如何激发他们对这一工作的积极性和主动性，就是一个必须要解决的问题。

要激发他们对培训工作的积极性和主动性，除了颁发聘书授予资格外，重点还要有物质上的激励，以鼓励其所做的培训工作，如提高薪酬、增加福利等。当然，提供充足的职位晋升空间也是很重要的。

②双重管理。

如何正确处理好培训师的本职工作与兼职工作之间的关系呢？这就需要从管理体制上着手进行。

遵照“分开管理、双重管理”的原则，对这些培训师的管理，可从以下几个方面进行：

第一，对于本职工作，由其所在的部门进行管理，人力资源培训部门必须要对其负责，并与其所在部门及管理者沟通，保证其本职工作顺利圆满地完成。

第二，对兼任的培训工作，人力资源培训部门要及时、经常地给予他们适当的指导和监督。人力资源培训部门和培训师之间是合作伙伴的关系，是业务指导与被指导的关系，而不是领导与被领导的关系。

③保持培训师实施培训的相对独立性，但须及时协作、指导和监督。

第一，在课程开发、教材编写、培训活动的策划上，要尽量保证培训师基于本部门的实际情况相对独立地操作。人力资源培训部门要支持和鼓励培训师根据实际情况进行培训，在必要时给予帮助。

第二，人力资源培训部门要把各个部门的培训师的培训开发课程纳入培训计划中，予以统筹安排。比如，对于需要加以推广的课程，就需要考虑扩大受训对象。

第三，在具体的培训实施过程中，人力资源培训部门要帮助培训师，以便指导和监督培训的过程和质量。比如，在培训实施过程中，需要指导培训师培训的技巧和方式，以便他们把培训内容更好地传递给受训者。

第四，对于培训的跟踪评估，由人力资源培训部门承担。无论是对培训现场的评估还是对培训后的跟踪评估，人力资源培训部门都最好亲自操作。这一方面是基于对培训的全局控制和监督的考虑，另一方面是由于培训师本身的专业化知识、本职工作的压力、工作时间限制等方面与评估工作的复杂浩繁之间存在矛盾。

【案例】

海信集团的人才培养案例

说到海信集团，大家的第一反应可能就是它的电视机、冰箱、洗衣机、空调等家电产品，但你绝没有想到的是，海信是一家拥有多年历史的国有企业，旗下包括海信、科龙、容声多个品牌，就连东芝电视这样的国际大品牌也被海信收入囊中，集团2018年实现销售收入1 266.35亿人民币，同比增长了14.02%。海信千亿业绩的背后离不开人力资源的支撑，离不开企业对于人才的重视和培养。

（1）思想上“敬人”

我们在谈培训体系之前，有必要说一说企业及领导人对于人才是什么态度，对于培训又是怎样理解的，因为这些直接决定了培训在这个企业的地位。早在1992

年，海信就确立了自己的企业精神：敬人、敬业、创新、高效。敬人被海信放在了第一的位置。

敬人，可以把它分成两个方面：一个是外部的客户，另一个就是企业内部的员工。先不谈客户，海信是如何“敬”自己的员工呢？海信集团终身名誉董事长周厚健曾经在他的《企业经营的人本战略》中写道：“一个成功的企业，首先生产的应该是人，其次才是产品。”2000年时，海信更进一步提出了自己的企业哲学：“技术是根，人才是本，创新是魂。”由此可见，海信重视人才、重视对于人才的培训是不言而喻的。只有尊重员工的人格与尊严，尊重员工创造的价值，提倡公平竞争，不断赋予员工有挑战性的工作目标和广阔的发展空间，才能达到企业和员工的双赢。

（2）层次分明的培训体系

海信的培训具有较强的针对性，即针对不同的人，不同的层次，采取不同的培训，包括价值观培训、领导力培训、职业发展培训和专业技能培训。目前，海信采取的是三级培训体系，集团级培训、公司级培训、部门级培训。

集团级培训直接和企业战略相关，关注核心人力资源群体，侧重在职干部的提升性培训、企业文化培训、经营管理知识培训、专业知识和技能培训、新员工培训和海外人才的国际化培训。集团通过不断修订管理文件，并对子公司和分公司的员工进行培训与考试，帮助子公司和分公司建立新的制度，把整个集团的培训工作纳入流程化管理。例如，海信将培训成绩好坏、晋升或各种资格的获取相结合，没有通过相关培训的员工就不予晋升，没有通过招聘政策与技能培训的管理者就不能做面试官等。

公司级培训直接和业务职能相关，侧重专项业务技能培训。分公司业务培训也具有明显的特色。建立了内部培训师制度后，业务经理及骨干都要担任内部培训师，实施各类业务培训。在市场培训方面，对办事处经理以下的市场营销人员通过视频的方式进行巡回案例式专业营销知识等方面的培训。办事处经理以上的人员定期回总部，通过办事处经理强化班等方式进行专业培训。研发技术培训一半是在公司内部，一半是到合作伙伴那里接受相应的学习与培训，如陆续派人到日本、美国等地的合作公司参观、工作等。

部门级培训主要针对部门、车间、班组等在内的一线员工展开培训，提升他们的工作技能并分享经验。

（3）打造移动学习平台

为配合海信的国际化布局，提高员工培训的覆盖率和培训的效率，满足员工自主学习和碎片化学习的需求，赋能于人，海信搭建了系统化、可参与的移动学习平台，员工可以随时随地完成知识学习、经验分享并与专家进行交流。海信的学习平台从2017年9月投入使用，截至目前累计上传4 000多个知识视频，完成员工培训800万分钟。

2018年海信就利用场景化真人秀直播方式——《海信直播大咖秀》，将优秀案例与实践经验第一时间传递给万余名为海信服务的导购员，以帮助他们有效地推广海信品牌并快速成单。

（4）海信学院

1998年，海信组建了自己的人才培训基地——海信学院。海信学院也是最早的本土企业大学之一，每年用于员工的培训投入逾千万元，在2018年，海信学院培训的学员人次近2万人，培训课时4 000余小时，开发的专门课程包括《海信史》《海信经验》《海信的经营方略》《海信的技术利器》《海信的稳健财务》《海信的人力资源》《海信的质量管理》《海信的作风》《海信的品牌诠释》等，而培训的内部讲师都是有着丰富工作经验和突出工作业绩的老员工，对海信文化有着深刻的理解。

经过多年的经验积累和反复探讨，海信学院工作的出发点和落脚点定位在“围绕经营、服务一线、解决问题”。

（5）内训师的选拔

海信的内训师要通过公开的选拔、评比之后才会被聘任，选拔的重头戏就是试讲比赛，比赛评委由公司内部的各部门负责人及相关板块的专家组成，优胜者获得聘书。内训师被分为高级、中级、初级三个层次，聘任不是终身制，海信的内训师一样存在着优胜劣汰。

（6）案例式内部培训

海信在培训上做得最多的是案例式内部培训，将这种内部培训制度化并坚持不懈地完成，形成了一种学习文化。

海信的内部培训分为正式的定期培训、临时或突发的沟通会，一般都以实际案例为导向。例如，一个由生产部门发起的质量研讨会可能源于市场反馈的高返修率，或是产品从生产线下来后出现的问题等，会由生产部门牵头，汇合研发、采购、工艺、技术等环节的人员参与讨论，找出出现问题的原因，规范以后的工作并达成共识。

这种案例式的讨论就是一种内部培训，更能解决问题，促进不同部门间的工作。

资料来源　HRsee.海信集团的人才培养案例［EB/OL］.［2019-12-20］. http://www.hrsee.com/? id=1259.

【拓展阅读】

合理的员工流失率有利于企业保持活力，但如果流失率过高，企业将蒙受直接损失（包括离职成本、替换成本、培训成本等）并影响企业工作的连续性、工作质量和其他人员的稳定性。是否存在较好的防范措施降低员工流失率呢？下面为大家分享国内物流企业顺丰的一些做法，具体案例可以扫码阅读。

顺丰是如何降低员工流失率的

本章小结

1.构建结构化的培训体系必须考虑培训体系的构成因素和构建培训体系的目标要求。其中，培训体系的构成因素包括培训机构、培训对象、培训方式、培训时机、培训师、培训预算以及培训地点与环境。构建企业培训体系的目标要求有：将培训与企业经营战略相结合；明确员工的培训需求；保证培训投资回报；构建有效的培训管理体系；确定合适的培训方法；创造培训成果转化氛围。通常一个完整的培训体系由培训课程体系、培训管理体系、培训效果评估体系三部分组成。

2.培训的方法有：课堂讲授法、研讨法、案例研究法、角色扮演法、操作示范法、头脑风暴法、视听教学、E-Learning、游戏法、自我培训、虚拟现实法等。各种方法都有专门的要求，也有各自的优缺点。

3.培训内容一般包括知识培训、技能培训和态度培训三个层次。影响企业选择培训方法的因素包括：经济性问题、企业的实力和规模、企业的发展阶段、对培训师的考查、培训的具体内容。企业在选择培训方法时要具体问题具体分析，因地、因时制宜，根据不同的培训目标和培训内容进行选择。

4.培训师是培训体系中最重要的组成部分，是培训的基石和可再生力量，在企业中起着非常重要的作用。优秀的培训师在培训中应该扮演好教师、演员、教练和咨询顾问四个角色。一名合格的培训师需要有深厚的理论功底，能激励他人、建立关系，具有变通、沟通、诊断问题并找出解决方案等多方面的能力。

5.企业既可以外聘培训师，也可以建立企业内部培训师队伍。外聘培训师和内部培训师各有优缺点，企业如何选择取决于培训的内容以及现实需要。

关键概念

研讨法　案例研究法　角色扮演法　头脑风暴法　E-Learning　虚拟现实法　态度培训

课堂讨论题

1. 如何构建结构化的培训体系？

2. 培训的方法都有哪些？各自的要求是什么？各自的优缺点是什么？

3. 如何选择培训方法？

4. 应该如何选择培训师？外部培训师和内部培训师有什么区别？

复习思考题

1. 培训体系的构成因素包括________、________、________、________、________、________、________。

2. 简述构建企业培训体系的目标要求。

3. 培训内容包括________、________、________三个层次。

4. 影响企业选择培训方式的因素有哪些？

5. 优秀的培训师在培训中应该扮演好的四个角色是________、________、________、________。

6. 简述培训师所应具备的能力。

7. 简述培训师在企业中的作用。

8. 如何建立企业内部的培训师队伍？

第5章 /培训效果评估与培训成果转化

学习目标

培训评估是对培训活动实施成效的评价和总结。在本章的学习中需要理解培训评估的含义、培训评估的目的及其在培训流程中的作用；了解评定培训效度的四种类型、培训评估的分类及如何进行培训评估之前的可行性分析；了解多种培训评估模型；掌握培训方案设计方法、培训评估的数据类型与培训评估信息搜集方法；掌握培训效果的分解方法，两种衡量方法及如何进行培训的投资回报分析；掌握培训评估的流程；理解培训转化的含义、同因素理论、激励推广理论和认知转化理论三种培训迁移理论的主要内容；理解培训转化的四个层面、培训迁移过程的模型以及受训者特点、培训项目的设计、工作环境对培训转化的影响。

5.1 培训评估概述

企业培训作为一项管理活动，不仅能提升员工完成一定任务所要求的技能，提高员工的工作绩效，改变员工的行为模式和态度等，而且能提高员工适应知识化、全球化等外部环境和企业资源、企业文化等企业内部环境变化的能力。目前我国很多企业都已经认识到培训的重要性及其战略意义，但在实施培训体系过程中往往出现以下疑问：员工被培训后能力获得了哪些提高？实施培训后企业效益增长了多少？整个培训过程的投入是多少？只有明确了这些问题才能知道培训体系的实施是否有效。企业培训效果评估是指企业在培训之后，通过一定的方法对培训效果进行分析测评。因此，在重视企业员工培训的同时还要对培训的效果进行全面评估，以完善培训职能本身，使其真正成为一种创造价值的管理活动，为企业发展储备足够的人力资本，提高企业的竞争力。

5.1.1 培训效果与培训评估的含义

培训效果是指企业和受训者从培训当中获得的收益。对于企业来讲，培训效果是通过培训获得的绩效提升和经济效益；对于受训者来讲，培训效果则是通过培训学到各种新知识和技能，培训所带来的绩效的提高以及获得担任未来更高岗位职务的能力。

培训评估是一个运用科学的理论、方法和程序，系统地搜集有关人力资源开发项目的描述性和评判性信息的过程，其目的是帮助企业在选择、调整各种适应组织需求与目标的培训活动以及判断其质量和价值的时候作出更明智的决策。培训评估是一个完整的培训流程的最后环节，它既是对整个培训活动实施成效的评价和总结，同时评估结果又是以后培训活动的重要输入，为下一个培训活动需求的确定和培训项目的调整提供重要的依据。培训评估是运用科学的理论、方法和程序对培训主体和培训过程及其实际效果的系统考查，是社会项目评估的技术和方法在培训领域中的应用，是社会项目评估的特例。

完整的培训流程包括培训需求分析、培训设计、培训活动组织与实施以及培训效果评估等环节，但并不是只有在培训结束后，才能进行评估。从传统意义上讲，培训评估是培训流程中的最后一个环节，所以只在培训结束后，对培训实施环节进行评估以评价它的价值。但是，一个完整的、有效的培训评估不仅要有一个系统的规划，也应该与培训需求分析、培训课程开发以及培训活动的组织和实施等多个环节同时进行。

但是在当前培训评估工作中存在一些问题：评估委托方往往要求评估者作出全面的总结，甚至提出改进方案，一旦出现与自己有关的利害关系，将使培训带有太多的主观感情色彩；评估往往是由内部人员进行的，这些人员可能不愿报告方案的消极因素，有些组织甚至要求培训方案设计者自己进行评估；虽有评估制度，却对其结果难以使用，评估虎头蛇尾，不了了之，如此评估无胜于有。总之，对培训进行评估并不像想象的那么容易。缺乏有效的评估，会在某种程度上导致培训在许多组织中只能处于从属的、非战略性地位。

5.1.2 培训评估的目的

培训评估是一个系统地搜集描述性的或判断性的信息以进行有效的人力资源开发决策的过程。菲利普斯将评估可以帮助解决的问题总结如下：

（1）确定培训项目是否实现了目标。

（2）确定人力资源开发项目的优缺点，确定哪些项目产生了其希望的变化。

（3）测量人力资源开发项目的投资回报率。

（4）确定哪些参与者从项目中获得的收益最大。

（5）确定将来谁参加培训。

（6）测量最后的结果以评估培训项目的总体成果。

（7）测量和跟踪培训全过程，以保证对项目作出改进。

（8）研究资料来支持未来项目的市场营销。

（9）研究非量化和无形的影响。

（10）建立一个数据库来支持管理决策。

5.1.3 培训评估在培训流程中的作用

在培训体系循环中有四个环节：培训规划/计划，即人力资源专业人员和直线管理者共同搜集需求、分析需求、拟订计划、沟通，并根据企业策略变化调整计划；培训的组织与实施，即根据已确定的教育培训计划和企业的突发性培训需求，着手课程的设计、培训讲师的确定、培训场地的准备、相关辅助材料及开课等组织工作；培训评估，即对培训取得的效果、资料、文件的评估，以及评估之后的反馈；培训工作的改进，即根据反馈的信息修正下一次的教育培训行动，或是实施对整个培训体系的改进方案。与管理中的控制功能相似，在培训体系循环中，培训评估环节是提高培训体系有效性的基础，不仅是培训体系中关系到培训工作改进和提高的关键环节，也是证明培训与开发项目价值的依据，在人力资源部门获得开发资源、支持以及成功推广培训项目等过程中起着重要作用。

（1）有利于人力资源开发项目的营销和推广。培训评估的结果是人力资源部门向上级汇报的重要资料之一，可以让公司管理层和业务管理者认识到培训能帮助业务部门提高绩效，从而重视、认可、支持和推进培训工作。

（2）能为决策提供有关培训项目的系统信息，从而作出正确的判断。决策需要高质量和高可信度的信息，而评估是提供这些信息的最好手段。从评估获得的信息，有助于判断在特定的环境和条件下何种方案将能起到更大作用，也有助于决定时间跨度较长、投入资金较多的培训项目是需要继续还是需要立即终止。

（3）有利于改进和优化培训体系。通过培训评估产生的信息，从课程的角度可以优化课程，提高培训讲师讲课的效果；从培训组织的角度可以提高培训服务水平，提高学员的满意度；从改进和优化教育培训体系的角度可以提高培训工作的整体绩效。

（4）可使培训管理资源得到更广泛的推广和共享。通过培训评估，可以促进有关各方关注与培训活动有关的资料，同时使培训对象更清楚自己的培训需求与目前水平的差距，从而增强其未来参加培训的愿望，间接推动培训的开展。

（5）可以促进培训管理水平的提升。培训评估可以帮助培训者全程审视培训的各个环节，如培训需求的确定、培训目标的选择、培训计划的拟订、培训资源和时间的控制、培训形式的采纳、培训讲师的确定、培训环境的营造等。经此过程，有关各方可从中吸取经验教训，从而使培训需求更加准确、培训动员更加有效、培训计划更加符合实际需要、培训资源分配更加合理、培训内容与形式更加相得益彰、培训讲师更加符合需要，而且有利于及时对培训进行调整和纠偏。这样，组织的培训工作就可不断跃上新台阶。

5.1.4　培训评估回答的效度问题

我们要培训项目做些什么？一般来讲，我们希望使受训者在培训项目结束时做得更好。培训评估涉及的另一个基本问题就是培训的效度问题，即培训达到的效果是不是其所要实现的目标。戈德斯坦通过研究指出培训的效度主要有四种类型：训练效度、迁移效度、组织内效度和组织间效度。

（1）训练效度。这个特定阶段的效度仅指培训项目的效度，也被称为培训效度。培训效度是指受训者达到培训方案建立的标准的程度。培训效度与培训的内部标准有关，如果培训目标不明确，或者不能搜集组织的基础数据，就会降低培训效度。

（2）迁移效度。迁移效度是指受训者在回到工作岗位后达到工作标准的程度。这个阶段的分析指的是培训项目迁移的表现或在工作情景下测量的表现的效度。迁移效度与外部标准有关，说明培训所提高的实际工作业绩。不适当的职务分析、未考虑到迁移机制、组织目标不具体等都有可能影响培训的迁移效度。一般来讲，培训效度和迁移效度都属于内部效度的范畴。也就是说，它们都关注培训是否在特定情况下产生效果。

（3）组织内效度。这个概念指的是组织内部一群新的受训者实行原培训项目的效度，即培训效果在企业内部的普遍性。在此情况下，分析者试图根据前面一组被试者的表现来预测新一组被试者的表现。比如，销售人员和财务人员接受某一技术培训，两者是否都能取得很好的效果。企业生产情况的稳定性、组织发生的变革、培训评价的准确性、培训方案实施中未预料到的变化等，都可能影响培训效果的普遍性。

（4）组织间效度。这个概念指的是分析者试图确定在一个组织中确定的有效培训项目是否在另外的组织情形下仍然有效。它涉及培训的外部意义。例如，组织间效度高的培训方案，应该既适用于工业企业，又能在事业单位取得成效。组织间效度主要受组织间相似程度的影响，包括任务、职务、产品、需要和心理气氛等方面的相似性。

组织内效度与组织间效度的概念比较好理解，这里主要讨论培训效度和迁移效度的问题。培训效度关注的是评估的程序，而迁移效度则是从不同层面来考查培训的效果。这四种不同的效度以层次形式排列，层次越往下则保证效度越容易。这是因为当培训方案沿着层级向上发展时，遇到的潜在障碍就相应增多了。

5.1.5 培训评估的类型

培训评估是指对培训项目、培训过程和效果进行评价。按照不同的依据，培训评估可分为不同类型：

1）按评估过程分类，可分为培训前评估、培训中评估和培训后评估

培训前评估是在培训前对受训者的知识、能力和工作态度进行考查，作为培训者编排培训计划的根据。培训前评估能够保证培训项目组织合理、运行顺利，保证受训者对培训项目满意。

培训中评估是指在培训实施过程中进行的评估。培训中评估能够控制培训实施的有效程度。

培训后评估是对培训的最终效果进行评价，是培训评估中最为重要的部分。其目的在于使企业管理者能够明确培训项目选择的优劣，了解培训预期目标的实现程度，为后期制订与实施培训计划、确定培训项目等提供有益的帮助。

2）按评估方式分类，可分为非正式评估和正式评估

非正式评估是依据评估者的主观感受来判断。一般而言，非正式评估是主观性的。换句话说，它往往根据“觉得怎样”进行评判，而不用事实和数字加以证明。非正式评估的优点有以下几点：

（1）不会给培训对象造成太大的压力。

（2）可以更真实准确地反映培训对象的态度变化，因为这些态度在非正式场合更容易表现出来。

（3）可以使培训者发现意料不到的结果。

（4）方便易行，几乎不需要耗费什么额外的时间和资源。

正式评估往往具有详细的评估方案、测度工具和评判标准。它尽量剔除主观因素的影响，从而使评估更有信度。在正式评估中，对评估者自身素质的要求降低了，起关键作用的不再是评估者本身，而是评估方案和测试工具的选择是否恰当。正式评估的优点有以下几点：

（1）在数据和实施的基础上作出判断，使评估结论更有说服力。

（2）更容易将评估结论用书面形式表现出来，如记录和报告等。

（3）可以将评估结论与最初的计划比较核对。

3）按评估目的分类，可分为建设性评估和总结性评估

建设性评估是指以提出改进培训项目建议为目的，而不是以是否保留培训项目为目的的评估。它通常是一种非正式的主观性评估，适用于培训需求分析至培训实施阶段，主要探究各阶段实施的细节及其成果（如学习目标、教材、教学方法等）是否有缺失，除确保各个阶段的品质之外，也使整个培训课程合乎教学标准。因此，建设性评估是以培训过程控制的方式运作，通过严格控制各程序细节及成果，以求得最好的培训课程。

总结性评估适用于学习活动结束之后，为对培训者的学习效果和培训项目本身的有效性作出评价而进行的评估，主要衡量培训课程的效果、效率、价值或贡献。这种评估经常是正式的、客观的和终局性的，它只能用于决定培训项目的生死，而不能作为培训项目改进的依据；它只能用于决定是否给培训对象某种资格，而无助于培训对象学习状况的改进。总结性评估可分为下列三种：

（1）结果评估。结果评估主要探讨学员是否获得了培训目标所列的知识技能，继而判断培训课程的好坏及成本效益，再决定是否继续采用或舍弃该培训课程。

（2）证实评估。证实评估适合在培训活动实施一段时间后，定时搜集、分析资料，以决定学员是否能继续表现其能力，或检验培训课程的持续效果。

（3）终极评估。终极评估一般在培训课程已结束，而且学员回到工作岗位一段时间之后实施，以了解学员将所学知识应用于其工作的程度，以及所学知识对于其工作与组织的实际贡献。终极评估不仅针对学员学习课程的效果，更注意将所学应用于组织运营的整体绩效，可以说这是一种虽然实际，但不容易达成的方法。

4）按评估时间分类，可分为即时评估和滞后评估

即时评估一般是在培训结束时就进行评估。其目的在于对受训者在培训期间的各种表现作出评估，并与参与培训前的技能水平相比较，以检验培训的成效。主要评估受训者的学识有无增进以及增进多少，受训者的技能有无提高以及提高多少等。

滞后评估是培训结束，受训者回去工作后对其进行的评估。评估的目的不在于受训者在培训期间表现如何，而是通过培训结束，其回到工作岗位后的表现来判断他们在培训中所学的知识、技能和行为是否已得到应用。评估内容主要包括：工作态度有无改变、改变程度如何、维持的时间有多久、工作效率有无增进、增进程度如何等。

5）按评估内容分类

按评估内容分类，可分为对学习状况的评估、对教学效果的评估、对教材质量的评估、对培训管理和生活保障情况的评估、对培训活动总体印象的评估、对知识转移和应用的评估。

5.1.6 培训评估前的可行性决策

评估培训前的可行性决策就是在培训效果评估开始之前搜集有关培训及其评估系统资料并分析其可靠性，进而作出是否可行的决策。评估的可行性分析主要有两个目的：一是确定培训项目是否应该进行评估；二是了解培训项目实施的基本情况，为以后的评估工作确定基本的程序和框架。

在某些情况下，培训评估对培训意义重大，这时候培训主管一般要进行培训评估工作。但在有些情况下，并不适宜对培训项目进行评估，所以有必要进行培训效果评估的可行性分析（见表5-1）。

表5-1　培训效果评估的可行性分析

必须评估	不宜评估
•培训项目所需经费超过一定警戒线 •培训项目需三个月或更长时间 •培训项目确定的受训者面广，为数众多 •培训效果对整个企业而言十分重要，如顾客满意度、产品质量 •一个部门的培训项目对其他部门产生很大影响 •企业面临一系列重大的改革措施，需要培训评估结论作依据	•培训项目目标不明确，缺乏共识，评估无标准 •培训评估的结果得不到利用，如评估者动机不纯，或评估后无人负责根据结果进行任何改进行为，致使评不评估一个样，甚至适得其反 •培训评估所需资源不足 •时间有限，评估不能保证质量，如评估时间仓促致使信息数据搜集不全，或培训效果需要更长时间才能显现出来

5.2 培训评估的模型

许多学者对应该在什么层次和以什么标准来衡量人力资源开发活动进行了研究，表5-2显示了九种不同的学术观点。但当前对培训评估进行系统总结的

模型中占主导地位的仍然是柯克帕特里克（Kirkpatrick）的四层次评估模型。也有不少研究者对该模型提出批评，针对其不足提出自己的模型，主要有考夫曼（Kaufman）的五层次评估模型、CIRO评估模型、CIPP评估模型、菲利普斯（Phillips）的五层次投资回报率评估模型，其中最有价值的是菲利普斯所提出的五层次投资回报率评估模型框架模型。

表5-2　　关于培训评估的学术观点

框架	培训评估模型
Kirkpatrick（1967，1987，1994）	四个层次：反应层、学习层、行为层和结果层
CIPP（Glavin，1983）	四个层次：情景评估、投入评估、过程评估和成本评估
CIRO（Warr et.al，1970）	四个方面：情景、投入、反应和结果
Brinkerhoff（1987）	六个阶段：目标设定、项目设计、项目实施、直接结果、中间或应用结果以及影响与价值
系统方法（Bushnell，1990）	四种活动的组合：输入、处理、输出和结果
Kraiger，Ford&Salas（1993）	将学习结果细分为三类（认知的、基于技能的、情感的），并针对每种结果给出恰当的评估标准
Kaufman（1994）	五个层次：反应、掌握、应用、组织效益、社会效益
Holton（1996）	确定了五类变量及它们之间的关系：次要的影响、激励因素、环境因素、结果和能力因素
Phillips （1996）	五个层次：反应和既定的活动、学习、在工作中的应用、业务结果和投资回报率

资料来源　DESIMONE R，WERNER J，HARRIS D. Human resource management［M］. Harcount Inc.，2002：231.

5.2.1　柯克帕特里克的培训评估模型

威斯康星大学教授柯克帕特里克于1959年提出培训效果评估的四层次模型是最有影响力的，也是被全球职业经理人广泛采用的模型，具体内容见表5-3。该模型认为评估必须回答四个方面的问题，按评估的深度和难度从四个层次分别进行评估，即受训者的反应层（受训者满意程度）、学习层（知识、技能、态度、行为方式方面的收获）、行为层（工作中行为的改进）、结果层（受训者获得的经营业绩）对组织的影响。

反应评估是指通过采访和调查问卷等形式获得参与者对培训项目的评价，如对培训材料、培训师、设备、方法等方面的评价。受训者反应是培训设计需要考虑的重要因素，这个层次的评估只能反映受训者对培训的满意度，而不能反映培训是否达到了预期的目标。

表5-3　　**柯克帕特里克的培训评估模型**

评估层次	内容	可询问的问题	衡量方法
反应层	观察学员的反应	•学员喜欢该培训课程吗 •课程对自身有用吗 •对培训师及培训设施等有何意见 •课堂反应是否积极主动	问卷、评估调查表、评估访谈
学习层	检查学员的学习结果	•学员在培训项目中学到了什么 •培训前后，学员知识、技能等方面有多大程度的提高	评估调查表、笔试、绩效考试、案例研究
行为层	衡量培训前后的工作表现	•学员在学习后有无行为改变 •学员在工作中是否用到培训中学的知识、技能	由上级、同事、客户、下属进行绩效考核、测试、观察和绩效记录
结果层	衡量公司经营业绩变化	•行为改变对组织的影响是否积极 •组织是否因培训而经营得更好	考查事故率、生产率、流动率、士气

学习评估测量的是受训者对原理、事实、技术和技能的获取程度。评估方法包括笔试、技能练习与工作模拟等。学习评估有助于评估受训者所获知识和技能是否具有实践性且评估结果是否可用来完善培训课程设计。

行为评估测量的是在培训项目中所学习的技能和知识的转化程度，受训者的工作行为有没有因培训得到改善。这方面的评估可以通过参与者的上级、下属、同事和参与者本人对接受培训前后的行为变化进行评价，同时评价结果提供的信息可以帮助管理层作出正确的决策。

结果评估是在组织层面上评估绩效是否改善，如节省成本、人员流动、工作结果改变和质量改变等。这个层次的评估通过对比培训前和培训后的信息数据得以实现，但难点就在于不容易确定所发生的变化确实是由培训引起的。

柯克帕特里克认为四个层次的评估应该形成一种等级。一般来说，如果想要获得更高层次的评估资料，没有前一层次的资料积累是不可能的。如果没有学习层的活动，就不可能有行为层的变化；如果没有行为层的变化，就不可能有结果层的变化。

Alliger等（1997）在培训效标关系的元分析中主要针对柯克帕特里克的四层次模型中的反应层和学习层进行了扩展。他们认为，柯克帕特里克的四层次模型中的反应层，仅仅是从情感上进行评估的，而对于培训的效用大小的反应更加重要。因为效用型反应与培训迁移的相关性更大。在学习层上，原先的模型仅仅注重对受训者当时描述性知识学习的评估，而受训者对程序性知识掌握得如何直接影响培训迁移的程度，并且他们得出了效用型反应与培训迁移的相关性要比传统评估中的学习与培训迁移的相关性大的结论。

5.2.2　考夫曼的五层次评估模型

考夫曼扩展了柯克帕特里克的四层次评估模型，他认为培训能否成功，培训前的各种资源的获得是至关重要的，因而应该在模型中加上这一层次的评估。而且，培训所产生的效果不应该仅仅对本组织有益，它最终会作用于组织所处的环境，从而给组织带来效益。因而他加上了第五个层次，即评估社会和顾客的反应，具体内容见表5-4。

表5-4　考夫曼的五层次评估模型

评估级别与项目	内容
5.社会效益	社会与客户的反应、结果与汇报情况
4.组织效益	对组织的贡献情况
3.应用	组织中的个人与小组应用的情况
2.掌握	个人与小组的掌握情况
1.反应（b） 1.可能性（a）	方法、手段和程序的接受情况与效用情况 人力、财力、物力的有效性、可用性和质量

5.2.3　CIRO评估模型

沃尔（Warr）、伯德（Bird）和雷克汉姆（Rackham）等人于1970年开发出了一套名为CIRO的评估模型，CIRO是context，input，reaction和outcome的缩写。这种方法认为评估必须从情景（context）、投入（input）、反应（reaction）和结果（outcome）四个方面来衡量。它是一种非常独特的区分评估过程的方法，比一般的培训评估的范围更宽泛。

情景评估是指获取和使用当前情景的信息来明确培训需求和培训目标。这种评估实际上是进行培训需求分析。在此过程中，需要评估三种目标：最终目标（组织可以通过培训克服或消除特别薄弱的地方），中间目标（最终目标所要求的员工工作行为的改变）和直接目标（为达到中间目标，员工必须获取的新知识、技能和态度）。情景评估通过搜集组织绩效的信息，并评估这些信息确定培训需求，在此基础上设定三个层次的目标。

投入评估是指获取和使用可能的培训资源来确定培训方法。这些资源包括内部资源和外部资源。其中财务预算和管理要求可能限制目标的选择。

反应评估是指通过获取和使用参与者的反应来评估培训过程。这个评估过程的典型特征是参与者的主观评价，参与者的主观评价是非常重要的，但是评价质量的好坏在某种条件下依赖于信息搜集的方法是否具有系统性和客观性。

结果评估是指搜集和使用有关培训结果的信息。该评估被认为是评估中最重要的一个部分，它包括四个阶段：界定趋势目标、选择或构建这些目标的测量方法、在合适的时间进行测量和评估结果以改进以后的培训。

5.2.4 CIPP评估模型

高尔文于1983年在教育领域研究成果的基础上，提出了CIPP评估模型，CIPP评估模型与CIRO评估模型相似，它包括四种评估：情景评估（context evaluation）、投入评估（input evaluation）、过程评估（process evaluation）和成果评估（product evaluation），具体内容见表5-5。

表5-5 CIPP评估模型

评估层次	内容
1.情景评估	确定培训需求、机会和目标
2.投入评估	确定培训计划及资源的使用方式
3.过程评估	培训方案的监督、控制及反馈
4.成果评估	衡量培训目标达到的程度

情景评估界定相关环境、识别需求和机会、诊断具体问题，需求分析是情景评估的一个例子。

投入评估可以提供如何最佳使用资源去成功实施培训的信息。投入评估的信息有助于制订培训项目计划和培训设计的一般策略，通过投入评估的结果可以形成培训方案，如有关制度、预算、时间安排、建议书和程序等方面的内容。

过程评估可以提供反馈给负责培训实施的人，它可以监控可能的失败来源，或给预先的决策提供信息，从而帮助决策者在众多培训方案中选出最具成效的培训方案。

成果评估的主要任务是对培训目标进行测量和解释，包括对预定目标和非预定目标进行衡量和解释，这个级别的评估既可以发生在培训之中，也可以发生在培训之后。

总之，情景评估有助于形成目标，投入评估有助于计划培训项目，过程评估引导培训实施，结果评估有助于回顾决策。

5.2.5 菲利普斯的五层次投资回报率评估模型

1996年，菲利普斯对四层次评估模型进行了改进，增加了ROI（return on investment）财务评估层，作为评估的第五个层次，用财务数据来衡量培训对整个组织的影响，尤其是对企业经济利润等财务指标的影响，具体内容见表5-6。

表5-6 菲利普斯（Phillips）的五层次投资回报率评估模型

层次	评估内容
1.反应和既定的活动	评估受训者对培训项目的反应以及略述实施的明确计划
2.学习	评估受训者技能、知识或观念的变化
3.在工作中的应用	评估受训者工作行为的变化以及对培训资料的确切应用
4.业务结果	评估培训项目对业务的影响
5.投资回报率	评估培训结果的货币价值以及培训项目的成本

第一层级：反应和既定的活动。测量受训者的满意度以及培训项目计划的实施情况。在检查满意程度时必须认识到，良好的意见反馈并不一定表明受训者学到了新的知识和技能。

第二层级：学习。利用测试、技能实践、角色表演、情景模拟、小组评估和其他评估工具，检验受训者在培训中所学的内容，评估受训者知识、技能和观念的变化。但这一层级的正面结果并不一定都能保证其在工作中得到应用。

第三层级：在工作中的应用。利用许多跟踪方法测量受训者新技能的使用频率，以此判定受训者是否将培训内容应用到工作中。需要注意的是，这一层级虽然很重要，但其并不能确保培训项目会对组织产生百分之百的积极影响，因而必须对其进行审慎、客观的评价。

第四层级：业务结果。评估受训者运用知识后对组织业绩的影响情况，通常测量产量、质量、成本、时间、客户满意度、人员流动等各种指标。

第五层级：投资回报率，即将培训项目所带来的货币利润与其成本进行比较。ROI通常表示为一个百分数或成本与收益的比率。

以上培训评估模型中都有柯克帕特里克培训评估模型的影子，特别是菲利普斯的ROI框架，仅仅是在最后加上了投入产出的分析而已，而考夫曼的评估模型、CIRO评估模型和CIPP评估模型在评估实施过程的两头做了文章，即将培训需求分析的一部分以及培训对外界的影响纳入了评估范围之中，中间则几乎保持不变。在一个全面的评估过程中，应当进行五级中的每一级评估。在大多数评估模型中，共同的思路是强调小组或组织改进的最终结果，这是最难获得、最难记录和最难评估的。当需要对最终结果进行评估时，前三个级别的评估是远远不够的。研究表明，四级评估（组织影响）和五级评估（投资回报率）是人们最渴望得到的，并且能得到组织的支持。

在企业的实际运作中，上述任何一种模型都难以直接应用。与其他管理工作一样，培训开发的评估也存在许多局限性，因此有必要建立适合企业发展实际的评估体系。培训评估模型从组织的各个层次为培训效能的评估提供了思路。我们在评估培训项目时，需要考虑以下因素：培训需求的确定，不同需求优先顺序的选择产生的影响；培训参与者特征和组织特征（组织文化和标准，培训前、中、后期的主要气氛，培训和组织整体规划的关系）对培训结果的影响；学习的类型、培训设计与教学策略的关系，迁移支持策略的贡献；两难问题的解决，如培训各方的不同兴趣。

5.3　培训评估方案的设计及信息的搜集

5.3.1　评估方案的设计

人力资源开发评估要解决的问题包括在充分考虑各种可行性的基础上，选择恰当的评估方案。这直接决定着评估对非培训因素的分解是否合理，决定着对培训结果的测量是否恰当。在不同的设计方案之间进行选择的最重要的标准是有效性，即效度。

最常见的设计方案包括实验设计、准实验设计和非实验设计，如图5-1所示。是否使用参照组可以区分实验设计，不使用参照组的是非实验设计，它注重目标群体的纵向变化；使用参照组的是实验设计，它既注意目标群体的纵向变化，也注意实验组和参照组的横向比较，这样才能更好地将培训效果分解。是否使用随机的方法，可以将实验设计与准实验设计区分开来，实验设计中参照组的选择是完全随机的，我们可以称这样产生的参照组为控制组，随机原则能保证实验组或控制组在理论上是完全相同的。准实验设计中的参照组不是随机产生的，这样的参照组，我们称为对照组，这时，我们只是力求参照组与实验组在各方面相似。

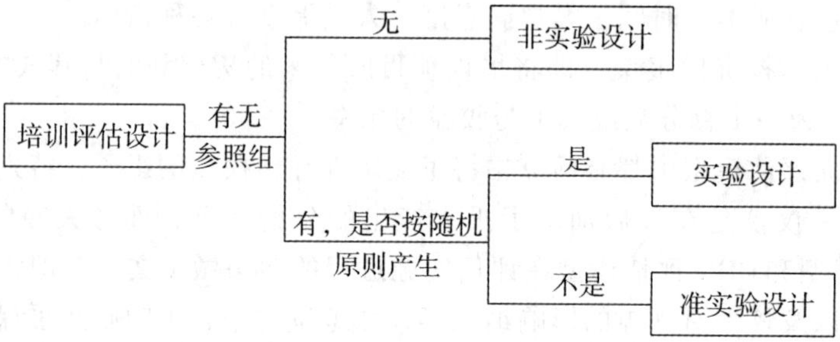

图5-1　培训评估方案设计

1）单组后测设计

X　T2

（X表示培训，T表示测量，2表示时间序列）

这是一种最简单的评估方案，即在培训后进行一次评估。该评估方案只收集和测试被培训者受训后的成果，简单易行，但评估效果不能让人满意。

2）单组前测/后测设计

T1　X　T2

（X表示培训，T表示测量，1、2表示时间序列）

事前/事后测试，即在被培训者刚进入培训课程的时候和培训课程完结后对被培训者进行内容相同或者相近的测试，将两次测试的结果进行对比分析，其变化结果反映了培训所获得的新知识。这是一种较常用的方法，培训前后两者的差距即培训的效果，此法的关键是评估方法的有效性。这种方法较为科学，操作也不烦琐。

3）前测/后测控制组设计

实验组（R）T1　X　T2

控制组（R）TI　—　T2

（X表示培训，—表示无培训，T表示测量，1、2表示时间序列）

为了加强评价的可信度，还可以采用控制实验法，即将参加培训的人员组成实验组，将不参加培训的人员组成控制组，同时对这两组人员进行事前测试和事后测试。这两组人员培训前的测定结果应该是相似的，将测试结果进行交叉比较来评估培训的效果。最后在同一时间内对实验组和控制组分别进行评估，评估结果的差距就是培训的效果。对比评估虽然比较复杂，但是由于它更为准确，较适合在企业中对培训效果进行评估。它比较科学，如果评估者和被评估者都不知道评估的目的，评估效果更为理想。这种设计在研究中应用较多，不仅可以用于评估单一培训的效果，同时也可以衡量不同培训方式的效果。

4）所罗门四组设计

实验组1（R）T1　X　T3

实验组2（R）O　X　T4

控制组1（R）T2　—　T5

控制组2（R）O　—　T6

（X表示培训，—表示无培训，T表示测量，O表示无测量，1、2、3、4、5、6表示时间序列）

这种方式是将前面提到的几种设计结合起来，这样做的好处是把干扰培训效果的其他因素的影响减小到最低限度。在具体操作的时候，可以把培训学员随机分成两组接受培训，同时另外设置两个对应的控制组。如果实验组的成绩比控制组好，则证明培训课程可能是有效的。如果实验两组之间的成绩相当，而控制组的成绩也不相上下，则证明培训测试没有缺陷，测试本身没有影响培训的成绩，所以所罗门四组设计不仅可以考查培训效果，还可考查测试缺陷。虽然这种设计可以消除种种因素的干扰，从而真正看到培训的效果，但所选的研究对象较多且费用较高，一般情况下不轻易使用。

5）时间序列设计

T1　T2　T3　X　T4　T5　T6

（X表示培训，T表示测量，1、2、3、4，5、6表示时间序列）

时间序列是指在培训前和培训后每隔一段时间检测一次培训效果，按既定时间间隔阶段性地测试和搜集与培训成果有关信息的一种培训评估方案。该方法伴随培训过程进行跟踪测量，从而获取不同时间序列点上的效果值。同样，也可以将数据绘至坐标图上，清晰地观察培训与时间的交互效应，时间序列坐标如图5-2所示。

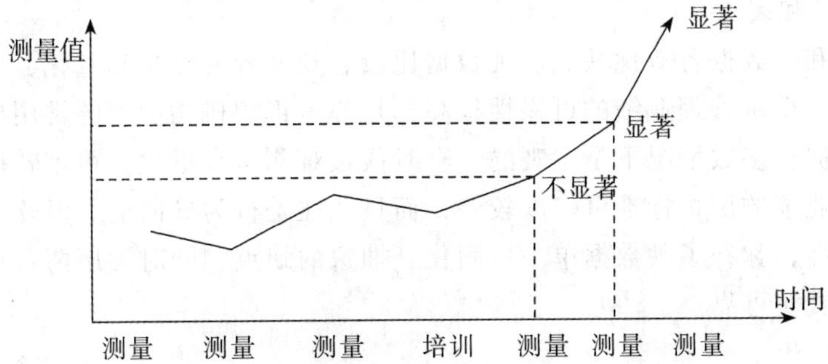

图5-2　时间序列坐标

时间序列设计适用于时间跨度较长（跨年度）的培训评价。这类评估方案设计的优势在于，在培训期内监测培训效果的动态，洞悉学习效率高峰与低谷时段。相对于前述若干方法，时间序列法提供的信息量更大，可以使评价者对培训效果在一段时间内的稳定性进行分析。

6）多重时间序列设计

实验组（R）T1　T3　X　T5　T7

控制组（R）T2　T4　—　T6　T8

（X表示培训，—表示无培训，T表示测量，1、2、3、4、5、6、7、8表示时间序列）

这种采用了控制组的时间序列设计被称为多重时间序列设计。它将时间因素和控制组同时引入设计方案，是时间序列设计和前测/后测设计的扩展，兼有二者的优点，既可以排除历史因素的影响，又可以排除员工发展因素或者其他因素的影响，能比较好地反映培训的有效性。但与时间序列和前测/后测设计的不同之处是，它不强调随机分配的做法，而是根据自然发生的情况，对参加过培训和没有参加过培训的员工进行测定。它经常用于评估会随着时间发生变化的一些可观测性的培训结果，如生产率、缺勤率、事故发生率。

综上所述，不同的培训效果评价方案设计，能够获得不同的信息，揭开许多看不清、道不明的缘由。在设计和选择评估方案类型之前，通常需要考虑以下基本因素：培训的重要性、培训变化的可能性、培训规模和参与范围、培训目标、组织文化与评估看法、专业技术、评估成本以及时间限定等。值得一提的是，越是信息量大的设计方案，所需的时间越长、财务成本越高。在实践中，需在成本和效益之间做好权衡，避免顾此失彼。

5.3.2　硬数据与软数据

培训评估指标可分为定量和定性两类。定量的结果可以通过对劳动生产率、人均利润贡献率、员工满意率、员工忠诚度（流失率）等相关数据的比较分析得到；定性分析的范围可以广一些，从企业战略实施程度、新型企业文化的建立、企业对环境适应等方面都可以加以分析。所有这些数据都可以归为硬数据和软数据两类，具体见表5-7和表5-8。

硬数据和软数据各有优缺点。硬数据比较客观，容易测量和量化，更容易转化成货币价值，衡量管理业绩的可靠性很高，是衡量组织机构业绩的常用标准。相比之下，软数据在多数情况下是主观的，有时候很难测量和量化，很难转换成货币价值，作为对业绩的衡量标准可信度较差，而且往往是行为导向的。但软数据更具有弹性和动态性，弥补了硬数据单一、固化、抽象的缺点，同时运用两者可以使评估的效果更加真实可靠。

表5-7　　硬数据指标列表

质量	产量	成本	时间
废品	生产的数量	预算的变化	运转周期
次品	制造的吨数	单位成本	投诉的应答时间/次数
退货	装配的件数	财务成本	设备的停工时间/次数
出错率	售出件数	流动成本	加班时间
返工	销售额	固定成本	每日平均时间
退货	贷款批准数量	营业间接成本	完成所需时间
与标准的差距	存货的流动量	运营成本	贷款的处理时间
产品瑕疵	探视病人的次数	延期成本	管理时间
生产故障	对申请的处理数量	罚款	培训时间
存货的调整	毕业的学员数量	项目成本节省	开会时间
工作顺利完成的比例	任务的完成数量	事故成本	修理时间
事故数量	订货量	规划成本	效率（以时间为基础）
顾客投诉	奖金	销售费用	工作的中断时间
	发货量	管理成本	对订货的回应时间
	新建的账目数量	平均成本	晚报告时间
			损失的时间天数

表5-8　　软数据指标列表

软数据	工作习惯	旷工、消极怠工、看病次数较多、违反安全规定、沟通破裂的次数较多、过多的休息
	新技能	决策、问题的解决、冲突的避免、提供咨询的成功机会、倾听理解能力、阅读速度、对新技能的运用（对新技能的运用意图、对新技能的运用频率）、新技能的重要性
	氛围	不满的次数、歧视次数、员工的投诉、工作满意度、组织的承诺、员工的离职比例
	发展	升迁的比例、工资的增长额、参加的培训项目数量、岗位轮调的请求次数、业绩评估的打分情况、工作效率的提高程度
	满意度	赞成性反应、工作满意度、态度的变化、对工作职责的理解、可观察到的业绩变化、员工的忠诚度、信心的增加、顾客/客户的满意度
	主动性	新想法的实施、项目的成功完成、对建议的实施量、设定目标

5.3.3　评估培训效果的方法

培训效果的评估多是对反应、学习、行为、结果以及投资回报率的评估，主要分为定性评估法与定量评估法。定性评估法是建立在经验与逻辑的基础上的，而定量评估法则是以数学、统计学为基础的。人力资源开发工作人员在评估培训效果时，应综合应用两类方法，以得出较为准确的评估结果。在此以反应、学习、行为、结果评估为主，对投资回报率的评估将在后面介绍。

1）定性评估法

定性评估法在评估培训效果时运用得较为广泛，它是指评估者在调查研究、了解实际情况后，再结合自己的经验与相关标准，对培训效果作出评价。定性评估只是对培训项目的实施效果做出一个方向性的判断，主要是“好”与“坏”的判断，由于不能得到数量化的结论，故不能对培训效果达到的程度做出准确的表述。

定性评估法简单易行，所需数据少，可考虑因素很多，评估过程可以充分发挥自己的经验等。定性评估法的缺点在于评估结果容易受主观因素的影响、理论水平和实践经验影响较大，不同评估者由于工作岗位不同、工作经历不同、掌握的信息不同，往往会对同一问题作出不同的判断。定性评估法主要有：

（1）问卷调查法。问卷调查法是在培训项目结束时，观察被培训者对培训项目的效果和有用性的反应，被培训者的反应对培训方案的重新设计或继续培训项目至关重要。当采用问卷调查法进行评估时，设计问卷是关键。评估者需要围绕培训课程设计问卷，问卷的内容往往包括培训内容的针对性、培训师水平、培训设施、自己从培训中获得的收益等问题。问卷调查法既易于实施，也容易分析和总结。问卷调查法的缺点是其数据是主观的，并且是建立在被培训者在测试时的意见和情感基础之上的，灵活性较差，且花费时间较长。

（2）笔试（测验）法。笔试法是指培训组织者通过笔试的方法对培训对象在参加培训前和培训结束时的知识、技能进行测验，了解其在知识、技能的掌握方面有多大程度的提高。如果培训后测验的成绩高于培训前，则表明培训有效。笔试法容易实施，可进行大样本的评估，但可能会给测试者带来威胁感，并且测验的分数可能与工作绩效不相关。

（3）工作绩效考核法。工作绩效考核法是指在培训项目结束后，每隔一段时间（如3~6个月）对员工的工作绩效，如工作量有无增加、工作能力有无提高、人际能力有无增强等方面，进行评估以了解培训效果。对一些技术工人，如工厂里面的车工、钳工等，可以通过绩效考核来掌握他们技术的提高情况。具体的绩效考核方法很多，如360度反馈评价、工作记录法、目标管理法等。

（4）工作态度调查表。工作态度调查表是在培训期间和结束时，用同样的调查表调查培训对象的工作态度，将两次结果进行对比，即可获得受训者态度是否有变化的信息。

（5）工作标准评价法。工作标准评价法是通过了解受训者在工作数量、工作质量、工作态度等方面能否达到工作标准来判定培训工作是否有效。

（6）跟踪观察法。跟踪观察法是评估者在培训结束后亲自到受训者所在的工作岗位上，通过仔细观察，记录受训者在工作中的业绩，并进行比较来衡量培训对受训者所起的作用。这种方法由于花费时间较多，不能大范围使用，而且可能会打扰当事人，使得搜集的信息不可靠，但是它是用于测量行为变化的极好途径。

（7）比较法。比较法是一种相对评估法，包括纵向比较评估，即将受训者在自身发展过程中，进行历史和现实比较，看其是否有进步；横向比较评估，即与对比组或未参加培训的员工进行比较，以判断培训是否有效。

（8）目标评价法。目标评价法是在制订培训计划时已确定具体的目标，在培训结束后将受训者的实际工作表现与既定的目标相比较。这种方法可在培训课程结束半年后对受训者进行绩效考核，包括目标考核和过程考核，对比参加培训前的绩效，如果有较为明显的提高即可认为培训的效果。

（9）面谈法。面谈法是直接与受训者面谈，了解受训者在人格、行为特征、学习程度、工作能力与绩效等方面是否有变化，以评估培训效果。

（10）征询意见法。征询意见法是指调查或询问培训对象的主管或下属，他们是否认为培训对象的工作能力、工作态度有了提高和改变；下属员工是否觉得受训后的主管领导素质有了提高和改变。当然，采取这种意见作为评价的依据时必须考查其公正性和客观性。

2）定量评估法

定量评估法在培训效果评估中运用得比较少。但人力资源开发工作人员又不得不重视定量评估法，因为用数据说话更有说服力，评估结果也更准确。定量评估法较为常用的方法有成本-收益分析法、边际分析法、目标成本法、假设检验法等，其中运用得较为广泛的是成本-收益分析法：一种是计算培训收益，分为直接收益评估法和间接收益评估法；另一种是计算投资回报率，将在后面介绍。

培训收益是指培训所获得的总效益减去总成本之后所得到的净收益，培训收益越高，培训效果就越好，反之越差。

直接收益评估法是指观察员工受培训后的效果，并进行评估。公式为：

$$TE=(E_2-E_1)\times T\times N-C$$

其中，TE——培训收益；

E_1——培训前每个受训者一年产生的收益；

E_2——培训后每个受训者一年产生的收益；

N——参与培训的人数；

T——培训效果可持续年数；

C——培训成本。

间接收益评估法通过对员工在职培训有关指标的计算，研究这种投资的收益，首先找出影响培训收益的因素，即把这种收益分解为一些具体指标，然后根据这些指标的相互关系进行计算。公式为：

$$TE=T\times S\times d\times N-C$$

其中，TE——培训收益；

N——参与培训的人数；

S——未接受培训者工作绩效的标准差（一般约等于年工资的40%）；

d——效用尺度，即接受培训者与未接受培训者工作绩效的平均差值；

T——培训效果可持续年数；

C——培训成本。

另外，效用尺度d可表示为：$d=\frac{X_1-X_2}{S\times\sqrt{R}}$

其中，X_1——接受培训者的平均工作效率；

X_2——未受培训者的平均工作效率；

S——未受培训者工作绩效的标准差；

R——工作绩效评价过程的可靠性。

5.3.4 培训评估数据搜集方法

培训评估的有效实施是以获取科学、全面、准确的信息为基础的。评估必须要搜集相关数据，以便为决策提供所需的事实和评判依据。常用的评估数据搜集方法有问卷调查法、访谈法、直接观察法、档案记录分析法、测验和模拟法等，它们各有优缺点，具体见表5-9。

表5-9 培训评估数据搜集方法比较

方法	具体过程	优点	缺点
问卷调查法	用一系列标准化的问题去了解人们的观点和观察到的东西	•成本低 •匿名的情况下可提高可信度 •可以在匿名的情况下完成 •填写问卷的人可以自己掌握速度 •有多种答案选项	•数据的准确性可能不高 •如果是在工作中完成问卷填写的，那么对这个过程很难进行控制 •不同的人填写问卷的速度不同 •无法保证问卷回收率
访谈法	和一个或多个人进行交谈，了解他们的信念、观点和观察到的东西	•灵活 •可以进行解释和澄清 •能深入了解某些信息 •私人性质的接触	•引发的反应在很大限度上是回应性的 •成本很高 •面对面的交流障碍 •需要花费很多人力 •需要对观察者进行培训
直接观察法	对一项任务或多项任务的完成过程进行观察和记录	•不会给人带来威胁感 •是用于测量行为改变的极好途径	•可能会打扰当事人 •可能会造成回应性的反应 •可能不可靠 •需要受过训练的观察者
档案记录分析法	使用现有的信息，如档案或报告	•可靠 •客观 •与工作绩效的关系密切	•要花费大量的时间 •对现实进行模拟往往很困难 •开发成本很高
测验和模拟法	在结构化的情景下分析个人的知识水平或完成某项任务的熟练程度	•购买成本低 •容易记分 •可迅速批改 •容易施测 •可大范围采样	•可能会带来威胁感 •也许与工作绩效不相关 •对常规模型的依赖可能会歪曲个人的绩效 •可能有文化带来的偏差

5.4　培训的投资回报率分析

近年来，美国人力资源学界提出将ROI模式应用于培训评价，以获得更具体、更具经济价值的评价结果。与传统的培训评价模式多以定性资料为主要评价依据不同，ROI模式将培训效果转换为具体的货币价值，直接将培训与组织绩效密切联系，成为培训人员向组织呈现培训效果的最有效方式。

以投资回报率来衡量培训活动的成效，可按照图5-3的步骤进行。

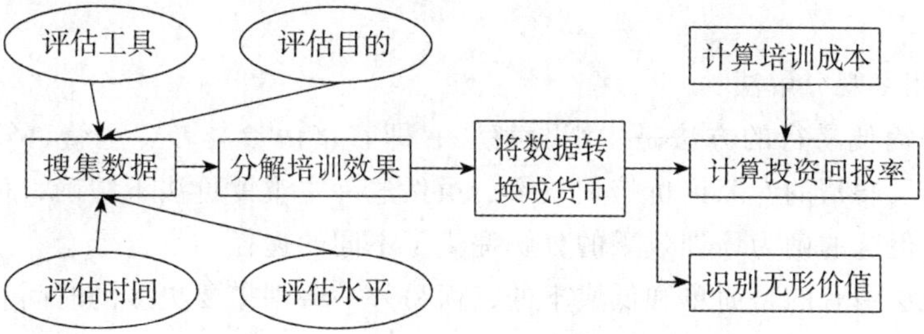

图5-3　菲利普斯的ROI评价过程

5.4.1　对培训项目的效果进行分解

尽管绩效的变化可能与培训有关，但并不是我们所观察到的所有的知识、技能、行为和结果的改变都是由培训项目带来的，其他的非培训因素也有可能对绩效改进产生影响。因此，为了提高培训投资回报率评估的精度，有必要对这些效果进行分解。进行分解的方法包括：

1）使用对照组

分解培训效果最精确的方法是使用对照组。这种方法要对两个小组搜集相关数据：一个是参加了培训活动的实验小组，一个是没有参加培训活动的控制小组。选择对照的成员应该与实验组大致可比。

尽管该方法是个比较好的办法，在使用过程中却存在问题：第一个问题是小组成员的选择，可能是相同的，但是实际上完全相同是不可能的；第二个问题是传染问题，即受训者将可能学到的东西通过不同的途径传播到控制组中，或是控制组成员模仿了实验组成员的行为；第三个问题就是他们处于不同的地点，各组之间有不同的环境影响因素。另外就是管理层可能不愿意对项目采用带有研究倾向的方法进行评估。

2）使用趋势曲线

另一种对培训效果进行分解的有效方法是趋势曲线分析。这种方法是先以历史绩效为依据，绘制一条趋势曲线，用趋势曲线预测未来绩效，在培训结束后，把实际的绩效曲线同历史趋势曲线进行对比，任何超出趋势预测的绩效提升，都可以归功于培训。这种方法的优点是操作简单、成本低，如果历史数据是可以得到的，就能很容易画出趋势曲线，可以很快评估出培训效果。尽管这种方法不是很精确，但却是评估培训效果的一条合理途径。

3）预测分析法

预测分析法是指利用预测模型来预测绩效变量的变化。只有一个其他变量影响绩效，并且两者的关系是一条直线时，类似y=ax+b的直线模型是适合的。这里用一个直线方程替代了画直线，可以计算出绩效提升的预测值。如果培训期间存在其他变量因素，这种方法实际上是趋势线分析的一个数理解释。当有许多变量影响绩效时，这种方法就暴露了重要缺陷，需要使用多个变量和复杂统计软件包分析。

4）使用主观分解法

另一种简便易行的方法是主观分解法，即直接由参与者、主管、管理层、顾客、下属以及聘请的专家评价培训效果，虽然这种主观评价法不精确，可能会面临许多障碍，但这的确为培训效果的分解提供了不同的途径。

这些方法中有的是简单和低成本的，而另外一些则需要更多的时间和成本，所以在方法选择上，要考虑到一些因素：方法的可行性；方法可以提供的准确度；对目标群体而言，方法的可信度；实施的具体成本；在使用方法时，对正常工作的干扰有多大；特定方法需要参与者、员工和管理者付出多少时间。

5.4.2 将收益估计转变为货币价值的步骤

培训可以帮助员工与企业提高绩效，获得更大的收益，主要包括两方面：产量或销售量增长的价值、成本和费用减少的价值。其中，成本和费用减少的价值包括原材料、燃料、消耗的减少，人工成本价值节省，残次品减少和机器设备维修次数减少节省的费用，员工流失率降低节省的费用，提高设备利用率及生产事故率降低节省的费用。具体将收益转换成货币价值的步骤如下：

（1）关注绩效度量单位。举例来说，对绩效产出数据度量的单位有生产产品数量、提供服务量或完成销售量。质量是一个常见指标，可以用出错率、废品率、缺陷率、返工率等来反映；软数据指标可以是员工抱怨次数、缺勤次数、离职率等。

（2）确定每单位价值。为上一步选定的单位赋予价值额（V）。

（3）计算绩效改进数据。将其他影响因素分离后，确定直接归功于培训项目的绩效变化。

（4）确定绩效变化的年度数值。计算出一年的绩效总变化数量。

（5）计算绩效改变总价值。把年度的绩效改变（ΔP）同所考查群体的度量单位价值（V）相乘，得到绩效改变的总价值。

把数据转换为货币价值的步骤示例见表5-10。

表5-10 把数据转换为货币价值的步骤示例

背　景：	一家制造工厂的团队建设培训项目
第一步	关注绩效度量单位：在四步抱怨解决程序中，某个达到第二步的抱怨
第二步	确定每单位价值：让内部专家（劳动关系职员）评估，在考虑了时间成本和直接成本后，确定一次抱怨的成本（V）为6 500美元
第三步	计算绩效改进数据：在培训完成的6个月内，每个月达到第二步的抱怨减少了10次。由主管确定，10次中的7次是同培训有关的（分离培训效果）
第四步	确定绩效变化的年度数值：根据6个月的数据，每月减少7次抱怨，得出全年的绩效改善数量为84（$\Delta P=84$）
第五步	计算绩效改进总价值：年度价值$=\Delta P\times V=84\times 6\,500=546\,000$（美元）

资料来源　菲利普斯 J.寻找隐性收益——培训投资回报评估方法［M］. 蒋龙琴，江涛，译. 北京：人民邮电出版社，2004：101.

5.4.3 培训投资成本核算

培训投资成本分为直接成本和间接成本。直接成本是明确可计算的成本。直接成本包括参与培训的所有雇员（培训教师等）、咨询人员和项目设计人员的工资和福利；培训使用的材料和设施费用；设备或教室的租金或购买费用、交通费用。间接成本是与培训的设计、开发或讲授并不完全直接相关的费用，它主要包括办公用品、设施及相关费用。

人力资源开发成本系统设计取决于企业本身的情况、培训项目的类型以及对当前成本会计核算系统所施加的限制条件（如果有的话）。此外，在一定程度上，开支账目分类还取决于人力资源开发过程或职能分类是如何设定的。表5-11是一个企业所建立的开支账目系统，其中每个账目均被赋予一个账号并明确定义。

表5-11 成本项目列表

00.工资与福利——人力资源开发人员
这个账目包括人力资源开发部门的主管人员和非主管人员的工资与员工福利成本
01.工资与福利——公司其他人员
这个账目包括公司其他人员（包括主管人员和非主管人员）的工资与员工福利成本
02.工资与福利——学员
这个账目包括学员（包括主管人员和非主管人员）的工资与员工福利成本
03.用餐、差旅和住宿——人力资源开发人员
这个账目包括公司人力资源开发部门员工的用餐、差旅、住宿和杂费
04.用餐、差旅和住宿——学员
这个账目包括人力资源开发培训项目的学员的用餐、差旅、住宿和杂费
05.办公用品和开支
这个账目包括文具、办公用品和服务、期刊订阅、邮资、电话和电报服务等项目所发生的开支

续表

06.培训项目资料与用品
这个账目包括特定培训项目所购买的资料和用品的成本，其中包括胶卷、文件夹、讲义资料以及所购买的培训项目等
07.打印与复制
这个账目包括所有资料的打印和复制所发生的开支
08.外部服务
这个账目包括外部公司、机构或除本公司员工以外的个人（如管理顾问和专业培训讲师或辅导员等）在提供特殊服务时所引起的费用和开支
09.设备开支分摊
这个账目包括最初设备成本中被分摊到特定人力资源开发项目（包括计算机）中的部分
10.设备——租赁
这个账目包括在行政管理工作和人力资源开发培训项目中所使用的设备的租金
11.设备——维护
这个账目包括对公司自有设备和家具进行修理和维修时所发生的开支
12.注册费
这个账目包括学员参加讲座和会议时产生的由本公司支付的注册费和学费
这个账目还包括员工加入行业、技术和专业协会时产生的并由本公司支付的会员费
13.设备开支分摊
这个账目包括使用公司自由设施进行人力资源开发培训项目时发生的开支
14.设施租赁
这个账目包括与人力资源开发培训项目相关的所有设施的租金
15.一般费用分摊
这个账目包括对每个人力资源开发培训项目按比例计算的一般费用开支
16.其他费用
这个账目包括为培训提供的其他费用

资料来源 菲利普斯 J.培训评估与衡量方法手册［M］. 李元明，林佳澍，译. 3版. 天津：南开大学出版社，2001：290-291.

下面是对一个生产建筑材料镶板的组织的案例研究。表5-12显示了培训成本是怎样确定的（数据来自1980年），表5-13显示了培训12个月后的经营状况，计算的投资回报率（ROI）为6.8。

表5-12 **培训成本计算** 金额单位：美元

<table>
<tr><td rowspan="9">直接成本：交通费为0，因为培训地点就在工厂附近。有培训教室和视听设备费用，因为它们是从当地旅馆租借的。食物和茶水也是从此旅馆购买的，因为上午和下午都要提供食物和茶水</td><td>直接成本</td><td></td></tr>
<tr><td>外部培训教师</td><td>0</td></tr>
<tr><td>公司内培训教师（125/天×12天）</td><td>1 500</td></tr>
<tr><td>小额福利（工资的25%）</td><td>375</td></tr>
<tr><td>交通费用</td><td>0</td></tr>
<tr><td>材料费（56人×60/人）</td><td>3 360</td></tr>
<tr><td>培训教室和视听设备租赁费（50/天×12天）</td><td>600</td></tr>
<tr><td>食物和茶水费用（4×3天×56人）</td><td>672</td></tr>
<tr><td>总的直接成本</td><td>6 507</td></tr>
</table>

续表

间接成本：办事和管理费用反映的是花在安排培训场地和设备，给所有参加者发送通知，准备名册和其他各种材料上的时间的数量	间接成本	
	培训管理费	0
	员工和管理人员工资	750
	小额福利（工资的25%）	187
	邮资、运输和电话费	0
	培训前和培训后的学习材料费（4×56人）	224
	总的间接成本	1 161
开发成本：这些成本是从卖主手中购买培训项目的成本，包括教育辅助工具、指导者手册、录像带和认证费用。教师培训费用指与指导者为准备开展培训而参加的一周培训的有关费用。前后评估成本包括在公司培训预算之中	开发成本	
	项目购买费用	3 600
	培训教师费用	0
	注册费用	1 400
	交通和住宿费用	975
	工资	625
	福利（工资的25%）	156
	总的开发成本	6 756
一般管理费用：代表组织为培训单位提供的服务成本。因为得不到具体的数字，我们使用直接成本、间接成本和开发成本加总的10%来代替	一般管理费用	
	组织的总体支持、高层管理时间	1 443
	总的一般管理费用	1 443
参与者的薪酬：这个数字代表为受训者在离岗期间支付的工资和福利	参与者的薪酬	
	受训者的工资和福利（根据离岗时间计算）	16 696
	总薪酬	16 696
	总的培训成本	32 564
	每个受训者的成本	581

资料来源　ROBINSON D G，ROBINSON J C. Training for impact：how to link training to business needs and measure the results［M］. San Francisco：Jossey-Bass Publishers，1989.

表5-13　**某公司培训收益的计算**

经营结果	如何衡量	培训前结果	培训后结果	差异（+或-）	以美元计
镶板质量	淘汰率	2%的淘汰率即每天1 440块板	1.5%的淘汰率即每天1 080块板	0.5% 360块板	每天720美元 每年172 800美元
环境卫生	用包括20项内容的清单进行检查	10处不合格（平均）	2处不合格（平均）	8处不合格（平均）	无法用美元表示
可避免的事故	事故的数量 事故的直接成本	每年24次 每年144 000美元	每年16次 每年96 000美元	每年8次 每年48 000美元	每年48 000美元

ROI=回报/投资=经营结果/培训成本=＄220 800/＄32 564=6.8
总的节约成本：220 800美元

资料来源　ROBINSON D G，ROBINSON J C. Training for impact：how to link training to business needs and measure the results［M］. San Francisco：Jossey-Bass Publishers，1989.

5.4.4 投资回报率计算与非货币收益

1）投资回报率计算

投资回报率是通过投资成本与收益的比较，来衡量开发项目的实际价值，具体有两个最常用的衡量方法：一个是收益/成本比率法，另一个是ROI公式法。

评价培训投资最早使用的方法之一就是收益/成本比率法（Benefits/Costs Ratio，BCR），即用项目收益除以项目成本的比率，计算公式是：

BCR=项目收益/项目成本

投资回报率是用净收益除以项目的成本得到的。净收益是项目收益减去其成本。这个比率一般用百分比表示。用公式表示：

ROI（%）=（项目净收益/项目成本）×100%

ROI值和BCR值之间相差系数为1。但现在还没有统一的收益/成本比率标准和ROI衡量标准。

2）非货币性收益

除了有形的、货币的收益，大多数培训项目都会有无形的、不能以货币表示的收益。非货币性收益是指那些与培训项目直接相关但不能或不应该转换成货币价值的收益（或损失），这些指标尽管不能转换成货币价值，但是对评估流程来说也是很关键的。比如在一些人际关系技能、团队建设、领导能力、沟通等培训中，非货币性收益指标往往比货币价值指标或可度量指标重要。所以将有关数据以非货币收益形式列出，并加以恰当的解释和描述，对准确评价培训项目来说会更好些。表5-14是与培训相关的典型非货币性衡量指标。

表5-14　与培训相关的典型非货币性衡量指标

■态度调查数据	■员工转岗
■组织归属感	■客户满意度调查数据
■组织气氛调查数据	■客户投诉
■员工抱怨与委屈	■对客户反馈时间
■歧视投诉	■团队合作
■压力减轻	■协作
■员工离职率	■冲突
■员工缺勤	■果断性决策
■员工怠工	■沟通

资料来源　菲利普斯J.寻找隐性收益——培训投资回报评估方法［M］.蒋龙琴，江涛，译.北京：人民邮电出版社，2004：146.

5.5 培训评估的流程

培训评估是一个由几个核心成分组成的对培训项目、培训过程和培训效果进行评价的系统。大多数成功的评估方案是在进行需求分析、提出影响该培训项目问题的过程中就有所计划的，而不仅仅是在培训项目完成之后，才对数据进行搜集、分析和汇总。评估活动贯穿培训项目全过程的每一个环节。一般说来，培训评估包括以下环节：评估决策阶段、评估规划设计、评估的实施阶段以及评估结果总结与反馈阶段。

5.5.1　评估决策阶段

1）培训需求分析

进行培训需求分析是培训项目设计的第一步，也是培训评估的第一步。不管一个培训项目是由什么原因引起的，人力资源开发人员都应该通过培训需求分析来决定具体的知识、技能、态度的缺陷。培训需求分析中所使用最典型的方法有访谈法、调研法和问卷调查法。调查的对象主要集中于未来的受训人员和他们的上司；同时，人力资源开发人员还要对工作效率低的管理机构及员工所在的环境实施调查，从而确定环境是否也对工作效率有影响。

2）确定培训评估的目的

在培训项目实施之前，人力资源开发人员必须把培训评估的目的明确下来。在大多数情况下，培训评估的实施有助于对培训项目的前景做出决定，对培训系统的某些部分进行修订，或是对培训项目进行整体修改，以使其更加符合企业的需要。例如，培训材料是否体现公司的价值观念，培训师能否完整地将知识和信息传递给受训人员等。更重要的是，培训评估的目的将影响数据搜集的方法和所要搜集的数据类型。

3）建立培训评估数据库

在进行培训评估之前，企业必须将培训前后发生的数据搜集齐备，因为培训数据是培训评估的对象。培训数据搜集的关键是人力资源开发人员与直线部门良好的配合。

培训的数据按照能否用数字衡量的标准可以分为两类：硬数据和软数据。硬数据是对改进情况的主要衡量标准，以比例的形式出现，是一些易于搜集的无可争辩的事实。这是最需要搜集的理想数据。硬数据可以分为四大类：产出、质量、成本和时间，几乎在所有组织机构中这四类都是具有代表性的业绩衡量标准。有时候很难找到硬数据，这时，软数据在评估人力资源开发培训项目时就很有意义。常用的软数据类型可以归纳为六种：工作习惯、氛围、新技能、发展、满意度和主动性。一般来讲，企业培训评估数据库主要从三个方面建立：一是企业相关岗位的业务指标评估数据库；二是培训学员的技能鉴定数据库；三是培训档案库。

5.5.2　评估规划设计

1）确定培训评估的层次

培训评估应本着实用、效益的原则，企业应根据自己的实际条件和培训项目的特殊性，确定适宜的培训层次。可以基于由柯克帕特里克提出的最著名的模型确定评估层次，即从评估的深度和难度角度分为反应层、学习层、行为层和结果层四个层次。人力资源开发人员要确定最终的培训评估层次，因为这将决定要搜集的数据种类、方法和时机，并以此进行评估规划的设计。

2）选择评估方法

根据评估的不同分类，针对不同的评估层次和数据类型选择恰当的评估方法，系统地、有计划地搜集数据。对不同层次的评估可采用不同的方法。第一层次的评估可采用问卷调查法、工作态度调查表法；第二层次的评估可采用关键人物、笔试、技能操作等方法；第三层次的评估可采用绩效考核法，也可采用比较评价法；第四层次的评估可采用收益评价法，计算培训为企业带来的经济效益，也可通过考查事故率、生产率、士气等指标来衡量。

3）选择评估方案和测试工具

对评估人员而言，选择一套适合的评估方案和测试工具是非常重要的。评估方案主要回答在哪儿搜集数据、获取信息的问题；测试工具主要回答怎样搜集数据、如何获取信息的问题。评估方案选择得恰当与否决定了评估结果的准确性和有效性；测试工具选择得恰当与否则决定了数据准确反映培训效果的程度；评估方案和测试工具与培训项目、培训对象的匹配程度则直接决定了评估能否取得成功。因此，在进行评估规划时，必须对希望得到的评估结论及测试对象有一个清楚的认识。

5.5.3 评估的实施阶段

在完成评估规划设计以后，就进入培训评估的实施阶段。培训评估实施的关键在于搜集培训对象的数据与资料。要使数据准确而有价值，就要按照培训评估规划，在适当的时候搜集所需要的数据。搜集数据可以将多种方法相结合，一般依据先前培训规划阶段所确定的测量工具进行。较常见的做法有向受训者发放咨询表或问卷、与受训者进行座谈、对受训者进行观察等，以提高数据搜集效率和准确性。

在搜集完数据以后，就要开始对数据进行整理和分析，以及对分析结果进行解释。数据整理过程主要是依据数据类别，将同一类的数据放在一起，为以后的统计、分析作准备。数据分析方法的选择决定了数据本身的特性。数据分析的方法很多，如直方图法、图饼法、统计检验法等，主要分为定性方法和定量方法两大类。

5.5.4 评估结果总结与反馈阶段

1）编写评估报告

利用评估过程中获得的数据和分析结果，再结合学员的结业考试成绩，对培训项目是否有效进行书面的、有说服力的整体评价。评估报告通常包括以下几部分：

（1）评估目的概要。简要叙述开展此项评估的目的、对象、评估类型、评估性质及期待的结果。

（2）评估过程及方法。这部分主要说明如何制订和实施评估方案，包括评估工具的使用来源、调查内容及范围、调查测试方法。

（3）结果。这是评估报告的主要部分，要求简要说明调查的结果与期待目标的关系，并将有关统计数据作为客观事实的依据。依据结果进行综合分析，同时指出应用价值，并客观分析存在的问题和缺陷，提出弥补的建议和措施。

（4）结论。这是评估报告正文的最后一部分，它主要概括全部评估的结果。

（5）附录。这是评估报告的结尾，应将评估本次培训使用的资料附在报告正文后面备案。

2）培训结果的沟通与反馈

在培训评估过程中，人们往往忽视对培训评估结果的沟通。尽管经过分析和解释后的评估数据将转给某个人，但是，当应该得到这些信息的人没有得到时，就会出现问题。在沟通有关培训评估信息时，培训部门一定要做到不存偏见。一般来说，企业中有四种人必须要得到培训评估结果。最重要的一种人是人力资源开发人员，他们需要这些信息来改进培训项目，只有在得到反馈意见的基础上精益求精，培训项目才能得到提高。管理层是另一个重要的人群，因为他们当中有一些是决策人物，决定着培训项目的方向。评估的基本目的之一就是为妥善地决策提供基础。应该为这种努力投入更多的资金吗？这个项目值得做吗？这些都是应该向管理层沟通的问题。第三个群体是受训人员，他们应该知道自己的培训效果怎么样，并且将自己的业绩表现与其他人的业绩表现进行比较，这种意见反馈有助于他们继续努力，也有助于将来参加该培训项目学习的人员不断努力。受训人员的直接经理也有必要了解培训效果，这有助于他们掌握学员的学习状况，为以后的工作提供指导，同时也可以作为对下属进行绩效考核的考虑因素。

5.6　培训效果转化理论

要成功地完成培训项目，受训员工必须持续有效地将所学知识技能运用于工作当中，最好是转化为受训者的习惯行为，成为其自身素质的一部分。培训转化是培训学习的迁移，是指将培训中所学到的知识、技能和行为应用到实际工作中的整个过程。培训的目标就是学以致用，受训员工不仅要学会掌握培训项目所要求的各项知识技能，还必须持续有效地将所学知识技能运用到工作当中，将“所学”转化为“所用”，转化为企业效益，这就涉及培训迁移问题。培训转化这一环节对于提高培训的有效性可谓生死攸关，培训在多大程度上能够发生迁移直接影响到培训给企业带来的实际效益。

5.6.1　培训转化理论

在培训效果评估过程中要面临着一个培训效果转化（也称培训成果转化）的问题，即受训者在接受培训之后，培训内容是否被消化、是否会转化到学员的现实工作中，这是一个学习转化的过程。在学习理论中，对培训迁移的研究形成了三种有影响的培训迁移理论，它们是同因素理论、激励推广理论和认知转化理论（见表5-15），这些理论分别是在行为主义、认知主义和人本主义学习理论下发展起来的培训成果转化理论。

表5-15 培训效果转化的三种理论

理论	强调重点	适用条件	转化类型
同因素理论	培训环境与工作环境完全相同	工作环境的特点可预测并且稳定，例如设备使用培训	较近
激励推广理论	一般原则运用于多种不同的工作环境	工作环境的特点不可预测并且变化剧烈，例如谈判技能的培训	较远
认知转化理论	有意义的材料和编码策略可增强培训内容的存储和记忆	各种类型的培训内容和环境	较近和较远

资料来源 诺伊 R A.雇员培训与开发［M］. 徐芳，邵晨，译. 6版. 北京：中国人民大学出版社，2015.

5.6.2 同因素理论

同因素理论是行为主义学习理论中典型的和最有影响的学习迁移原理，它是由桑代克等在实验的基础上提出来的，同因素理论认为培训转化只有在受训者所执行的工作与培训期间所学内容完全相同时才会发生。

在19世纪末20世纪初，学者们发现学习迁移最容易发生在两个具有相同成分或者因素的学习之间，且两种学习的相同因素越多，迁移发生的可能性就越大。能否达到最大限度的转换，取决于任务、材料、设备和其他学习环境特点与工作环境的相似性。同因素的相似性有两方面：实物相似和心理相似。实物相似指培训项目中的设备、任务和环境方面与实际工作环境中的条件相同。心理相似指受训者把培训和实际工作赋予了相似的含义。心理相似在培训和实际任务中、具有相似的时间限制的学习经历中值得运用。同因素理论特别关注“转化力”的发生，按照同因素理论设计培训评估方案应考虑的一个重要问题就是，培训和实际执行当中的行动、行为方式或知识之间的关系。

同因素理论广泛应用于人力资源开发领域，包括案例学习、商业游戏、角色扮演和匹配等的简单模拟培训，也包括高级的行为模拟和器械模拟。然而，相似性要求越高，复杂性和成本就会越高，在实际工作中往往要对其进行权衡。该理论被用于许多培训项目，尤其是那些与设备应用相关或包含特定程序的培训。该理论对技能的培训有较大的用途，在人际关系培训的最初阶段也还有用，但它没有说明如果学习环境与培训环境不相同时应该如何进行转换，所以这个理论不适用于人际关系技能的培训。

5.6.3 激励推广理论

学习的同因素迁移只是一种简单的迁移，对许多学习活动都是没有意义的，不能真正变成学习者的行动指南，一旦情形发生变化，学习者将无所适从。而激励推广理论的概括是更内在、更科学的，它对学习迁移的认识也更深刻些。

激励推广理论是贾德在认知主义框架中发展起来的，他认为两种学习之间存在的共同成分（同因素理论）仅仅是学习迁移的外在因素和条件，或是必要条件，但不是决定条件。该理论指出，产生学习迁移的关键是学习者能否概括两种学习之间的共同原理，它强调学习者对学习内容的概括加工，而不仅仅看重回忆问题。

激励推广理论指出，理解培训转化问题的方法是建立一种强调最重要的一些特征和一般原则的培训，同时明确这些一般原则的适用范围。激励推广理论强调“远程转换”。“远程转换”是指当工作环境（设备、问题、任务）与培训环境有差异时，受训者在工作环境中应用所学技能的能力。在管理技能培训项目的设计中可以应用到激励推广理论，而应用中最大的问题是需要对人力资源开发领域中涉及的各种各样的学习，尤其是对管理能力中人际能力的一般性原理进行总结。

5.6.4 认知转换理论

认知转换理论是由奥苏伯尔提出的，是以信息加工模型为基础的，具有代表性的认知主义学习理论的学习迁移理论，该理论认为信息的储存和恢复是关键因素。这一理论认为，培训效果转换与否取决于受训者恢复所学知识、技能的能力，认为可通过向受训者提供有意义的材料来增加受训者将工作中遇到的情况与所学相结合的机会，从而提高转换的可能性。

鼓励雇员思考培训内容在实际工作中的可能应用是认知迁移理论在培训过程中的一种应用。许多培训项目包括这样的环节，即让受训者找出工作中遇到的问题或状况，然后讨论培训内容的可能应用。还可以让员工在接受培训后，通过制订实践计划使自己在工作环境中发现适当的线索（问题、状况），来增加其回忆起培训内容并将其用于工作当中的可能性。这些方式可帮助受训者理解所学知识和技能与工作之间的联系，使其在需要时更快地回忆起学习过的知识和技能。

5.7 培训效果转化过程及其影响因素

5.7.1 培训效果转化的四个层面

为了分析影响培训转化的因素，首先应分析培训转化的四个层面，如图5-4所示。

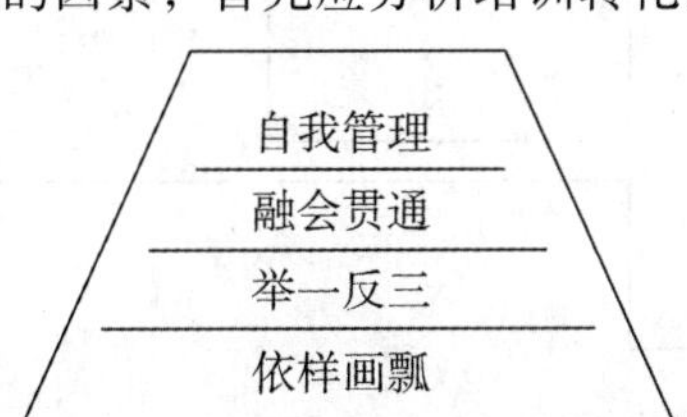

图5-4 培训转化的四个层面

培训转化的第一个层面是依样画瓢式的运用，即受训者的工作内容和环境条件与培训时的情况都完全相同才能将培训学习成果迁移。培训转化的效果取决于实际工作环境与培训时环境特点的相似性大小，比如情景模拟培训在这个层面的转移程度就大。

培训转化的第二个层面是举一反三，即受训者理解培训转化的基本方法，掌握培训目标中要求的最重要的一些特征和一般原则，同时也明确这些原则的适用范围。这个层面的转移效果可通过培训师在培训时示范关键行为，强调基本原则的多种适用场合来提高。

培训转化的第三个层面是融会贯通，即受训者在实际工作中遇到的问题或状况完全不同于培训过程的特征时，也能回忆起培训中的学习成果，建立起所学知识能力与现实应用之间的联系，并恰当地加以应用。

培训转化的第四个层面是自我管理，即受训者能积极主动地应用所学知识技能解决实际工作中的问题，而且能自我激励去思考培训内容在实际工作中可能的应用。比如，能较为恰当地判断在工作中应用新掌握的技能可能会产生正面或负面作用；为自己设置应用所学技能的目标；对所学内容的运用实行自我提醒、自我监督，对培训内容的应用进行自我强化，以实现扬长避短、熟能生巧，继而进入创新应用成果的良性循环。

5.7.2 培训转化的过程

培训成果转化过程如图5-5所示。

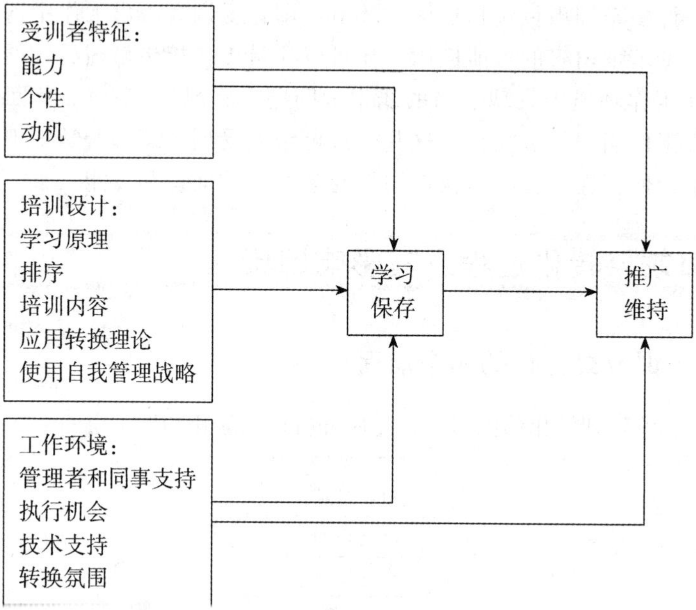

资料来源　BALDWIN T T，FORD J K. Transfer of training：a review and direction for future research [J]. Personnel Psychology，1998（41）：63-103.

图5-5　培训成果转化过程

培训转化，即要成功地完成培训项目，受训者要有效且持续地将所学技能运用到工作当中。蒂莫西·鲍德温（Timothy Baldwin）和凯文·福特（Kevin Ford）提出了一个培训迁移过程的模型。这个模型指出培训设计、受训者特征和工作环境都会影响学习、保存和转移，并且受训者特征和工作环境直接影响转移效果。

首先，培训项目设计是学习环境的重要特征。学习环境的重要特征包括有意义的材料、实践机会、反馈、学习目的、项目组织协调以及培训场地的自然环境特点，这些都会在一定程度上影响培训效果的转化。

其次，影响学习和保存的因素是受训者特点。受训者特点包括影响学习的各种能力和动机。如果受训者不具备学习的基本技能（如认知能力、阅读技能），缺乏学习动机，不相信自己能掌握所学能力（自我效能程度低），那么学习行为与培训转换能否发生令人怀疑。

最后，影响学习、保存和转化的因素是工作环境。工作环境是指能够影响培训转化的所有工作上的因素，包括管理者支持、同事支持、技术支持、转化氛围和在工作中应用新技能的机会。

从上面培训效果的转移过程可以看出，培训转化受若干因素的影响：培训项目的设计、受训者特点、工作环境。下面从受训者特点和工作环境两方面讨论对培训效果转化的影响。

5.7.3　受训者特点对培训效果转化的影响

受训者特征包括培训动机、文化水平及基本技能。一方面，受训员工的培训态度、动机极大地影响培训学习的效果和培训转化的程度。如某研究所的员工，有的人抱着“既然让我去，那么去学学也没什么坏处”的思想；有的人希望通过培训获得一个文凭或证书，将来能因此获得晋升或技术职称，没有思考过将所学知识运用于实际。这样的动机对培训的有效性是一大破坏。另一方面，虽然员工主观上积极参加培训学习，但是由于缺乏培训所要求的基本技能，只能进行第一层面的转移，即照搬照套，情况稍有些变化就不会灵活应用了。

针对以上问题，可以采取下面的措施来解决：在分析确定培训对象时应有所选择，要求受训者具备学习培训项目内容所需的基本技能，即认知能力和阅读、写作能力。在选择时，可以对候选人采用书面形式进行测试，测试结果不记入员工的个人档案以避免员工对此形成恐惧心理而不愿意参加培训；要求受训者做好受训准备，端正学习态度和学习动机；如有必要还需就适当的基本技能进行自我提高；明确告知受训者培训后将进行学习结果和应用情况考核，而且是有奖有惩并与晋升等待遇挂钩的；如果员工不具备基本技能但又不得不参加培训，可以将基本技能指导融进培训计划中；培训实施前可将培训设计的一些资料印发给受训员工，让他们在培训前阅读理解，这样有利于提高培训的有效性。

5.7.4 工作环境对培训效果转化的影响

培训迁移环境指受训员工结束培训回到工作岗位后能够影响培训迁移的所有工作上的因素。工作环境指能够影响培训转化的所有工作上的因素，包括管理者支持、同事支持、技术支持、转化氛围和在工作当中应用新技能的机会。表5-16描述了有利于培训成果转化的工作环境特征以及工作环境中阻碍培训成果转化的主要因素。

表5-16　影响培训成果转化的工作环境

有利于培训成果转化的工作环境特征	直接主管和同事鼓励：受训者使用培训中获得的新技能和行为方式 工作任务安排：工作特点会提醒受训者应用在培训中获得的新技能。因此，工作可以依照使用新技能的方式重新设计 反馈结果：主管应关注那些应用培训内容的受过培训的管理者 不轻易惩罚：对使用从培训获得的新技能和行为方式的受训者不公开责难 外部强化：受训者会因应用从培训获得的新技能和行为方式而受到物质等方面的奖励 内部强化：受训者会因应用从培训获得的新技能和行为方式而受到精神方面的奖励
阻碍培训成果转化的主要因素	与工作有关的因素（缺乏时间、资金，设备不合适，很少有机会使用新技能） 缺乏同事支持 缺乏管理者支持

资料来源　诺伊 R A.雇员培训与开发［M］. 徐芳，邵晨，译. 6版. 北京：中国人民大学出版社，2015.

有利于培训转化的工作氛围应该具有以下特征：第一，受训后员工的工作是按照让他们能使用新技能的方式来设计的，这个工作特点能起到督促或提醒受训者应用在培训中获得的新技能和行为方式的作用。第二，受训员工的直接主管及其他管理者能与受训者一起讨论如何将培训成果应用到工作当中，他们对受训者在工作中使用培训获得的新技能持鼓励、支持的态度，而不是冷嘲热讽或漠不关心。第三，管理者对刚接受培训就将培训内容应用于工作中的行为加以表扬，以进行正向强化。当员工在应用培训内容出现失误时，管理者不会当众责难，而是个别指出并帮助其寻找原因和解决方法。第四，受训员工若在工作中成功应用了培训内容，而且使用频率或改善绩效达到了某一规定标准，那么他们会得到加薪的机会，并将此记入员工个人档案作为全年绩效考核和晋升的依据。

影响培训迁移的环境因素有多种，如管理者的支持、同事的支持、技术支持和运用所学技能的机会等。

1）管理者对培训成果转化的支持

美国培训专家雷蒙德·A.诺伊（Raymond A.Noe）认为，管理者对培训的支持度越高，越有助于培训迁移。这里所说的“管理者”应该指的是企业中各级别的管理者，既包括最高主管，也包括中层管理人员和一线的基层管理者。管理者可能为培训活动提供不同程度的支持，支持程度越高，就越可能发生培训成果的转化。管理者提供的最基本的支持是允许参加培训，最高级的支持是亲自参加培训工作。管理者提供的支持对培训转化的影响见表5–17。

表5–17 **管理者支持对培训转化的影响**

支持程度		重点内容	
在培训中任教	高支持 ↑ 低支持	作为培训指导者参与培训计划，督促最大程度转化	高转化 ↑ 低转化
目标管理		与受训者共同制定转移目标：提出待解决的项目或难题，提供各种必要的资源，明确进度要求	
强化		与受训者讨论培训成果应用情况，对成功应用加以表扬，对失误加以引导解决	
时间技能		提供工作中的现有机会让受训者应用新知识、新技能	
参与		全过程关心了解培训进展、受训者的收获	
鼓励		通过重新安排日程让员工安心参加培训	
接受		承认培训的重要性，同意员工参加培训	

企业培训很大程度上是要靠管理者来推动的，在培训这个问题上，企业最高主管的想法和行动常常起决定性作用，它在培训迁移中的作用当然也不例外。培训迁移的其他环境因素有利与否，如是否能得到同事的有力支持，是否能获得技术支持及运用所学技能的机会多寡等，都与企业最高主管的支持与否及支持度密切相关。受训员工的直接上级对员工参与培训项目的重视程度，以及培训内容在工作中的应用程度都极大地影响培训成果的转移。当然，其他各级管理者的支持也是提高培训迁移效度必不可少的。

为获得企业各级管理者对培训迁移的理解与支持，可以采取如下措施：在准备开展某一培训之前，向管理者介绍培训的目的，培训将给企业带来的收益及与企业或部门经营目标、经营战略间的关系，使管理者对培训收益有一个良好的预期；鼓励受训者将他们在工作中遇到的难题带到培训中去，通过培训努力解决实际工作中遇到的问题，并将结果反馈给管理者，以引起管理者对培训项目的重视，从而信任受训者能经过培训提高工作能力；将搜集的有关信息与管理者共享，如以往受训人员所获得的收益，开展过此项培训的企业所获得的收益，这些企业为培训迁移提供了哪些支持等；把各级各类管理者应该做的有助于培训迁移的事项列出一份清单分发给有关人员；可能的话，聘请管理者作培训师，或者让管理者先接受培训，然后赋予他们培训下属的责任。诺伊认为，这是最能体现管理者支持培训的方式。

2）同事对培训效果转化的支持

同事的支持主要指来自参加过培训的同事的支持。受训员工的上级主管应鼓励参加过培训的员工之间建立联系，及时沟通，共享在工作中应用培训所学技能的成功经验，探讨处理阻碍培训迁移因素的具体办法。管理者也可以推荐一名同事作为刚接受过培训员工的咨询人员或实践顾问，这名同事应该参与过同样的培训项目，并且已有培训迁移的成功经验。此外，受训者的同事当中有一部分可能因种种原因尚未有机会参加培训，获得他们的支持也很重要。作为管理者应向这部分员工做好解释并与之沟通，防止受训者与其他未参加培训的同事之间出现矛盾，受训者本人也应设法与他们融洽相处，使暂未参加培训的员工也成为促进培训迁移的一股力量。

3）提供有利于转化的技术支持

如果受训员工需要不断学习新的知识技能，并需要不断地将所学运用于实践，那么企业为培训迁移提供技术支持则十分必要。比如，目前有一种叫作“电子操作支持系统”的计算机应用软件系统，它能为员工提供技能培训，提供所需信息及专家建议。一旦员工在操作过程中出现设备故障，他们可以通过安装在操作台旁的电子操作支持系统很快地诊断出问题，并接受系统的指导，以便对机器进行修理。有了这样的技术支持系统，无疑将为培训迁移提供极大的便利。

4）在工作当中运用新技能的机会

运用所学能力的机会是指受训员工是否有机会运用所学知识和技能，这与其上级管理者支持与否关系极大。为了促进培训迁移、提高迁移效度，当受训员工回到工作岗位后，他们的上级主管应及时向他们提供应用所学知识技能的机会，如受训者的直接上司可以有意识地分配给受训员工需要应用新知识技能的工作。管理者尤其是受训者的直接上司应给受训人员提供实践机会并进行反馈，如岗位轮换、外出交流实习、国际交流或集团内部交流等，鼓励培训技能在工作中的运用，同时管理者应当多关心培训人员的学习、工作和生活。在一般情况下，受训员工所学知识技能如不及时应用，就会退化直至完全丧失。为此，有关管理者应对受训员工应用所学知识技能的机会有一个较全面的了解。例如，他们是否有过应用的机会，第一次应用机会距离培训结束有多久，机会的多寡情况，应用的效果如何等。对于机会甚少，甚至没有机会的受训者应采取相应的补救措施。若受训员工确实无应用所学技能的机会，那就说明企业的这种培训是不必要的。

5）学习型组织

为了使工作氛围更有利于培训效果的转化，让受训者获得更多应用新知识技能的机会，企业应该努力向学习型组织转变。学习型组织是通过整个组织持续有效的学习形式获得生存与发展机会的组织形态，学习型组织的主要特征见表5-18。学习型组织是21世纪最具竞争优势和最具适应能力的组织形态。企业是否能在全球竞争中脱颖而出，并保持领先的优势地位，越来越取决于员工的学习能力。培训这种学习形式不仅发生在个体员工这个层面，而且还发生在团队和组织层面上，学习型组织强调系统这一层面的学习。企业向学习型组织转变，整个组织内学习氛围浓厚，全体员工都有学习、培训意识，有共享与创造的理念，易于接受新事物，适应外界环境和内部组织结构的变化。这样的工作和学习氛围对培训成果转化是最高水平的支持。

表5-18 学习型组织的主要特征

特征	主要内容
持续学习	学习意愿强，学习是一种投资而非消费，员工们共享学习成果，把工作视为知识应用和创造的基础
知识创造与共享	具有整体目标和获得创造、分享知识的系统
系统化的思维方式	鼓励员工用新的方式思考问题，采用“提出假设—寻找联系—反馈结果—验证假设”的方式
学习文化	管理者和企业目标明确，对学习进行奖励、促进和支持
激励灵活性、实践性、开放性	员工敢于接受新理念、不断革新、开创新思路、尝试新过程、开发新产品和服务

【案例】

万达学院：培养人才的摇篮

成立于2011年的万达学院，每年源源不断地向万达输送着中高级管理人才，不愧是万达的黄埔军校，培养人才的摇篮。王健林当年一口气投资10亿元人民币打造出来的万达学院，如今已经获得了丰厚的回报。

2019年，万达学院分别被评为“年度中国最佳企业大学”和“中国标杆企业大学”就是真实的写照。万达学院是如何为万达培养人才的呢？

一、高层重视

十年前的万达，迎来了高速发展的时期，这个时候，人才的缺乏已经制约了万达的发展，仅靠招聘是远远不能解决问题的。于是，王健林将人才战略的眼光从外部转向了内部，能不能从内部挖掘和培养出自己所需要的中高级人才呢？王健林大手一挥，10亿元人民币砸了下去，河北廊坊成立了万达学院。整个学院占地200亩，总建筑面积12.8万平方米，可同时容纳3 000名学员，每年安排万达集团的中高层管理人员进行系统培训，王健林想把万达学院打造成一流的企业大学。

万达学院刚一成立，王健林就和很多企业的CEO、商学院教授签订合同，邀请他们前来任课。而作为优秀企业家的王健林，自然也承担着为自己的学员“传道授业解惑”的责任。

万达学院第一批学员的第一堂课，就是由王健林亲自讲课。面对这些学员，王健林说：“希望万达学院可以为万达培养出一批优秀的学员，不仅在专业能力上，更在品牌发展上。你们中的很多人，刚刚从其他公司来到万达，也许对万达的企业文化还不够了解，那么我们的第一堂课，就是了解万达的文化。”董事长亲自为学员上课，可见王健林对万达学院寄予了怎样的期望。除了王健林之外，财务经理、人力资源经理、业务经理……这些万达集团的核心人才成为各门课程的讲师，给这些“新万达人”带来了非常宝贵的资源。

二、培训创新

为了能真正地让学员学到知识和技能，能真正地帮助他们解决工作中遇到的实际问题，万达学院在培训内容、方式上都进行了大胆的尝试和创新。

例如，万达财务部前经理李雪峰在给学员授课时，采用了多种多样的管理方法来模拟职场，比如“实战案例法”“三动培训法”等，将课堂变成了活生生的职场。而这对学员日后的工作，都大有裨益。

还有一大批的教学方法孕育而生。“解决之道” “潜力干部” “任务树”“工作逻辑图” “能力集市” “荣誉之旅”等方法层出不穷。下面，我们侧重为大家介绍万达的“11130教学法”和精品案例微课程。

（一）“11130教学法”

所谓的“11130教学法”指的是1个业务问题，1个典型案例、1个解决方法的工具、30分钟讲解。当然，30分钟只是个概念，寓意着时间短，不要长篇大论。

在万达快速发展的过程中，很多“高手”解决问题的经验、方法并没有及时得到沉淀，没能转化为企业的“知识资产”，这种宝贵资产的流失非常可惜。培训很重要的一个功能，就是把个人的“隐性知识资产”转化为企业的“显性知识资产”，把个人的经验智慧转化为组织的经验智慧，让所有人都可以快速学习。

1个业务问题：可以解决培训中经常遇到的核心问题，解决了培训内容大而全、不聚焦、无重点、内容太多导致学员根本记不住的问题。强调聚焦一个或一类业务问题，把问题分析透，彻底解决问题。

1个实际案例：解决了理念多、概念多、空洞说教的问题，用工作中实际发生的案例来呈现问题，呈现解决方法，问题实，方法实，有价值。

1个解决方法的工具：解决了培训效果“不落地”的问题，针对问题，给到大家实用的工具，可落地操作的方法，让每个人都能解决问题。这个工具可以是表格、流程、思路、方法，但必须有具体的表现形式，如word文档、excel表、PPT或OA流程。

30分钟讲解：解决培训学习员工感觉“时间紧”“没时间参加培训”的问题，强调培训授课必须“短平快”。30分钟只是一个概念，如果一个问题可以讲透，可以缩短到20分钟、15分钟甚至10分钟。30分钟的讲解，让培训可以灵活安排在部门例会后或问题发生的现场，实现随时随地进行“万达式快分享”。30分钟解决一个问题，30分钟一次有实效的培训，这就是万达速度，培训也要讲究“万达速度”。

（二）精品案例微课程

从2016年到现在，万达学院一直在进行“精品案例微课程”的研究，采取的主要教学形式是视频案例片和舞台案例剧。一部视频案例片或舞台案例剧的时长在

10分钟左右。精品案例微课程解决的问题也分为两类：一类是针对业务问题，比如微视频案例片《百货合同续约谈判36计之“算计”》。针对业务问题的视频案例片突出“智慧点”，课程开发过程中加入“情境还原，攻擂守擂，巅峰对决”等真实体验环节，确保汲取和呈现的是众人之“智”，具备普遍的学习价值。

精品案例微课程解决的另一类问题，是对学员心智模式的影响和重建。这是培训界一个普遍的难题，万达学院经过大量的调研和跟访，发现优秀的精品案例微课程确实具有“穿越思想屏障，直达潜意识深处，重整心灵代码，再建心智模式”的作用。这一类精品案例微课程的开发过程分为五步。

1.故事

小组成员在一起，讲述自己亲身经历的真实故事，选出那个让人印象最深刻的、最有典型意义的故事作为基础素材。例如，有的学员讲述了自己公司某管理者在领导面前酒后失态被公司辞退的故事。

2.参悟

参悟故事背后的心智模式，参悟要透彻，可以通过三个步骤：观象、学术、问道。

“观象”就是看表面现象，上述学员讲述的故事，从表面上看，就是管理者酒后没控制好自己。随后，学员在“学术”过程中各抒己见，有人说“领导24小时都是领导，时时都在考验你”；有人说“场合意识、分寸意识”，这些都是告诉你如何避免类似错误的方法，属于“术”的层面。如果只有“学术”，这个错误避免了，却还有其他错误，所以还要“问道”。“道”是最深层次的动机，是“心法”即心智模式。例如，在这个案例中，一旦引导学员进入“道”的层面，树立起“敬畏之心”，才能做到“慎独”，在任何场合都能够“自律”，这才是对自己最好的保护。

3.立意

将第二步参悟到的“道”精准地表达出来，传递给观众学员，就是立意。

这个案例通过“观象、学术、问道”，最终确定的立意是“要有敬畏之心”。于是，在案例的结尾，我们设计了一段歌曲“陷阱陷阱，无处不在，陷阱陷阱，你要躲开，陷阱陷阱，谁在使坏，陷阱陷阱，自己活该。人在做，天在看，不要不相信，就在那一天，预言会出现……”在职场，特别是当你权力很大的时候，如果没有“敬畏之心”，陷阱是无处不在的。根据学员的实际反馈，这个案例配合这段歌曲，对他们的触动非常大。如果没有“问道”，而只停留在“观象”和“学术”的阶段，对于管理层级比较高的学员，是不可能产生这样的触动的。

4.呈现

关于舞台呈现，我们的标准是“为灵魂画像”。让故事中人物的灵魂和学员的灵魂直接对话，穿越思想屏障，一切影响和改变都在潜意识层面完成。

5.包装

在服装、道具、灯光等外在形式方面尽可能精细化，让灵魂画像的呈现更加清晰深刻。

这些独具特色的教学方法确实值得我们其他企业和培训讲师好好研究和学习。

三、严格评估

在万达，每一个员工都有一个计分表，谁当月得分垫底轻则批评，重则罚款、解雇。可以说，分就是万达人的命根。那分数怎么打？怎么算？万达有一套细致到令人发指的评分细则，其中就包括评估。

评估不是一个人的事，也不单单针对某一个群体，某一个环节。拿培训来说，评估就包括两个方面：第一，学员给讲师评分。每个讲师课讲得怎么样，教学态度怎么样，职业素养怎么样等，都需要学员进行综合评价，万达学院的管理层会根据这些评分和意见对讲师的讲课风格、进度、深度等提出改进意见。若是一个讲师连续多次得分严重偏低，万达学院也会考虑将其解聘。第二，讲师给学员评分。一个学员的学习态度如何、学习能力如何、求学态度和处事态度如何等，作为讲师肯定会有一个基础的了解。在这种基础上，讲师也会综合学员的各项表现对其打分。万达学院的相关人员会将这些评分信息收集整理起来，分别反馈给学员的领导，让领导清晰地了解学员的培训进度和培训情况。等学员培训结束，回到原岗位工作后，相关领导也会将其工作情况和表现反馈给万达学院，让万达学院能有一个真实的数据参考，评估一下教学的实际效果和需要改进的方面。

四、紧跟时代

互联网及相关信息技术的快速发展，也让培训催生出了新的学习模式。万达学院紧跟时代发展脉络，基于移动互联网和微信设计开发的万学平台，创新多种移动学习模式，并打通线上线下，实现对培训班的即时在线管理，内外部注册人数已超十万人，成为国内领先的企业信息化人力资源培训管理平台，并获得第十一届中国企业在线学习大会优秀创新型平台应用奖。

正是因为万达领导的高度重视，紧跟时代发展步伐，投入大量的人力、物力和财力，才在严格的管理与评估中，催生出了万达学院别具一格的培训方法和崭新的学习模式，为万达培养出了一大批优秀的人才，终于使得万达集团能跻身国内一流企业的行列！

资料来源　HRsee. 万达学院：培养人才的摇篮［EB/OL］.（2020-01-05）. http：//www.hrsee.com/？id=1312.

本章小结

1.培训效果是指企业和受训者从培训当中获得的收益。培训评估是一个系统地搜集有关人力资源开发项目的描述性和评判性信息的过程。培训评估在培训流程中的作用包括：有利于人力资源开发项目的营销和推广；能为决策提供有关培训项目的系统信息，从而作出正确的判断；有利于改进和优化培训体系；可使培训管理资源得到更广泛的推广和共享；可以促进培训管理水平的提升。

2.评定培训的效度主要有四种类型：训练效度、迁移效度、组织内效度和组织间效度。按照不同依据，培训评估可分为：培训前评估、培训中评估和培训后评估；非正式评估和正式评估；建设性评估和总结性评估；即时评估和滞后评估；对学习状况、教学效果、教材质量、培训管理、生活保障情况、培训活动总体印象以及知识转移和应用等方面的评估。评估培训之前的可行性决策就是在培训效果评估开始之前搜集和分析有关培训及其评估系统资料的可靠性，进而作出是否可行的决策。

3.培训评估模型包括柯克帕特里克（Kirkpatrick）的四层次模型、考夫曼的五层次评估模型、CIRO评估模型、CIPP评估模型、菲利普斯的五层次评估模型等。

4.最常见的培训方案设计包括实验设计、准实验设计和非实验设计。其方案包括单组后测设计、单组前测/后测设计、前测/后测控制组设计、所罗门四组设计和时间序列设计。所有用于培训评估的数据都可以归为硬数据和软数据两类。培训评估有定性评估与定量评估两种方法。常用的培训评估信息搜集方法包括访谈法、问卷法、直接观察法、测验和模拟法、档案记录分析法等。

5.培训效果的分解方法有使用控制组、使用趋势曲线、使用预测方法、使用主观分析法等。将受益转换成货币的步骤是：关注绩效度量单位；确定每单位价值；计算绩效改进数据；确定绩效变化的年度数值；计算绩效改进总价值。培训成本分为直接成本和间接成本。投资回报率是投资成本与收益的比较，有两个最常用的衡量方法：收益/成本比率法与ROI公式法。

6.培训评估流程分为评估决策阶段、评估规划设计阶段、评估的实施阶段、评估结果总结与反馈阶段四个阶段。具体步骤为：培训需求分析，确定培训评估的目的，建立培训评估数据库，确定培训评估的层次，选择评估方法，选择评估方案和测试工具，搜集数据，对数据进行整理和分析，编写评估报告及培训结果的沟通与反馈。

7.培训转化是指将培训中所学到的知识、技能和行为应用到实际工作中去的整个过程。培训迁移理论有同因素理论、激励推广理论和认知转化理论。培训转化分为依样画瓢式、举一反三、融会贯通和自我管理四个层面。培训迁移过程的模型表明培训转化受若干因素的影响，这些因素有：受训者特点、培训项目的设计、工作环境。

关键概念

培训效果　培训评估　训练效度　迁移效度　柯克帕特里克模型　考夫曼的五层次评估　CIRO评估模型　CIPP评估模型　菲利普斯的五层次评估模型　所罗门四组设计　时间序列设计　投资回报率　同因素理论　激励推广理论　认知转化理论　培训转化　培训迁移模型

课堂讨论题

1.培训效果与培训评估是什么？培训评估在培训流程中的作用有哪些？

2.评定培训效度的四种类型是什么？如何进行评估培训之前的可行性分析？

3.培训评估可分为哪些类型？

4.培训评估模型包括哪些？它们的主要观点是什么？

5.常见的培训方案设计与常用的培训评估信息搜集方法各有哪些？

6.培训效果的分解方法有哪些？如何进行投资回报分析？

7.培训评估流程分为几个阶段？具体步骤有哪些？

8.培训转化的含义及三种培训迁移理论的主要思想是什么？

9.培训迁移过程模型的主要内容是什么？企业培训如何从受训者特点、培训项目的设计、工作环境三方面的改善来提高培训转化效果？

第6章 /新员工的培训与开发

学习目标

理解新员工培训与开发的内涵，明确新员工培训与开发的目标，了解新员工培训与开发的阶段、内容和程序。重点掌握新员工培训与开发的方法，学会对新员工进行培训和开发的实际操作流程。

6.1 新员工培训与开发概述

6.1.1 新员工培训与开发的内涵

新员工的培训与开发，是企业把录用的新员工从“局外人”转变为“企业人”，使新员工从团体外融入团体内并逐渐熟悉、适应组织环境的过程；也是新员工开始初步规划或者继续发展自己的职业生涯、定位自己的角色、发挥自己的才能的过程。因此，新员工的培训与开发，是员工与企业群体互动行为的开始。

通常，新招聘的员工最开始往往对组织有以下三种期望：第一种，是希望获得企业对自己应有的欢迎和尊重。进入一个陌生组织环境的新员工，通常对自己所受到的来自组织和老员工的态度和礼遇十分敏感，特别希望得到来自组织领导、部门上司和同事们的认可、接受和尊重，担心自己被人轻视和忽略。这方面期望的实现情况不仅关系到新员工个人基本需要的满足程度，而且还会波及他们对组织的总体认识和推断，进而影响到他们个人在组织中的定位以及组织归属感的建立与巩固。第二种，是希望了解组织环境和工作职务的相关情况。新员工迫切想知道自己所加入的组织的历史、性质、目标、价值观、规章制度与行为规范，部门与人员状况，本职岗位的职责、权利与义务等。因为这些信息有助于他们消除对组织、工作和人员的陌生感，增强认同感和自信度。第三种，是希望获知在组织中的发展机会。发展机会可以说是新员工选择加入一个组织所追求的重要目标，如果这方面的信息缺乏或模糊，新员工就会感到心中没底，但当明确了发展机会时，新员工的方向感和主观能动性就会得到提高。

新员工培训与开发主要是针对员工的期望、希望和抱负，目的在于解决新员工不知工作从何下手以及对自身前途和发展的担心还有迷茫的问题，通过给予其关怀、鼓励、指导和帮助，使他们感受到组织给予的尊重、信任、目标和机会。新员工培训与开发要向新员工提供组织的基本背景情况，使之对新的工作环境、条件、人员关系、工作内容、规章制度、组织期望等有所了解，尽快安定下来开始新工作。通过向新员工灌输组织所要求的主要态度、规范、价值观和行为模式等内容，可以培养新员工的组织归属感——对自己组织的认同、忠诚、承诺和责任感，成为组织的“自己人”。

一个初涉职场的毕业生在刚刚踏入社会时，就像一张白纸一样，不同的企业文化会为其印上不同的色彩和图像。在一个完全新鲜和陌生的生活环境中，他们从行为举止到内心的体验和感受，都会发生一系列或大或小的改变。因此，如果企业在新员工从校园学子转变成为“企业人”的过程中，想要追求员工和企业的双赢，就必须重视新员工培训与开发，系统地规划新员工的培训与开发。而对于那些从其他企业进入本企业的新员工来说，他们则是要从一种组织文化进入到另一种组织文化。他们可能担心自己是否能够适应新的工作，是否会得到上司的赏识，是否会与同事们融洽相处，以及他们在公司的未来发展前景等问题。这时，就需要企业对新员工进行培训与开发，来帮助这些新员工度过磨合期，尽快成为本企业的“家里人”，并帮助其在“家里”获得发展。而对企业来讲，新员工在企业的过渡期内将会根据自己对企业的感受和评价，来调整工作表现方式、工作动机（如自己是要在公司谋发展还是当跳板等问题）。此时，公司的企业文化、管理行为将会直接影响新员工的工作态度、工作绩效和人际关系等方面。

6.1.2 新员工培训与开发的目标

总的来说，新员工培训与开发的目标包括：有效地了解和调整新员工的期望值，满足新员工的期望，引导、诱发员工对组织的归属感，使之对新的工作环境、条件、人员关系、工作内容、应尽职责、规章制度、组织的期望有所了解，使其尽快安下心来，融入企业里，以良好的状态投入到工作中，并创造优良的工作绩效。具体的目标可分为以下几点：

1）帮助新员工尽快实现“组织社会化”

组织社会化是指将新员工转化为企业有效成员的过程，它包括为新员工有效地完成工作做好准备、了解熟悉组织以及建立工作关系等三方面内容。正如美国人力资源管理专家、佛罗里达国际大学管理学教授加里·德斯勒指出的：新员工的组织社会化过程是一个不断给其灌输企业所期望的态度、标准、价值观以及行为模式的过程。只有当新员工完成“组织社会化”的全过程，他们才能全力为企业作出贡献。

2）帮助新员工了解企业、熟悉工作内容，以更快地胜任本职工作

新员工刚进入企业时面临的是一个完全陌生的环境，即使是有丰富经验的员工，由于各个企业的经营理念、企业文化以及制度安排等方面都有所不同，他们也需要一个重新认识并融入的过程。让新进的员工了解企业，对于企业和员工个人来说都是有必要的。企业在新员工培训中，向新员工提供与其有关的规章制度，使新员工明确相关的工作职责、职业运作程序，掌握一定的操作技能。通过员工手册、

职位说明书、必要的参观活动和一定的技能培训，可以使新员工明确自己的工作任务、职责权限和上下级汇报关系，让新员工对工作不再感到陌生，对自己的生活习惯、知识结构、技能结构作出相应的调整，从而使其完成自己的工作。

3）融入企业文化，培养新员工对企业的认同感和归属感

不论企业的筛选和录用工作做得有多好，都难以在刚开始就使新员工能够完全适应企业文化。其中的主要原因是新员工对于职业和组织的文化、职业生活的“游戏规则”等都有着各自不同的理解。因此，企业要做到全员行为方式和价值观念的统一，就需要在新员工培训与开发过程中，使新员工适应环境，认同企业文化。通过对新员工进行价值观和行为准则的灌输，可以将组织的文化传递给每个新员工，并让它们指导员工的思维方式、行为规范，最终使新员工被企业的文化环境所同化，从而快速转变成为真正的“企业人”。这是新员工培训最重要，也是最核心的一个目的。联想集团在新员工的培训与开发中，采用使新员工“入模子”的方法，不管新员工有什么背景、经历，来自什么样的公司，都用强化的方式让他们很快适应公司的组织文化，变成具有企业相同“特点”的人，降低“文化冲击”。另外，新员工刚刚进入企业，通常对企业没有归属感，觉得自己是陌生人，还不属于这个组织。而新员工培训是培养归属感的最关键而又最有效的阶段，企业应该通过新员工培训使新员工对企业从思想、感情和心理上产生认同、依附、参与和投入，对企业产生忠诚和责任感。

4）消除新员工的焦虑，使新员工融入企业团队之中

新的环境一般会使新员工产生一种不确定感，从而在思想上较为迷惘。新员工会担心自己是否能被组织及组织成员所接受，因此在行动上会不知所措，或者由于新员工原来对工作有过高的期望，而进入企业后发现事实并非像个人预想或组织介绍得那么好，从而产生“现实震荡”。因此，针对新员工的培训与开发，对于稳定新员工的情绪、消除其焦虑感、满足新员工心理上的需要非常重要。通过沟通游戏、团队协作课程等手段，可以使新员工树立团队意识；通过让老员工与新员工充分接触、相互交流，可以让新员工形成符合实际的期望和积极的态度，并且与同事和工作团体建立良好的关系，逐渐被团体所接纳，融入企业团队之中。

5）使新员工了解企业对员工的职业生涯设计，降低新员工流失率

新员工刚来到公司时，通常不了解自己的努力和发展方向，做起工作来很迷茫，把握不住职业生涯机会。而对个人职业生涯设计的不明朗，经常会导致他们的离职。在这种情况下，高效的新员工培训与开发就显得尤为重要。它可以让新员工了解企业对员工的职业生涯设计，使个人的职业计划目标与组织目标协调一致，使新员工明确自己的职业发展道路和发展方向。这样，新员工就会关注自己的成长机会，消除不必要的流动打算，将企业看成自己的企业，将工作看成自己的工作，脚踏实地地考虑“自家”的发展问题。这些手段，无疑可以有效地防止新员工的流失。

6）为招聘、甄选和录用、职业生涯管理等提供信息反馈

通过对新员工进行培训与开发，可以把新员工在招聘与甄选活动中“制造”的

假象暴露出来，也可以使招聘负责人的错误认知和主观偏见得到纠正。而且，新员工也会充分地表现自己的全面形象，以便于企业在培训期间对新员工进行更全面深入的了解。这些都会对企业的招聘、甄选和职业生涯管理等提供信息反馈。

6.1.3 新员工培训与开发存在的问题

1）新员工培训与开发内容上的不足

在新员工培训内容方面，普遍存在以下问题：第一，培训内容过于简单。很多企业的新员工培训与开发只包括员工手册的解读和参观企业等内容，这些简单的方式很难让新员工从中受益，同时也不利于其尽快开展工作。第二，只重视业务知识和专业技能的培训，而忽视企业战略文化和价值观的培训。知识和技能可以在短期内更新，但是企业文化和价值观会深深地植入人们的头脑中，时时刻刻影响人的行为。好的企业文化和价值观的确立，可以使企业更具有活力，促进员工队伍的稳定并提高工作效率，对企业发展的影响是巨大的。因此，采用多种形式对新员工进行企业价值观和文化培训是很必要的。第三，对新员工的差异性认识不足。企业培训的习惯做法是将培训课程统一化和规模扩大化，因为这样有利于规范操作并能节约成本，但是要想达到理想的培训效果，一定要对受训者区别对待。因为不同的受训者的知识结构和能力结构是不同的，其对培训的态度和动机也不相同，其他背景因素更是千差万别。因此，企业在新员工的培训过程中，应遵循因材施教的原则。

2）新员工培训与开发的观念有误

新员工刚入职时，有的部门经理会给其分配一些较为轻松的工作，以为这样可以给新员工机会学习和适应工作。结果，反而会经常导致新员工感觉不被激励、重视而选择离职。俗话说，师出名门。员工取得的成果，在一定程度上取决于部门主管对他的期望有多高。每个人都需要有个人成长的机会，都希望接受有挑战性的工作。较大的工作挑战性和强度渐升的工作压力，才是新员工最愿意接受的，也最能使新员工提起兴趣，并且最能使其快速成长。

3）新员工培训与开发的程序有误

有些企业的部门经理相信实践出真知，尤其在人手不够时，还没等新员工培训结束，就急于把新员工分配出去工作。有的部门经理会想：“当初我入职时，不就是这么被对待的吗？”但是企业应当记住一点：当新员工心里不踏实的时候，你越是急切地推新员工去干活，新员工越是容易找不准自己的定位，这样就容易导致新员工离职。

4）培训没有规范

为了保证企业的培训水平，每家企业都应有自己的培训资料，新员工入职培训也是一样的。对新员工的入职培训，必须针对其应当掌握的知识、技能和态度设定目标并进行考核，以保证培训工作的持续性和规范性。

为什么要强调培训的规范性呢？企业有时会存在这样的怪现象：明明开设了很

多培训课程，但培训资料都分散在各位培训人员的手中或脑中，企业没有专人进行汇总和积累。因此，一旦某个培训人员离开企业，企业就会在一些方面变得一穷二白，回归零点；而新接手的培训人员，可能又会按照自己的意志来开展工作，从而导致理念上的混乱，不利于企业的健康管理与发展。如果有相对固定的资料，后来者就可以对以前的资料进行修正与增删，在以前的基础上完善内容，而不至于从零开始，浪费企业资源。

5）新员工培训开发后的评估机制不健全

有些企业不重视新员工培训与开发的评估工作，没有认识到评估工作的重要性。很多企业都没有建立完善的新员工培训和开发效果评估体系，对新员工培训和开发的效果进行测评的方法单一，仅仅停留在对新员工培训结束时的简单考试上，事后不再进行跟踪调查。这样不能充分发挥考评培训效果，在新员工培训与开发上的投入可能并不会收到预期的回报。

6.2　新员工培训的内容

6.2.1　新员工培训的阶段

目前，国内企业的新员工培训与开发普遍采用二阶段培训或三阶段培训。

1）二阶段培训

二阶段培训一般分为全公司培训和工作现场培训。

（1）全公司培训

全公司培训又称集中培训，是指所有新员工（无论在哪类岗位上工作），都接受同样内容的培训。培训内容一般包括公司概况、行为规范、生产过程等，方法主要有集中授课、现场参观、实习等。

（2）工作现场培训

工作现场培训一般在新员工到岗后进行。新员工在事先确定的岗位上熟悉具体业务，逐渐掌握特定的技能。

（3）二阶段培训适用的情况

该培训方式主要适用以下情况：一是企业的管理层次较少，比如有的贸易公司只有公司领导和业务部门两个层次；二是企业的部门业务分工较细，人员较少，因此搞部门层次的新员工培训不太可能；三是集团下属企业的组织结构、业务范围、人员等情况基本相同。

2）三阶段培训

三阶段培训一般包括总部培训、分支机构或部门培训、工作现场培训。实行三阶段培训的前提是：企业要建立两级培训体制，下属企业或部门在上级人力资源部门的监督和指导下对岗前培训进行安排和组织；培训结束后，下属企业或部门应将培训情况和结果报上级人力资源部门备案。

（1）总部培训

公司总部培训要使受训者了解下列各点：公司状况；公司的各部门及未来的工作岗位（特征及如何与各部门配合）；公司产品的性能、包装及价格；市场销售情况的分析；市场上同类产品及厂家的情况。主持公司总部培训的人员，应对受训者的优缺点作出评价，并提供给未来的技术培训和实地培训负责人作为参考资料。新进人员在接受公司总部培训之后，必须紧接着参加实地见习。

（2）分支机构或部门培训

分支机构或部门培训的重点在于新员工未来实际工作技术的学习，重点内容在下列几方面：了解未来的工作范围；了解每天的例行工作和非例行工作；强调时间与效率的重要性；各部门之间的协调与配合等。

（3）工作现场培训

工作现场培训即于见习期，在一位资深员工的指导下让新员工从事未来所负责的工作。工作现场培训应让新员工尽量多表现，指导人员仅起协助作用，待新员工做完某项工作后再告诉其应改进的地方。

（4）三阶段培训适用的情况

三阶段培训方式主要适合以下情况：一是企业管理层次比较多；二是企业内存在业务单一、人员较多的部门；三是集团下属企业的组织结构、业务、人员等存在较大的差异。

3）培训阶段的特例

由于具体的情况不同，有些企业职位的全部或部分新员工的培训并不是按照上述进程进行的，而是另辟蹊径，例如采用以下方式：

（1）以见习为起点的培训

以见习为起点的培训是指应聘者与用人单位签订意向书后开始培训，应聘者去公司进行毕业实习，从事未来要从事的工作。通过以见习为起点的培训，能够让应聘者在正式工作前对用人单位有一个深入的了解，也便于企业在正式聘用前对应聘者进行全面考查。

（2）外派培训

企业中部分职位必须由具有相关资格证书的人担任，如果企业由于某些原因录用了没有证书的人员，可以在集中培训后将新员工派出培训，以获得必要的证书。另外，企业在准备购置新的设备、引进新技术时，可以招收一批素质好的新员工外出接受训练，以备将来启用。

6.2.2 新员工培训的主要内容

为了制订有效的新员工培训方案，我们首先需要清楚新员工培训应该包含的内容。新员工培训的内容一般包括公司概况、职位说明及职业必备、法律文件与规章制度、企业文化和管理理念、员工发展规划、介绍同事并参观厂区或公司等。

1）公司概况

有效的新员工培训首先应让员工全面了解、认识公司，减少陌生感，增强亲切感和使命感。公司概况既包括有形的物质条件如工作环境、工作设施等，也包括无形的精神条件如公司的创业过程、经营理念等。一般来说，公司概况应包括如下信息：

（1）公司的地理位置和工作环境

具体应包括：首先是公司的平面图以及公司在全市的地理位置。如果公司已有结构模型和宣传图片，应由专人负责引导参观，并向新员工作解说，使他们对公司的地理位置有一个大概的了解。其次是员工的工作环境，包括办公室的设施、工作的流水线、其他工作的辅助设施，如电脑、复印机、传真机、总经理办公室、主管办公室等，每位新员工工作的大环境和小环境，硬件和软件设备均需作详细的介绍。

（2）企业的标志及由来

每个企业的视觉识别系统（VIS）及由来都是企业的骄傲，每位员工均要能识别并了解它的特殊含义。如麦当劳的颜色主要由金黄色和红色构成，其标志“M”既是麦当劳的首写字母，又形似凯旋门，象征着吉利和成功。

（3）企业的发展历史和阶段性的英雄人物

每个企业的发展史都会和几个阶段性的标志人物紧密联系在一起，他们都是企业的英雄人物，如法国葡萄酒白兰地系列，就有马爹利老爹和马爹利老屋的传奇故事、甜美葡萄的传说以及棕木桶传奇的功能和传说。伴随着企业的发展，有英雄人物、有转折阶段、有传奇故事、有美丽的传说，应该把这些内容编成故事，讲给新员工听，使他们更热爱自己的企业，更有归属感。

（4）企业具有重要意义的标志和纪念品的解说

向新员工介绍企业重要的标志和纪念品的来由与意义，可以使新员工更加了解企业的历史和文化，增加新员工对企业的归属感。例如，美国有一个企业，它的大厅里有一个标志性的纪念品（一根用大玻璃罩罩着的金色香蕉）。因为曾有一个员工向董事长提出了非常出色的工艺改进的建议，这个董事长很想立刻奖励这个小伙子，但此时董事长身边并未有合适的奖品，董事长就拿起桌子上的一根香蕉，奖励给了这位员工。从此以后，提建议成为这个公司的一种风气。

（5）企业的产品和服务

介绍产品的名称、性能、原材料和原材料的来源，产品生产的流程，产品的售后服务等。只有了解了企业的产品才能真正地了解企业的生产经营活动，更好地开展自己的工作。而有些企业的“产品”就是服务，如旅游业。旅游业新员工必须了解企业售出的“服务”包含的内容，如服务的性质、服务的对象、服务质量的检验、服务错误的纠正等。

（6）企业的品牌地位和市场占有率

每个企业都应该努力创造属于自己的品牌，创品牌是企业的一个长期奋斗的过程。自己企业的品牌有哪些，品牌在社会上的认可度如何，品牌定位在哪个层次，本企业有哪些竞争对手，彼此的市场占有率是多少，这都是新员工培训中不可缺少的内容。

（7）企业的组织结构及主要领导

可以利用组织结构图与各部门工作职责书，让新员工了解组织的部门设置情况、纵横关系以及各部门的职责与权力，在将来工作中碰到问题该找哪一个部门解决。同时，还需要介绍企业的主要领导的名录和联系方式，因为新员工应该具有一定的机会并能够通过一定的渠道与高层管理者对话。

（8）企业的战略和企业的发展前景

企业现时的战略定位和企业战略的发展阶段、发展目标、发展前景也是新员工十分关心的问题，因为只有企业的发展才能给个体带来发展空间，也才能激发新员工内在的工作热情和创造激情，才能激发新员工为企业奉献自己的智慧和才干。

2）职位说明及职业必备

职位说明应包括工作流程、上下关系及相关规范，所属部门的目标、业务和结构以及本部门与其他部门之间的关系。要向新员工详细说明职位说明上的有关条款，使新员工了解自身所要承担工作的职责任务以及该项工作与其他同事之间的工作关系。还需要描述恰当的工作行为并作出示范，要制定日程安排并在规定的时间内让新员工掌握工作方法和工作技能，要对绩效考核、晋职、加薪等规定详细说明，要接受新员工提出的问题并给予必要的指导。所谓职业必备是指新员工应掌握的在具体工作中如何与同事联络的方法、上司的管理风格、必要的保密要求、办公系统的使用、公司中的一些“行话”等。

3）法律文件与规章制度

法律文件是指基于法律和有关规定而签署的劳动合同、公司的身份卡、钥匙、考勤卡、社会保障等方面的文件。规章制度是新员工工作和行为的准则，有关员工工作和人事管理方面的规章制度必须让员工了解，这些通常载于内部刊物或员工手册中。具体内容见表6-1。

表6-1 **企业规章制度一览表**

制度类别	具体制度
主要政策规定	工作日制度　加班制度　员工晋升制度　绩效考评制度 领导人权责制度　决策制度等
福利报酬制度	基本工资制度　加班工资补偿制度　工资扣留办法 纳税方法　工资预支方法　奖惩制度　贷款制度
社会保障制度	医疗制度　失业保险　人寿保险　保险、公积金提取办法 员工退休制度　病假事假制度
劳动安全制度	岗位安全措施　卫生制度　员工体检制度　紧急情况处理 作业安全制度
劳动关系制度	劳动合同制度　实习制度　员工利益与责任　工会活动安排 辞职、临时解聘及辞退制度
员工行为规范	员工行为标准　公司礼仪　工作场所行为及规范 生活守则 工作休息制度

4）企业文化和管理理念

企业文化是企业在经营管理过程中逐渐形成的一套价值观和行为准则，是一个企业员工的集体思维模式和行为模式。价值观是企业文化之核心。新员工进入企业便会感受到企业文化，更重要的是让其认可企业的价值观。

企业管理理念是系统的企业发展战略、经营管理方针及员工行为规范等各个方面的具体体现，是企业文化中极具特色和最具应用性的内容。每个企业的管理理念都是彼此不同的，新员工一入职，企业就要把正确的经营理念传授给员工，让员工主动与企业协调工作。这部分内容要与新员工和企业融合过程相联系来进行设计，目的在于加强团队协作精神、内化企业管理理念、增强员工对企业的忠诚度和归属感等，使新员工成为组织真正的一员。

5）员工职业发展规划

向新员工介绍企业倡导的员工发展理念，让新员工了解企业对员工的职业生涯设计，介绍新员工在企业能够获得的提升机会和发展路径，以及在本企业可以走的职业生涯道路和相应可以获得的资源，使其个人的职业计划目标与组织目标协调一致，明确努力发展的方向。

6）介绍同事并参观厂区或公司

当新员工置身于未经介绍的陌生人群时，都会感到十分不适，把新员工介绍给部门主管、同部门的人、别的部门相关的人，这样陌生感就会逐渐消失，让新员工觉得自己已经是这个大家庭中的一员。新员工一般对新环境都会感到陌生，具有强烈的不安全感。而参观厂区、食堂、宿舍、运动场、办公室里的复印区、产品陈列室等，会使他们消除对环境的陌生感，可帮助他们尽快进入状态。

6.3 新员工培训与开发的实施

6.3.1 新员工培训与开发的方法

新员工培训与开发作为人力资本投资的一种方式，要投入相当多的资金、时间和精力。如果培训与开发方法选择不当，可能导致新员工对培训的积极性不高，最终无法实现培训目标、取得培训效果。所以，企业应努力探索见效快、易掌握的培训与开发方法。新员工培训与开发除了可以采用在前面章节介绍的通用的培训与开发方法外，还可以采用下面介绍的新员工培训与开发方法。

1）网上学习

网上学习又称E-Learning，这种方法利用局域网开发的在线软件运作方式，分为网上课件（将课程、学习计划编成学习进展图）和网上学校两种，是西门子、IBM等公司主要采取的新员工培训与开发方法。

E-Learning促成了学习方式的革命，主动把学习带给人们，而不再是把人们带到学习场所，“化推动为拉动”。E-learning所具有的流程固化性、可追索性、可跟踪性、互动性等技术优势，可以使训前评估、培训、训后行为转化，以及高度承诺的管理实践之间产生良性高效的互动协同。E-Learning大大强化了培训的针对性——每一个新员工都可以根据工作需要和自身情况独立选择适合自己的学习内容，将学习与工作质量改善、自我提升紧密结合。由于E-Learning所涉及的培训内容可以统一规划，覆盖面广泛，组织中的每一个学习者都可获得相应的培训，因而可以大大提升组织整体培训效能。但这种方式在开始时课程开发成本较高且需要高层管理人员的支持，因而适用于拥有网络化办公条件和大规模人群学习的企业。此外，E-Learning并不适用于所有方面的培训，如领导力的提升、企业文化的改变等就不宜采用此方法。

2）指导人指导

指导人指导是指每位新员工都将被安排一位指导老师，这位指导老师可能是资格老的同事或者部门经理，该指导人对新员工进行全方位的指导和帮助。指导人不仅要对自己指导的新人作出评价，而且新人也要对指导人的指导作出评价。

（1）指导人指导的目的

指导人指导的目的有三个：一是进行磨合，让新员工感受自己是否适应企业的文化；二是让其判断自己是否能够胜任这个岗位；三是公司也要看新员工是否能够融入。这是新员工培训与开发的一个重要方法。一对一的指导可以让新员工感受到人文关怀，并且对指导人本身也是一种能力的提升。

（2）指导人的职责

指导人的职责有：对新员工进行工作安排与具体工作指导；对新员工的生活等方面提供可能的帮助，使其尽快消除陌生感，让他们在试用期发挥最大的潜能；对新员工的思想状况进行跟踪，并对其进行公司入职培训及公司企业文化方面的宣讲；对新员工进行每月考核，包括思想品质、工作进度、工作能力等方面；将新员工的情况向部门经理及人力资源部门进行定期或不定期的反馈；对新员工是否达到转正条件提出决定性意见。

例如，宝洁公司（P&G）就是通过主管对部属的持续指导，要求主管将自己一身的“功夫”与经验传授给部属，并不断地从旁提点与扶持，这是P&G得以持续传承强势文化与经营知识的关键。在P&G里，每个人都是这样被“带大的”，持续指导也就变成代代相传的习惯，使每个P&G人自然而然地去做，不会质疑为什么要花那么多心力这样做，为什么要栽培部属来威胁自己的地位，以及这样做对自己有什么好处等。在指导的过程中，主管必须要以身作则，扮演好角色典范。因为身教重于言教，身为主管，言行不一将致使部属感到困惑而无所适从，不仅指导效果大打折扣，部属的学习效果也会因而大受影响，文化的传承与知识的指导也无法顺利进行。因此，P&G不仅会让主管人员清楚地了解到，指导是身为主管应尽的义务，也会让主管明白，唯有扮演好角色典范才是有效的指导。

3）员工手册

新员工培训与开发中一个重要的方法就是运用员工手册。在新员工对企业及员工不熟悉的情况下，员工手册基本上可以说是获取企业信息的重要来源。员工手册以其内容丰富、成本低廉、查阅迅速、携带方便、不受时间和地域的限制、可以多人传阅，并能够长期使用与保存的独特优点，愈来愈受到现代企业的青睐。

（1）员工手册应包含的内容

员工手册应当包括哪些内容，并无定规，编排亦无固定模式，但一般可由以下几个部分组成：

一是公司概况。让新员工大致了解公司性质、经营范畴、主导产品（含劳务、服务）、市场分布、注册资本、现有资本及实现利税等基本情况，并对公司实力和竞争力充满信心。简要回顾公司发展历史，再对公司战略目标及发展规划略加阐述，并将公司美好前景展示给员工，以激发其斗志。

二是企业文化。现代企业文化讲求共识，提倡参与，崇尚团队精神，是团结教育广大员工、增强企业凝聚力和向心力的有力武器，理应写入员工手册，并且可将凝练出的企业精神印到员工手册的扉页，以求醒目，鼓舞斗志。如“追求一流——公司永恒的目标；求实创新——迈向成功的阶梯”“没有最好，只有更好”等。

三是组织结构。员工来到公司，自然应对公司结构框架有个粗略的了解。一般可绘制部门结构图，通过该图，员工不仅可一目了然地知晓公司包括哪些部门，而且能对公司的产权构成、组织管理模式以及各个系统（生产系统、营销系统、财务系统等）形成印象。

四是部门职责。通过阅读各部门的工作职责，员工自会明白：某个部门负责何种事务，协同哪些别的部门，参与哪些其他工作。部门自身责、权分明，部门之间纵横关系清晰，有利于回答“员工有事找谁”和“我所在的部门分管什么”两个基本问题，有助于员工找准自身位置，尽快进入角色。

五是政策规定。首先是人事政策，即员工选聘依据、考核标准、晋升条件、聘用（解聘）程序；其次是工资待遇，即工资结构及分级、工龄计算、各种奖金和补贴发放办法、试用期待遇等；最后还有劳动纪律。其他各项制度，如报销制度（指差旅费、医药费等）、车辆使用制度、安全制度等，都可以概略介绍。公司为员工提供的各种社会保险（如养老保险、医疗保险、人身保险）以及其他福利，如提供工作服、免费午餐，提供可借阅的图书，提供单身公寓或发放租房补助金，提供年度休假等，亦应列入此部分，以体现公司的关怀，展示公司为员工创造的良好工作、生活条件以及提供的必要保障。

六是行为规范。员工在工作中的一言一行、一举一动，均代表着企业形象。公司在这些方面有哪些要求，应当明确而又具体地写进员工手册中，以便新员工经常对照，不断提高自己的道德修养和素质，使新员工遵守公司待人接物的行为准则，以致“习惯成自然”。

在员工手册正文之前，可设董事长（厂长）致辞栏，对新员工表示诚挚欢迎，预祝他们事业成功，并亲笔签名，这会让人倍感亲切。正文之后可增设附录：厂标、厂徽释义、厂歌、驻外机构名称、地点、负责人、邮编、电话、传真及网址等。

(2) 编印员工手册应注意的问题

一忌贪多求全。员工手册不是“企业大全”，不可能也无必要包罗万象，面面俱到。员工手册所含内容，应是新员工最为关心的、与员工日常工作和切身利益相关度最高的事项，通常亦是出现频率高、处理程序化强的各种事宜。员工手册内容不能过多过细，以免杂乱无章，查阅不便。

二忌陈旧过时。有的公司员工手册未能及时修订，以至于已经撤销或被合并的部门仍出现在机构框架中，已废止的文件仍被引用。诸如此类错误的信息将产生误导，给员工造成不便乃至损失。员工手册编写的依据只能是公司现有状况。因此，规划中的组织机构、设想中的管理模式，亦不宜出现在手册中。

三忌口气生硬。口气生硬，可谓企业“官方文件”的通病。员工手册不是一般意义上的规章汇编，最好少用“不准”“严禁”“绝对不许”等字样，更慎用“过时不候”“后果自负”之类的字眼。将命令变为沟通，对员工发出心灵的呼唤，增加亲切感。多用几个“请”字，用协商口吻“让我们”，可以拉近管理者与部属的距离，将公司与员工融为一体，体现团队优势。

四忌印刷粗糙。员工手册是新员工拿到的第一份书面资料，无疑体现着现代公司形象。员工将集中学习员工手册，并经常查阅、长期保存，还会向亲友乃至公众宣传、炫耀。员工手册的质量不仅体现在科学取舍、精心编写上，还要体现在精美的装帧和良好的印刷质量上。这样，公司方能给员工留下美好的第一印象。

4) 故事培训

在新员工培训的过程中，需要加强“故事培训”的使用频率。因为故事可以直观地展现事物的发展过程和规律，从而充分激发受训者的积极性。就新员工培训而言，故事培训可以使新员工充分了解企业文化制度的由来，并进而主动地接受它。正如，海尔在新员工培训中不断讲述的“砸烂79台电冰箱”的故事，就使每一位员工都深刻理解了“质量是企业生命线”这一深刻的道理。

5) 新员工培训与开发的团体游戏

(1) 神灯游戏

在神灯游戏中，阿拉丁神灯的故事讲述的是一个名叫阿拉丁的人偶遇一盏神灯，当点亮这盏神灯时巨灵神会出现在他的面前，并说可以满足他的三个愿望。借这个大家熟知的神话故事引申开展一项名为神灯的活动：在培训的第一天要求学员在一张纸条上面写上自己的名字，放在同一个盒子里，并在第二天从盒子里随机取出一张。每个人手中纸条上的人名就是他今天的“阿拉丁”，这一天要默默地为“阿拉丁”服务。

游戏的目的是明确的，就是要每个人学会关心别人，也可以从自己的“神灯”上感受被关心的温暖，体会亲情的重要和团队的温暖。这有利于新员工互相熟识，快速适应新的环境。

（2）坠蛋游戏

在坠蛋游戏中，活动前先分好小组，然后给每个小组一个任务（目标），即让鸡蛋从4米高空坠下不破。材料（提供的资源）由二十根吸管和一卷小型透明胶带组成。此项训练对新员工领会团队的分工与协作、形成资源利用等意识是非常有好处的，并可让新员工在之后的鸡蛋检验中体会如何保持好的心态。

（3）自我管理小组

自我管理小组是一种组织的自我管理方法和模式。也就是说，在小组成员中找出愿为整个组织服务的小组成员，分别负责组织维护的各种角色。如在联想的新员工培训现场，自我管理小组成员基本包括：活跃气氛的、掌控时间进度的、保障讲师和学员饮用水的、环境维护的等。这样既可以保证培训的正常进行，还可以让新员工学会在团队中如何进行必要的自我管理和团队建设。

6）新员工拓展培训项目

新员工拓展培训项目可以分为地面项目和高空项目两类。地面项目主要考验的是团队的协作精神和执行能力。高空项目主要考验的是个人意志，但开展高空项目需要有一定的活动设施，并且要特别注意学员的安全。

（1）蜘蛛网

在“蜘蛛网”项目中，学员们要在最短的时间内通过一张交叠错综、网眼有限的蜘蛛网，每个学员从一个网眼通过但身体任何部位都不能触网。每个人只有一次机会。学会统筹、学会协调、学会沟通、学会如何尊重别人，是“蜘蛛网”带给学员的启发。

（2）梅花桩

在“梅花桩”项目中，一个团队要全部站在大小不一、高低不一、距离不一的梅花桩上，按照一定的规则从一端移动到另一端。在这一项目中，学员将体会到团队的骄人业绩是靠集体的智慧与个人的责任感共同铸就的。这个项目告诉员工用心沟通，善于聆听，服从领导，是成功的关键。

（3）过河抽板

在“过河抽板”项目中，一个团队利用两块木板、三个油桶，在任何木板不能触地的前提下，移动木板及油桶走向设定的目标。在这一项目中，学员体会到的是没有动脑、没有缜密的计划与方案，很多即使看起来简单的事情做起来也不容易。这个项目让新员工学会换位思考，集思广益，把握时间和效率。

（4）盲人摸号

在“盲人摸号”项目中，培训人员分别发给每个学员一个数字号码，并把同组的学员分散在不同的区域，在蒙住双眼并不能说话的情况下，每组的学员要通过团队特定的沟通方式找到自己的同伴，并按照数字大小重新排列顺序。这一项目让新员工充分体会到团队之间智慧、默契、沟通和合作的重要性。

（5）跨越毕业墙

在新员工拓展项目的最后，所有接受培训的新员工必须通过高达4米多的毕业墙。此项目是新员工培训拓展项目中所有团队必须完成的项目，它包含团队工作中所代表的诸多意义，有聆听、组织、领导、配合、沟通等。同时，它也是整个新员工培训拓展项目的大结局，学员通过完成此项目，充分感受一个团队在完成某项大型工作时所表现出来的团队精神与力量，怀着一颗“激动的心”，走上工作岗位。

7）网上驿站和网上论坛

网上驿站和网上论坛是企业在内部网上开辟的自由言论空间。专为新员工开辟这样的空间，有利于新员工之间、新员工与企业高层之间以及新员工与老员工之间的交流和沟通。网上驿站和网上论坛成为最近流行的新员工培训形式。但由于这种自由言论又会导致网上各种言论的泛滥，所以积极的引导和快速的反馈措施，以及问题的解决变得尤为重要。如联想在内部开设的进步信箱就是开放民主的网上空间。

6.3.2　提高新员工培训与开发有效性的办法

1）给新员工留下美好的第一印象

让新员工在就职的第一天就对公司产生深刻的好印象，意味着新员工培训和员工融入新环境成功了一半；同时，这也不失为角色转换的一个很好的切入点。这里罗列了一些方法供参考选择，看似琐碎，却可细微之处见实效：举办一个简单但热烈的欢迎招待会，备些咖啡和茶点，邀请公司员工和新同事见面认识；帮助新员工做好工作的准备，包括：办公座位、办公用品、姓名牌、名片、出入卡、内部通讯录、紧急联络表、电话设置、电脑设置（包括电邮信箱的申请开通），甚至台历等；告知新员工最基本和即刻需要用到的信息，如办公区的布局，最常用的电话和电邮的使用指南，复印、传真、打印等办公设备的使用，茶水间、餐厅、洗手间的使用等；用公司的“行话”或“俚语”准备一封生动幽默的欢迎信，这也可体现企业文化和亲和力；印有公司标识的纪念品；邀请新员工与管理人员共进午餐；尽量指定“专人”负责某位新员工的第一天接待工作等。

2）培养新员工归属感及忠诚度

企业越来越应该意识到员工忠诚度与员工技能同等重要，因此新员工培训与开发的眼光也应该放得更长远。忠诚度必须在新员工培训时就以他们能够感受到的方式进行不断传递。因此企业需要通过培养归属感及忠诚度来促进新员工角色的转换。

例如，海尔集团（以下简称“海尔”）在新员工入职后通常做的第一件事是：举办新老毕业生见面会，通过师兄师姐的亲身感受说出自己对海尔的理解。新人也可以面对面与集团最高领导进行沟通，如实讲述公司的升迁机制、职业发展等问题。新员工在“心中有底”的情况下自然容易把心态放平稳。接下来，在军训以及产品知识的培训中，海尔的领导做到了对员工无微不至的关怀。“海尔人就是要创造感动”：在军训的时候，人力资源部的同事一早就准备了酸梅汤，让新员工训练一结束就可以喝到。中秋节的时候，集团总裁会从外地赶回来与新员工一起共度良宵。这些都让新员工体会到了家的感觉。通过这样的行为，新员工很容易形成归属感，认为公司就是自己的第二个家。

3）结合户外实习或活动进行新员工角色转换游戏

许多企业将户外拓展活动与新员工培训相结合，在进行团队建设活动中，围绕“从此不再是旁观者”的目的设计一些活动。这些活动设计的理念应为：既然你进入职场了，那么，你就要像运动员进入球场一样，鼓掌、欢呼与点评都不是你应该做的，上场踢几脚直至去射门，才是你应该做的。旁观者往往会摆出一副事不关己的架势，而真正的运动员则要全身心地投入——只要是公司的事，就是我的事，而不会推三阻四。

4）进行亲切的问候和爱的鼓励

人人都是环境，教新员工一些统一的语言和行为，以形成培训的整体氛围，并可以由新员工渗透到日常工作中，带动较好的工作环境的形式。如在联想，每期的新员工都会学一种特殊的问候方式，当有人问“早上好！”时，大家都会大声说：“好极了！”这样的回答既是表达对对方问候的感谢，也是一种暗语，从正面激励自己“美好的一天开始了！”

爱的鼓励也是联想特色的行为反馈方式，即传授联想人统一的鼓掌节奏。这种有节奏的鼓掌方式可以用于多种团队场合，如成员需要勇气、需要鼓励时，取得好的成绩时，出色地完成一项工作时，团队中的其他成员都可以用爱的鼓励表达内心的感动和支持。而在培训中它更是一件离不开的武器，它能表达对讲师辛劳的感谢，对同仁表现的肯定，将气氛带入高潮。

5）举行新员工座谈会

通过举办新员工座谈会，鼓励新员工积极提问，使员工进一步了解关于组织和工作的各种信息。让新员工坐在一起也可以及时收集一些意见与建议，及时解决新员工在培训中碰到的问题，增进大家的沟通和理解。座谈会既能够拉近新员工与新员工之间的距离，让大家在一起畅所欲言，又有助于拉近新员工与企业之间的距离，充分体现以人为本的企业文化，培养员工的忠诚度，使之情系企业。事实上，企业中存在的有些问题对于老员工来讲可能“熟视无睹”，但新员工却可以以旁观者的视角发现一些问题，完全可以为企业带来新的创意、新的活力和新的思维。因此，可以通过组织座谈会、“120企业诊断信箱”等活动和途径，鼓励新员工对本部门或公司的发展积极地贡献智慧和力量。

6）使新员工自始至终有公平感

企业应尽量从公平、公正的角度出发，努力消除各种不公平的因素，规范招聘、培训、晋升等程序，严格按照市场规则选人用人，建立具有竞争力的薪酬待遇，避免各种“不公平感”挫伤新员工的积极性而埋下“离职走人”的风险种子，同时又要杜绝“大锅饭”式的“绝对公平”。

7）为新员工规划职业生涯

只有给予新员工职业生涯规划的培训才能从根本上提高新员工培训与开发的有

效性。从员工个人角度讲，职业生涯规划可以帮助员工自觉地实施自我管理，明确正确的前进方向和有效的行动措施，充分开发自身潜能，并在事业上取得一定成绩。从企业的角度来看，职业生涯规划能够保证企业未来人才的需要，而且能使企业人力资源得到有效的开发，实现企业与员工的双赢。

6.3.3 新员工培训的注意事项

1）做好计划是新员工培训成功的基本保证

预则立，不预则废。为了避免新员工培训变成走马观花，流于形式，新员工培训必须在实施之前根据企业自身的具体情况和新员工的特点，制定详细的规划，对培训的内容、形式、时间、负责人、费用作出详细的计划，并对执行的过程进行监控。

2）新员工培训不是人力资源一个部门的事情

对于新员工培训的责任部门和人员，一定要明确人力资源部、高层管理者、岗位所在部门负责人、相关部门负责人的职责划分，明确不同内容的责任主体，并在各自部门和岗位的考核中予以体现，以保证各岗位和部门担负起各自应尽的职责。

3）应该充分利用现有的人力资源

新员工培训与开发的良好实施既能影响新员工，也能促进老员工的发展，是新老员工的良性互动。有效的指导人指导往往要体现如何挖掘现有人力资源，即充分利用老员工。新员工对企业价值的认同，往往是从其与老员工的接触开始形成的。老员工不仅熟悉企业资源、具有相关专业理论知识，而且还谙熟经济实务和各种工作技能，更是企业哲学的认同及实操者，因此他们对新员工的发展可能有着莫大的帮助。处理好新老员工的关系，可以说是企业内部人力资源能力的又一次提升。

4）效果评估非常重要

为了保证实际效果，新员工培训实施之后应及时进行记录归档和效果评估。由人力资源部组织新员工进行测验和座谈，通过之后才能予以转正上岗，并且对于不合格者应给予补充培训或辞退。这些评估信息也将为今后的招聘、选拔、考评工作提供依据，对于改进和提高工作也非常重要。

5）不要提供过量的信息

人在一定的时间内能掌握的信息量是有限的，在新员工培训阶段要传达的信息应该是新员工感兴趣的或者对他们开展工作最重要的，而不是要向他们灌输所有他们不知道的信息。

6）发现不合适的新员工要坚决予以辞退

在实际的新员工培训与开发的过程中，通过测评和培训师、指导人的意见，可以对新员工的性格、能力等有进一步的认识，可以弥补一些在招聘过程中的信息不对称。在认清新员工的性格、能力时，如果发现其并不适应需要从事的工作，又无其他工作可以安排，就必须对不合适的新员工坚决予以辞退。

有些公司因为从招聘、录用到认清新员工的性格能力，花了不少的时间、精力和资源，所以不愿意轻易放弃新员工。但是如果新员工实在无法胜任公司的任何工作，就算是强留下来，不但对公司一点帮助都没有，反而会耽误其发展和前途。尽早发现、尽早决定新员工的去留问题对公司、对新员工本人都是有好处的。一方面，公司可以尽快再次寻找需要的人才；另一方面，对于需要被解雇的新员工来说，早解雇比晚解雇要好。因为早被解雇的话，其还有时间准备寻找下一份工作，加上这次的就职经验，被解雇者很可能找到更适合自己的工作。

6.4 新员工培训与开发的程序

6.4.1 新员工培训与开发的前期准备

1）确定培训目的

在进行新员工培训之前一定要明确培训的目的，它是指导培训工作的基础，也是衡量培训效果的标准。企业可以根据企业经营目标、企业文化和人力资源战略来确定新员工培训与开发的目的。例如提高新员工的知识和技能，提升新员工的素质，培训新员工具有与企业相近的价值观等，最终企业与员工形成共同目标以维持企业的持续发展。

2）了解新员工背景，确定培训与开发内容

首先需要通过分析新员工群体的特点，因人制宜，对症下药。准备新员工背景资料以让培训部门或人员了解其培训对象的基本情况，如社会背景、工作阅历、学历水平等，依此来确定培训课时的长短、培训内容的深浅及培训方式等。对于有企业工作经验的员工可以采用提问的方式，让其作答，以确认其对相关知识的掌握程度，培训人员只需作补充或纠正即可；而对于那些没有从事过企业工作的员工而言，则需要花较长的时间来进行解释，并因此确定培训的内容，包括培训的口号、主题等。培训的内容要求：实用、通俗、新颖，强调与新员工的沟通。

3）确定培训讲师，并与讲师进行沟通

培训讲师的发挥将直接影响培训效果，所以在培训前与讲师要进行充分沟通。讲师的魅力要求如下：100%理论知识+100%实践经验+100%技巧。这要求讲师不仅要有丰富的理论知识和实践经验，还要有很好的培训技巧。技巧主要包括：表达能力、普通话水平、煽动水平、把握现场局势能力等。

4）确定培训地点、器具、材料

培训地点要富于变化，并且通过变化培训环境，能让新员工多了解公司的一些辅助设备，从多方位接触公司，同时培训地点的变换，有助于吸引被培训者的注意力，缓解培训的疲劳感。培训器具应充分利于公司先进的设备，力争在新员工面前展示一种正规、有档次的感觉。借用投影仪、笔记本电脑、灯光设备等，制作幻灯片、投影卡、图片等。培训的材料应包括：

（1）新员工培训资料袋

企业的培训部应该准备好相关的资料，如企业的背景资料、企业产品知识、企业员工手册、新员工入职培训课程表、新员工岗位培训检查表、新员工培训教材及企业相关图片等，将这些资料放在一个设计精美的资料袋内，而此资料袋封面设计应突出企业的特色。在新员工来企业报到时，将此资料袋发放给新员工，能让每位新员工从中感受到企业的管理正规性，企业对新员工培训与开发的重视。同时，它也暗示新员工，日后的工作都须按照企业的相关规定来开展，不可随意进行。当然，并不是所有的资料都会发放给新员工，因为这些资料也会涉及企业的商业机密，普通员工只需知道其中一些概况即可，而不必一定要提供详尽的书面资料，对此作为培训者，还需进行筛选。

（2）新员工培训前调查问卷

拟定一份调查问卷，就新员工培训前所关心的事宜进行调查，以便能及时解决新员工的需求或疑难，使新员工能切实感受到企业对员工的重视与爱护，从而使员工产生一种归属感和认同感。此调查问卷旨在了解新员工所思所想并尽快解决存在的问题，有利于新员工尽快进入企业角色。

（3）新员工培训课程日程表

有些企业在给新员工培训时只是让新员工上午或下午几点来参加培训课，没有告诉新员工上课的内容或日程表，让新员工显得很被动。因此在上课前应给每位员工提供一份新员工培训日程表，让新员工能主动参与到培训课程当中，如果新员工知道下午要培训的课程，便能有意识地去阅读相关内容，从而对培训人员而言，可以将培训的效率提高。

（4）签到表

在新员工培训之前须打印出一份新员工入职培训确认表，将培训项目罗列出来，然后每上完一节课或在上课前让参加培训的员工进行签名确认，证明其已接受相应的培训课程，同时也要分期归入培训档案当中。

（5）培训教材

很多企业不具有培训教材或没有给员工发放培训教材（指学员使用教材，而非教师使用教材），而且有的企业即使有也不发放给学员。学员教材主要是培训者要求学员一定要掌握的一些要点的提纲，而不是详尽的培训内容。学员教材可以使学员省去很多上课时做笔记的时间，腾出更多的时间来听课，从而有助于培训的接受效果。

6.4.2 培训过程控制

在培训过程中，培训人员或培训部须向人力资源部门提供一份受训新员工培训期间的评估表，记录接受培训的新员工在培训期间的各种表现，及可能存在的某些方面的发展潜力或缺陷，并结合培训结束后的考核来对每位新员工进行评估，同时给人力资源部门提供新员工的使用建议，如决定是否具有可培训并成为正式员工的可能，或是否录用等建议。

要想用好员工就必须了解员工，很多企业虽然知道，但无暇顾及或不屑于这份工作。上完课后就了事，没有主动了解新员工的情况，不能更深层地去挖掘新员工的优缺点，这样就不能为人力资源部门或相应的新员工任职部门提供充分的参考，这对培训人员而言是不尽职的表现。这些都可以通过培训师在上课时的提问、设计题目让新员工自行表露，如通过让员工列出自身的十大优缺点得出，也可以通过观察新员工回答问题的表现欲、课堂观察、活动的参与情况等得出。那么有人会问对每位接受培训的新员工都作课堂记录，是不是很麻烦？况且怎么可能把每位员工在课堂的一举一动都记录下来呢？首先，作为企业一般不会每次都招聘很多人，往往最多几十个人；其次，如果人数比较多，也需要分成几个班级。当然，要记录下员工的言行举止有一定的麻烦，因为需要一边上课一边观察记录员工的举止，但这有利于人力资源部门及相应的部门更清楚地了解员工，以便能在适当的时候以适当的方式让其潜力得以发挥，充分利用人力资源。

6.4.3　新员工培训与开发后的监控

在新员工培训考核中，正式的和系统的监控是非常有必要的。培训后的监控主要包括以下部分：

1）培训课程效果调查问卷

让受训人员来填写有关培训人员或培训部培训效果的不记名调查问卷。

（1）调查的内容

调查的内容可包括以下几部分：第一，新员工培训活动是否得当，教育场所、文件资料和表达方式等是否使新员工得到了关于组织的正确印象。第二，培训内容是否容易理解，如果是各种不同专业和背景的新员工一起接受培训，那么就需要了解培训的内容是否普遍适用，是否容易理解。第三，培训活动是否有趣，灵活性如何，新员工培训内容是否有助于新员工与他人的沟通，是否能通过培训使他们尽快适应组织环境。第四，新员工培训是否对其有激励作用，他们在接受培训后能否感受到组织对他们事业的关心，能否树立今后在组织发展的方向。

（2）调查的目的

通过调查可达到以下几个目的：其一，有效监督培训人员，对其是一种实际的考核。相对于培训人员而言，受训者就是宾客，培训人员就是服务员。调查可以发现服务员所做的一切是否能让宾客满意？宾客是否觉得从中学到了很多的东西？其二，可以客观地将培训当中存在的问题发现出来，以便改进日后的培训工作。

2）理论考核

在进行了理论授课后，必须对学员进行闭卷考试，以检查其对知识的掌握程度，同时也可以依据考核的结果来对培训内容作出调整。没有考核的培训就像没有验收的工程，因此考核是培训工作不可或缺的一环。但这里要强调一点，那就是理论考试的试题应难度适当，并且与实际的工作相联系。

3）新员工入职培训评估表

针对新员工在培训期间的言行举止来对其是否适合从事本职工作或其适合程度进行评判，当然这是综合的评估，也应包括理论考试在内。目前，被组织采用的最普遍的评估方法主要是美国人力资源管理专家柯克帕特里克提出的“柯式培训评估模型”。

4）新员工入职培训项目检查表

确保每位新员工都能接受充分的培训是培训部的职责，培训部人员除了确保自己的培训之外，也应承担起确保员工接受相应部门培训的职责，因为这也是培训的工作内容。在新员工考核及格后，给每位新员工发放此部门的培训项目检查表，使新员工心中有数，同时督促各部门承担培训职责，起到双重作用。

5）办理相关手续

当新员工培训考核及格后，应由人力资源部办理其正式入职的相关手续，如制作员工胸卡、考勤表、更衣柜等，并由公司领导对其颁发聘书，以增加新员工加入组织的荣誉感。同时对不及格者不予以录用。

6）新员工入职岗位培训跟踪

新员工入职培训不仅局限于上岗前的几天培训，还包括新员工分配到相关部门后直到转正。在这个过程中有两项重要工作需要培训部人员去处理。其一是对各岗位培训的跟踪与督导及对新员工日常言行举止进行定期或不定期抽查、巡查。其二是新员工到岗后两个月再举行一次新员工座谈会，对其这段时间的表现进行评估，让新员工也谈谈他们对工作的感受、意见、建议等，尽快纠正或帮助他们。其三是负责和各相应部门一起对新员工的业务技能及知识进行考核，监察各相应部门认真做好新员工的岗位培训工作。对那些在试用期间不能完成岗位工作的新员工，或虽然培训结束，但基本岗位项目考试不合格者，不予以转正。

7）转正考核

严格控制员工转正考核也是新员工培训监控的重要手段，新员工转正必须包括以下几点：

（1）人力资源部的考核。由人力资源部依据员工培训期间的表现给出综合测评。

（2）员工所在部门的考核。由新员工所在的部门提供多套岗位考试试题，组成岗位业务试题库，由培训部从中抽取。

（3）人力资源部与相应部门共同开展业务实操考核。

6.5 新员工的工作能力开发

新员工的工作能力开发历来是企业最为重视的人力资源管理工作之一，对于如何做好新员工的工作能力开发，主要包括以下几点。

6.5.1　提供具有挑战性的工作

对于新员工来讲，企业能够做的最重要事情之一就是争取做到为新员工提供的第一份工作是富有挑战性的。新员工都希望接受有挑战性的工作，希望有个人成长的机会，提供富有挑战性的起步工作是帮助新员工取得职业发展的最有力却并不复杂的途径之一。比如，在一项以美国电报电话公司（AT&T）的年轻管理人员为对象的研究中，研究者们发现，这些人在公司的第一年中所承担的工作越富有挑战性，他们的工作也就显得越有效率、越成功，即使五六年之后，这种情况依然在延续。

然而在大多数组织中，提供富有挑战性的工作似乎并不是一种普遍的事实，反倒更像是一种例外情况。比如，在以研究开发性公司为对象的一项调查中发现，在22个公司中，只有1家公司正式地向新员工提供富有挑战性的工作。如果考虑到在招募、雇用和培训新员工过程中所花费的大量精力和金钱，我们不难看出，这是一个巨大的管理失误。而另外一些企业则完全不同，它们通过赋予新员工较多的责任而在一开始就增加工作的挑战性。在丰田公司，即使是流水线上的工人也会被立即分配到由具有高技能和强大工作动力的同事所组成的自我管理工作小组之中，在这些自我管理工作小组中，他们必须快速地学会变成一位具有高生产效率的小组成员。在古德曼·萨奇斯公司，管理者们总是期望公司的年轻专业人员能够比较快地作出贡献，并希望他们能够通过在承担富有挑战性项目的工作小组中工作而迅速地找到自己的位置。正如当某个项目小组与客户会谈时，即使会谈小组负责人手下全是刚进公司的新员工，他也往往不充当第一个发言的人——第一个发言的人往往是刚进公司的新员工。新员工担负这种责任，整个小组则全力支持。这正是许多人被吸引到古德曼·萨奇斯公司来的重要原因，因为在这里可以在工作初期就获得决策机会。

6.5.2　在招募时提供较为现实的未来工作展望

最大程度地降低现实冲击并提高新员工的长期工作绩效的有效途径之一是在招募时就向被招募者提供较为现实的关于未来工作的描述，使他们明白，如果自己到企业中来工作，估计能够得到哪些方面的利益和发展。新员工在初进企业阶段面临的一个最大问题就是如何在一种“双向买卖关系”中获得关于对方的精确信息。一方面，在面试阶段由于急于网罗到高素质的候选人，招募者往往都会发出不真实的信息，只说明本公司中好的一面。而另一方面，求职者由于急于将自己优秀的一面表现给招募者，会很自然地发出与自己本身不符的信息。其结果是，面试主考人员对求职者的职业目标可能形成较为不真实的印象，而求职者对企业也形成了一种较好的但也许不现实的印象。

对未来的工作进行较为现实的展示能起到的重要作用在于，它能够显著提高那些被雇用来从事相对较为复杂工作的新员工（比如见习管理人员、销售人员、人寿保险代理人员等）长期留在企业中的比率。这种做法已经被萨顿公司等一些企业成功地加以使用，这些企业坚持向被招募来从事装配工作的新员工展示他们未来的工作是什么样子的以及在企业中工作所接触的环境条件是怎样的。

6.5.3 对新员工严格要求

在新员工与其上级之间往往存在一种“皮格马利翁效应”，换言之，上级的期望越高，对自己的新员工越信任、越支持，新员工干得就越好。因此，不要将一位新员工安排到一位陈腐的、要求不高的或不愿提供支持的主管人员那里。相反，在一位新员工开始探索性工作的第一年，应当为他或她找到一位受过特殊训练、具有较高工作绩效并且能够通过建立较高工作标准而对新员工提供必要支持的主管人员。这样，该主管对新员工的严格要求、热情引导和帮助，将会使新员工从中受益匪浅，对新员工今后的发展也将有莫大的益处。

6.5.4 向新员工提供阶段性的工作轮换

阶段性的工作轮换的做法是将一名新员工在不同岗位上轮换（比如从财务分析到生产管理再到人力资源管理等），使其去尝试各种具有挑战性的工作，让他担负不同的工作职责。这就增加了任务的多样化，提高了员工对工作的认识，扩大了工作目标的范围。阶段性的工作轮换，一方面使新员工们获得了一个评价自己的资质和偏好的良好机会；另一方面企业也得到了一位对企业事务具有更宽的、更为多样化视野的员工。

6.5.5 建立以职业发展为导向的工作绩效评价

主管人员必须明白，从长期来看，向上级提供关于自己下属新员工的工作绩效评价的有效信息是十分重要的，不能因为保护直接下属的短期利益而提供不实的信息。因此，主管人员需要将有关被评价者的潜在职业发展信息具体化——换句话说，主管人员需要弄清楚自己正在依据将来从事何种性质的工作来对下属人员的工作绩效进行评价，以及下属新员工需要具备的素质是什么。

6.5.6 鼓励新员工进行职业生涯规划活动

企业还应当采取措施，加强新员工对他们自己的职业规划和开发活动的参与度。比如，有些企业正在尝试开展一些活动来使新员工意识到对自己的职业生涯加以规划以及改善自己的职业决策的必要性。在这些活动中，新员工可以学到职业规划的基本知识，并有机会参与各种以明确自己的职业线为目的的活动以及形成较为现实的职业目标等。类似地，企业还可以举行一些职业咨询会议，有时可能是作为工作绩效评价面谈会的一个组成部分，在这类会议上，新员工和他们的主管人员或者人力资源负责人将根据每一位新员工的职业目标来分别评价他们的职业进步情况，同时确认他们还需要在哪些方面开展职业生涯开发活动。

IBM公司所实行的广泛的新员工开发计划是以所有的新员工为对象的自愿参与计划。IBM公司强调，根据自己的工作兴趣和未来目标决定是否参与开发计划是每一位新员工的自由。这样，管理人员就可以确认他们的新员工是否有兴趣参与这些计划以及弄清楚自己下属新员工的开发需要。尽管IBM公司的新员工们通常都是根据自己的时间和精力状况来确定自己参与何种开发活动的，但他们在进行自我开发的过程中都会得到公司的鼓励：尽管参加这些新员工开发项目本身并不能保证你一定会被提升、调动或变换工作，但它却肯定能够帮助你确定自己的工作目标、提高自己的能力。IBM公司还制订了学费返还计划，当新员工参与公司批准的由信誉较高的大学、学院、高中、商业学校或技术学校开设的课程或学习计划时，公司将全额返还新员工所缴纳的学费成本以及其他各种合理的教育收费。

萨顿公司也有一个职业开发计划。该公司的职业成长研讨会运用各种职业指导工具包括技能评价盘以及其他的“职业差距分析工具”来帮助新员工确认与自己工作有关的技能和他们所要求的开发需要。职业成长研讨会首先帮助新员工用4～6个小时的时间进行自我评价。然后，职业成长研讨会再运用这些资料来开发新员工的职业潜力、帮助新员工确认自己的优势和劣势：先是由新员工自己评价自己，然后是由小组成员来评价新员工。萨顿公司也有学费返还计划和其他一些对新员工开发活动的资助，这些计划帮助萨顿公司的新员工们努力提高为使自己进一步达到职业目标而必需的一些技能。

【案例】

香格里拉酒店集团的员工培训体系

成立于1971年的中国香港上市公司香格里拉酒店集团（以下简称“香格里拉”），经过多年的苦心经营发展，现在已经成为亚洲乃至全世界著名的酒店管理集团之一。任何企业的发展和壮大，都离不开人才的鼎力支持，而对于员工的培训工作来说，更是企业培养和开发人才的有效途径。

香格里拉非常重视对员工的培训工作，集团要求下属酒店拨出用于培训发展的专项预算，每年至少投资员工工资总额的2%用于员工的培训与发展。资金上的支持，能保证培训工作有效进行。除此之外，集团人力资源管理层还在企业内部打造了一套全方位的培训体系，无论你是新员工，还是普通员工，抑或是中高层管理人员，都会有针对性的培训方案。

（1）新员工的入职培训

一个新员工入职后，香格里拉首先安排入职培训，后期会根据员工在酒店内的工作状况和实际工作需要安排不同阶段的培训课程。香格里拉在员工培训方面提出独具特色的Shang Care I—IV四阶段培训，每阶段的培训根据入职时间培训不同的主题和内容。Shang Care I为服务意识和企业理念的培训，Shang Care II仍为服务理念及技能培训，包括关注客人旅途劳顿、客人期望管理等内容。Shang

Care Ⅲ包括如何处理客人投诉，及时作出反应赢得客人忠诚感。Shang Care Ⅳ包括倾听客人感受、道歉、如何当场处理无法解决的问题等方面。Shang Care Ⅰ—Ⅳ四阶段培训是员工的基础培训课程，随着员工对自己工作的不断熟悉，将四阶段课程穿插进行，使员工对服务标准化的理解更深刻。新员工进行了以上四个阶段培训，也在进行着各部门的岗位培训，理论知识与服务技能同时提高，会更快地适应岗位要求。

除了以上四个阶段的入职培训外，酒店还为新员工指派所在部门的一名老员工来帮助新员工，并与之结成工作伙伴关系。这两位员工要满足两个前提条件：第一是职级接近；第二是能融洽相处——这种伙伴式的“老带新”称之为“Buddy Trainer”。

（2）Buddy Trainer

这是香格里拉员工初到岗位时最普遍的一种培训机制。Buddy Trainer首先强调“带领”，即老员工带领新员工在实践中逐渐适应新的环境，融入新的组织文化，了解所在行业的特点等。Buddy Trainer强调“伙伴”关系。安排新员工与职级相近、在职时间稍久一点的员工做搭档，两个人都会觉得非常亲切。如果让上级或者是导师制里所说的“导师”去指导新员工，就难免带有上下级的色彩，而“伙伴”之间，无论是在工作上还是生活上，都会给对方提出一些具有评价色彩的建议，这样的建议更容易被对方接受。对于刚入行的新员工来说，有一个亲切的伙伴，能够帮助他们更快地融入新环境。

需要特别指出的是，Buddy Trainer中的两个人一定是属于同一部门的，如果员工被调转到另外一个部门或另一个岗位，那么该部门还会给他（她）安排新的“伙伴”。例如，咖啡厅新来了一个员工，部门就会为其选择一个已经在咖啡厅就职一年左右的“伙伴”。如果他（她）被调到前台，相应的部门就会在前台指派一个“伙伴”帮助他（她）适应新岗位。

因为酒店行业是一个非常强调服务品质的行业，所以香格里拉还格外重视对员工情商的培养，特别是与顾客之间积极互动能力的培养。酒店行业的离职率是相当高的，工作一年后仍能够留在酒店的，基本上就算是老员工了。特别是现在的“80后”“90后”员工，他们的职业期望普遍偏高，可能希望两到三年内就能做到部门主管。虽然这些年轻人一心求“快”，但其自身的素质有时并不符合行业的标准和要求。无论是Buddy Trainer中的“师傅”，还是“徒弟”，香格里拉都希望他们能建立一种更加平等、融洽的关系，在工作中互帮互助，扎扎实实地迈好职业生涯中的每一步。

（3）管理人员培训

针对不同层级的管理人员，香格里拉制订了不同的培训计划。酒店为主管级员工安排“部门培训”，以在岗集中培训方式为主，培训内容围绕工作中的基本流程和服务技巧展开；针对部门经理的培训，香格里拉称之为“天使培训”，主要以介绍香格里拉的服务文化为主；而针对总监和副总监的培养领导力的制度体系，香格里拉称为“卓越督导”培训。香格里拉有自己的培训学院，集团每年都会将优秀员工送到香格里拉学院进行更深入的培训，这也是香格里拉内部培训的一大特色。

（4）导师制

与基层员工伙伴式的“老带新”相比，香格里拉为中高层管理人员提供的则是较为复杂的“导师制”培养模式。目前，香格里拉已形成了一系列针对中高层人员的培训方案。例如，集团行政培训生（Corperate Management Trainee，CMT），还有集团行政管理培训生（Corporate Executive Trainee，CET）和集团高级行政管理培训生（Corporate Senior Executive Trainee，CSET）。这些培训的目的基本上都是将三级经理培养为二级经理，将二级经理培养为一级总监，将一级总监培养成未来的总经理或驻店经理。

中高级员工一旦被总部选中为CMT，CET，CSET人选，就要接受为期约16个月的专项培训。培训分为三个阶段：轮岗培训（3~4个月）、重点职能培训（6个月）和执行培训（6个月）。培训期间，员工要在不同的酒店接受特定训练，培训后总部会对其作出评价，判断其是否能够顺利“毕业”，然后再到其他酒店去担任新职务。例如，香格里拉在青岛确定了一个三级厨师做CMT人员，在轮岗培训阶段，他（她）要在酒店转岗熟悉不同部门的情况；在重点职能培训阶段，可能要被派往其他酒店加强重点技能的训练；在执行培训阶段，他（她）将作为二级行政副主厨在另一家酒店任职。这期间，各个酒店的总经理将作为其导师，每隔一段时间（1~2个月）就会找他进行一次面谈，了解他的学习进程和遇到的困难，给予指导，并在每个阶段完成后对其进行培训效果评估。所有培训结束并且评估合格后，他（她）才有可能正式被晋升为行政主厨，派驻到酒店任职。

与此同时，部门总监还将承担起副导师的责任和角色。刚才例子里的行政副主厨，每到一家酒店工作，行政主厨就自然成为他的“副导师”，这种关系和Buddy Trainer类似，但最后还是由总经理对他的表现作出评估意见。在每一个员工接受培训之前，先由他（她）的部门总临和总经理对其进行能力评估，然后总结出其在能力素质方面还有哪些欠缺，并上报总部形成培训计划。当派驻到酒店时，该酒店会提前收到总部下发的培训计划，并根据培训要求，制订相应的培训方案。

香格里拉的人力资源管理层认为，在更强调合作和服务品质的酒店行业，“老带新”和“导师制”这两种培养模式是可以共存，并互为补充的。

资料来源　HRsee．香格里拉酒店集团的员工培训体系［EB/OL］．（2019-08-04）．http：//www.hrsee.com/？id=1082.

【拓展阅读】

成立于1993年的新东方，经过多年的发展，已成为一家集教育培训、教育产品研发、教育服务等于一体的大型综合性教育科技集团。2006年在美国纽约证券交易所上市的新东方，目前市值已经超过197亿美元，2019财年总收入首次超过200亿元，并入选了2019中国品牌强国盛典榜样100品牌榜单，成为唯一入选的教育品牌。新东方是如何进行培训开发的呢？可以扫描二维码阅读案例。

新东方的人才培训案例

本章小结

1.新员工的培训与开发，是一个企业把录用的新员工从局外人转变为企业人，使新员工从一个团体的成员融入另一个团体并逐渐熟悉、适应组织环境的过程，也是新员工开始初步规划或者继续发展自己的职业生涯、定位自己的角色、发挥自己的才能的过程。

2.新员工培训与开发的目标：帮助新员工尽快实现“组织社会化”；了解企业，了解工作，帮助新员工更快地胜任本职工作；融入企业文化，培养新员工对企业的认同感和归属感；消除新员工的焦虑，使新员工融入企业团体之中；使新员工了解企业对员工的职业生涯设计，降低新员工流失率；为招聘、甄选和录用、职业生涯管理等提供信息反馈。

3.新员工培训的内容一般包括公司概况、职位说明及职业必备、法律文件与规章制度、企业文化和管理理念、员工发展规划、介绍同事并参观厂区或公司等，更重要的是对新员工的工作能力的开发。对这些内容的了解是制订有效的新员工培训方案的基础。

4.新员工培训与开发方法：网上学习，指导人指导，员工手册，使用“故事培训”，新员工培训与开发的团体游戏，新员工拓展培训项目，同事日常指导，网上驿站和网上论坛。

5.提高新员工培训与开发有效性的办法：给新员工留下美好的第一印象；培养

新员工的归属感及忠诚度；结合户外实习或活动进行新员工角色转换游戏；进行亲切的问候和爱的鼓励；举行新员工座谈会；使新员工自始至终有公平感；建立新员工获取咨询建议的通道。

6.新员工培训的注意事项：做好计划是新员工培训成功的基本保证；新员工培训不是人力资源部一个部门的事情；应该充分利用现有的人力资源；效果评估非常重要；不要提供过量的信息；对发现不合适的新员工要坚决予以辞退。

7.新员工的培训与开发包括前期的准备、过程的控制和事后的监控，要明确各个阶段的具体任务，任何环节做不好都可能导致新员工培训与开发的失败。

关键概念

新员工的培训与开发　组织社会化　职业必备　网上学习　指导人指导

课堂讨论题

1.如何理解新员工培训与开发的内涵？

2.职位说明书应该包括哪些内容？

3.论述如何提高新员工培训与开发的有效性。

4.讨论：如何开发新员工的工作能力？

5.新员工培训与开发存在着哪些问题？举例说明。

复习思考题

1.新员工培训与开发的具体目标包括哪些？

2.简述新员工培训与开发的方法。

3.新员工培训中应注意的问题有哪些？

4.简述新员工培训的具体内容。

5.新员工培训与开发的三个程序是什么，具体包括哪些内容？

第7章 /管理开发培训

学习目标

管理开发是人力资源开发的一个重要组成部分。在本章的学习中需要理解管理开发的含义、管理人员参加培训和开发的必要性、管理人员开发的目的与管理培训项目的开发流程；掌握不同层次管理者的特殊性以及不同层次管理者的培训重点；理解管理人员开发需求分析可借助的方法及胜任能力分析方法；掌握各种管理开发方法与技术。

7.1 管理开发概述

人力资源优势是现代企业竞争优势之一，企业也越来越重视人力资源核心竞争力的打造，尤其是企业管理者素质的提高，因为这是管理者组织经营的最重要的因素和动力所在。任何企业要想在竞争中取得优势，形成核心竞争力，实现自身的战略目标，关键在于其开发企业管理团队的能力。企业高层团队成功应对组织变革并取得竞争优势的最佳方式是有计划地进行有效、持续的管理开发培训。

7.1.1 管理开发的含义

管理开发是人力资源开发的一个重要组成部分。所谓管理开发，是组织有意识地给管理者与潜在的管理者提供学习、成长和改变的机会的活动，目的是让他们具备履行有效的管理职能所需要的知识、技能、能力、态度和积极性，以期形成一批能使组织有效运作和拥有必要技能的经理人员。而管理培训开发的定义是针对员工管理能力、综合素质提升的一整套培训开发计划和管理过程的总称，是组织为了提高其生产力和盈利能力，确定和持续追踪高潜能、高绩效员工，帮助组织内经理成长和提高的项目。

管理开发的任务之一是管理的开发，目的是要保证企业的健康、生存和成长。管理开发的任务之二是管理人员的开发，目的是要保证管理者同时作为组织成员的生存、学习和成长。管理开发是组织的一个职能和一项活动，包含管理群体应该保持怎样的年龄结构，以及对组织的结构和管理职务的设计等。本章主要讲的是管理人员的开发。

对于管理开发含义的理解，需要认真把握这一定义中的几个关键点：

第一，管理人员的开发，既包括对现有的管理人员的开发，又包括为其他有希望的（自己愿意或有一定潜力的）人员提供学习、成长和改变的机会，尽管不能保证这些人都在开发中取得成功，但如果不提供开发机会，管理人员的开发就根本无从谈起。

第二，管理人员的开发被定义为，组织有意识地给现有的管理人员或潜在的管理人员提供学习、成长与改变的机会，以期建立一支能保证组织长期持续有效运作，拥有必要的知识、技能、品性与观念的管理人员梯队。这个定义特别强调的是管理人员要拥有必要的知识与观念，而不仅仅是技能；强调的是要保证组织有效运作的长期性与持续性，而不仅仅是满足当前组织工作的需要；强调的是建立一支梯队，使其具有持续的接替性与延续性，而不仅仅是培养一批管理人员。

第三，管理人员的开发，是一种有意识、有组织、有计划的活动。尽管无意识的开发活动也客观存在，但它不是开发活动的主流，我们也不能据此而对开发活动放任自流。如果听任开发活动自由发展，那么将会大大影响组织发展的速度与进程，降低组织达成各类需求和愿望的可能性。

第四，管理人员的开发是一项投资活动，要使其投资合理并取得成功，管理人员的开发应该纳入组织战略发展的一体化方案中，并紧扣组织的经营目标及战略规划。

第五，每个组织都要采用适合企业的不尽相同的管理人员开发方式。这些开发方式是独特的、具体的与有效的，关键在于我们要自觉地和有意识地去发现它们、分析它们，正确地把握与总结它们。

7.1.2　管理开发的必要性

目前，管理人员参加培训计划的积极作用已经得到了广泛承认。管理人员的工作效率取决于他管理各种专业人员的有效程度，而不是单纯取决于他个人在技术方面的经验与能力。在企业中，管理人员需要不断调整自己的实际工作能力，以适应公司规模的扩大和生产经营变化的需要。要真正做到这一点，参加培训和开发是完全必要的。

（1）管理人员在组织中的地位。由于管理人员是组织活动的主导力量，管理人员管理水平的高低，直接决定着组织活动的成败。因而每一组织都应将管理人员的培训工作看作一项关系组织命运、前途的战略性工作。应切实地把培训工作作为组织的一项长期活动内容，建立起有效培训的机构和制度，针对各级各类管理人员的不同要求，采用各种方法进行培训，做好培训工作。

（2）角色的转变需要培训支持。在企业晋升方面，比较流行的做法是把那些已经十分精通技术工作的人选拔到管理岗位上来，虽然他们有实干经验，却并不一定有组织和管理能力。对于新任的总经理也是同样的道理。那些提升到管理岗位的人和将要提升到管理岗位的人，要获得其岗位所需要的技能、知识、能力，就必须对其进行培训与开发。

（3）经营环境变化对管理和管理者提出了新的要求。现代科学技术的迅猛发展，使得竞争越来越激烈，而组织结构日趋公平和平等的“扁平化”，也对企业提出了挑战。组织要想在竞争中获得一席之地，就必须保证自己不断地发展以适应新形势的发展需要，在竞争中始终保持技术、文化、人力资源等方面的优势，也需要全新的管理者。

（4）管理开发是企业竞争优势的重要来源。企业若要在当今的强烈的竞争中获胜，就要培育自己的核心竞争力，拥有竞争对手无法超越的竞争优势。人力资源优势已成为企业在竞争中获胜的优势之一。管理人员是企业中的重要资源，它关系到未来组织的核心竞争力的提升与工作的最终绩效，所以进行管理开发可以使未来的管理人员具备必要的知识、技能，满足组织持续发展的管理要求，以推动组织战略的顺利实施和组织目标的实现。

7.1.3 管理开发的目的和流程

管理人员开发的最终目的在于提高未来组织的核心竞争力与最终的工作绩效，直接的目的是让现在与未来的管理人员具备必要的知识技能，满足组织持续发展的管理要求，让管理人员树立愿意为本组织发展服务的正确价值观与态度，具备相应能力、经验与知识，使这些人能顺利完成组织内的社会化与角色化的任务与过程。

管理培训项目的开发流程与普通培训项目的流程相似，主要分为需求分析、计划制订、组织实施与效果评价几个阶段：在需求分析阶段，主要抓住组织发展需求、个人发展需求与整个人员现状三个关键点；在计划制订阶段，主要抓住发展规划、晋升替补、轮换与培训计划几个方面；在组织实施阶段，主要抓住制度管理、激励机制与问题应对措施几个方面；在效果评价阶段，主要抓住组织领导评价、员工评价、客户评价与主管人员自我评价几个方面（如图 7-1 所示）。

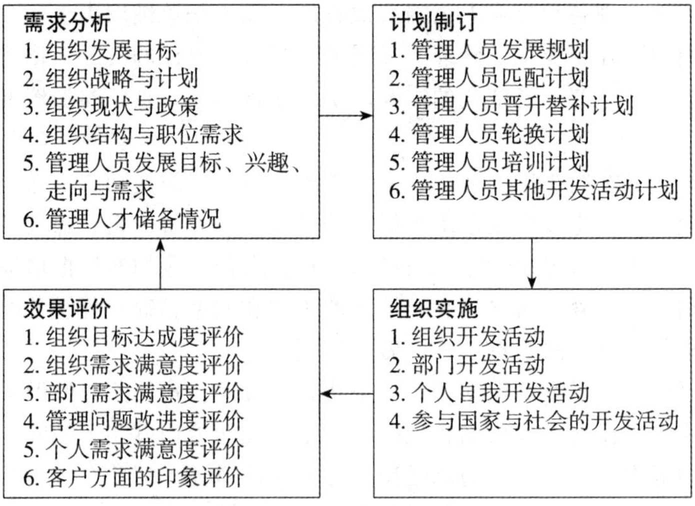

图 7-1 管理培训项目的开发流程

同时，由于培训目的和培训对象的差异，管理培训项目的流程在某些细节上需要调整，管理培训项目要基于企业经营战略、人力资源战略，重视以企业经营哲学为核心，包括使命、愿景、核心价值观等；重视以实现企业经营战略和目标为最终目的，来开发管理者培训项目和重点（如图7-2所示）。

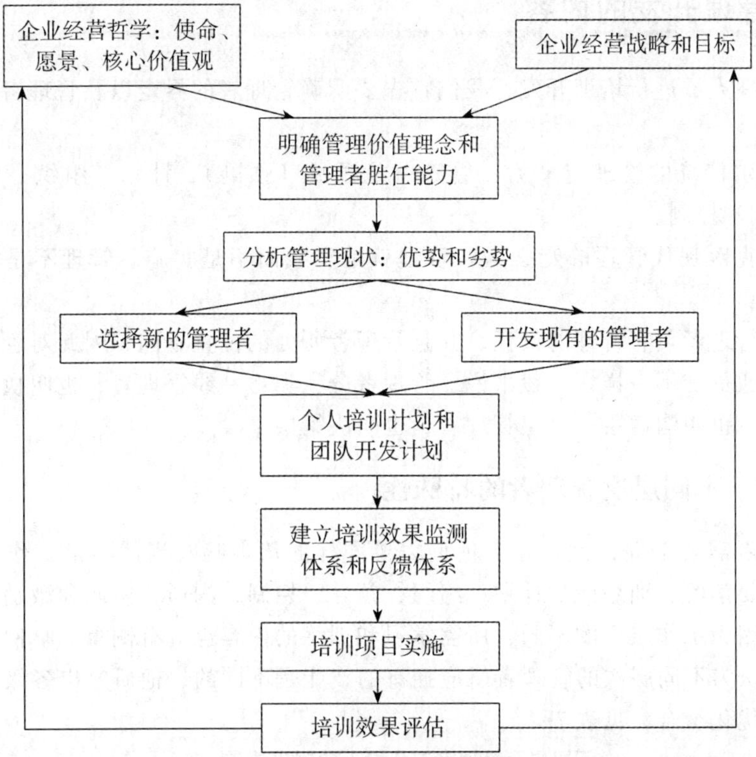

图7-2　管理培训项目流程

资料来源　LAN B，LEN H. Human resource management—a contemporary approach［M］. Prentice Hall，London，2001.

7.1.4　管理开发与培训的异同

在企业的实际管理活动中，经常会出现将管理开发与培训相混淆的现象。雷蒙德·A.诺伊在《雇员培训与开发》一书中指出了两者的差异，见表7-1。

表7-1　**管理开发与培训的区别**

	管理开发	培训
侧重点	将来	当前
工作经验的运用	高	低
目标	着眼于未来的变化	着眼于当前的工作
参与	自愿	强制

资料来源　诺伊 R A.雇员培训与开发［M］. 徐芳，邵晨，译. 6版. 北京：中国人民大学出版社，2015.

此外，管理开发与培训还有相同之处：一是管理开发与培训都是一种学习过程；二是管理开发与培训都是由组织来进行规划的；三是管理开发与培训的最终目的都是通过把培训内容与所期望的工作目标联系起来，从而促成企业和个人的双赢。

7.2 管理开发的内容

对管理人员进行培训开发，我们首先要明确管理者的界定以及管理者应具备的能力。

法约尔传统的管理定义为：管理就是预见（预测）、计划、组织、领导（指挥）、协调和控制。

德鲁克对现代管理的定义为：管理就是实践而不是实施，管理不是了解而是行为。

由于管理者负有管理的责任，并且管理者所处的位置不同，因此对管理的能力要求同普通员工不一样。一般来说，管理者分三类：一线管理者，也叫执行层；中层管理者，也叫沟通层；高层管理者，也叫决策层。

7.2.1 不同层次管理者的特殊性

管理者需要培训，是意味着他们需要同样的培训吗？当然不是。作为管理人员，都需要学习和训练诸如计划、组织、领导、控制、沟通、协调和激励等能力与手段，但因为工作层面的不同，所需学习和训练的内容也应有侧重。哈佛商学院的Katg教授认为不同层次的管理者所应拥有的技能是不同的，他研究出各级管理人员技能的最优化组合，见表7-2。

表7-2 不同层面管理者在技能上的侧重要求（%）

	专业技能	人际技能	概念技能
高层管理者	17.9	39.4	42.7
中层管理者	22.8	42.4	34.8
基层管理者	50.3	37.7	12.0

其中，专业技能是指对生产产品或提供服务的特定知识、程序和工具的理解与掌握。人际技能是指在组织中建立融洽的人际关系并作为群体的一员有效工作的能力。概念技能是指从整体把握组织的目标、洞察组织与环境的相互关系的能力。对于高层管理者来说，概念技能是最重要的，占到了其能力构成的42.7%；中层管理者最重要的是人际技能，占到了其能力构成的42.4%；而基层管理者最重要的是专业技能，占到了其能力构成的50.3%。要提高企业各层级管理人员的能力必须注意这种层次性特点。

表7-3表明了高层管理者、中层管理者、基层管理者所要做出的决策的类型。

表7-3　　　　　　　　　　　　不同管理者的决策类型

	程序性决策	非程序性决策
高层管理者	规范化的、确定性的	广泛性、非结构化的
中层管理者	结构化的	非结构化的
基层管理者	例行的、重复的、确定的	突变性的

表7-4表明了高层管理者、中层管理者、基层管理者所需具备能力的差别。

表7-4　　　　　　　　　　　　不同管理者所需具备的能力

高层管理者	洞察能力、决策能力、创造能力、统筹能力、批判能力
中层管理者	判断能力、领导能力、协调能力、沟通能力、专业技能
基层管理者	专业技能、计划能力、指导能力、沟通能力、理解能力

高层管理者、中层管理者、基层管理者在技能上的侧重要求的不同，所要做出的决策类型的不同，所需具备能力的差别，决定了不同层次管理者需要不同的培训内容。如何针对不同层面的管理人员来实施不同的培训，是目前大多数致力于培训出色的管理队伍的企业亟待解决的问题。

7.2.2　高层管理者的培训

1）高层管理者的责任

高层管理者是指负责整个企业资源运用及经营成效的高级人员，承担着有关规模、一体化、多角化、成长以及创新等任务，其所负担的责任特殊，面临的挑战艰巨，显然不同于组织内其他部门或阶层。管理学大师彼得·德鲁克指出："高层管理者是机构内负责指引领导、提供境界、设立标准的器官。"总的来说，高层管理者所关心的是组织整体的绩效和经济结果，即应该关心整个组织，而不应将其精力花在个别部门或功能性的事务上。作为企业的高层管理者，必须清楚其本身所应扮演的角色，明确自身的职责所在。根据德鲁克的解释，高层管理者的主要责任包括：

（1）追求企业使命；

（2）企业机构设定标准及形态，慎重思考企业的组织结构和组织设计；

（3）培养企业未来的人力资源，尤其是高阶层人力资源；

（4）与外界建立并维持良好关系；

（5）参加各种"仪式"和"典礼"；

（6）在企业遭遇重大危机时充当企业的 "备用工具"。

从企业的"领导中心"的观点来看高层管理者的责任时，其主要的职责体现在：

（1）为企业提供理想，指引企业前进的方向；

（2）指导企业内各成员进行诚信服务及所选择的策略趋势；

（3）协调各部门的冲突和偏见。

从工作范围来看高层管理者的责任，主要有规划、决策、组织、用人、导向、控制、创新和社会责任这八项（如图7-3所示）。

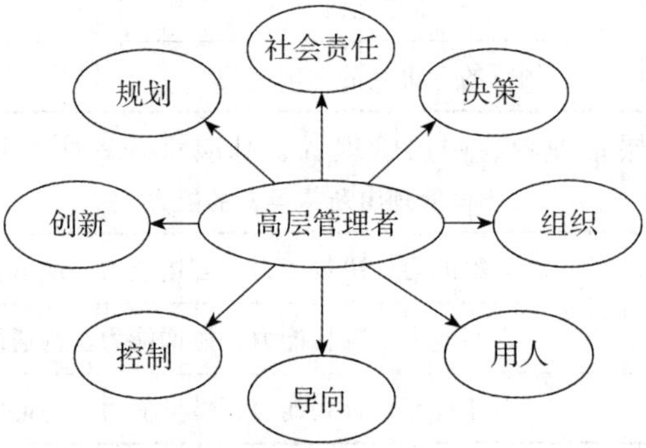

图7-3　高层管理者的责任

2）高层管理者培训的内容

高层管理者的管理能力关系到企业的长期发展与战略的实现，所以他们应具备广阔的视野，能系统地把握当前全球的社会、政治、经济形势，深刻理解和洞察企业内外部因素，能够从全局角度出发对企业的战略、目标、方针及发展进行创造性地规划、决策、控制，以提高组织的绩效。对于高层管理者的培训应该侧重于观念、理念方面，而不是业务、操作方面。企业可以根据其高层管理者的实际情况，为他们开设经营管理培训班，强化决策层所必需的高级工商管理知识，让其有针对性地学习现代企业管理知识和技术，有必要的还应该系统地学习现代市场营销、人力资源、金融财务、信息管理等高层次业务知识。

因此，对企业高层管理者的培训可以针对以下内容（见表7-5）：

表7-5　**高层管理者培训的内容**

1.企业所处环境和国内外形势的介绍	•宏观经济环境和趋势分析 •各级政府的各项政策法规（投资、税收、劳动、人事、财政、金融等） •行业状况 •市场发展与前景 •新型科技和产业等
2.经营思想的探讨	•经营哲学 •管理模式 •企业宗旨 •组织文化等

续表

3.企业发展战略研究	•如何造就企业的核心竞争力 •战略思维和计划 •内部资源分析（经营分析、财务分析、人力资源分析） •外部机会与挑战分析 •企业产品发展策略 •多元化、一体化经营策略 •组织扩张策略（收购、兼并、股份制、合资等）
4.对策研究	•运筹学 •对策学 •博弈论 •卡普苏吉尔的危机管理一览表等
5.组织设计与用人	•激励理论及实践 •内部授权和责任中心 •劳资关系 •人才开发和接班人计划 •组织的人性化 •管理的多元化 •未来组织的发展趋势等
6.控制和影响	•权力结构的建立和维持 •有效的控制机制 •管理信息系统和电子商务系统的引入等
7.企业现代管理技术	•战略管理技术 •生产作业管理技术 •综合规划技术 •物资管理技术 •预测决策技术 •质量管理技术 •人力资源管理技术 •信息管理技术等 •财务管理技术
8.个人能力和修养的提升	•企业家精神 •个人权威和影响力 •个人魅力 •现代管理思想 •领导艺术等
9.企业社会责任探讨	•环境保护与可持续发展 •如何将社会责任转化为企业机会 •企业的社会关系等

7.2.3 中层管理者的培训

中层管理者主要指由企业各级职能部门管理人员组成的经理集团。他们承担着企业日常经营中包括计划、财务、人事、教育、供应、技术、质量、设备、动力、销售、情报、计量、后勤等各种职能的具体管理工作，是企业的“中坚力量”。纵观几百年来工商业发展的历史，不难得出这样的结论：要造就或选择一个或少数几个好的经理并不难，但要组织一个精明强干、高效率、高水准的经理集团却不容易；要找出在短期内干劲十足的经理集团也不难，但要培养出长期的、持续的、强有力的经理集团是很难的。

1）中层管理者的培训目标

与对高层管理者的培训相比，对中层管理者的培训主要应该侧重于业务，同时也要向他们传递相关的管理新知和理念，使他们更好地理解和执行企业高层的决策方针，更有效地计划、组织、领导和控制企业的日常经营活动，实现企业从理想的目标向现实的业务产出顺利转换。

对中层管理者进行培训的主要目标有：为其提供胜任未来工作所必需的经验、知识和技能，使他们能够适应不断变化的环境；使企业的宗旨、使命、信念、价值观和管理文化得到顺利传达，并真正在企业上下员工中发扬光大；培养个别骨干分子成为企业未来高层管理者的接班人。

2）中层管理者培训的内容

基于以上目标，对中层管理者培训的主要内容是开发他们的任职能力，使他们具备关于企业内外形势的认识和发展观点，提高他们关于业务的决策能力、计划能力，使他们深刻理解现代经营管理的体系和经营活动中人的行为，提高他们对人的判断和评价能力以及与人沟通交流的能力（见表7-6）。

表7-6 中层管理者培训的内容

对企业内外形势的认识	
本企业的目标和当前的问题 本职位的任务、责任和权限 企业年度计划和自己应起的作用	企业计划管理方案和实现目标的技巧 如何创造性地解决经营过程中的具体问题 市场分析、顾问研究、同行情报
业务管理能力	
专业技术知识的提高 如何做好预测 如何设定目标 如何制定政策 如何编排进程 如何编制预算	如何建立工作标准 如何编制进度报告 如何纠正工作偏差 目标管理 零基管理 全面质量管理

管理团队及下属	
学习型组织的建立 压力和时间管理 如何有效授权 如何协调 如何启发 如何做决定 如何激励 如何指导和培养下属 如何从团队中获得意见和建议	如何施加影响 如何管理不同类型的人 工作协调和部门间的合作 如何进行有效的冲突管理 劳资管理处理 沟通技能和信息传播技能（如何说服、谈判、解答咨询、劝慰、写报告、主持会议等）

7.2.4 基层管理者的培训

基层管理者是对企业生产、销售等经营活动第一线执行管理职能的直接管理层，包括在生产和服务一线中起监督、指导作用的监工、领班等。由于他们与实际操作员工最接近，其管理水平将直接影响企业员工的积极性和对企业的忠诚度。

基层管理者是工人的技术传授者和督促者，他们不仅要很好地执行上级的指令，还要在自己判断能力的基础上提出改进和创新的建议。对其培训的内容侧重于与实务工作相配合的基本管理方法和有效处理第一线日常工作的各种问题的技巧。

对企业基层管理人员的培训主要内容可作如下设置（见表7-7）：

表7-7 **基层管理者培训的内容**

管理知识	
企业总体经营计划和分计划 职位的任务、责任和权限 工作标准化 人际关系和工作方法 会议组织与控制	全面质量管理及实施 合理化建议的组织和产生方法 员工考核和激励 企业规章制度
管理工作的实施	
如何进行生产组织 如何进行人员调配 如何进行成本管理 如何进行进度管理 如何进行安全管理 如何进行革新和发明 操作和流程改进 工作目标和标准的确定 如何督导、指引下属员工 监察技巧 如何发挥员工的潜能、调动员工的积极性	员工敬业乐业教育 如何改进员工的工作态度 如何改进员工的工作表现 如何维持经过改进取得的进步 如何利用有效的奖惩制度 如何建立有效的跟踪制度 如何让员工知晓企业的评价制度 如何回答员工关于福利措施的问题 企业的报酬制度与工作评价的结合 如何发挥团队精神

2000年12月15日，世界著名财经日报《金融时报》评选出了2000年在电器、金融以及IT行业“世界最受尊重的公司”。日本的日立公司排名第五。

日立公司经营者认为：企业要担负起为社会培养人才的使命，通过企业内部教育：一是要培养员工高尚的人格以及创造能力、责任感和实践能力。二是促使企业内部人员学习和掌握知识与技能，从而保证企业人员顺利地完成业务工作，适应高水平的经营技术革新。为了达成上述目标，日立公司摸索出一套完备的人才培养体系，它按照教育对象的不同，把培训分为三大类，每一类又按照不同层次进行培训(见表7-8)。

表7-8　　**案例：日本日立公司的人员培训体系**

经理管理人员培训

经理管理人员培训的目的是增强经营管理人员的组织和经营管理能力，扩展他们的视野，促使年轻一代迅速进入经营管理的第一线，培养他们开拓事业和创业的精神

经营管理人员的脱产培训主要在日立综合研修所进行，该所共有四个培训中心

级别	培训时间	培训内容	培训方式
最高级别：事业部总责任人（厂长）培训	每年2次，每次16人，时间为3天	国内外形势 经营思想	讨论为主
第二级别：事务所副所长（厂长）培训	每年2次，每次20人，时间为10天	各种管理技术	白天上课 晚上讨论
第三级别：部长培训	每年9次，每次16人，时间为11天	经济动向、文化素养，另有部分特别培训，以专项业务为主	白天一半上课一半讨论；晚上个人研究和小组讨论
第四级别：副总工程师、主管研究员培训	每年1次，每次16人，时间为12天	经济和技术动向、管理技术、文化素养	上课加讨论
第五级别：课长、主任工程师培训	每年44次，每次20人，时间为5天	管理技术、文化素养和专业技能	上课加讨论

专业技术人员培训

目的：一是促进专业技术人员了解企业传统产品和新产品方面的知识以及技术方面的基础知识。二是培养专业技术人员的商品企划能力、开发能力、生产技术能力、销售企划能力，扩展视野，提高综合思维能力。三是促进专业技术人员学习尖端技术，如极限技术、跨科学技术和系统技术等新领域，以避免产品落后，失去机会

培训对象	培训内容	主要课程
新进员工	基础知识和技术的培训	进修员教育、基础技术专门讲座和各事业部专门技术讲座
骨干员工	第一线技术人员、研究人员所需的技术	基础技术专门培训、各事业部专门讲座、综合基础、技术进修、高技术专业、讲演会、研讨会、学习会、轮流讲读会

续表

管理层	技术革命管理	讲演会、研究发表会、高级专业技术进修、管理人员技术进修

生产技能培训

生产技能培训以日立所属各工厂的现场技术人员为对象，由日立生产技能研修所举办，包括管理类培训和技能类培训

分类	培训目的	培训对象	培训内容
管理类培训	提高管理者的素质	骨干技师、监督者、作业主任和专职人员	管理、监督者研修、管理技法、人际关系和新技术、系统等
技能类培训	主要为了提高工程技术水平，取得国家或行业资格	执行员、技师、企划员和技术员	技能专门研修，包括机械加工、电气电子、自动机器、OA

企业的各级管理人员的培训必须适应外部形势发展的要求，同时也要适应企业本身的未来发展计划。对企业的管理者进行培训应该着眼于提高全部经营管理人员的能力和水平，要全面考查高层、中层和基层管理人员的管理绩效、能力水平等，以及企业组织形式、战略等，找出经营管理中关键性的、全局性的问题，然后以此为突破口，带动企业的各个层次的管理技能提升。只有管理人员不断地提高自己的能力和管理水平，准确掌握当今世界变化趋势，才能使企业在激烈的竞争中占有一席之地。

7.3　管理人员开发前期准备

7.3.1　管理人员开发需求分析方法

管理人员的开发是一种核心人力资源的开发，需要我们制订周密的计划与方案。然而开发计划方案的制订，是建立在组织对管理人员工作要求分析的基础上的，管理人员的开发需求分析可参照如下方法：

1）借助人员规划与预测

人力资源规划包括组织所需要的人力资源分析、预测、定位。开发需求分析是从人力资源规划开始的。人员信息记录卡（或技能清单）、人员替换图（具体到管理人员则称为管理人员接续计划）能够反映所有员工特别是一些管理人员所需要的知识、技能、能力及其他因素要求，这些信息可以帮助他们确定开发需求。

2）评价中心法

评价中心法是专门设计用来对个人进行诊断分析的开发工具，一般用于经理人

员的选拔。通常，潜在的经理会参加许多活动，如角色扮演、案例、笔试、无领导小组的讨论、管理层游戏、公文筐测试等，处理一些经理会遇到的典型问题，有专家对其进行观察和评价，通过此法来发现和确认潜在经理人员是否具有某些潜能，以确定培训需求。

3）基准评价法

这是一种用来衡量潜在经理人员是否具备一位成功的管理者所必需的素质的方法。其前提条件是已经清楚一位成功的管理者所具有的成功要素是什么，包括管理人员如何对待下属、获取资源及创造一种高效工作环境等。表7–9列举了成功的管理者应具备的16项能力或潜质。

表7–9　**成功的管理者应具备的能力或潜质**

应变能力	具有战略眼光，处理问题灵活多变，能有效进行高层管理
持之以恒能力	遇到难题时能够集中精力，坚持不懈
快速学习能力	能较快地掌握新技术和业务知识
人际交往能力	懂得建立和维持同雇员及外部人员的工作关系
对下属的领导能力	有效授权，为下属提供更多的机会并能公正地对待下属
同情心和敏感度	关心他人，对下属的需求很敏感
坦率性和成熟性	稳重、可敬
创造学习氛围能力	为激励下属进行人员开发而提供的一种挑战性氛围
处理问题能力	处理下属问题时果断而公正
团队导向	能通过管理他人而获得成功
协调生活和工作之间的关系	通过协调生活和工作之间的关系使两者都达到最优
决断能力	在很多场合下倾向于采取快速粗放的行动方案，而不愿意采取缓慢精确的行动方案
自我认知能力	清楚自身的强项和弱项，并不断进行改进
雇用具有潜力的雇员	选择有潜力的人作为团队成员
调节气氛的能力	热情、富有幽默感
较强的灵活性	通常采取意想不到的方式行事

4）工作特征分析法

工作特征分析法是指借用工作分析的方法，对管理人员的工作特殊性与基本特点进行分析的方式方法，包括观察管理人员完成任务的细节及其特点，对这些任务与特点进行归类。例如，有关研究人员对15位总经理的日常工作进行了长时间的观察分析，从他们的研究中发现，职业经理人的日常工作主要是决策与计划、组织与控制、贯彻与实施。

5）角色分析法

角色分析法主要是指通过观察法或问卷法来获取相关的资料，对管理人员在组织内担负的管理职能进行分析的方法。例如，法约尔1949年利用观察法发现主管人员在组织中担负着5种角色，即计划者、组织者、指挥者、协调者与控制者；而明茨伯格在1973年与1975年提出，管理人员在组织内担负着的角色具有多样性。从人际关系方面看，他们担负着形象首脑、领导人、联络人的角色；从信息交流的角度看，他们担负着监督者、传播者与发言人的角色；从决策方面看，他们担负着企业家、矛盾解决者、资源分配者与谈判者的角色。但是有人认为，上述的角色分析尽管流行，但实际并没有准确描绘管理人员所做的事，缺乏具体性，也不能充分描述各种角色之间的关系（Carrol & Gillen，1987）。

管理人员的开发需求分析可借助以上方法，另外还可借助心理测试来测定管理者的领导风格、人际关系能力等，并以此来确定开发需求。

7.3.2 管理人员开发项目的设计

为使管理人员开发项目的设计更加合理，应注意以下问题：

（1）管理开发必须与组织的战略规划相联系，必须满足组织和那些特定开发的人的需要；

（2）设计专门与全面的管理人员开发需求分析，包括调查组织中的经理是如何工作的以及有效的管理人员所具备的技能；

（3）应该制定整个开发项目和每一个组成部分，例如在职经历、课堂培训活动的具体目标；

（4）在开发过程中，高层管理者的参与和投入非常重要，从需求分析到最后效果评估都很关键，简单地说，对于整个开发活动，要有一个高质量的管理团队作支撑；

（5）应该充分创造各种开发机会，既包括正式的也包括非正式的；

（6）设计的项目要保证待开发的个人获得激励，有动机参与此类活动，对各层经理的正常要求的满足，容易使他们将开发列为自己关心的热点；

（7）定期对开发项目进行评估，及时修改和增添新的开发内容，保持开发的先导性。

7.3.3 基于管理者胜任能力的管理培训体系

胜任能力就是将有效完成工作所需要具备的知识、技能、态度和特质等用外化的行为方式描述出来，这些行为应该是可指导的、可观察的、可测量的，而且是对个人和企业成功非常重要的。

管理者胜任能力的确认是管理培训的基础，是管理培训的依据。一般来说，管理者的胜任能力应该包括三部分：通用胜任能力指管理人员应具备的基本素质和基本知识技能；业务胜任能力指管理者分管业务的胜任能力，如客户关系管理、业务知识运用、产品技术知识等能力；专业胜任能力对于管理者来说就是管理能力、基本管理技巧和个人特质。管理者职位越高，对专业胜任能力（管理能力）的要求就越高，而对业务胜任能力的要求就越低（如图7-4所示）。

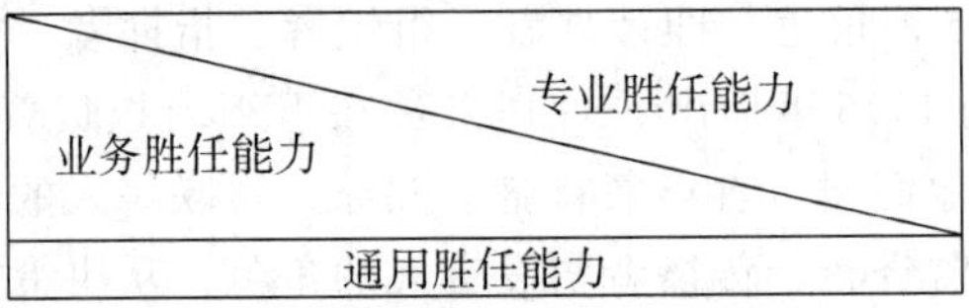

图7-4　管理者胜任能力构成

为了将胜任能力应用于管理者的培训和发展，企业要做的就是确认特定的适用于企业的管理者胜任能力，然后对现有人员能力进行准确评估，如自己、上下级、同事、团队、专家、直接客户等，对评估结果进行沟通以达成共识并制订具体的培训开发行动计划。其中，对现有任职人员的胜任能力进行准确评估是整个过程的关键环节，通过评估和比较可以发现个体的能力优势和弱势，从而找到组织整体的能力短板，然后有针对性地制订能力培训和发展计划，以各种培训手段提高个体乃至组织整体的专业能力。表7-10是某公司根据公司的特定情况自行开发的管理培训体系。

表7-10　**某公司管理培训体系**

对象	能力要求	课程	性质	形式
	战略思维	战略规划与管理	必修	面授
	经营敏感性	决策与风险衡量	必修	面授
		对卓越的投资	必修	面授
		企业经营理念	必修	面授
		国际谈判技巧	必修	面授
	变革管理	变革管理	必修	面授
	目标管理	组织设计	必修	面授
高层管理者	团队建设与激励	决策团队管理	必修	面授
		建设性冲突	必修	面授
	团队协作	横向沟通与协作	必修	面授
	学习创新	企业文化研讨	必修	面授
	沟通与影响力	公众演讲	必修	面授
		专业形象训练	必修	面授
		应对媒体的技巧	必修	面授
	客户意识	服务客户的技巧	必修	面授

续表

对象	能力要求	课程	性质	形式
	战略思维	战略规划与管理	必修	面授
	变革管理	变革管理	必修	面授
	目标管理	年度规划的制定	必修	面授
		业务动态与调整	必修	面授
		业务经营运作	必修	面授
	经营敏感	非财务人员的财务管理	必修	面授
中层管理者	团队建设与激励	团队管理	必修	面授
	团队协作	建设性冲突	必修	面授
	沟通与影响力	横向沟通与协作	必修	面授
	客户意识	服务客户的技巧	必修	面授
	自我认知	企业文化研讨	必修	面授
		自我修炼	必修	面授
		7个习惯	必修	面授
	目标管理	管理者角色和定位	必修	面授
	系统分析	问题分析与解决	必修	面授
		目标与计划制订	必修	面授
		工作任务布置	必修	面授
		授权技巧	必修	面授
		情景领导	必修	面授
		有效倾听的技巧	必修	面授
	员工辅导	激励他人	必修	面授
		绩效辅导的技巧	必修	面授
	团队建设与激励	团队管理	必修	面授
		建设性冲突	必修	面授
	团队协作	横向沟通与协作	必修	面授
		变革管理	必修	面授
		沟通培训系列	必修	面授
基层管理者	学习创新	•人际沟通风险	必修	面授
	沟通与影响力	•演讲技巧	必修	面授
		•会议技巧	必修	面授
		•电话技巧	必修	面授
		•公文写作	必修	面授
		影响力培训系列	必修	面授
		•影响力基础	必修	面授
		•说服技巧	必修	面授
	客户意识	服务客户	必修	面授
	其他	职业生涯规划	必修	面授
		职务分析与设计	必修	面授
		员工招聘与面试	必修	面授
		绩效考核	必修	面授
		财务知识基础	必修	面授
		项目管理基础	必修	面授

资料来源　彭剑锋. 人力资源管理概论［M］. 3版. 上海：复旦大学出版社，2018.

7.4 管理开发方法与技术

7.4.1 管理能力开发

1）评价中心

评价中心指的不是一个机构或一个场所，而是一种方法、一种技术。评价中心是近几十年来西方企业中流行的一种选拔和评估管理人员尤其是中高层管理人员的人事测评方法。它是现代人才测评方法综合发展的最高体现。在国外许多大的组织机构中，评价中心技术被认为是考查管理潜能的最有效的方法之一。在这里，我们将评价中心作为一种开发方法进行介绍。

评价中心起源于德国心理学家1929年建立的一套用于挑选军官的多项评价程序（William C.Byham，1982）。德国军事心理学家的领导才能多项评价程序是最先采用多种评价方法和多名评价员来评价复杂行为的，以后的评价中心工作事实上都建立在这两条原则之上，并成为今天普遍应用的评价中心技术的主要特点，其创设的情景模拟测评形式成为现代评价中心的核心思想。

评价中心的主要特点是综合利用多种测评技术手段，把受评者置于一系列模拟的工作情景中，让他们进行某些规定的活动，从而考查受评者是否胜任某项拟委任的工作并预测其各项能力或潜能。在评价中心所利用的具体测评技术手段主要有公文处理、无领导小组讨论、角色扮演、案例分析、管理游戏等。这些评价技术通常是在团体中进行的，评价基层管理者往往只需要一天时间，而评价中高层管理者则需要两至三天。

评价中心由于综合运用了多种人才测评技术，各种测评技术的优缺点之间互相弥补，扬长避短，从而使得测评结果比较客观有效。评价中心不仅是选拔管理人员的一种强有力的手段，同时也是一种很有价值的培训方法。一方面，受评者可以从评价结果得到有关自身优点和不足的反馈信息；另一方面，评价者可以从评价过程中认识到什么是管理行为中的要素。

从以上几个方面不难看出，评价中心有以下几个优点：一是由于综合利用了多种测评技术，所以评价效果比较好，效度较高，具有成本有效性，这是任何其他单一的测评手段所无法比拟的；二是评价中心总是强调在动态中考查受评者的能力，从而使受评者的积极性和主动性得到了充分发挥，使测评过程能得到受评者的配合和支持；三是评价中心得到的信息非常丰富，通常包括受评者有关方面的详尽情况，且有助于制订人员开发计划。

评价中心的局限性主要有：一是评价中心技术过分依赖于测评专家，评价中心从设计到实施都需要专家投入大量的精力。由于技术构成复杂、技术要求高，一般人很难掌握，人们只对比较重要的工作种类（如管理）和较高的职位（如中高层管理者）应用这一技术。二是评价中心的方法往往基于一个典型的组织模式，而实际上在不同的企业组织中，运作模式会有所不同，故应该根据不同的组织对评价中心的方法、评价内容和标准进行仔细考量。三是评价中心虽然效度较高，但也会受到“晕轮效应”“首因效应”等心理因素的影响而使评分结果存在误差。

2）管理方格图训练

管理方格理论是由美国得克萨斯大学的行为科学家罗伯特·布莱克（Robert R. Blake）和简·莫顿（Jane S. Mouton）在1964年出版的《管理方格》一书中提出的。这种理论倡导用方格图表示和研究领导方式。他们指出：在对任务关心的领导方式和对人关心的领导方式之间，可以有使二者在不同程度上互相结合的多种领导方式。为此，他们就企业中的领导方式问题提出了管理方格法，使用自己设计的一张被纵轴和横轴各9等分的方格图，纵轴和横轴分别表示企业领导者对人和对任务的关心程度。第1格表示关心程度最小，第9格表示关心程度最大。全图总共81个小方格，分别表示“对任务的关心”和“对人的关心”这两个基本因素以不同比例结合的领导方式，如图7-5所示。

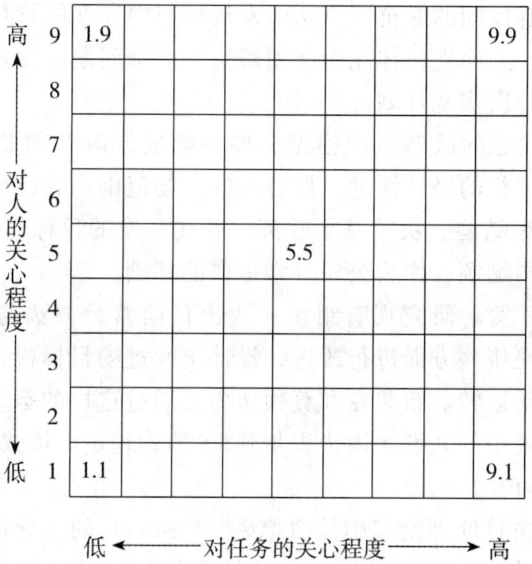

图7-5 管理方格图

在管理方格图中，

1.1 定向——表示贫乏的管理，对任务和人的关心程度都很小；

9.1 定向——表示任务管理，重点抓工作任务，但忽略对人的关心；

1.9 定向——表示俱乐部式管理，重点在于关心人，企业充满轻松友好的气氛，但不大关心工作效果；

5.5 定向——表示中间式或中庸之道式管理，既不偏重关心任务，也不偏重关心人，完成任务不突出，乐于维持现状；

9.9定向——表示理想型管理，对任务和对人都很关心，能将组织的目标和个人的发展最理想、最有效地结合起来。

布莱克和莫顿认为，9.9管理方式表明，在对任务的关心和对人的关心这两个因素之间，并没有必然的冲突。他们通过自由选择、积极参与、相互信任、开放的沟通、目标和目的、冲突的解决办法、个人责任、评论、工作活动等9个方面的比较，认为9.9定向方式最有利于企业绩效的提高。所以，企业领导者应该客观地分析企业内外的各种情况，把自己的领导方式改造成为9.9理想型管理方式，以达到最高的效率。

领导行为的管理方格图训练是从领导行为的管理方格理论发展而来的组织发展方式。9.9管理方式成为方格训练的一项目标，管理方格图训练不只是工具或手段，更是用于管理发展的一项全面计划。管理方格图训练包括以下5个阶段：

阶段1：组织的每个人都进行方格学习，并用它来评价自己的管理风格。

阶段2：进行班组建设，以健全的协作文化取代陈旧的传统、先例和过去的实践，建立优秀的目标，增强个人在职位行为中的客观性等。

阶段3：群体间关系的开发，利用一种系统性的构架来分析群体间的协调问题，恰当地利用好群体间的对抗，以从中发现组织中存在的管理问题，利用这种有控制的对抗和识别，为建立一体化所必须解决的症结问题、为使各单元之间的合作关系不断改善作下一次实施计划。

阶段4：设计理想的战略组织模型，要明确最低限度和最优化的公司财务目标，在公司未来要进行的经营活动、要打入的市场范围及其特征、要怎样创造能够具有协力效果的组织结构、决策基本政策，并在开发的目标等方面有明确的描述，以此作为公司的基本纲领，作为公司日常运作的基础。

阶段5：贯彻开发。研究现有组织，找出目前营运方法与理想战略模型的差距，明确企业应该在哪些方面进行改进，设计出改进的目标模式，在向理想模型转变的同时使企业正常运转。布莱克和莫顿认为，通过这样的努力，就可以使企业逐步改正现有管理模式中的缺点，逐步进步到9.9的管理定向模式上。

3）领导匹配培训

领导匹配培训项目的理论基础是费德勒（Fiedler）的领导情景理论，是基于有效领导发生在领导者的风格及他所面临的情形相匹配时的观念设计的。费德勒认为，每个人根据自己的要求都有自己特殊的领导风格，因为风格基于领导者的需求，所以很难改变。按照费德勒的说法，这种风格并不是在所有环境中都有效。因此，领导者的任务是诊断环境，要么将自己置身于有利于自己风格的环境中，要么改变环境使之适应自己的风格。

费德勒的调查结果认为，领导效率的高低取决于两个方面的因素，即“对最难共事者的认同值”和“领导情境”。领导风格用“最不受欢迎共事者（LPC）量表”来测量，见表7-11。该工具要求领导者描述他们最不愿与之工作的人，使用了一系列两极形容词，领导者的反应表明了他们是关系协调需求型领导还是任务完成需求型领导。

表7-11 最不受欢迎共事者（LPC）量表

容易相处的	8 7 6 5 4 3 2 1	不容易相处的
友好的	8 7 6 5 4 3 2 1	不友好的
拒绝	1 2 3 4 5 6 7 8	接受
紧张	1 2 3 4 5 6 7 8	放松
远的	1 2 3 4 5 6 7 8	近的
冷的	1 2 3 4 5 6 7 8	暖的
友好的	8 7 6 5 4 3 2 1	敌对的
无聊的	1 2 3 4 5 6 7 8	有趣的
争吵的	1 2 3 4 5 6 7 8	和谐的
忧郁的	1 2 3 4 5 6 7 8	兴奋的
开放的	8 7 6 5 4 3 2 1	谨慎的
诽谤的	1 2 3 4 5 6 7 8	忠诚的
不令人信任的	1 2 3 4 5 6 7 8	令人信任的
善解人意的	8 7 6 5 4 3 2 1	不善解人意的
讨人厌的	1 2 3 4 5 6 7 8	悦人的
令人愉快的	8 7 6 5 4 3 2 1	令人不愉快的
不诚挚的	1 2 3 4 5 6 7 8	诚挚的

领导情形取决于三个因素，即领导与成员的关系、任务的结构以及领导者的地位、权力。情景理论表明，任务导向型领导在高度有利和高度不利的环境中有效。高度有利的环境意味着高度控制，如与下属的关系良好、高度结构化的任务、足够的奖励和惩罚下属的权力。不利的环境可控程度低，如与下属的关系不好、模糊的或无结构的任务、奖惩的权力不够。该理论进一步表明，关系导向型领导在中度有利的环境中比较有效，即给领导者提供中度的环境因素控制。

领导匹配培训，是一种自我管理程序中的指导技术，是一种全新的训练方法，受训的主管人员用测评系统中提供的问题来评估自己的领导风格和环境是否适应，可以帮助领导者达到以下目的：（1）诊断自己的领导风格；（2）诊断环境，将其分成有利的和不利的两类；（3）改变环境的关键要素，以便与自己的领导风格相匹配。

在被开发的主管人员诊断了自己的领导风格和环境是否相适应以后，培训项目则强调领导者可以修改环境使之与自己的风格相匹配，因此会提出一些如何修改领导成员关系、任务结构和地位权力的行为建议。

4）领导者的相互开发

该方法也被称作“领导者开发领导者”，表现为高层经理经常直接参与开发组织内的经理。比如，在百事可乐、GE、壳牌石油和美国海军等组织中，主要领导人将主管人员开发视作其基本责任。Cohen和Tichy（1997）在对一些组织的最佳领导人进行调查的基础上，得到了下面一些足以解释领导者为什么要开发领导者的观点：

成功者是由其可持续的成功判断的；

成功公司在各级别中都有称职的领导者；

获得更多领导者的最佳方式是让领导者开发领导者；

为了开发他人，领导者必须有一个可以传授的观点；

领导者是创造组织未来传奇的人。

领导者相互开发的方法包括：

（1）实验法。领导者相互开发的一个方法是“创造性领导中心”的“领导者实验法”。该方法的目标是鼓励领导者在其面临的领导环境中更有效地行动。该方法是在CCL和其他地方进行的对领导和领导者开发活动研究基础上采用的。它持续6个月，一开始是为期1周的会议，参与者进行一系列评估和反馈练习，包括提前从主管、下属、同事处获得全方位的反馈信息，同时开发一个主管人员的行动计划。这些会期包括与“变革伙伴”合作、以行为为导向的练习和非传统的学习行为，如制作艺术作品。3个月后，参与者又开始一个为期4天的会议，要求对经理工作的进展和3个月来的学习进行评估，并据此对行动计划进行修改。修改后的行动计划在此后的3个月内加以实施（Vicere，1996）。上述只是目前美国用于开发领导者方法中的两个例子。人力资源开发专业人员为了提高组织的竞争能力，在具体设计和实施领导开发方法时，应该将相关理论和方法与本组织的实际情况与需要相结合，并不断地评估和修改有关的开发活动。

（2）故事法。故事法以一个参与者的方式来传达领导者对远景的看法。领导者所讲故事的关键，是要找到一个合适的替代案例，并由此介绍组织前进的方向和如何达到目的。壳牌石油公司学习中心基于上述观点进行了有益的实践。在实践中，人力资源开发专业人员的核心作用是“帮助”领导者提高其教学方法。这要求人力资源开发人员扮演与领导者合作和驾驭文化活动倾向的角色。

7.4.2 潜能开发

1）拓展训练

拓展训练，又称外展训练（outward bound），起源于第二次世界大战（简称“二战”）期间。当时，盟军在大西洋的物资供应线屡遭德国纳粹潜艇的袭击，许多年轻水手在运输船被击沉后葬身鱼腹，只有极少数人得以生还。人们从生还者身上惊奇地发现，他们并不一定是体能最好的年轻人，但都是求生意志顽强的人。通过对这一现象的分析与研究，得到的结论是——能在恶劣环境下求得生存，靠的不是体能而是良好的心理素质。根据这一结论，德国人库尔特·汉恩提出了“外展训练”理念，并于1941年在英国创办了一所专门训练水兵的学校“阿伯德威海上学校”，训练年轻海员在海上的生存能力和船触礁后的求生技巧。

二战结束后，拓展训练的独特创意和训练方式逐渐被推广开来，拓展训练也从最早的军事生存训练演变成为社会和经济领域服务的一种人本训练，训练对象也由最初的海员扩大到军人、学生、工商业人员等各类群体，训练目标也由单纯的体能、生存训练扩展到心理训练、人格训练、管理训练等。今天，“外展训练”围绕着领导艺术、团队建设等现代管理的中心问题，结合企业的发展需要与受训者的人格特征，通过全方位的素质培训，一方面使受训者重新认识自我，重新定位自我，实现自我超越；另一方面，有利于提高员工对企业的忠诚度，以全新的方式凝聚企业的向心力。

拓展训练通常利用崇山峻岭、瀚海大川等自然条件，通过各种精心设计的训练项目，在应对挑战、解决问题的过程中，达到“磨炼意志、陶冶情操、完善人格、熔铸团队”的培训目的。拓展训练的课程主要由水上、野外和场地三类课程组成。水上课程包括游泳、跳水、扎筏、划艇等；野外课程包括远足露营、登山攀岩、野外定向、伞翼滑翔、户外生存技能等；场地课程是在专门的训练场地上，利用各种训练设施，如高架绳网等，开展各种团队组合课程及攀岩、跳跃等心理训练活动。

训练通常有以下四个环节：

（1）团队热身。在培训开始时，团队热身活动将有助于加深学员之间的相互了解，消除紧张，建立团队，以便轻松愉悦地投入各项培训活动中去。

（2）个人项目。本着心理挑战最大、体能冒险最小的原则设计，每项活动对受训者的心理承受力都是一次极大的考验。

（3）团队项目。团队项目以改善受训者的合作意识和受训集体的团队精神为目标，通过复杂而艰巨的活动项目，促进学员之间的相互信任、理解、默契和配合。

（4）回顾总结。回顾将帮助学员消化、整理、提升在训练中的体验，以便达到活动的具体目的。总结使学员能将培训的收获迁移到工作中去，以实现整体培训目标。

拓展训练的显著特点有：

（1）综合活动性。拓展训练的所有项目都以体能活动为引导，引发认知活动、情感活动、意志活动和交往活动，有明确的操作过程，要求学员全身心地投入。

（2）挑战极限。拓展训练的项目都具有一定的难度，表现在心理考验上，需要学员向自己的能力极限挑战，跨越“极限”。

（3）集体中的个性。拓展训练实行分组活动，强调集体合作，力图使每一名学员竭尽全力为集体争取荣誉，同时从集体中吸取巨大的力量和信心，在集体中显示个性。

（4）高峰体验。在克服困难顺利完成课程要求以后，学员能够体会到发自内心的胜利感和自豪感，获得人生难得的高峰体验。

（5）自我教育。教员只是在课前把课程的内容、目的、要求以及必要的安全注意事项向学员讲清楚，活动中一般不进行讲述，也不参与讨论，充分尊重学员的主体地位和主观能动性。即使在课后的总结中，教员也只是点到为止，主要让学员自己来讲，以达到自我教育的目的。

通过拓展训练，受训者在如下方面有显著的提高：认识自身潜能，增强自信心，改善自身形象；克服心理惰性，磨炼战胜困难的意志；启发想象力与创造力，提高解决问题的能力；认识群体的作用，增进对集体的参与意识和责任心；改善人际关系，学会关心，更为融洽地与群体合作；学会欣赏、关注和爱护大自然。

2）魔鬼训练

魔鬼训练，最早起源于古罗马的“斯巴达克训练”，风行于欧美。第二次世界大战后在欧美和日本演变成课程，其宗旨是锻炼人的意志、忍耐度、心智模式、团队精神、沟通能力和技巧，开拓创新能力和领导能力等。

魔鬼训练是一种外化型的逆向挫折训练，一般为期7天左右，通过大喊发声、限时背诵、夜急行军等严酷体能训练项目，培养员工雷厉风行的工作习惯、百折不挠的拼搏精神和排除万难的勇气信心。

魔鬼训练的入门课是让学员做自我生涯设计，回答“我从哪里来？”“我在何处？”“我到哪里去？”“怎样达到目标？”“达到目标后又怎么做？”等五个基本问题，明确奋斗目标后，通过一系列向心理和体能极限挑战的训练项目，最大限度地开发学员的潜能。在企业界，这种魔鬼训练已经逐渐发展成企业员工“强化自我、克服障碍、重塑人格、培养意志”的重要人力潜能开发方法。

3）超觉静坐

与拓展训练和魔鬼训练不同，“超觉静坐”是一种内化型身心修炼方法。通过静心安坐的方式进行身心修炼，追求忘我、无我的超然境界，是儒家、道家和佛家都崇尚沿袭的修行之道。现代心理学和行为科学所研究的“静坐”，主要属于印度瑜伽，类似日本禅宗的超觉冥思模式，它可以当作一种改善心智模式、实现自我超越的有效训练方式来应用。

超觉静坐最初是由一名印度传教士（Maharish Mahesh Yogi）于20世纪60年代创立的。它虽然不是一种宗教仪式，但带有宗教般的神秘色彩，学习者首先要拜师，经由师傅传授一个咒语——通常只是一个没有具体寓意的单词，目的是供静坐时诵读以使自己排除杂念、集中意识。后来，哈佛大学的宾逊（Beason，1975）将之进行简化和科学化，从而使之成为一种改善个性和生活态度、促进生活情趣和提升工作效率的自我修炼技术，使长期练习者可以摆脱精神压力和焦虑情绪，能够在工作和生活中充分发挥个人潜能并能使自己得到全面发展。

超觉静坐修炼有四大要领：静坐的内外环境，即个人心境和身体所处的物理环境，均须安静；静坐时要有一个供以专注的目标物，可以是重复默诵的单词或声音，也可以是一幅抽象的图画；静坐时必须抛除一切杂念，要心静如止水，无所思、无所欲，静观心灵自然波动起伏；最重要的是保持心身安适，静坐者永远遵循“轻松、舒适、安静、自然”八字诀。

7.4.3 人际关系的开发

1）敏感性训练

敏感性训练，也称“T小组训练法”，是美国心理学家勒温于1964年创建的一种改善人际关系和消除文化障碍的方法。它是通过集体内的互相作用而改变行为的方法，训练的目的在于提高受训者的敏感性，使其能更清晰地了解自己的行为以及这些行为对其他组织成员的影响，也会使受训者提高对他人的移情作用，提高倾听技能，更加真诚坦率，改善自己与同事之间以及与群体之间的关系模式，从而达到令人满意的结果。该训练还加强了组织成员对群体运转程序的了解，这样才能诊断群体内的种种问题，改进处理冲突的技巧。

敏感性训练的做法是把不同单位、不同级别、互不相识的管理人员、职工组成不超过15人的小组，集中到实验室或远离企业的地方，由心理学家对他们进行训练，为期1~2周。在训练中，参加的人员自由地讨论自己感兴趣的问题，自由地发表意见，分析自己的行为和感情，并接受对自己行为的反馈意见（批评或其他意见），从而提高对各种问题的敏感性。

敏感性训练要按照以下程序来进行：（1）需准备一个舒适的场地，以免给学员造成任何的心理压力；（2）主持人要事先说明训练的程序、规则与目的；（3）主持人先要求所有学员共同参与并完成一项任务；（4）任务结束后，以一学员为中心，其他学员则依序将任务中所见、所闻、所想与该目标学员有关的资讯报告出来（包括个人言行与如何影响他人等行为），并由目标学员详细说明、坦白为何产生如此言行；（5）轮流指定目标学员，重复上一步骤，直至所有学员均参与为止；（6）由主持人作最后的评价、总结，并鼓励、赞许学员面对自我的勇气。

敏感性训练就是通过团队活动、观察、讨论、自我坦白等程序，使学员面对自己的心理障碍，并重新建构健全的心理状态。敏感性训练主要用于为学员提供自我表白与解析的机会和了解团队形成与运作的情况等。敏感性训练的特点是：无严密组织，无主席，无议题，无议程；非定型的自由交谈，对有关现场即“此时此地”所发生的事情进行对话活动；培训指导人员仅从旁协作，为学习过程提供方便，其使命是观察、记录、解释，有时诱导，扮演一种不引人注目的领导角色。

敏感性训练的优点有：（1）能够使学员重新认识自己；（2）能够使学员重新建构自己；（3）帮助学员了解他人和群体。敏感性训练的局限性在于：（1）所需的时间较长；（2）有造成学员心理伤害的可能与危险；（3）需要一名受过专业训练的主持人与数名有一定基础知识的助手；（4）学员可能不愿泄露内心深处的秘密而影响整个程序与效果。

2）行为模仿培训

行为模仿培训是一种流行的培训技术，原本是用来培训人们动手、人际关系和认知方面的技能。该技术是基于班杜拉的社会学习理论，被Goldstein和Sorcher（1974）应用于主管培训中。其合理性在于，人们可以通过观察他人如何模范地完成任务而进行间接学习，只要他们清楚地模仿榜样行为的各个组成部分，记住行为是什么，再实际完成此行为，并被鼓励将所学到的行为加以运用，就能像榜样一样掌握相应的管理技能。

行为模仿通常包括5个步骤，即示范、记忆、练习、反馈、转化运用。

（1）示范：在示范阶段，被开发的主管人员观看榜样完成此相关行为的电影或录像，行为被分割成一系列具体的学习点或关键行为。比如，如果学习目的是让培训主管学会如何处理员工投诉，那么电影将放映一个主管如何适当地处理投诉。榜样模仿行为的关键点包括：①虚心倾听；②在员工说完前不要说话；③避免冲动，以免使员工产生防御心理；④询问员工所期望的解决问题的方案；⑤就具体的步骤和最后期限达成一致。

（2）记忆：在记忆阶段，受训的主管人员深入理解行为以加强记忆。这些活动包括：回忆学习要点；讨论每一要点里的道理；解释模范的行为；说明学习要点。

（3）练习：在练习阶段，每一个受训的主管人员与其他人一起进行角色扮演。比如，每个被要求学习如何处理员工投诉的人，都有机会与其他人员一起扮演投诉人和处理投诉人。

（4）反馈：在反馈阶段，每一个受训的主管人员都能得到反馈，被告知他表现得如何和应该如何改进。

（5）转化运用：在转化运用阶段，鼓励受训的主管人员将新学到的行为运用于工作中。在有些行为模仿学习中，受训的主管人员最后还被召集起来，讨论运用新学习的技能时所遇到的问题和成功之处。Gist、Schwoerer和Rossen（1989）报告了一个将行为模仿培训应用于计算机软件操作的例子。受训者观看录像，其中榜样详细地解释完成每一个任务的操作步骤。录像还回顾了关键的学习点并向受训者演示如何操作。在展示完每一步以后，培训者关掉录像，让受训者自己来做，计算机上的监视系统将及时反馈结果，由此来校正受训者的表现。

3）群体间关系开发

领导者不但要注意群体内的组织发展干预，而且还要注意群体间的组织发展干预，关注群体间功能失调的冲突。群体间关系开发致力于改变群体间的态度、成见和观念，消除部门主义和职业偏见。

群体间关系开发的第一步是领导者让每一群体独立列出一系列冲突的原因，其中包括对自己的认识，对其他群体的认识；第二步是领导者召开会议，让各群体信息共享，讨论并确定发生分歧和冲突的原因；第三步是整合阶段，寻求解决方法并改善团体间的关系，制定一个解决问题的进度表和具体的处理步骤，在领导者的协调下分别执行。

群体间关系开发也可以经常化和制度化，由来自每个冲突群体的代表参加，共同组成协调委员会、多方代表会议等各种形式，进一步深入诊断并找出各种可行性活动方案以改善群体间关系，通常，领导者也应该列席这种亚群体。

7.4.4 在职开发

由管理人员开发的在职开发方法概括起来大体有如下几种：

1）职务轮换

职务轮换，是指让主管人员分别到不同的相关职务上任职，以拓宽其知识面与能力范围的一种管理活动。职务轮换有两种方式：一种是平面式或平行式轮换；另一种叫螺旋式轮换。前一种只是扩大知识面，后一种既能扩大知识面又能提高能力水平，因此主管人员开发中的职务轮换，通常是螺旋式轮换。例如，人力资源部经理任职3年后轮换到分公司担任总经理3年，再到总部担任主管人力资源的副总经理，这里的职务轮换就是螺旋式轮换。

职务轮换的好处是：(1) 通过职务轮换，主管人员将逐步由按某一方面的技术要求思考问题转变为按管理原则进行思考；(2) 职务轮换既有利于主管人员找到自己的职业兴趣与特长，又便于上级为他们安排适当的职务；(3) 职务轮换可以让主管人员对不同部门的问题有更为全面、更为本质的了解，对不同问题具有较强的处理能力。因此，它可以为组织选拔与开发出高层次的领导候选人。

2）预备职位经历

预备职位经历，即让被开发的主管人员在预先准备好的职务台阶上经历一番工作锻炼，待其达到有关能力标准后再正式任命的一种在职开发方法。

(1) 副职制或助理制。设立副职一般是让其协助正职处理某一职务的工作。这种协助有的是全面性的协助，有的是分解式的协助。全面性的协助一般只设一名副职，其承担的职能相当于助理；分解式的协助即设多名副职，每个副职分别协助正职的某一方面的工作。副职制可以让被开发的主管人员与有经验的正职一起工作，得到正职的关心与指导。副职可以观察和学习正职的工作方式、工作风格、性格特点与优秀品质等，从而得到迅速成长。

(2) 设置初级董事会制。初级董事会制在实行多头管理体制的组织中可以作为开发主管人员的一种工具。在初级董事会中，被开发者全部被任命为委员，他们因此有机会接触各级各类有经验的领导人，有机会熟悉涉及整个组织的核心人物与各种事务，了解不同部门之间的关系以及经常遇到的各种实际问题。这种方法主要是为中层管理人员提供处理全公司范围问题的机会，建立一种让他们的相关经验与能力得到发展的机制。每个初级董事会人数一般在1～12名不等，全部来自各个部门的主管人员。

3）决策学习

决策学习，也叫解决和处理问题的行为学习，是让被开发的主管人员学习如何分析与解决其他部门问题的一种培训技术。在这种形式中，要求被开发的主管人员定期开会，4～5人一组，在会上就各自的分析与解决方案进行讨论与辩论。会议一般每周一次，每个人所分析与解决的问题不太相同，大家共同讨论，相互比较工作笔记与具体的分析思路、解决思路。这种方法始于英国，通常涉及不同组织间的相互合作。例如，一位来自财务部门的主管人员，可能被派到本公司或外公司人力资源部门工作，而人力资源部门也可以派一位主管人员到财务部门工作。这种方法具有先导性与贡献性。

4）接班人计划

实习是相对被开发者来说的，而辅导是相对开发者来说的。辅导是指被开发者与某个有经验的主管人员一起工作，而这个主管就被指定负责对被开发者进行辅导。被开发者辅导期满后，有可能直接替代辅导者，接替辅导者的主管职务，但也可能作为后备主管人员或转移到其他职位上从事管理工作。一般来说，在辅导与实习期间，被开发者不承担实际的管理责任，即有职无权，不承担责任。这样有利于被开发者大胆工作，积极锻炼，得到充分的学习机会，同时也有利于保证组织工作正常有序地进行，不至于受到实习人员或被开发者工作不熟练的负面影响，有助于保证当现任主管人员因退休、提升、调动、辞职等离开岗位而出现空缺时，组织内有足够的后备人员能够及时顶替。

这种辅导与实习，在某些组织被称为接班人计划。其优点是被开发者在预定接替的工作环境和职位上工作。在他们看来，这为准备晋升提供了一个极好的机会，因此被开发者会积极主动学习。对于即将退休的辅导者来说，因为即将离开，一方面有站好最后一班岗的思想，另一方面会把辅导看作栽培自己看好的接班人的好机会，看作灌输自己思想与观念的好机会，因此他们也会有一定的积极性。但这种方式也有缺点，某些主管人员唯恐自己被取而代之，不愿向被开发者传授他们的知识、经验与技能，被开发者与辅导者之间可能会因此产生一些矛盾与隔阂。

5）关键事件法

如果要充分发挥在职经理的作用，就需要利用一系列具有开发潜力的关键事件，把它们设计为可以教授的课程和学习方式等。在这方面，“创造领导中心”（CCL）在经理人员开发中所进行的一系列多经验角色作用的研究，可以说是一次有益的探索。CCL的研究者曾研究了36个大组织中的191个成功主管人员，请他们描述职业发展中所经历的关键事件，并解释自己从中学到了什么。在这些调查中，研究者从616个视角中编制了1 500个科研题目，分为32类，5大主题：计划和工作战略、基本价值、关系处理、主管人员性格、了解自我。关键事件也被分为5类：初期影响、劝说领导、在职领导、面临困难、面临重要人物等。表7-12列出了每一个科研项目的类别和内容及其教学意义。表7-13列出了关键事件的类别及其举例。

在关键事件的学习中，存在情感、方法技能和其他获取效果的干扰。开发者要善于发现与利用关键事件中所包含的开发主管人员的机会（如特殊任务、挑战性任务）。为了让主管人员从这些关键事件中获益，开发者必须提供必要的提示、支持、资源、反馈和活动时间。开发者在运用关键事件开发主管人员时，应该注意以下几点：

（1）机会主义——善于利用成长过程中的学习机会；

（2）个人主义——充分考虑被开发主管个人的独特性；

（3）长期眼光——充分注意开发经理是一个长期过程（如10～20年）；

（4）鼓励自我激励——想办法让被开发者本人进行自我奖惩。

表7-12　　科研项目的类别和内容及其教学意义

1.计划和工作战略	•技术或专业技能 •对工商业的全部了解 •战略思考 •承担完全责任 •建立和使用组织结构与控制系统 •解决问题的创新方法
2.基本价值	•搞好基本的管理 •重视人性管理 •要靠多人来管理事情
3.关系处理	•处理政治环境 •如何与上级主管共同开展工作 •如何使员工实施解决方案 •上级主管是什么样的人 •如何应付你无权管理的人 •了解其他人观察问题的视角 •如何实施谈判战略 •如何处理冲突 •如何指导、激励下属 •如何开发他人的潜能 •如何处理下属的绩效问题 •如何管理以前的主管和同学
4.主管人员性格	•自信 •应对超出你控制的情景 •应对模糊情景 •通过灾难提高人的防范意识 •必要时使用权力
5.了解自我	•在工作和个人生活之间进行平衡 •了解工作中什么使你激动 •明确个人局限和盲点 •对自己的职责负责 •承认和抓住机会

表7-13　　关键事件的类别及其举例

1.初期影响	早期工作经历；第一个管理职位的工作
2.劝说领导	特别的工作任务；队员行动相一致
3.在职领导	从零开始；围绕工商业开展工作；管理较大范围
4.面对困难	职业障碍；个人精神创伤；变化的工作，经营错误；下属绩效问题
5.面临重要人物	上级主管

（5）在职方法——强调主管人员在工作中进行学习。

上述CCL研究中所描述的关键事件与方法对于我们的深入研究具有重要的参考价值，但是它也存在一定的局限性，如研究的样本几乎完全是男性、白人和中年经理，而且都来自6个大的组织内部。然而，我们仍认为该研究在此领域具有开创性。

6）行为学习法

行为学习法最早在欧洲提出，逐渐在美国得以流行。它原本是鼓励一线经理投入精力，修改其行为程序的一种方式。目前的行为学习，包括让主管人员选择一个组织问题，写出描述该问题的案例、研究过程与结果，或者与面临相同问题的经理讨论解决问题的方式（Keys & Wolfe，1988）等。这个做法有点像“活的案例”方法，不是分析过去已被解决了的问题，而是分析与解决目前正在不断出现的问题。广为人知的例子是GE的工作能力测验项目，据估计，目前已有220 000多人参加了该项目（Fulmer，1997）。

【案例】

苏宁人才培养模式：1 200工程

“1 200工程”是苏宁规模最大、管理最规范、引进和培养人才最多的专项人才工程，目标在于通过全面、系统、专业的培养，使大学应届毕业生在2~3年内成长为苏宁中层管理团队的核心骨干，成为苏宁未来发展的中流砥柱。为此，苏宁建立了从招聘选拔、轮岗实习、培训培养，到考核激励、晋升提拔的完善制度和体系，专门成立了“1 200工程”项目组，全面负责“1 200人员”的招聘、引进、培训、培养、选拔和任用，实现系统全面、专业专项的梯队和人员发展管理。

从一家200平方米空调专营店发展成为中国最大的家电零售企业，人才成为苏宁的制胜法宝，苏宁尤其注重高素质人才的引进，从应届毕业生中招聘精英。当苏宁电器进入新一轮高速发展时期，迅速展开全国布局。在此过程中，苏宁意识到零售人才的重要性和紧迫性。于是，在2002年，苏宁投入3 000万元作为首批大学生招聘的启动资金。当年共在全国范围内招聘了1 200名本科毕业生，“1 200工程”也就由此而来，而通过“1200工程”招聘的大学生被称作“1 200人员”。经过一年多的实践证明，大学生们经过苏宁系统的培训和实践操作，大多数能够胜任本职工作，为苏宁的高速发展起到了很好的保障作用。也正因为如此，张近东在公司内部将“1 200人员”定位为苏宁未来的接班人。此后，每年苏宁都会在全国大范围展开大学应届毕业生的招聘工作。

从2002年到2018年，“1 200工程”实施了17年，每年的招聘都在有条不紊地进行。因为敢于大胆起用新人，所以“1 200人员”有机会在实践中得到磨砺和成长。“1 200人员”在苏宁快速发展、营销创新、企业文化传承过程中表现优异。“1 200人员”在苏宁内部得到越来越多的认同，逐渐成为苏宁干部选拔的主要后备力量。

在第一期招聘1 200名大学生后，每年的“1 200工程”招聘人数均在1 000~

2 000名。"1 200人员"在进入公司的第一年内，苏宁总部会安排"1 200人员"进行集训、终端轮岗、岗前培训，着重培养他们的"激情、团队、执着"等品质，并使他们尽快融入苏宁大家庭；在"1 200人员"进入部门后，苏宁会安排带教人，进行一对一带教，使他们能明确自己的岗位职责，早日上岗，实现价值。此外，苏宁在坚持"自主培养、内部提拔"的原则下，建立起标准化人才培养体系，分层级全力打造出色的企业接班人。

目前，苏宁引进的大学应届毕业生在苏宁管理干部体系中的占比已经超过15%，"1 200人员"进入公司2~3年，80%以上的人员成长为部长级以上的中层管理骨干；部分优秀的"1 200工程"一、二期员工已成长为公司的高层管理人员；三、四期员工已进入集团的中层核心管理团队；五、六期员工正逐步进入中层领导岗位；七期员工已全面定岗；八期员工正全面融入。"1 200人员"是苏宁的事业经理人和接班人，他们有明确的事业追求，对企业有感情，能够承担责任，同时依托企业平台实现个人价值，如图7-6所示。

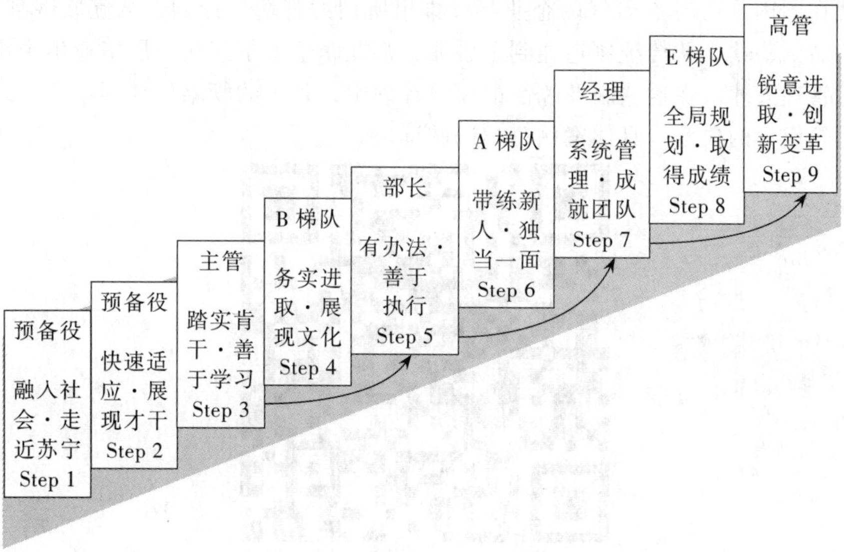

图7-6 "1200人员"成长路径

在苏宁一年一度的年终表彰大会上，经常能看到不同期次"1200人员"的身影，他们已经成为得奖的"主力军"。除了年终评优，"1 200人员"还能享受年度超额奖励、旺季表彰、旅游奖励等诸多奖励。

苏宁内部数据显示，目前苏宁的总裁级别员工中，"1 200人员"占比达26%；在总经理/总监级员工中，"1 200人员"占比为36%；在经理级员工中，"1 200人员"占比为33%。

2010年时，苏宁司股权激励方案首次获批。激励对象包括公司董事、总裁、副总裁、财务负责人、总部各管理中心副总监级以上的中高层管理人员、部分副经理级以上核心业务骨干等。其中，苏宁副董事长孙为民、总裁金明等高管获授期权数量为1 210万股，占此次期权授予总量的14.29%。在此次股权激励中，共有97名“1 200工程”骨干人员被纳入激励对象的范围中。

2018年，苏宁推出员工持股计划，人数超过1 600人，主要涵盖公司董事、高级管理人员，公司零售、物流、金融三大业务体系的中高层人员及业务骨干，技术开发体系核心技术人员，职能支持体系的中高层人员以及公司认为对公司经营业绩和未来发展有直接影响的其他员工。其中“1 200工程”骨干人员占了大多数。

现在，苏宁已经引进了高效率的人事管理系统进行全信息化人力资源管理，并且于2011年创办了苏宁大学，还建立了苏宁全球中高层管理干部的专训基地，以形成更加完善的零售人才培养机制。

资料来源　HRsee.苏宁人才培养模式：1 200工程［EB/OL］.（2019-12-03）. http：//www.hrsee.com/? id=1167.

【拓展阅读】

现在国内凡是有点名气的企业都会推出所谓的管培生计划，从互联网到房企，从快消品到餐饮，从传统制造业到金融业，都在摩拳擦掌想从应届毕业生中挑选出未来的管理人才。在这些眼花缭乱的项目计划中，京东的管培生计划项目可以说是做得比较成功的典范。具体案例可扫码阅读。

京东的管培生计划项目

本章小结

1.管理开发是人力资源开发的一个重要组成部分。所谓管理开发，是组织有意识地给管理者与潜在的管理者提供学习、成长和改变机会的活动，目的是让他们具备有效的管理职能所需要的知识、技能、能力、态度和积极性，以期形成一批能使组织有效运作和拥有必要技能的经理人员。

2.高级管理人员参加培训和开发是完全必要的。这是因为：管理人员在组织中的地位；决策的转变需要培训支持；经营环境变化对管理和管理者提出了新的要求；管理开发是企业竞争优势的重要来源。

3.管理人员开发的最终目的在于提高未来组织的核心竞争力与最终的工作绩效。管理培训项目的开发流程与普通培训项目的流程相似，主要分为需求分析、计划制订、组织实施与效果评价几个阶段，在某些细节上需要做调整。

4.不同层次管理者的特殊性在于不同层次的管理者所需的技能不同；所要处理的决策问题的类型，以及所需具备能力的差别。所以对于高层管理者、中层管理者与基层管理者的培训内容应有所不同。

5.管理人员开发需求分析可借助的方法有：借助人员规划与预测、评价中心法、基准评价法、工作特征分析法、角色分析法，还可借助心理测试、绩效评估的方法，以及前面提到的进行培训需求分析时所采用的方法。管理者开发培训可以借助管理者胜任能力分析。

6.管理开发方法与技术可分为管理能力开发、潜能开发、人际关系的开发与在职开发。管理能力开发包括评价中心、管理方格图训练、领导匹配培训、领导者的相互开发等；潜能开发包括拓展训练与魔鬼训练；人际关系的开发包括敏感性训练、行为模仿培训、群体间关系开发等；管理人员开发的在职开发方法概括起来大体有：职务轮换、预备职位经历、决策学习、辅导与实习、关键事件法与行为学习法等。

关键概念

管理开发　基准评价法　工作特征分析法　角色分析法　胜任能力　评价中心　管理方格图训练　领导匹配培训　拓展训练　魔鬼训练　敏感性训练　行为模仿培训　职务轮换

课堂讨论题

1.如何理解管理开发的含义？怎样理解管理人员培训与开发是必要的？

2.管理培训项目的开发流程与普通培训项目的流程相比，需要哪些方面的调整？

3.不同层次管理者的特殊性表现在哪些方面？如何理解高层管理者、中层管理者与基层管理者的培训内容应有所不同？

4.管理人员开发需求分析可借助的方法有哪些？如何使管理人员开发项目的设计更加科学有效？

5.管理开发方法有哪些？如何利用这些方法进行管理开发？

第8章 /组织开发

学习目标

通过本章的学习，要掌握组织、组织变革以及组织开发的定义和内涵，了解组织开发的方法、组织学习的内涵和建设组织学习三大系统的方法。要了解学习型组织的产生过程，理解学习型组织的内涵和架构特征，更重要的是掌握构建学习型组织的原则和方法。

8.1 组织开发概述

8.1.1 组织及组织变革

1）组织的界定

组织是指为了实现某一共同的目标，经由分工与合作及不同层次的权利和责任制度，而构成的人的集合。每一个组织都有其特定的组织目标、组织成员、组织结构、组织环境等。

（1）组织目标

组织目标是一个组织存在和发展的灵魂，它影响组织与其环境以及与其他组织的相互关系，提供激励组织活动的动力，为组织的结构关系和组织的管理奠定基础。组织应该有一个既定的目标，为组织成员导航，知道要向何处去，如果没有一定的目标，那么组织就没有存在的价值。

（2）组织成员

人是构成组织最核心的力量。3个（包含3个）以上的人就可以构成组织。组织目标是通过人员来具体实现的，所以人员的选择是组织中非常重要的一个部分。在一个组织中需要有人出主意，有人订计划，有人实施，有人协调工作，还要有人去监督组织工作的进展、评价组织最终的贡献。不同的人通过分工来共同完成组织的目标，所以在组织成员选择方面要考虑成员的能力如何、经验如何，技能是否互补。

（3）组织结构

组织结构是围绕组织目标，构成组织内部各组成部分之间的有机联系。它是由组织内部的责、权、职组成的三位一体的科层体系。

（4）组织环境

组织环境对组织的形成、发展和灭亡有着重大的影响。在当今社会和未来，只有组织目标、结构和管理模式更加灵活多变，才能适应不断变化的外部环境，使组织的生命力不断延续和发展。

2）组织变革

组织变革是指组织为了适应内外环境的变化，通过有效的系统方法和措施，使其从当前状态转化到目标状态或未来状态的动态平衡过程，如改变个体在组织中的地位、建立组织的新型结构、形成组织运行新机制等。其目的在于加强组织对于环境变化的适应能力，并改变组织成员的行为模式。组织变革已经成为企业生命的一部分。组织变革也存在着阻力，分为源于个人的阻力和源于组织的阻力。其主要原因有：一是个人对变革存在着恐惧心理。二是个人会倾向于因循守旧。三是个人会保护自己的既得利益而抗拒变革。对于一个组织来说，个体是否抗拒变革并不重要，重要的是组织作为一个整体是否抗拒变革。只有适应组织变革的企业才能获得持续的竞争力。因此，如何才能适应变革就成为企业需要解决的一个重要课题。

目前组织变革的一个显著的变化是组织开发（organization development）活动的出现。组织变革和组织开发有密切的关系，组织开发可以作为实现组织变革的手段。组织开发的每一步，都体现为组织变革，可以说，组织开发是由若干个更符合人性的组织变革组成的。

8.1.2　组织开发的定义

组织开发是指通过采用新的管理方法和组织文化，运用行为科学的理论和技术，通过组织这个载体来改变员工态度、价值观以及信念的一系列有计划的人员开发活动。组织开发是企业人员开发活动新的发展方向，其目的是提高组织解决问题或吐故纳新的能力，进而提高组织的效率。

人员培训开发采用许多重要的方法，以实现员工的个人发展，包括培训与开发、职业开发和组织开发。其中，培训与开发向员工提供他们所需的知识和技能，以便其能更好地工作；职业开发帮助员工有效地进行职业生涯设计，并帮助他们准备适应未来的发展所必须具备的知识和技能；而组织开发则改善了员工的工作环境，为员工更有效地工作创造了环境基础。

如果说一般的人员培训开发活动是以个体为对象展开的，那么组织开发就是以组织为对象展开的。组织开发是一种在组织层次上的人员培训开发活动。它是关于个人、团队、组织之间如何成功地面对变革的活动，综合利用全部员工培训开发形式来促进组织作为一个整体的变革，并且也是组织的一种重要战略工具。组织开发需要评估组织所处的外部环境以及开发需求，然后组织全体成员进行相应的开发活动，目的在于使组织提高绩效，获得竞争优势。

组织开发活动一般从组织的顶层开始，并需要得到高层管理人员的认同，然后为整个企业设计一个整体性的改革计划。每个层次的员工都应遵循相应的原则，有相应的目标，这些原则和目标必须要在员工中得到支持和协调。组织开发活动的关键在于根据特定的原则，使各个特定的群体（正式、非正式）成员在一起工作，为实现同一目标而努力。而且开发活动不只是在设定的时间内完成的，而是一个连续的过程，并通过定期的组织活动来维持这种连续性。当然，无论是什么具体形式，这些组织开发活动的一个共同点是实现组织目标同个人自我开发需求的有机结合。

在未来，组织开发将从强烈的人文关怀和福利色彩发展到战略色彩并提升到组织绩效色彩。随着对变革的需求越来越大，对组织开发的需求将变得更大。组织开发将成为组织日常运作的一个组成部分。计算机、网络技术和信息管理技术的发展使得信息的收集、整理和分析变得更容易，这使得特别依赖信息的组织开发有了更坚实的技术基础。技术的进步可能改变组织开发的程序和过程，进而节省更多的时间和成本。随着资料和信息的积累，可能会使组织开发变得容易起来。此外，组织开发将越来越跨文化、国际化，这是全球化趋势下的一个必然结果。

8.1.3 组织开发的特征

（1）组织开发是行为科学知识在不同的组织层次（群体、群体间、整个组织）的系统运用，以引起有计划的变革。组织开发活动是组织整体变动的管理，不是一个局部的行为，它意在改变组织各个方面的现状，把企业改造为理想的模式。

（2）组织开发基于“组织是用动态的人际关系维系的系统”的认识，致力于运用行为科学的知识来改变信仰、态度、价值观、人际关系、策略、结构和实践，激发群体动力，开辟沟通渠道，从根本上实现改变组织的所有组成部分并以此来解决实际问题。

（3）组织开发是有计划的、长期的，具有远期效应。它不是解决短期绩效问题的一蹴而就的战略，而是一种能解决长期而错综复杂的组织问题的方法。组织开发是一整套管理变革的过程，包括目标的制定，行为的计划、实施、检测，并且需要投入相当多的时间和金钱。在许多组织中，组织开发与战略策划同时进行，因为二者都具有长期效应。

（4）组织开发寻求的是增强组织有效性和员工幸福感。组织开发通过改变组织的信仰、结构、态度、价值观和意识，以使它能更好地适应新的技术、市场挑战和日新月异的变化。其目标包括：更高质量的工作、生活，更高的生产率、工作效率，更强的适应性。

（5）组织开发在很大程度上依赖人们的经验，并且重视对变革的推动。组织开发常常采用“行为学习”的方式教育和培训人们以更好的方式来办事，同时它使用变革代替人来对组织开发进行诊断，发动变革并推动变革。

8.1.4 组织开发的过程

组织开发是一个不断向前、逐步展开的过程（如图8-1所示），包括介入、缔约、诊断、反馈、规划变革、干预、评价和终止8个步骤。

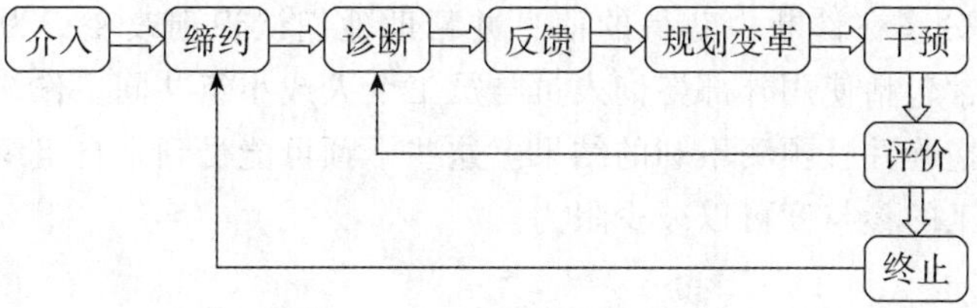

图8-1　组织开发的过程

1）介入

当组织中变革的需要变得明显，出现了要解决的问题时，组织便会开始寻找能解决围绕或进行变革的人，即组织开发过程一般始于某一组织中的重要参与者请求组织开发专家（来自组织内部或外部）解决组织问题。组织开发的介入主要是建立组织与专家的全部动态变化，包括明确组织问题、确定相关当事人、选择适当的组织开发专家。其中最关键的是组织和专家双方的相互评价以及对和谐工作关系的预期。

2）缔约

缔约的重点是说明组织开发的推动者与组织开发专家双方对组织开发的期望。组织开发的缔约既可以是口头协定，也可以是具有法律约束力的文件。同时这种缔约应该是动态的且可行的，即随着组织开发计划的逐步开展、环境的变化和各种特殊情况的出现要求缔约双方都应对合同进行重新检查或谈判。

3）诊断

在进行组织诊断时，要将组织视为一个开放系统，可以在三个层次上进行诊断：组织层次上的诊断，包括对公司战略、结构和程序的设计；群体层次上的诊断，包括对团队成员之间结构性的相互作用而进行的团队设计和策略；个体层次的诊断，包括用来设计岗位以得出必需的作业行为的各种方式。

4）反馈

反馈时专家要对诊断中所收集的各种数据包括防御和接纳行为的分析进行陈述，接着在讨论中根据需要回答的问题澄清陈述，然后再给出对组织系统的初步诊断。在这个过程中，有明显的组织开发特征，即组织的协作，组织的积极参与有可能改变专家的最初诊断结果。

5）规划变革

规划变革是制订一个改善组织绩效的计划，找出组织中的问题，并且概述解决问题要采取的步骤。在规划变革阶段，组织与专家协同工作，识别行动的各种备选方案及其效果。选定方案后，相关人士就要对实施组织发展所需的各个步骤进行布置。此阶段的一个显著特征是由组织而不是专家来确定变革发展计划的性质。

6）干预

干预包括诸如工作设计与组织设计的变化，冲突降低计划或管理培训，与受诊断影响的员工分享在诊断中获得的信息并帮助他们认识到改变行为不端的必要性等。该阶段常常包括使用外部咨询人员与员工个人或小组共同工作，此时专家的作用是帮助实施措施并且预测不利的结果。这些干预可能受到来自组织系统成员的抵制，但提高员工的参与度可以减少阻力。

7）评价

评价关注的是组织开发的努力是否能产生想要的效果。评价既包括对变革和发展在实际执行中的过程评价，也包括对变革和发展是否实现预期目标的事后结果评价。评价结果应该为组织系统提供关于下一步行动的信息。

8）终止

终止是指专家在特定措施中的参与活动终止。无论是外部专家还是内部专家，都希望组织系统能独立于专家，但这种独立并不是指永远终止进一步的接触。有效的组织开发专家会和组织建立长期的关系，从而在同一组织内推动一个又一个组织开发项目。在这个阶段，组织成员接受变革，并将变革推广到整个组织范围，专家将变革所需要的知识技术传授给组织的成员，准备退出变革的实施。

8.2 组织开发的方法

组织开发的方法有敏感性训练、调查反馈法、团队建设、工作再设计、目标管理、质量圈、组织再造。

8.2.1 敏感性训练

敏感性训练是从实验室训练发展起来的一种传统的组织开发技法，又称群体训练、实验室训练、人际关系训练、领导训练。敏感性训练就是通过受训者在群体学习环境中的自由讨论、意见交流和相互影响，提高他对自己的感情和情绪、自己同他人相互关系的敏感性，以及学习和认知的能力，进而改变个体和团体的行为，达到提高工作效率和满足个人需要的目标。这种训练方法适用于全体职工，尤其适用于中上层管理人员，对具有不同社会文化和知识背景的人也同样有效。

8.2.2 调查反馈法

调查反馈法通常是企业在外聘组织开发咨询专家和组织领导者的合作下，通过访谈、问卷、观察等方法进行测量调查，把收集和分析的数据结果绘制成图表，反馈给被调查的群体或组织成员，以此诊断所存在的问题，并征询意见和制订出解决问题的方案。

1）调查的内容

（1）领导在管理过程中的问题；

（2）组织在沟通、决策、协调和激励等方面的情况；

（3）员工对组织中各方面情况的满意度。

2）使用调查反馈法需要注意的问题

（1）调查对象最好是一个群体、部门或组织的全体成员，这样收集的资料才比较全面准确；

（2）调查表一般按无记名方式设计；

（3）所调查数据的处理分析由外来的组织发展专家进行；

（4）数据结果的反馈要针对所有相关人员，通常以小组讨论的方式进行解释；

（5）组织开发专家要培训有关的管理人员，使之掌握向下级进行数据反馈以及收集意见和建议的技能。同时组织发展专家要参加每一级别的讨论，让每一个人都来分析所拥有的数据，形成坦诚相见、共同解决问题的气氛，促进会议的进行。

8.2.3　团队建设

团队建设是指在外聘专家的帮助下，依靠群体成员自己的力量，协调群体内部的关系，改进活动过程，提高群体工作效率的变革活动。它可以用于群体内部，也可用于相互依赖的群体之间，还可以推广到整个组织。

1）团队建设的过程

（1）团队内部或外部的成员提出和了解团队存在的问题；

（2）从所有成员处收集和分析有关数据；

（3）团队成员讨论数据并针对问题所在确定优先顺序，制订行动计划；

（4）共同执行具体行动的计划；

（5）团队成员一起监督实施过程，估算结果，克服组织内部垂直边界和水平边界引发的僵化。

团队建设的主要过程如图8-2所示。整个团队建设的过程可以视为不断协调的过程，特别强调通过“团队成员在一起工作”来完成各项团队建设任务。通过这一过程，达到人人参与的目的，团队成员就担负起对整个团队的责任，有助于执行共同作出的决定。

图8-2　团队建设的过程

2）团队建设培训内容

（1）团队角色

成功的团队是由不同性格的人结合在一起而组成的，成功的团队必须包括担任不同角色的人。在培训中，培训师会给每一个学员界定角色。

（2）团队互助

团队是一个整体，任何超级员工、非正式组织的出现都是致命的，任何上支下派、各扫门前雪的行为也是不应该的。针对这样的情况，必须化解内部矛盾，通过培训除去员工的心理屏障。团队互助可以设计一些游戏教学，使团队成员认识到必须齐心协力才可以完成任务。按照任务为导向的建设途径，团队必须清楚地认识到某项任务的挑战，然后在已有的团队知识基础上研究完成此项任务所需要的技能，并发展成具体的目标和工作程序，以保证任务的完成。

（3）团队沟通

研究表明，沟通问题处理不善是团队不和的另外一个主要原因。通过培训、团队沟通可以帮助学员克服人际交往中沟通的不必要心理恐惧，帮助员工走出沟通的误区，建立适合团队良性发展的沟通机制。

3）团队培训的种类与其适用对象分析

综合目前有效的团队培训种类，大致可以分为“传统培训”“户外拓展”“室内拓展”三种类型，这三种培训各有针对的人群，各有特点，企业可以根据自身情况进行选择：

（1）传统培训

传统培训一般是指由培训讲师采取讲座的形式，辅以若干直观的教具、多媒体手段、案例分析、情景模拟、趣味技巧等的教学方法。此种培训多适用于老员工、主管层以上的学员，课堂内多教授团队建设方法，比较注重系统理论教学。此类培训课程设计偏于理论化和笼统化，课程元素相对单一，这是许多企业受训者的共同感受。

（2）户外拓展

近年来，户外拓展训练、探险学习已被广泛应用在团队建设与领导技能培训中。户外环境与一般工作环境不同，学习活动类型比较多，对大部分参加者来说都是新的体验，没有人会特别占优势，这就使参与的同事都处于较平等的地位。拓展训练通常利用崇山峻岭、瀚海大川等自然环境，通过精心设计的活动达到“磨炼意志、陶冶情操、完善人格、熔炼团队”的培训目的。

此种培训由于运动强度大、体能要求高，比较适合年轻员工、新进员工、综合体能素质较优人群。团队培训中的拓展训练通常以改善受训者的合作意识和受训集体的团队精神为目标，通过复杂而艰巨的活动项目，促进学员之间的相互信任、理解、默契和配合。

（3）室内拓展

此种培训是前两种培训方式的有效结合，既保留了传统的理论基础，也吸收了拓展训练的体验式培训方法，多选择一个封闭式度假村作为上课地，在讲课过程中采用多媒体手段、案例分析、情景模拟、趣味游戏等方法辅助教学。其适用人群比较广，学员年龄不受限制。

8.2.4　工作再设计

工作再设计是对有关工作内容、功能及相互关系等进行有计划的重新安排，以期提高员工积极性和工作效率，增强工作本身的激励因素和工作满意度，改善工作绩效的一种组织发展方式。它从人的全面发展出发，通过工作本身的改进和工作之间相互关系的调整，让员工担负较多的工种，赋予员工较大的责任，使之了解工作过程，可以大大增强员工工作的内在兴趣，提高激励性和工作积极性，完善工作关系。

1）工作再设计涉及的工作特征因素

（1）工作内容，指工作的一般性质，如任务的多样性、复杂性、自主性、完整性、难易程度等。

（2）工作功能，指工作的要求和方法，如责任、权力、工作方法、工作协调、信息沟通等。

（3）工作关系，指人际关系。

（4）工作结果与反馈，指任务完成情况、工作满意感、工作结果的反馈程度等。

2）工作再设计的方法

（1）工作轮换。工作轮换是指企业有计划地按照大体确定的期限，让员工轮换从事若干种不同工作。工作轮换具有激励员工、促进员工职业成长、适应组织变化等作用。

（2）工作扩大化。工作扩大化则是给某一特定的工作增添更多的职责。工作扩大化与科学设计化恰恰相反，后者总是尽量减少职责的数量。工作扩大化有助于提高技术的多样化发展。

（3）工作丰富化。工作丰富化指的是将更多的具有不同特性的任务加到某一工作中。那么，如何区分工作扩大化与工作丰富化呢？前者指的是增加相同性质的工作，后者指的是增加不同性质的工作。增加相同性质的工作指的是在原工作的基础上增加更多的特性相同的任务，而增加不同性质的工作指的是创造出一种包含很多特性或任务的工作，这些特性包括工作意义、工作自主性、反馈、技能多样化等，工作丰富化设计的直接影响是大大地改善了员工的心理状态。

8.2.5　目标管理

目标管理是由下级与上级共同决定具体的绩效目标，并且定期检查完成目标的进展情况，而奖励则是根据目标的完成情况来确定的。目标是对期望成果的简要概括，由上下级共同选择目标，而不是由上级单方面指定然后分配给下级。目标管理并不是用目标来控制，而是用它来激励下级，每一个目标都有一个具体的时间段，必须在限定的时间内完成。目标管理一般由四个部分组成：目标具体化、参与决策、明确的时间规定、绩效反馈。理想的状况是通过给个体提供持续的反馈，使他们能够控制和修正自己的行为。同时，在检查进度时，管理人员给予目标管理阶段性评价。

1）目标管理的工作流程

目标管理的工作流程包括五个程序：

（1）制定目标

制定目标包括制定企业的总目标、部门目标和个人目标，同时要制定完成目标的标准，以及达到目标的方法和完成这些目标所需要的条件等多方面的内容。

（2）目标分解

建立企业的目标网络，形成目标体系，通过目标体系把各个部门的目标显示出来，就像看地图一样，任何人一看目标网络图就知道工作目标是什么，遇到问题时需要哪个部门来支持。

（3）目标实施

要经常检查和控制目标的执行情况与完成情况，看看在实施过程中有没有出现偏差。

（4）检查实施结果及奖惩

对目标按照制定的标准进行考核，目标完成的质量可以与个人的升迁等挂钩。

（5）信息反馈及处理

在考核之前，还有一个很重要的问题，即在进行目标实施控制的过程中，会出现一些不可预测的问题。例如：目标是年初制定的，年尾发生了亚洲金融危机，那么年初制定的目标就不能实现。因此在实行考核时，要根据实际情况对目标进行调整和反馈。

2）目标管理的意义

（1）通过目标连锁体系使个人和部门的责、权、利明确、具体，消除“死角”、“暗区”和“交叉带”，促进分工和协作，提高工作效率和业绩。

（2）通过上下沟通，使个人目标、团体目标和企业目标融为一体，促进全员参与，增进团结，既避免了本位主义，又能集思广益。

（3）通过授权、分权和自我管理，既提高了管理者的领导水平，又提高了员工素质。

（4）通过人人制定目标，促使每个人为未来做准备，防止短期行为，有利于个人和企业的稳定和长期发展。

（5）通过上下级共同制定评价标准和目标，能够客观、公正地考核绩效和实施相应的奖惩措施，便于对目标进行调整及对目标的实施进行控制。

3）实施目标管理要注意的问题

（1）在目标的制定和实施过程中，要鼓励员工广泛参与，积极讨论并发表意见，增强参与感；

（2）要注意个人、部门和整个组织目标的整合，使得几个方面的工作能有机地协调为一个整体，这要求管理人员必须具备较高的制定目标和实施控制方面的技能；

(3) 心理学的研究表明，对于中等难度的任务，员工完成的效率最高，因此，应该使目标保持在中等难度；

(4) 要有恰当的奖励制度相配合，才能充分提高员工实现目标的积极性。

8.2.6　质量圈

质量圈是指一种让相关员工参与工作决策和参与解决与职务相关问题的管理方法。它是一种自愿参与、大家在一起通过开会来发现问题和解决问题的小群体。质量圈对增加组织绩效和对员工授权有比较大的促进作用，是一个比较有利的组织开发工具。

1）质量圈的人员构成

质量圈一般是由5~10名经过特殊培训的员工组成的，他们通常是通过共同工作来生产某一特定部件或者提供某一特定服务的工作人员。

质量圈的组成成员分为促进者、质量圈领导、同事委员会。同事委员会由关键管理者和相关员工组成，同事委员会负责运作质量圈，对资源分配、生产或者运营的变化和员工的任务分派进行决策。促进者由同事委员会挑选出来，任务是培训质量圈领导，并监管质量圈的运作，促进者必须具备基本的组织开发胜任能力。质量圈领导通常是质量圈的主管，他的责任是召开会议，促进成员的积极参与，撰写同事委员会的总结报告等。

2）质量圈的活动

每个质量圈应该定期进行集会，讨论改善工作程序、产品质量、工作条件和设施方面的问题。通常，质量圈应该给予员工参与相关会议的时间。质量圈向管理层就他们所研究的问题提出建议。一般说来，在没有得到管理层的批准之前，他们是不能实施这些建议的。这种质量圈的管理方法，能够充分发挥每一个人的积极性与创造力。

8.2.7　组织再造

组织再造是对企业业务流程的再设计和重新思考，使组织传统的生产和流通方式发生根本转变，它打破每个专业工作部门的界限，把它们变成更加整合的、跨部门的工作流程，这样的工作流程能使组织变得更加灵活，更加适应竞争环境、顾客需求、产品生命周期和技术等方面的变化。组织再造的出发点是解决组织流程的低效率、不流畅，是以组织作为载体与平台，通过将企业中的权力、责任、利益进行再分配，再造企业的竞争能力。

1）组织再造的方法

(1) 组织消肿

组织消肿可以直接导致企业组织结构的简单化。裁员是消肿的直接结果，它降低了成本，增强了活力。

（2）扩大管理幅度

减少管理层次是以扩大管理幅度为前提的。只有有效扩大管理幅度，才能达到减少管理层次的目的。管理幅度的扩大取决于一定的因素，如管理者及其下属的素质和能力、能否有效授权、信息沟通的现代化等。

（3）扁平组织

传统的组织结构形如金字塔，它是组织不断分层的产物。几乎所有传统企业的管理组织均呈现金字塔形状。这也是管理经典理论所一再表达的原则。然而，现代信息技术从管理幅度切入，寻找到突破口，使管理法则重新发挥作用：组织层次开始随着管理幅度的增大而不断缩小，随着管理下属能力的大幅度增长，企业组织由金字塔形向扁平形转化。

2）组织再造应注意的问题

组织再造是有目的、有意识的主动行为，绝不会偶然发生。成功的组织再造远远不只是构建合适的组织结构。其最终目的的实现，还需要经过更加艰难的沟通与实施阶段。

（1）组织再造本身不会自动给企业带来任何利益的绝对增加。如果组织再造后新的更加敬业而富于进取与创新精神的人涌现出来，进入关键岗位，那么组织的整体能力便会提高，呈现帕累托改进的良好局面。但是，如果关键岗位上不能涌现出一批更加有价值或创造力的人，那么组织再造无论如何也不会成功。

（2）再造后的组织应由合适的人来掌控，而且这些人应该具有足够的信心与动机来保持激情，不断追求更高的绩效，这就需要有一系列保护创新激情的配套制度。不少公司组织在重组初期，员工热情高涨，充满期待，开始时的确使企业效益突飞猛进，但是持续的时间很短，不得不进行再造，不同的人轮番登场，其结果是企业业绩不但没有提高，反而带来了种种不利结果。连续不断的组织变革使员工怀疑公司的领导能力。公司的许多职位上充满着不少疲劳的、被过度提拔的、不能胜任的领导干部。

（3）只有首先坚定“改造人”的决心，才能够推进组织结构的变革，而绝不是简单地绘制组织结构图。尽力改变关键人物的动机和观念将是组织结构重组的起点。领导者只要有充分的冒险精神，组织再造只是一瞬间的事。但是，即将走向前台进入关键岗位的人的能力提升、观念更新，却绝非一朝一夕之功。

8.3 组织学习

8.3.1 组织学习的内涵

组织学习是一个系统化、持续的集体学习过程，是组织里的个体通过各种途径和方式，不断地在组织内获取知识、传递知识，并创造出新知识的过程。其目的在于增强组织自身能力，带来行为或绩效改善，从而形成组织的核心竞争力。它以个人学习为基础、团队学习为纽带，使组织学习达到效益最大化。在此过程中需要组织及其成员积极主动地应用组织内外有用的信息指导组织的行为，提高组织对环境的适应性，同时也影响着组织的内部环境。组织学习过程的核心和实质就是要建立一种可以从自己和别人的经验中学习的机制，能生产、储存和搜索知识，以达到组织行动的理想效果。为了进行有效的组织学习，组织必须具有感知内外环境变化的监控机制以及知识交流与传播机制。因为感知是学习的起点，监控机制是组织学习与创新的源泉，知识交流与传播机制则是组织学习的动力。

1）组织学习的特征

(1) 组织学习不同于个体学习，它是一个集体活动的过程，这强调了组织学习的共同成长性特征。

(2) 组织学习是有目的的，并不是随意的、自发的，而且应与组织的运作与发展紧密相关，这强调了学习的目的性特征。

(3) 组织学习必须能对组织行为和绩效改善产生影响，这强调了学习的效率性特征。

2）组织学习的形态

组织学习有三种形态：单环学习、双环学习和三环学习。

(1) 单环学习

单环学习是指组织在察觉问题后，依其既定的行为规范和政策进行整改以达成组织目标的过程。在此过程中，面对变化和暴露出的问题，组织并不能对其既定的固有政策、目标以及心智模式进行改变，因此，单环学习实质为一种僵化的、不灵活的单向学习过程，其所关注的问题在于“我们是否做对了”，在于获取直接解决紧要问题或扫除个体及组织遭遇的障碍的方案。单环学习的重点在于获得信息以确保现有系统的稳定，在于发现系统中的错误和纠正错误，它适用于惯例、重复性的问题。

(2) 双环学习

双环学习是指组织可以在调整其现行的政策、规范和目标的基础上处理所暴露出的问题的过程。换句话说，双环学习本身即为一个动态的过程，其在组织本身现有的知识和能力基础上，通过对此带有共性的问题的处理，产生新的政策、目标以及相应的心智模式，并以此作为解决未来可能发生的共性问题的指导。就双环学习而言，其成败的关键一方面在于组织对防御性心理和行为障碍的克服，另一方面则在于组织中进行自由对话和沟通的能力。显而易见，双环学习可以促进和增强组织在新的复杂环境下的适应和生存竞争能力。它所关注的问题是：“我们做的是否对?”双环学习更多地与非程序性的问题相关。

(3) 三环学习

三环学习所考虑的是组织结构和战略层面上的变革。三环学习的基础是集体智慧。三环学习将组织所遇到的各种各样的问题及在解决过程中得到的经验在广度和深度上进行拓展与整合，并在此基础上进行组织结构和战略的变革，开发出新的技能和能力。三环学习所关注的问题是："我们是否能参与战略、目标等的变革？"

8.3.2 组织学习的障碍

1）组织学习的障碍过程表现形式

（1）封闭性学习。员工通过学习只是掌握了相关的概念和知识，并没有采用合适的行为，即员工概念性的学习没有转化为员工行为。

（2）限制性学习。尽管员工想方设法改变组织的某些行为，但由于组织内部沟通不畅，员工间缺乏合作，组织对员工的行为默然视之。

（3）迷信学习。由于缺乏必要的行动理念、模式或理论，员工或组织的认知模式不当，造成员工或组织重复习惯性的行为，缺少理性思考。

（4）模糊学习。如果对行动结果缺乏有效的评价，如缺乏反馈，即使个人和组织的认知模式是正确的，也会影响组织成员以后的行为及对组织管理制度的信任程度。

（5）表面学习。员工没有认识到改变认知模式的必要性。因此，学习只是表面性的，不具备长期性，同时由于员工的认知模式没有改变，组织也就无从利用学习成果。

（6）片断学习。虽然员工进行了学习，改变了自己的认知模式，但没有形成组织共同的认知模式。因为组织的认知模式没有改变，所以员工对组织没有任何贡献，组织也不可能进行学习。

2）组织学习的文化障碍

从文化学角度看，组织学习是组织建设新的文化系统，从而通过塑造文化优势来构建组织优势的过程。组织文化可以定义为感知世界的相对稳定的方法，可以用行为的、心理的和文化的因素来进行描述。行为因素是指能促进组织学习的明显的行动；心理因素是指那些能促进这些行动的内在情势；文化因素是指那些能创造和加强这些心理条件的组织规范和组织文化。心理因素和行为因素必须依赖一定的文化环境才能促使组织学习顺利进行，组织学习的文化障碍就表现为不能提供合适的组织文化。这主要表现为以下几点：

（1）对错误的不宽容。组织很少奖励那些承认错误的人，这样很难使组织成员去试验或承认错误，组织也很难从过去的经验中或从他人那里吸取教训。

（2）不是根据问题的实质而是根据个人利益或个人的喜恶倾向对问题作出判断。不能根据问题的实质来对问题进行判断，就会使人们在交流过程中不坦诚，从而影响组织学习的顺利进行。

（3）组织对学习的不重视将严重影响组织学习中的心理因素和行为因素。组织学习更重视无形规则即文化的作用，组织成员的价值观、思维和行为方式对组织成员行为的影响在很多时候是在无明显思考的状态下进行的。在既定的价值观念和思维方式的引导下，组织成员往往不必对问题进行考虑和判断，就会自觉不自觉地采取行动。因此，创建适宜的企业文化会对组织学习起到内在的促进作用。

3）领导者产生的障碍

领导需要在组织适应外部环境变化和促进组织学习中扮演重要角色。当组织缺乏足够领导者时，当现行领导者的行为无助于学习时，组织学习就会受到阻碍。组织学习中领导的障碍首先表现在领导者与其员工之间的关系定位上，即依赖型和授权型。依赖型的领导认为为他人创造一个安全的、可预知的环境是他们的职责；授权型的领导则认为每个人都有正确理解事物的能力，他们不管有没有上级支持都愿将组织的工作做好。当领导者把下属降到随从者的地位，抑制他人参与领导工作的能力时，这样的领导就会削弱组织学习的机会。将领导权让组织内不同层次的行动者分享将有助于组织学习的发展。进行组织学习需要领导努力发挥学习型组织的作用，学习型领导必须树立积极解决学习问题的信心，为组织其他成员建立适当的榜样。

4）组织结构产生的障碍

要系统地促进组织学习，一个必要条件就是有适合学习过程进行的组织结构的存在。组织学习需要通过组织结构系统地收集、分析、储存、传播和使用与企业及成员有关的信息，因此，不合适的组织结构将成为组织学习的障碍。在集权结构、等级结构和分权结构中都存在有效的组织学习，但是在集权结构中，集中的、机械的结构倾向于加强过去的行为，有机的、权力分散的结构则倾向于允许信息和行动的变化。另一类特殊的结构障碍类型同样在部门结构中存在，部门结构会抑制组织学习，是因为成员的注意力都放在本部门的问题上，而不是组织的问题上，容易产生片断学习。

8.3.3　建立企业组织学习的三大系统

1）组织学习的三大系统内容

（1）反馈

反馈的概念可以从狭义和广义两个方面来定义。狭义的反馈是指组织在运行过程中输入内外部的各种信息资源，并通过组织的经营活动输出组织信息的过程。而广义的反馈是指在实际工作中，把组织内外各种信息及时吸纳，与组织目标进行对比，通过反思找出偏差并及时纠正，以维持组织行为的准确性。这里的反馈既包括信息的反馈又包括反思的过程。因此，广义的反馈就是反馈系统的概念。

（2）反思

反思一般是指行为主体立足于自我以外，批判地考查自己的行为能力。组织学习是建立在个体学习和团队学习的基础上的，因此，这里说的反思，既包括组织内个体进行自我反思，也包括团队反思和组织反思。也就是说，反思的主体既可以是组织中的个体，也可以是组织中的某一个团队，还可以就是组织本身。反思系统是指在工作与学习一体化实践中，将个体、团队、组织的行为与一定的标准进行对比，发现偏差、分析偏差并予以纠正。

（3）共享

共享是指组织内信息的共有和分享过程。共享机制是组织通过交流、讨论等有效手段和沟通渠道，使知识在组织内能被共同认知和运用的机制。

2）建立组织学习三大系统的举措

（1）以信息反馈为基础的组织学习系统

信息系统的组成要素包括信息汇集系统、信息反馈系统两部分。信息汇集系统是指对外源和内源信息的收集、分析、处理、存储、应用的全过程。来自企业内源的信息有企业目标、发展战略、企业最新生产动态、科研成果、团队建设和部门管理等；来自企业外源的信息包括国家相关的法律法规、行业科技动态、合作伙伴信息、用户信息等。信息汇集过程应力求做到及时、准确、经济、适用。信息反馈系统是指信息的交换、讨论、共享系统。信息的反馈过程是对企业的整个生产经营活动进行消化、理解、认识和升华的前提，也是进行有效反思、知识共享的重要基础。为了能从内源和外源的信息反馈中获得信息，形成知识和智慧，产生创新能力并转化为绩效成果，必须采取一些有效举措予以支撑。这些举措可分为团队、组织、个人三个层面（见表8-1）。

表8-1　**信息反馈的三个层面**

1.组织目标管理		7.用户跟踪调查
2.来自用户和合作伙伴的信息（录像等）		8.本行业科技最新动态
3.用户热线电话		9.竞争对手最新动态
4.用户满意度调查		10.用户问题大讨论
5.啄木鸟计划	团队	11.信息网络
6.产品跟踪研究计划	↑	12.情报中心
1.团队目标管理		7.开展自主管理活动
2.找差管理		8.团队愿景发布会
3.团队专项成果发布会	组织	9.博览会议
4.局域网	↑	10.制订团队走访计划
5.以团队发表为主的总结会		11.上下工序团队专访活动
6.团队标杆学习活动		12.建立团队竞争机制
1.个人目标管理	个人	7.局域网、个人电子信箱
2.个人愿景发布会		8.向极限挑战小故事演讲会
3.个人专项成果发布会		9.每月上下工序沟通日活动
4.自我超越展示板		10.轮流主持班前会活动
5.个人标杆学习活动		11.述学、述职活动
6.建立个人创新激励机制		

（2）以反思为基础的组织学习系统

这是指通过反思提升组织学习力，找出组织存在或潜在的问题，特别像“温水煮青蛙”这类一般难以觉察的问题，并化险为夷。然而，进行有效的反思需要树立正确的价值观。俗话说观念决定行为，价值观影响着行为的结果，也影响着行为主体对结果的判断。所以，要想对自己的行为进行正确的反思，首先必须树立正确的价值观。比如，当企业及其员工牢固树立企业生产经营的主要目标是“企业价值最大化”这样一个价值理念，在个人利益与组织利益、团队利益与组织利益发生冲突时，就能够进行有效的反思，认识到“皮之不存，毛将焉附”的道理，从而使冲突朝向良性的方面并得以解决。另外，“企业价值最大化”的基本思想是把企业的长期稳定发展摆在首位，强调在企业价值增长中满足各方面的利益关系，行为主体在观念上认同了这一观点，就可能会避免出现不利于企业发展的短期行为，如重视长期的员工培训计划等。反思系统可供选择的活动分为两个层面：决策层和执行层。这两个层面可供选择的有效活动见表8-2。

表8-2 **反思系统可供选择的活动**

决策层	
1.决策层的双环学习 2.重大决策论证制度 3.专项决策听证制度 4.成功经验及反思活动 5.企业文化重塑活动 6.决策层深度会谈 7.“大混蛋”讨论活动	8.企业管理系统反思 9.快乐1小时活动 10.监事会制度 11.局域网 12.坏消息传递渠道构建 13.示警室——一个人的失误大家来分析
执行层	
1.事后分析活动 2.自食其果活动 3.找差管理 4.成功经验悬挂审视活动 5.过程审计活动	6.团队深度会谈 7.团队双环学习 8.局域网 9.头痛问题研讨会 10.照镜子活动

3）以共享为基础的组织学习系统

（1）建立共享的条件

第一，建立组织记忆系统是建立知识共享系统的基础。那些不能记住过去的人，注定要重复过去的历史。企业必须不断回顾过去成功的经验和失败的教训，进行系统的评价，将这些经验、教训列表记录。如IBM的360型计算机系列是该公司有史以来最流行和最盈利的产品之一，但这一系列产品成功的基础是源自研制失败的伸展型计算机。

组织记忆系统的建立可以从如下两个方面入手：一方面，对生产过程进行全面的记录，它包含今天的成功和明天潜在的危险；另一方面，建立一种机制，要求管理人员定期反省过去，从错误中学习。有些企业就专门把一年中的某一天定为全公司的“反省日”。另外，要撰写案例分析，把这些经验教训文字化，存入企业信息资料库。

第二，建立信息传输的技术支持系统是实现知识在组织内有效高速传输的必要手段，也是知识共享的有效技术手段。信息管理技术支持系统用于对信息的收集、加工、传输、存储，以提供企业宏观战略决策、提高企业效益和效率所需的信息支持。通过开发必要的信息管理系统，实现各种知识的共享，使知识的作用最大化。

在建设信息管理技术支持系统上，要分步进行，先建立采集和传输系统，再建立数据分析和决策支持系统，在设计上统筹考虑，分步实施。

（2）实现共享的途径

①办经验交流会

在以共享为基础的学习系统中，创新经验交流会是一种重要的学习形式，也是学习系统中的主要组成部分。以人为载体的知识传播虽然没有网络那么迅速，但在知识传播过程中可以起到激励作用。

②进行有效沟通

在不同层面上都要构筑能够有效开展沟通的平台，在沟通中，交谈是直接有效的方式。在这里，交谈包括讨论和深度会谈两种。两者必须配合使用，才能产生绩效，才具有威力。

在团队层面进行深度会谈，如班前班后的交流活动，大家一起分析团队当前的愿景、面临的问题、解决问题的方法等。这种会谈可以定期或不定期地进行，在不同的时期可有不同的主题，比如在领导层面上，定期反思政策的执行情况，讨论必要的监控措施，调节信息反馈速度和密度。组织与社会也要进行有效的双向沟通和学习。建立与客户的稳定关系，及时从客户处收集反馈信息，向同行和竞争对手学习，及时了解发展趋势和市场情况等。

③先进经验的程序化和标准化

先进经验的程序化和标准化是企业提升生产力的主要手段之一。俗话说："三流企业做产品，二流企业做市场，一流企业做标准"。无论在组织的任何层面上，当有先进的思想、创新的观念时，应将其及时予以总结、提升，使其制度化。在制度化的进程中，一是完善，二是宣传。

④开展培训

开展培训活动是实现知识共享的重要内容之一。培训的内容既可以来自工作的先进经验，也可以来自本行业最先进的管理思路和先进技术等。这种知识共享必然带来生产力的提升。

⑤建立工作制度

知识共享还可以通过建立工作轮换制度来实现。工作轮换可以分成两个层面：一是管理人员；二是一线员工。管理人员的工作轮换是根据业绩和创新能力，将拥有先进管理思想的管理者放在相对较落后的部门或组织，通过发挥其个人才华及组织的帮助，使其先进思想和创新意识在新的位置上发挥作用。从企业发展的角度考虑一线员工的工作轮换，应该"先加后减"，使更多的人拥有更多的技能，同时熟悉生产过程中上下游的相互关系，激发创新思想；员工技能的提高，能使企业减少人力成本。从激励的角度来说，工作轮换可以丰富员工的工作内容，使员工承担更富有挑战性的工作，使企业更广泛地传播先进的思想。当然这里的学习也是一个交互过程，可能发生先进被后进“吞没”的情况，尤其是在管理人员的工作轮换时要进行深入的分析。

8.3.4　提升组织学习效率的办法

1）构建扁平化的组织结构，提高组织学习效率

传统企业的组织结构是“金字塔”形的（目前我国几乎大多数企业都是如此），从最上面的决策层到最下面的操作层之间隔着许多管理层，管理手段主要依靠权力和责任的分配。组织中的每个人都在权力的架构中生活和工作，他们与上级很难进行平等的沟通，员工的智慧和创造力的发挥都受到限制。这需要企业改变传统的组织模式，优化组织结构，建立决策层、管理层、操作层在同一平面上工作的“平面化”管理模式，以便于在企业内部实现终身高效的学习。

2）强化和落实以人为本，建立组织学习激励机制

知识的载体是人，只有掌握了先进知识和技能的人才能适应知识经济发展的需要，要想成为这样的人，就必须不断学习。人们只有通过学习，将知识转化为现实的生产力，不断创造新的知识，才有可能为企业创造更多的价值，而不被社会所淘汰。“学习型组织”需要倡导一种人人平等、共同学习、激励相容的文化，需要企业管理者提供学习机会，创造学习氛围，给员工更大的学习和发展空间，培养员工解决问题的能力。只有员工具有活力，才能让企业具有活力和生机，才会使企业永续经营。

3）建立健全企业内外部培训制度和完善的学习平台

企业培训主要可以分为两大类：企业外部培训和内部培训。外部培训，主要是企业选派员工参加公共的培训班、研讨会、论坛等；而内部培训，是指企业聘请一些专家到企业内部进行授课与讲座。在知识经济时代，知识已经取代“资本”成为促进经济增长的最重要因素。在这样一个知识时代里，不断学习成为对人和组织的基本要求。企业要让全体员工终身学习，除了营造学习氛围之外，还应当为员工学习提供一个“显形”的平台。

4）建立个人学习和组织学习良性互动的学习动力机制，促进个人和组织的共同成长

（1）正确认识和把握个人学习与组织学习的特点及其互动关系。组织学习来源于个人学习，又超越个人学习，没有个人学习就没有组织学习。

（2）要强化组织的干预性学习。因为个人学习不一定产生组织学习，只有当个人学习符合组织的发展战略，有利于组织核心能力形成时，这种个人学习才能成为组织学习的内容，因此组织应规范组织成员的个人学习，有目的地干预个人学习，使其朝着组织战略方向发展。

（3）要把单环学习、双环学习和三环学习有机结合起来，充分发挥各种学习形

态的功能。

组织学习作为组织获取核心竞争力和可持续发展能力的重要手段，是一个动态的过程。组织学习应注重个人、团队和组织这三个层次，合理运用基于三个层次的单环学习、双环学习和三环学习三种模式，使组织不断获得核心竞争力和可持续发展能力。毫无疑问，组织学习是一个持续的过程，只有持续不断地学习才能带来竞争力的持续提高，才能实现组织的可持续发展。

8.4 学习型组织的构建

8.4.1 学习型组织的产生背景

随着经济全球化和科学技术的迅猛发展，企业面临的环境正在发生翻天覆地的变化。为了生存、发展，企业必须顺应形势变化，不断对自身进行调整，必须保持弹性和灵活性来应对复杂的变化。企业不仅要对产品、过程或结构等外在的要素进行调整，而且要对影响组织运行的各种内在因素，包括企业的价值观、思维模式、基本假设乃至根本目标进行改革。企业要不断进行学习。在未来社会，如果没有持续学习，企业将不可能赚到任何利润。另外，企业在经过高速发展后，进入一个新的阶段，在如何提升企业竞争力的问题上进行了全方位的思考，尤其是认识到企业管理虽然制度严格、等级规范，但“硬性有余、软性不足”，企业中最重要的因素——人的潜能没有得到有效开发。

学习型组织为企业“全面增强体质”提供了一剂良药，是全面提升企业竞争力较好的解决之道。因为组织学习本身是一个系统工程，几乎囊括了企业管理中所有重要的因素，如人、组织、决策、沟通、技术等。它不是一个一蹴而就的项目，而是一个持续的修炼过程。通过周密筹划的组织学习过程，企业不仅可以提高内部资源、知识的利用率，不断创造出新知识，而且可以通过多方面学习，不断提高自身的能力，弥补缺陷与不足。

8.4.2 学习型组织的内涵

随着科学技术（尤其是计算机、通信等信息技术）的迅猛发展、因特网的飞速进步，我们已经进入了一个以创造和分配信息为基础的经济社会。而信息社会带来的变化是深远、巨大的，很多因素决定了人们必须重新认识组织学习的重要性和它在组织中的地位。学习型组织是指通过学习，培养企业不断适应变革的能力，建立学习共享系统，以满足现代人日益增长的发展自我、实现自我的精神追求，使组织成员的学习与创新精神和组织目标联系起来。彼得·圣吉提出了建立学习型组织的“五项修炼”模型，具体内容如下：

（1）自我超越：能够不断厘清个人的真实愿望，培养耐心，实现自我超越。

（2）改善心智模式：心智模式是个人看待旧事物形成的特定的思维定式。在知识经济时代，这会影响个人对待新事物的观点。

（3）建立共同愿望：建立共同愿望即组织中人们所共同持有的意向或愿望，简单地说，就是我们想要创造什么。

（4）团队学习：团队学习即发展成员整体搭配与实现共同目标能力的过程。

（5）系统思考：要求人们用系统的观点对待组织的发展。

学习型组织的本质特征是不断地学习，包括四层含义：一是强调“终身学习”；二是强调“全员学习”；三是强调“全过程学习”；四是强调“团体学习”。学习型组织的本质在于态度、认知与能力的改变，配套合理的牵引机制，形成深层学习循环，如图8-3所示。

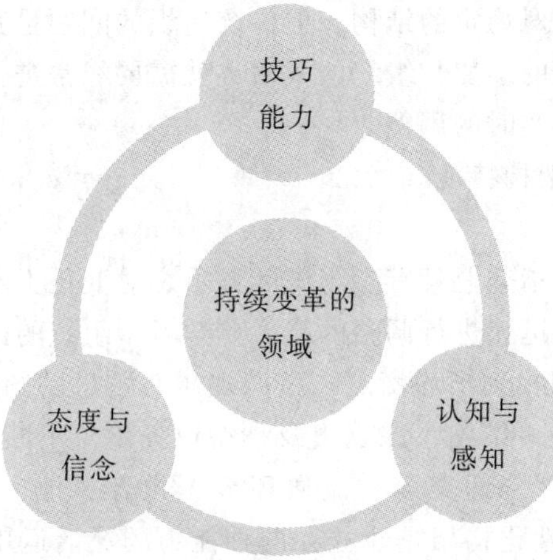

图8-3　学习型组织的本质——深层学习循环

学习型组织关注任何能使个体、团队和组织持续发展和进步的行为。其目标是鼓励组织中每一个人更积极地投入到扩展他们技能和提高组织效力的行动中去。学习成为每个人日常工作的一部分，而不是限定在特定的培训课堂上。尽管学习和发展根植于个体，但需要组织提供一个积极的学习环境，以个人的发展促进团队的成功，从而使企业以更快的速度学习，成为不断创新、不断进步的组织。

8.4.3　学习型组织的架构

1）学习型组织的架构设计原则

（1）以学习型组织愿景为中心原则

一个企业要在激烈的竞争环境中生存，就必须有自己独特的、无法替代的愿景。鉴于组织的愿景所具有的这种关键地位，组织的设计也就应该以组织愿景为中心。也就是说，组织的架构要有利于愿景的实现。

（2）组织灵活性原则

竞争就是优胜劣汰，当环境发生变化时，任何组织如果不能及时作出反应，最终就只能被无情淘汰。因此，学习型组织必须具有的一个特性就是应对变化的灵活反应能力。

(3) 知识价值最大化原则

在知识成为学习型组织运作的最关键资源的情况下，组织的架构就必须考虑知识的价值能否有效实现，能否将知识的潜能最大限度地发挥出来。因此，知识价值最大化应该是学习型组织架构设计的一个重要原则。

(4) 最小层级原则

学习型组织的架构应尽可能减少层级，以实现组织的高效运作，并有利于推动组织内的各种创新活动。

(5) 组织可塑性原则

任何组织都有其相对稳定的结构，但传统组织的问题是其结构过于稳定而缺乏可塑性。为了应对环境的多变，组织的战略也就需要经常进行调整，因而也就需要对组织内部的结构进行实时的调整。

2) 学习型组织的架构特征

(1) 组织的柔性化

组织的柔性化，是指企业具有参与国际竞争，对变化不断反应，以及适时根据可预期变化的意外结果迅速进行调整的能力。学习型组织的柔性化构架在控制与自主式两种管理风格之间找到了均衡点。按照加尔布雷思的归纳，"可塑性组织包括一个职能结构，围绕这一结构，课题组及小型业务单位不断被建立、合并、解散。这些单位集中于产品、分销渠道、流通环节、顾客、地区、供应商、技术等领域"。学习型组织的柔性化构架是建立在两种能力的灵活运用之上的：一是组织内部的跨业务单位的网络。这种能力需要以统一的人力资源政策加以支撑，使得组织能对其拥有的人力资源进行灵活调配。二是用价格、市场或像市场一样的机制来协调大量的团队。这就要求学习型组织内部拥有一套有效的激励机制和相应的财务核算系统，以及有效的信息系统。

(2) 组织的扁平化

组织的扁平化，是指管理层次的减少和管理幅度的扩大，组织结构形态由"金字塔"形向圆筒形转化。由于组织的最高管理层和一线的部门都是不可能消失的，因此削减的对象无疑应该是中间管理层和一些辅助性部门。但事情并不这么简单，实际上，学习型组织的扁平化架构需具备两个重要条件：一是学习型组织的扁平化架构必须以现代信息技术的全面应用为前提。学习型组织中知识无疑是最重要的，而知识的管理、收集、共享、索取等都需要现代信息技术的支持，只有在组织内部真正建立起以现代信息技术为基础的信息基础设施，并建立起相应的信息系统，才能说组织的扁平化具备了必要的基础条件。二是组织成员独立工作能力的提高。学习型组织的扁平化架构意味着管理者要向员工全面授权，要组建各种不同的团队，使得员工承担更大的责任，在这样的组织架构里，员工与管理者之间的关系更为直接，下级管理者和上级管理者之间的关系由传统的被动执行者和发号施令者的关系转变为新型的团队成员之间的关系。这里反映出在学习型组织架构中团队建设的重要性。

(3) 团队结构模式

学习型组织架构把决策权分散到团队层次上，从而形成一个中间层弱化的组织架构。同时在学习型组织的架构下，由于中层管理人员队伍缩小，一线员工纵向提升的机会减少了，而横向流动却变得更加频繁。通过横向流动，可以使一线员工从事更高报酬的工作，减少长期从事一项工作的单调感。频繁的横向流动，使一线员工技能多样化，变专才为通才。

(4) 边界虚拟化架构

大多数传统组织之所以存在僵硬的界限，就是为了保证组织的稳定与秩序。为了加强这种稳定性，就创造出了许多工具与框架，最后形成了现在的组织行为本质，包括任务宣言、工作定性、岗位定级制度、劳资协商程序、批准权限、职业阶梯等，归根结底，组织通过一系列复杂的互相关联的控制手段加强组织的稳定性。管理者一旦发现组织行为表现超出正常形态，就可以利用这些控制手段使组织回到平衡状态中。在一个相对稳定的世界里，这一组织体制会很有效，然而在当今世界，需要组织放松控制以便灵活驾驭变革引起的各种冲突，并驶向新的方向；需要组织保持一定的速度和灵活性，使之迅速灵活地改变方向以不断创新。当组织内部上下级界限、团队之间的水平界限与外部的界限能互通时，组织才能更好地驾驭快速的变革，并能不断使其员工与合作伙伴进行自我重塑。

8.4.4　学习型组织的建立

1) 打造基础管理平台

学习型组织不是"空中楼阁"，而要有自己的骨骼，这就涉及包括组织结构在内的企业各个"硬"的要素，包括战略、组织、流程、制度等，这是"硬功夫"，是建设学习型组织的前提，没有这个"硬功夫"，学习型组织建设就无法落地。学习型组织对这些企业要素提出了新的要求，比如要求组织结构扁平化，强调授权与分权；要求流程面向市场和客户，组织设计要以流程为核心。

在设立组织结构方面，建议设立专门的知识管理部门来负责学习型组织建设的维护，主要工作为标杆管理、外部信息收集和发布、企业内部问题公布和意见收集、知识共享平台的建设和维护，并且配合人力资源部进行相应的考核。

建立学习型组织的目的是有效提升企业的学习能力，并保证知识的有效利用和传承，因此，必须建立相应的流程和制度，以保证不但能够学习到新知识，还能够将知识加以保存和有效利用。

不少企业在建立学习型组织时，认为只要做了培训，学习了"五项修炼"，组建了学习小组，就是建成了学习型组织。其实不然，"五项修炼"是学习型组织建立的"软功夫"，是对管理者和员工的技能要求，培训和学习小组都是学习型组织的一种表现形式，而非学习型组织的实质。建立学习型组织的第一步，是打造自己企业的"硬功夫"，做好平台管理工作。

2）营造学习的文化和氛围

学习型组织要有学习型的文化。首先，要确定学习的理念和价值观，要把学习与创新作为公司的核心理念进行塑造；其次，要求管理者改变过去的管理风格，多与下属进行沟通和交流；最后，要建立学习型的团队和相应的激励与约束机制，比如成立“读书会”“分享会”等，并把学习作为一项工作任务，与考核和薪酬结合起来，这样才会建立真正的“学习”文化。

3）构建培训和学习体系

韦尔奇就任GE总裁之后，对几乎所有的部门削减成本，却唯独对培训中心——克罗顿投资4 500万美元，改善原有的教学设备。韦尔奇的目标是把GE建设成非正式的学习型组织。

学习型组织当然离不开如何“学习”，首先要明确学习的内容，企业的学习不同于学校里的教育，企业讲求学习能够解决企业问题。这就需要企业一方面构建完善的培训体系，另一方面还要建立各种制度来维持组织的持续学习，比如，定期的读书会、提交学习心得、电子公告牌以及人员流动和工作轮换等，还要建立相应的考核机制，以确保学习的效果。

尤其是需要由管理者协助员工制订个人发展计划书，明确提出自己通过实践和教育、培训要达到的学习目标，使之不仅有利于个人事业成功，也有利于员工符合公司发展需要。

另外，企业的学习可以从以下三个方面进行：①部门内的学习，尤其是对于出现的问题，要运用“五项修炼”的办法，深入进行探讨。②各部门之间的学习。某部门或者事业部在某个方面互相学习。例如，GE航空机械公司学习了GE医疗电气公司的远距离诊断技术，将其应用于飞行中的发电机，进行远距离监视。③向联盟伙伴和竞争对手学习，包括学习各种管理方法，如流程、策略、方法等。

4）构建知识共享与交换平台

这个平台包括硬件与软件两部分。硬件包括以IT技术为基础的知识管理平台，诸如ERP、KMS等，可以大大提高企业运营和知识积累与共享的效率；软件部分包括各种沟通会、研讨会、学习会等形式，大到企业的战略发展研讨会，小到班组每日的工作总结会，都可以成为知识共享的平台。

要让这种平台发挥作用，要求员工“悬挂”自己的假设，避免先入为主，认真倾听别人的意见，领导者则要善于引导大家的讨论，营造一种提倡分享的文化氛围。

良好的内部沟通机制可以极大地提高学习的效果，很多公司会定期向员工推荐、印制或者购买学习资料，并且组织部门就其内容进行研讨，要求结合自己的工作进行交流。另外，公司还可以设立公开记事牌、电子公告牌以及人员流动和工作轮换等，及时公布企业的大事方针、重大问题、建议征集、岗位需求、热点讨论等，以提高员工的参与程度，让知识得到增值。

5）标杆管理

通过设定标杆，引导、支持员工与团队向公司内外先进的生产、管理实践学习，并在公司内合理分配、使用这些知识，在不同部门之间达成知识、技术、数据的共享。

公司需要成立专门的组织来进行标杆管理工作，其实质是企业的一种变革管理。最好采取矩阵式的组织结构，人员可由研发、市场、营销、生产、人力资源等部门抽调，并建立详细的标杆管理制度，接下来就需要定期收集和分析市场上先进的管理方法、技术、策略等，并及时协调相关部门人员在公司内部进行试运行。如果效果良好，则可以推广到整个公司。

6）提升团队学习技能

彼得·圣吉提出学习型组织的“五项修炼”，不是指企业的组织形态，而是说企业要建立学习型组织必备的技能，这个技能主要是指领导者和员工的能力与素质，是一种思维方法而非操作方法。所以，学习型组织的建立要求企业里的“人”在观念上和方法上进行改变，这一点必须借助“五项修炼”。首先要改善心智模式，转变自己的观念；然后要塑造组织和团队的共同愿景，让大家有共同的目标；接下来是要进行团队学习，群策群力，集思广益；进而是个人的自我超越，唯有个人不断提高，才能带动团队和组织的飞跃；最后要能够系统思考，不局限于局部，要从整体和长远的眼光来看待问题。

企业在建立学习型组织时，往往搞不清“五项修炼”与学习型组织的关系，其实五项修炼是对团队中个人的内在要求，要求团队成员必须具备这五方面的技能，这样才能使企业成为学习型组织。“五项修炼”是建立学习型组织的内在和软性要求，但要建立学习型组织，更为关键的是必须在企业内部构建面向学习型组织的基础管理平台和运行机制，这是外在和硬性的要求。只有做到内外兼修、软硬相宜，企业才能真正地“学习”起来！

8.4.5 我国企业建立学习型组织面临的挑战

1）照抄照搬西方学习型组织模式

彼得·圣吉提出的“五项修炼”是建立在西方企业的管理特点上的。西方企业与中国企业的发展基础和阶段都不一样，人员素质和管理水平差别很大。西方企业对待人的态度更趋向于“经济人”假设，是为了提升管理层和员工的学习技能。中国的很多企业还没有建立起系统规范的管理体系，如果一味照抄照搬，不理解学习型组织的真正含义，是不容易取得成效的。

2）来自组织的阻力

国内企业的学习型组织建立要考虑公司发展现状、企业文化和经营特点，把学习型组织这种理念与企业的日常管理结合起来，不能浮于空中。这包括如何通过制度规定、文化氛围、考核方式、激励机制等各种方法来建立学习型组织，如果不理解学习型组织的真谛，只会在门外徘徊，不得要领。

向学习型组织转变面临巨大的挑战，主要是因为其要求对组织标准和规范做大量的改变。对组织来说，一个潜在的两难情境是如何保持有效日常工作来满足组织中不同的利益群体，同时抽出一定的时间、资源和精力来解决特定的问题。向学习型组织转变是一个多年的过程，需要高级管理者的支持和对组织解决问题与革新过程的长期努力，特别是通过对组织文化的建设和管理。只有通过持续的领导和员工的努力才能解决这些问题，才能使学习型组织成为现实。

3）学习绝不是组织的目标

学习型组织的概念一经提出与推广，许多人禁不住感叹其所描绘的美妙前景与产生的神奇功效，希望很快将自己的组织变成学习型组织，并简单地以为它的建立是一件立竿见影的事。这种想法注定是要碰壁的，因为学习型组织是一种引发持续性学习过程的发展性力量，它的作用是长期的、渐进式的。

任何组织绝不能仅把学习作为学习型组织的目标，其实它只是建立学习型组织的手段。换句话说，学习这种行为确实能产生新知识，而新知识本身并不足以建立一个学习型组织。新知识必须转化为企业的竞争力和提高组织绩效的实际行动，方能显现其价值，这正是学习作为一种手段的意义所在。出现这种认为学习本身便是建立学习型组织的错误观念，与缺乏公认的学习型组织的定义显然是密切相关的。因为这一现状潜含着让人们各取所需地对学习型组织作出自己理解的危险。

除了上述的组织开发方法，企业还可借助互联网提供的工具辅助组织开发项目。例如，www.surveymonkey.com，www.Zoomerang.com，www.brainbench.com等网站就提供基于网络的组织调查服务。同时，管理者还可通过类似www.CPP.com等网站找到与组织发展相关的自我评价工具。

【案例】

阿里巴巴员工培训案例分享

作为一家成立于1999年的“年轻公司”，20岁的阿里巴巴正值“青春年少”，但是它已成为国内外首屈一指的电子商务公司。其对于人才的重视和员工的培养成为公司发展的强大推动引擎。

据阿里巴巴现任首席人才官（CPO）童文红介绍，阿里巴巴早在2002年就开始筹建自己的人才培养体系。要知道，那一年阿里刚刚实现财务上的收支平衡，可见阿里巴巴对于人才的重视和渴望。

对于员工的培训，阿里巴巴的人力资源团队努力为员工打造一个充满活力与趣味的立体学习环境。在这个立体学习环境中，阿里巴巴根据员工的层级、职能，将学习机构细分为阿里党校、阿里夜校、阿里课堂、阿里夜谈和组织部，另外针对庞大的销售队伍还组建了专门的销售培训部门。

阿里党校

阿里党校为公司总监级别以上的管理者专门开设额外的强化培训。聘请的专家都是来自如中欧商学院和长江商学院的一线教授、专家、学者。学员通过与这些教授一起进行一些战略上的探讨与交流，拓展自己的思路，更好地作出战略决策。

阿里夜校

阿里夜校所要培训的对象则是公司年轻的中层管理人员。夜校由阿里高管配合人力资源部门主管亲自授课，专门为年轻管理者量身定制、旨在提高领导能力的课程系统。为了避免管理人员因工作繁忙等原因擅自缺席，最终导致整个培训计划虎头蛇尾，阿里巴巴制定了这样的规定，管理者可根据自己的时间安排挑选最适宜的学习期次，但是最终必须修完所有的科目。

阿里课堂

阿里课堂则是另一种专门为全体员工提供学习机会的方式，包括一些选修课和必修课。根据员工不同的层级，阿里课堂设定了一些必须达到的标准。阿里夜谈更多考虑到员工比较年轻，白天忙工作，晚上则是很好的学习时间；也考虑到很多外地员工晚上没有活动安排，那么，通过夜谈的方式来进行知识的传输则提供了一个很好的学习和交流平台。夜谈的主题，更多从全面提升员工基本素养来考量，如插花、音乐欣赏、拉丁舞、社交礼仪、行业动态探索、养身保健等。每当夜幕降临时，阿里夜谈让整个公司变成了一个大学校，处处生机盎然、其乐融融。

此外，针对具体的职位，阿里巴巴还设有组织部，培养后备力量。所谓组织部，就是借鉴政府部门人才培养、接替方面的特色。其做法是首先界定每一个重要岗位上人员所必须具备的素质，再根据这些必要的素质为每个重要岗位设计一套针对性很强的培训课程，将这些培训课程系统地提供给该重要岗位下一层次的员工学习。而当该岗位需要人员顶上时，就可以有备无患，并通过对这些必要素质的考核来选拔人才。

面对6万员工的培训需求，培训讲师从哪里来，这是摆在阿里面前的一个难题。

兼职讲师

2019年3月12日，阿里巴巴在集团“讲师大会”上首度官宣“传橙官”，1 154名阿里讲师获得认证，并成为公司首批“传橙官”，而选择植树节这一天则意味着“百年树人”，也标志着阿里人才文化体系再度完善升级。

据了解，阿里的人才培训体系共分为“文化、全球化、专业、领导力”等四大领域，而所有的阿里讲师，都是由员工兼任的，他们利用自己工作之余的时间备课讲课，从而帮助同事认识阿里文化、讲授专业知识、参悟阿里管理。

数据显示，2018年阿里集团讲师用于备课、授课的累计时长为5万小时，连起来总时长达5.7年。

与很多公司不同，阿里所有的讲师都是兼职的，这是阿里的特色，讲师在课堂传授的东西是鲜活的，有生命力、有业务思考的，阿里认为对人才的培训就是要坚守这样的特色。

阿里的培训已经梳理了4线、13类、共600多门课程。而2019年作为阿里“大练内功”的一年，其人才培养的工作核心之一，就是提升讲师的能力，让阿里员工在教学相长的过程中实现“相互滋养”。

资料来源 HRsee.阿里巴巴员工培训案例分享［EB/OL］.（2019-08-12）. http：//www.hrsee.com/？id=1090.

【拓展阅读】

一家企业如何建立学习型组织，培养自己的员工，将他们变成企业的可造之才，是企业人员培训的核心，也是企业人力资源管理中的重要内容。作为国内最成功的企业之一，华为是如何培养自己的员工的呢？具体案例可扫码阅读。

华为的人才培养案例

本章小结

1.组织开发（organization development，OD），是指通过采用新的管理方法和组织文化，运用行为科学的理论和技术，通过组织这个载体来改变员工态度、价值观以及信念的一系列有计划的人员开发活动。组织开发是企业人员开发活动新的发展方向，其目的是提高组织解决问题或吐故纳新的能力，进而提高组织的效率。

2.组织开发的方法有敏感性训练、调查反馈法、团队建设、工作再设计、目标管理、质量圈、组织再造。

3.组织学习是一个系统化、持续的集体学习过程，是组织里的个体通过各种途径和方式，不断地在组织内获取知识、传递知识，并创造出新知识的过程。组织学习的目的在于增强组织自身能力，带来行为或绩效改善，从而形成组织的核心竞争力。组织学习的特征主要有：共同成长性、目的性，效率性。组织学习的形态有单环学习、双环学习、三环学习。组织学习的障碍表现形式有：封闭性学习、限制性学习、迷信学习、模糊学习、表面学习、片段学习。组织学习的障碍主要有：组织学习的文化障碍、领导产生的障碍、组织结构产生的障碍。组织学习的三大系统是：反馈、反思、共享。提升组织学习效率的办法有：（1）构建扁平化组织结构，提高组织学习效率；（2）强化和落实以人为本，建立组织学习激励机制；（3）建立健全企业内外部培训制度和完善的学习平台；（4）建立个人学习和组织学习良性互动的学习互动机制，促进个人和组织共同成长。

4.学习型组织是随着世界经济一体化进程的加快和科学技术的迅猛发展以及企业面临的环境发生翻天覆地的变化而出现的。构建学习型组织需要打造基础管理平台、营造学习的文化和氛围、构建培训和学习体系、构建知识共享与交换平台和提升团队的学习技能。学习型组织的五项修炼是：(1) 自我超越；(2) 改善心智模式；(3) 建立共同愿望；(4) 团队学习；(5) 系统思考。学习型组织的架构原则有：(1) 以学习型组织愿景为中心；(2) 组织灵活性；(3) 知识价值最大化；(4) 最小层级；(5) 组织可塑性。学习型组织的架构特征有：(1) 组织的柔性化；(2) 组织的扁平化；(3) 团队结构模式；(4) 边界虚拟化架构。建立学习型组织需要：(1) 打造基础管理平台；(2) 营造学习的文化和氛围；(3) 构建培训和学习体系；(4) 构建知识共享与交换平台；(5) 标杆管理；(6) 提升团队学习技能。我国建设学习型组织的挑战有：(1) 照抄照搬西方学习型组织模式；(2) 来自组织的阻力；(3) 学习绝不是组织的目标。

关键概念

组织变革　组织开发　目标管理　质量圈　组织再造　组织学习　学习型组织

课堂讨论题

1.如何进行团队建设？

2.你是如何认识目标管理的？

3.什么是组织再造？有哪些方法？具有什么意义？

4.提升组织学习效率的方法有哪些？

5.学习型组织的特征有哪些？“五项修炼”的具体内容是什么？

6.讨论如何建立学习型组织。

复习思考题

1.组织开发的特征是什么？组织开发应遵循什么原则？

2.组织开发的方法有哪些？选出最感兴趣的一项进行详细阐述。

3.如何构建组织学习系统？

4.学习型组织的架构原则有________、________、________、________、________。

5.学习型组织的架构特征有哪些？

第9章 /职业生涯概述和理论发展

学习目标

通过学习职业生涯的有关概念、职业选择的理论、职业生涯的阶段理论等基本内容，让员工认识和了解不同人的个人特征和同一个人在不同发展阶段的职业生涯会有不同的表现，员工能够结合自己的实际情况，选择自己的职业生涯道路。

9.1 职业生涯的含义

9.1.1 职业

1）职业的含义

在英文中，occupation和vocation都可以译为职业，但两者的含义并不完全相同。occupation是一个比较宏观的概念，在社会制度或社会分工的意义上使用，如职业分类等；而vocation则是一个比较微观的概念，在个人层面和心理的意义上使用，如职业兴趣和职业能力等。

职业的概念由来已久，但由于研究目的的不同，学者们从不同的角度、不同的侧面对职业的内涵进行了不同的界定，概括起来主要是从社会学和经济学意义上进行界定。

从社会学的角度界定职业的概念，主要有日本社会学家高尾雄，他认为职业是某种社会分工或社会角色的实现，因此职业包括工作、工作的场所和地位。他指出："职业是社会与个人，或整体与个体的节点。通过这一点的动态相关，形成了人类社会共同生活的基本结构。整体通过个体的职业活动来实现，个体则通过职业活动对整体的存在和发展作出贡献。"美国社会学家泰勒在其《职业社会学》一书中指出："职业的社会学概念，可以解释为一套成为模式的与特殊工作经验有关的人群关系。这套成为模式的工作关系的结合，促进了职业结构的发展和职业意识形态的显现。"美国社会学家塞尔兹认为，职业是一个人为了不断取得个人收入而从事的具有市场价值的特殊活动，这种活动决定着从业者的社会地位。美国学者迈克尔·曼在其主编的《国际社会学百科全书》中则认为：职业这一术语最初本是表示从事法律、教会、医疗和军事服务的传统意义上的"自由的职业"，现在被认为是具有职业的或声称有职业身份的职业群体的数量。职业乃是作为具有自我利益的职业群体在分工中力图保护和维持其垄断领域而予以运用的工具。国家通过对某一职业群体的社会承认和对其职业地位的法律有效性的认可，直接介入和成就了职业领域。

经济学的职业概念与社会学存在着明显的不同。法国的一个权威词典将职业定义为："为了生活而从事的经常性活动。"日本劳动问题专家保谷六郎认为："职业是有劳动能力的人为了生活所得而发挥个人能力，向社会作贡献、连续从事的活动。"中国学者则认为，职业是指人们从事的相对稳定的、有收入的、专门类别的工作，如职业是劳动者能够稳定从事某项有酬工作而获得的劳动角色。经济学意义上的职业，同劳动的精细社会分工是紧密联系的。劳动者相对稳定地担当某项具体的社会劳动分工，或者较稳定地从事某类专门的社会工作，并从中获取收入，那么这种社会工作便是劳动者的职业。

2）职业特征

根据职业的内涵，职业主要具有以下特征。①经济特征：个体通过连续的职业活动来完成工作任务，并获得报酬和收入。职业是个人经济收入的来源，是满足自身和家庭生存与发展需要的手段，是社会经济制度运行的主体。职业劳动创造的财富是社会存在和发展的物质基础。②社会特征：职业是社会发展的产物，随着社会分工的细化不断涌现出新的职业。每一种职业都体现了社会分工的细化，以及社会生产和社会进步的积极作用。③技术特征：每一种职业岗位都有其相应的职业要求，个体除了要达到该岗位的职业道德、责任义务和服务要求以外，还要达到相应的技术水平。

3）职业分类

职业分类是指特定的国家采用一定的标准和方法，依据一定的分类原则，对从业人员所从事的各种专门化的社会职业进行全面、系统的划分与归类。

职业分类的实质是社会劳动分工的细化，正确进行职业分类，就是要正确体现社会分工遵循经济运行的客观规律。职业分类要遵循以下原则：①同一性。一个职业类别必须在工作范围、工作内容、操作方法、使用工具及工作环境等方面都是同一的。②标准性。职业分类是一项复杂而又重要的工作，职业分类要有严格的标准，政府有关部门应该组织制定和实施相应标准。③多级性。社会职业庞大又复杂，有着成千上万个类别，需要划分为几个不同的等级或层次，每一等级或层次要有具体的类别，这样才能把庞大而复杂的职业区分开。④现实性。职业分类要反映社会实际，要基于社会经济发展、产业结构、技术状态、社会文化状况及个体劳动状况。⑤应用性。职业分类可作为理论和学术研究的对象，但其主要用途是应用，可以应用在国家对"人"的数据标准编码管理中，也可以应用在国民经济与社会发展状况的统计中，还可以应用在人口普查、高校职业指导及政府部门的就业管理等统计工作中。

对职业分类最早予以重视的是英国、美国等国家。作为人口统计的一项基础工作，英国在1841年将职业分成了431种。美国早在1820年的人口普查工作中既已列出职业统计项目。1850年，美国进行了专门的职业普查，划分了15大行业、323种职业，1860年又增至584种职业，1965年确定为21 741种职业。1980年的《美国百科全书》认定，美国有25 000种职业。法国自1982年以来采用了新的职业分类方法，将职业分为8大类、24个种类、42个详细类别。加拿大1982年出版的《加拿大职业分类辞典》，将职业分为23个主类、81个子类、499个细类。1985年日本的社会分层与流动调查将288种职业分成了9大类。

鉴于各国社会经济发展水平不同，职业分类标准不一，国际的职业分类不具有可比性。为便于国际比较，1958年，国际劳工组织制定了《国际标准职业分类》。1966年，在日内瓦第十一届国际劳工统计专家会议上通过了《国际标准职业分类》的修订版。国际劳工局将职业分成8大类，包括：专家、技术人员及有关工作者；政府官员和企业经理；事务性工作者和有关工作者；销售工作者；服务工作者；农业、牧业和林业工作者，渔民和猎人；生产和有关工作者，运输设备操作者和劳动者；不能按职业分类的劳动者。在8大类之下又划分为83个小类、284个细类、1 506个职业项目，所列职业共计1 881个。国际劳工组织这一工作的开展为各国职业分类提供了一个范本，增强了国际之间职业资料的可比性，有利于国际交流与合作，因而具有非常重要的意义。

中国的职业分类与国际劳工组织的分类方法基本相似，参照国际标准，在区分物质资料生产与非物质资料生产的基础上，按从业人员所从事的社会经济活动的同一性或工作性质的同一性进行了职业分类。1986年6月21日，国家统计局和国家标准局发布了《中华人民共和国国家标准职业分类与代码》，将全国职业仍分为上述8大类，下列63个中类、303个小类，于1987年5月1日开始实施。1995年5月，劳动和社会保障部、国家质量技术监督局、国家统计局联合组织编制了《中华人民共和国职业分类大典》将我国的职业归为8个大类、66个中类、413个小类、1 838个细类（职业）。这8个大类分别是：国家机关、党群组织、企业、事业单位负责人；专业技术人员；办事人员和有关人员；商业、服务业人员；农、林、牧、渔、水利业生产人员；生产、运输设备操作人员及有关人员；军人；不便分类的其他从业人员。

4）职业分层

所谓职业分层，就是按照职业的社会地位和社会对职业的价值取向所作的职业等级排位，并以人们从事职业的社会地位和职业声望为标准，为社会公众所认可。职业分层与职业分类有明显区别，职业分类是对社会职业类别的横向划分，反映的是社会劳动分工的结果，而职业分层是对社会职业等级层次的纵向排序，反映的是职业地位。最早以职业角色为依据确定劳动者社会经济地位的是美国人口普查局工作人员威廉·C.翰特。他将全部职业劳动者分为4个等级，依次是产业主、职员、熟练工人、一般体力劳动者。随后阿尔伯·爱德华又将职业由高到低细分为6个层次：专业人员，产业主、经理和官员，职员及类似职业，熟练工人及工段长，半熟练工人，非熟练工人。不同的职业间存在着很大的差异，比如，职业活动的内容不同、工作的复杂程度不同、所需付出的体力脑力劳动不同、工作的环境不同、所需要的任职资格条件不同、在组织结构中的权利不同等，这必然使不同职业的社会地位不一样，这是职业分层的依据。如果只是笼统地宣传不同的职业是社会分工的需要，是不能令人信服的。当一个社会只注重总体而忽略作为其根本要素的个人时，就会为服从社会需要而抹杀职业的层次性，这是违背客观实际的。当社会重视个人时，必然承认职业的层次性，承认职业存在地位高低的差别，通过给人创造平等竞争、自由择业的机会，促进人的向上流动，进而促进社会的健康发展。

5）职业的功能作用

职业是人的一种社会活动，是人的一种经济行为，也是人的一种生活方式。它对于社会中的每一个人都是非常重要的。具体来说，职业对人有如下作用：

（1）职业是人参与社会活动、从事社会活动、进行人生实践的最重要的场所，从多方面决定了个人的特征和境遇。无职业者在这些方面就很受影响。

（2）职业是个人获得经济收入的主要手段，从而成为个人生存和维持家庭的物质基础。所以，人们一般追求高收入的职业，这也成为人们一般的择业标准。

（3）职业是人们从事的某种特定的工作。它要求人们有一定的素质条件，又能使人的才能、兴趣得到发挥，并进一步促进人的个性发展。

（4）职业也是人获得非金钱利益的来源，例如名誉、地位、权力等，从而使人的心理得到满足，达到“乐业”的境界。

（5）职业生活使人进入一种社会情境，这种社会情境又因职业的不同而不同，换句话说，也就是职业决定人担任特定的社会角色，形成一定的行为模式。

（6）职业类别、职业环境和职业中的个人等级是人的社会地位的象征。人们在职业上的不断努力，促成人们的社会地位向上流动。

（7）职业是一种社会劳动分工体系。每个人在这个体系中活动，是个人为社会作贡献的途径。

结合马斯洛需求层次理论，可以说，人们需要一定的职业，目的不只是赚取生活费用，人类有一种积极追求“自我实现”的倾向，当一种较低层次的需求得到满足之后，一种新的较高层次的需求便随之而来，而人类最高层次的需求就是自我实现，即充分地展现个人的潜能。这种心理上的特征，对个人职业选择及整体的职业规划具有无比的重要性，因为职业是实现个人潜能的根本途径。

9.1.2　职业生涯

在英文中，职业生涯的对应词汇是“career”，西方学者们对这一概念有不同的解释。格林豪斯（Greenhaus）对此进行了归纳总结。他指出，传统的观点将职业生涯理解为一种职业或者一个组织的结构属性。而格林豪斯本人认为：“职业生涯是贯穿于个人整个生命周期的、与工作相关的经历的组合。”一方面，个人受其技能、知识、能力、态度、价值观、个性和生活环境等的影响而作出特定的工作选择；另一方面，组织为个人提供工作及相关信息，个人可以在将来谋求其他工作的机会和条件也影响着个人职业选择与职业生涯发展。

我国学者吴国存将职业生涯分为狭义职业生涯和广义职业生涯。从个体生命空间意义上考查，前者是指一个人从职业学习伊始，至职业劳动结束，包括整个人生职业工作历程，即将职业生涯限定于直接从事职业工作的这段生命时光，起始于任职前的职业学习和培训。广义的职业生涯是指从职业能力的获得、职业兴趣的培养、选择职业、就职，直至最后完全退出职业劳动这样一个完整的职业发展过程，起始于人的出生。

尽管考查职业生涯的角度不同，但是，职业生涯有其基本含义。

（1）职业生涯是个体的概念，是指个体的行为经历，而非群体或组织的行为经历。

（2）职业生涯是职业概念，一个人一生之中的工作任职经历或历程。

（3）职业生涯是个时间概念，指职业生涯期。狭义的职业生涯起始于最初工作之前的专门的职业学习和训练，终止于完全结束或退出职业工作；就广义而言，职业生涯是由出生之始到完全结束职业工作为止。实际的职业生涯期在不同个人之间有长有短，是不一样的。

（4）职业生涯是个寓意着具体职业内容的发展概念、动态概念。职业生涯不仅表示职业工作时间的长短，而且内含着职业发展、变更的经历和过程，包括从事何种职业工作、职业发展的阶段、由一种职业向另一种职业的转换等具体内容。

9.2 职业选择理论

9.2.1 职业选择的内涵

职业选择在人的整个职业生涯之中是一个重要的环节。大哲学家罗素曾经讲过："选择职业是人生大事，因为职业决定了一个人的未来……选择未来，就是选择将来的自己。"

职业选择是劳动者依照自己的职业期望和兴趣，凭借自身能力挑选职业，使自身能力素质与职业需求特征相符合的过程。对此，需要明确：（1）劳动者是职业选择主体，是择业行为能动的主导方面，各种职业则是被选择的客体。（2）职业选择受劳动者自身条件和职业要求的限制，不能任意进行。一方面，劳动者不可能具有从事一切职业的能力与兴趣；另一方面，各项职业由于各自的劳动对象、手段、劳动条件和作业环境的不同，对劳动者能力也有相应的特定要求。（3）职业选择是劳动者与职业岗位互相选择、相互适应的过程，是劳动者作为主体主动择业的过程，这一过程在人们的职业生涯中可能会发生不止一次。

9.2.2 霍兰德的职业性向理论

美国约翰·霍普金斯大学心理学教授约翰·霍兰德（John Holland）是美国著名的职业指导专家。他于1971年提出了具有广泛社会影响的职业性向理论。这一理论首先将职业归属为六种典型的“工作环境”中的一种。这六种工作环境分别是：

（1）现实型的：建筑、驾驶卡车、农业耕作。

（2）调查研究型的：科学和学术研究。

（3）艺术型的：雕刻、表演和书法。

（4）社会型的：教育、宗教服务和社会性工作。

（5）开拓型的：销售、政治和金融。

（6）常规型的：会计、计算机技术、药理学。

工作环境的六种类型可以用来描述员工的个性定位，即我们每个人都偏好六种工作环境类型中的一类或多类。约翰·霍兰德认为，职业性向是决定一个人选择何种职业的重要因素。霍兰德基于自己对职业性向测试的研究，一共发现了六种基本的职业性向。从而，根据劳动者的心理素质和择业倾向，将劳动者划分为六种基本类型（见表9-1）：

（1）实际型。具有这种性向的人会被吸引去从事那些包括体力活动并且需要一定的技巧、力量和协调性才能承担的职业。这类职业的例子有：森林工人、耕作工人以及农场主等。

（2）调研型。具有这种性向的人会被吸引去从事那些包括较多认知活动的职业，而不是那些主要以感知活动为主要内容的职业。这类职业的例子有：生物学家、化学家以及大学教授等。

（3）艺术型。具有这种性向的人会被吸引去从事那些包括大量自我表现、艺术创造、情感表达以及个性化活动的职业。这类职业的例子有：演员、广告制作者以及音乐家等。

（4）社会型。具有这种性向的人会被吸引去从事那些包括大量人际交往内容的职业，而不是那些包括大量智力活动或体力活动的职业。这类职业的例子有：诊所的心理医生、外交工作者以及社会工作者等。

（5）企业型。具有这种性向的人会被吸引去从事那些包括大量以影响他人为目的的语言活动的职业。这类职业的例子有：管理人员、律师以及公共关系管理者等。

（6）常规型。具有这种性向的人会被吸引去从事那些包括大量结构性的且规则较为固定的活动的职业，在这些职业中，雇员个人的需要往往要服从于组织的需要。这类职业的例子有：会计以及银行职员等。

表9-1 劳动者类型与职业类型对应表

类型	劳动者特征	职业类型
实际型	•愿意使用工具从事操作性工作 •动手能力强，做事手脚灵活，动作协调 •偏好于具体事务，不善言辞，不善交际 性格：持久的、反应迟钝的、不讲究的、谦逊的	主要指各类工程技术工作、农业工作，通常需要一定体力，需要运用工具或操作机器 主要职业：木工、电器技师、工程师、营养专家、运动员、农场主、森林工人、公路巡逻官、园艺工人、城市规划人员、军官、机械操作工、维修工、安装工人、矿工、电工、司机、测绘员、描图员、农民、牧民、渔民等
调研型	•抽象思维能力强，求知欲强，肯动脑、肯思考 •喜欢独立的和富有创造性的工作 •知识渊博，有学识才干，不善于领导他人 性格：好奇的，个性内向、非流行大众化、变化缓慢的	主要指科学研究和科学实验工作 主要职业：生物学家、化学家、地理学家、数学家、医学技术人员、生理学家、心理学家等自然科学和社会科学方面的研究与开发人员、专家；化学、冶金、电子、无线电、电视、飞机等方面的工程师、技术人员
艺术型	•讨厌结构，喜欢以各种艺术形式的创造来表现自己的才能，实现自身价值 •具有特殊艺术才能和个性 •有创造力，乐于创造新颖、与众不同的艺术成果，渴望表现自己的个性 性格：冷淡疏远的、有独创性的、非传统的	主要指各种艺术创造工作 主要职业：广告管理人员、艺术教师、作家、广播员、室内设计人员、医疗绘图师、摄影师、公共关系专家；音乐、舞蹈、戏剧等方面的演员、编导、教师；文学、艺术方面的评论员；广播节目的主持人、编辑、作者；绘画、书法、艺术从业人员，家具、珠宝等行业的设计师
社会型	•乐于助人，喜欢从事为他人服务和教育工作 •喜欢参与解决人们共同关心的社会问题，渴望发挥自己的社会作用 •寻求亲近的人际关系，比较看重社会义务和社会道德 性格：缺乏灵活性的、亲切仁慈的	主要指各种直接为他人服务的工作 主要职业：公使、教师、学校管理人员、保育员、行政人员、医护人员、工作分析专家、社会工作人员、图书管理员、丧葬承办人、精神健康工作者、衣食住行服务行业的从业人员、福利人员、娱乐管理人员等
企业型	•追求权力、权威和物质财富，具有领导才能 •喜欢竞争、敢冒风险 •精力充沛、自信、善交际、口才好，做事巧妙 性格：善辩的、精力旺盛的、寻求娱乐、努力奋斗的	主要指那些组织与影响他人共同完成组织目标的工作 主要职业：综合性农业企业管理人员、房地产商、经理、企业家、政府官员、律师、金融家、零售商、人寿保险代理人、采购代理人、行业部门和单位的领导者和管理者等
常规型	•尊重权威，喜欢按计划办事，习惯接受他人指挥和领导，自己不谋求领导职务 •不喜欢冒险和竞争，富有自我牺牲精神 •工作踏实，忠实可靠，偏爱那些规章制度明确的工作环境 性格：有责任心的、依赖性强、高效率、猜疑心重	主要指各类与文件档案、图书资料、统计报表相关的科室工作 主要职业：会计、出纳、银行职员、速记员、鉴定人、统计人员、打字员、办公室人员、秘书和文书、图书管理员、风险管理者、旅游外贸职员、保管员、邮递员、审计人员、人事职员等

霍兰德的职业性向理论，实质在于劳动者的职业性向与职业类型的适应。霍兰德认为，同一类型的劳动者与同一类型的职业互相结合，便达到适应状态。这样劳动者找到了适宜的职业岗位，其才能和积极性才能得以发挥。然而，实际上大多数人并不仅仅只有一种职业性向。霍兰德认为，这些职业性向越相似或相容性越强，则一个人在选择职业时所面临的内在冲突和犹豫就越少。为了帮助描述这种情况，霍兰德提出了一个六边形的职业性向选择图，如图9-1所示。此图的每一个角代表一个职业性向。根据霍兰德的研究，连线距离越短，两种类型的职业相关系数就越大，适应程度就越高。当连线距离为零，即劳动者类型和职业类型高度相关，统一在一个点上时，表明某类型劳动者从事相应类型的职业，或者某类型职业由相应类型劳动者来担当，在此种情况下，职业配置最适宜，是最好的职业选择。

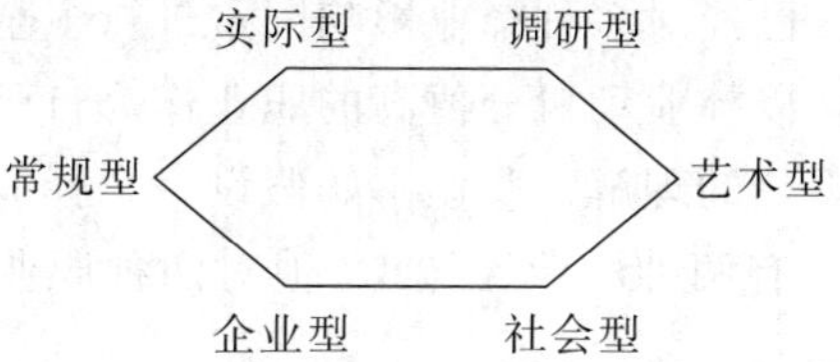

图9-1　霍兰德的职业性向选择图

9.2.3　佛隆的择业动机理论

美国心理学家佛隆（V.H.Vroom）在1964年出版的《工作和激励》一书中，提出了解释员工行为激发程度的期望理论。期望理论的公式是：

$$F=V\cdot E$$

式中：F为动机强度，指积极性的激发程度，表明个体为达到一定目标而努力的程度；V为效价，指个体对特定目标重要性的主观评价；E为期望值，指个体对实现目标可能性大小的估计，即目标实现概率。

员工个体行为动机的强度取决于效价大小和期望值的高低。效价越大，期望值越高，员工的行为动机就越强烈。如果效价为零，乃至负值，则表明目标实现对个人毫无意义，甚至给个人带来负担。在这种情况下，目标实现的可能性再大，个人也不会产生追逐目标的动机，不会有任何积极性，付出任何努力。如果目标的实现概率为零，那么无论目标实现意义多么重大，个人同样不会产生追求目标的动机。

佛隆将这一期望理论用来解释个人的职业选择行为，具体化为职业动机理论。该理论的应用，分为以下两个步骤：

1）第一步，确定择业动机

用公式表示为：

$$\text{择业动机}=\text{职业效价}\times\text{职业概率}$$

在公式中，择业动机表明择业者对目标职业的追求程度。职业效价指择业者对某项职业价值的评价。职业概率指择业者获得某项职业可能性的大小。

职业效价取决于择业者的职业价值观和择业者对某项具体职业要素的评估，即

职业效价=职业价值观×职业要素评估

职业概率取决于4个方面：某项职业的需求量、择业者的竞争能力、竞争系数和其他随机因素，即：

职业概率=职业需求×竞争能力×竞争系数×随机性

择业动机公式表明，对择业者来讲，某项职业的效价越高，获取该职业的可能性越大，择业者选择该项职业的倾向就越大；反之，某项职业对择业者而言，其效价越低，获取此项职业的可能性越小，择业者选择这项职业的倾向越小。

2）第二步，比较择业动机，确定选择的职业

择业者对其视野内的几种目标职业，进行了价值评估并获取了该项职业可能性的评价，在测定对几种职业的择业动机的基础上，横向进行择业动机比较。择业动机是对职业的全面评估，已经对多种择业影响因素进行了全面考虑和利弊得失的权衡，一般来讲，择业者多以择业动机分值高的职业作为自己的选定结果。

为加深对择业动机理论的理解，我们不妨假设一个择业案例。

在劳动者莱恩面前，有两种职业A与B，他对两种职业的效价和职业概率做了如下评估（见表9–2）。

表9–2　**劳动者莱恩的择业动机要素评估**

职业要素	职业价值观（1）	A职业要素评估（2）	B职业要素评估（3）	A职业效价（4）=（1）×（2）	B职业效价（5）=（1）×（3）
兴趣	4	6	7	24	28
工资	3	5	6	15	18
职业声望	2	4	5	8	10
劳动条件	1	3	4	3	4
效价合计				50	60
职业概率				0.8	0.5
择业动机				40	30

资料来源　吴国存．企业职业管理与雇员发展［M］．北京：经济管理出版社，1999.

莱恩首先对A、B种两职业作出价值判断，并对获取该两项职业的可能性进行了评估。那么，他会选择哪项职业呢？对于莱恩来说，B职业效价为60，高于A职业，但是，获取A职业的可能性大，而获取B职业的难度大。经过计算得出：

对A职业择业动机=效价（A）×职业概率（A）

即40=50×0.8

对B职业择业动机=效价（B）×职业概率（B）

即30=60×0.5

经过权衡，他对A职业的择业动机大于对B职业的择业动机，于是，莱恩倾向于选择A职业。

9.2.4　帕森斯的职业-人匹配论

1909年，弗兰克·帕森斯（Frank Parsons）在其所著的《选择一个职业》一书中，明确阐述了职业选择的三大要素和条件：（1）清楚了解自己的态度、能力、兴趣、智谋、局限和其他特征。（2）清楚了解职业选择成功的条件，在不同职业工作岗位上所占有的优势、不利和补偿、机会、前途。（3）上述两个条件的平衡。其理论内涵即在清楚认识个人的主观条件和社会职业岗位需求条件的基础上，将主客观条件与社会职业岗位相对照，然后选择一种职业需求与个人特长匹配相当的职业。

职业-人匹配，分为两种类型：（1）条件匹配，即所需专门技术和专业知识的职业与掌握该种特殊技能和专业知识的择业者相匹配，或者脏、累、险劳动条件很差的职业，需要吃苦耐劳、体格健壮的劳动者与之相匹配。（2）特殊匹配，即某些职业需要具有一定特性的人，如具有敏感、易动感情、不守常规、有独创性、个性强、理想主义等人格特性的人，他们宜从事审美性、自我情感表达的艺术创作类型的职业。

帕森斯的职业-人匹配论，作为职业选择的经典性原则，至今仍然正确、有效，并对职业生涯管理、职业心理学的发展具有重要的指导意义。这一理论强调个人所具有的特性与职业所需要的素质与技能（因素）之间的协调和匹配。它首先提出了在职业决策中进行职业-人匹配的思想。故这一理论奠定了人才测评的理论基础，推动了人才测评在职业选拔与指导中的运用和发展。

9.3　职业生涯发展阶段理论

每个人的职业生涯都要经历许多阶段，只有了解了不同阶段的特征、知识水平要求和各种职业偏好，才能更好地促进个人的职业生涯发展。比较有影响的有关职业生涯发展阶段划分的理论主要有4种：

9.3.1　施恩的职业生涯发展阶段理论

美国著名的心理理论学家和职业管理学家埃德加·H.施恩（Edger H.Schein）教授立足于人生不同年龄段面临的问题和职业工作主要任务，将职业生涯分为9个阶段。

1）成长、幻想、探索阶段

一般0～21岁的人处于这一职业发展阶段。此时其主要任务是：（1）发现和发展自己的需要和兴趣、能力和才干，为进行实际的职业选择打好基础；（2）学习职业方面的知识，寻找现实的角色模式，获取丰富信息，发现和发展自己的价值观、动机和抱负，作出合理的受教育决策，将幼年的职业幻想变为可操作的现实；（3）接受教育和培训，开发工作世界中所需要的基本习惯和技能。在这一阶段个人所充当的角色是学生、职业工作的候选人、申请者。

2）进入工作世界

16～25岁的人步入该阶段。首先，个人进入劳动力市场，谋取可能成为一种职业基础的第一项工作；其次，个人学会如何寻找、评估和申请一项工作，并作出现实有效的第一项工作选择；再次，个人和雇主之间达成正式可行的契约，个人成为一个组织或一种职业的成员，其充当的角色是应聘者、新学员。

3）基础培训

处于该阶段的人年龄为16～25岁。与上一正在进入职业工作或组织阶段不同，个人要担当实习生、新手的角色。也就是说，个人已经迈进职业或组织的大门。个人此时的主要任务已是了解、熟悉组织，接受组织文化，融入工作群体，尽快取得组织成员资格，成为一名有效的成员；适应日常的操作程序，应付工作。

4）早期职业的正式成员资格

此阶段的人年龄为17～30岁，取得组织的正式成员资格。个人此时的主要任务是：（1）承担责任，成功地履行与第一次工作分配有关的任务；（2）发展和展示自己的技能与专长，为提升或进入其他领域的横向职业成长打基础；（3）根据自身才干和价值观，根据组织中的机会和约束，重估当初追求的职业，决定是否留在这个组织或职业中，或者在自己的需要、组织约束和机会之间寻找一种更好的配合；（4）寻求良师和保护人。

5）职业中期

处于职业中期的正式成员年龄一般在25岁以上。此时其主要任务是：（1）选定一项专业或进入管理部门；（2）保持技术竞争力，在自己选择的专业或管理领域内继续学习，力争成为一名专家或职业能手；（3）承担较大责任，确定自己的地位；（4）开发个人的长期职业计划；（5）寻求家庭、自我和工作事务间的平衡。

6）职业中期危险阶段

处于这一阶段的正式成员年龄一般在35～45岁。此时其主要任务是：（1）现实地估计自己的进步、职业抱负及个人前途；（2）就接受现状或者争取看得见的前途作出具体选择；（3）建立与他人的良师关系。

7）职业后期

从40岁以后直到退休的正式员工可说是处于职业后期阶段。此时其职业状况或任务是：（1）成为一名良师，学会发挥影响，指导、指挥别人，对他人承担责任；（2）扩大、发展、深化技能，或者提高才干，以担负更多、更重大的责任；（3）选拔和培养接替人员；（4）如果求安稳，就此停滞，则要接受和正视自己影响力与挑战能力的下降。

8）衰退和离职阶段

正式员工的职业衰退期一般在40岁之后到退休期间。此时其主要任务是：（1）学会接受权力、责任、地位的下降；（2）基于竞争力和进取心下降，要学会接受和发展新的角色；（3）培养新的工作以外的兴趣、爱好，寻找新的满足源；

(4) 评估自己的职业生涯，着手退休。

9）离开组织或职业——退休

在失去工作或组织角色之后，正式员工面临两大问题或任务；(1) 保持一种认同感，适应角色、生活方式和生活标准的急剧变化；(2) 保持一种自我价值观，运用自己积累的经验和智慧，以各种资源角色，对他人进行传帮带。

需要指出的是，施恩虽然基本依照年龄增长顺序划分职业发展阶段，但并未囿于此，其阶段划分更多地根据职业状态、任务、职业行为的重要性。正如其划分职业周期阶段不仅依据职业状态、职业行为和发展过程的重要性，还依据每个人经历某一职业阶段的年龄差别，所以，他只给出了大致的年龄跨度，并在职业阶段所示的年龄上有所交叉。

9.3.2 萨柏的职业生涯发展阶段理论

萨柏（Super）是美国的一位有代表性的职业管理学家，他把人的职业生涯发展划分为5个主要的阶段。

1）成长阶段（growth stage）

这属于认知阶段。大体上可以界定为0~14岁这一年龄段。在这一阶段，个人通过对家庭成员、老师、朋友的认同及相互作用，逐步建立起自我概念，并经历从对职业好奇、幻想到感兴趣，再到有意识培养职业能力的逐步成长过程。成长期又分为3个阶段：

(1) 幻想期（10岁之前）：儿童从外界感知到许多职业，对于自己觉得好玩和喜爱的职业充满幻想，并进行模仿。

(2) 兴趣期（11~12岁）：以兴趣为中心理解、评价职业，开始作职业选择。

(3) 能力期（13~14岁）：开始考虑自身条件与喜爱的职业是否相符，有意识地进行能力培养。

2）探索阶段（exploration stage）

这属于学习打基础阶段。大体上发生在15~24岁这一年龄段。在这一阶段，个人将认真地探索各种可能的职业选择，对自己的能力和天资进行现实性评价并根据未来的职业选择作出相应的教育决策，完成择业及最初就业。探索期又分为3个阶段：

(1) 试验期（15~17岁）：综合认识和考虑自己的兴趣、能力与职业社会价值、就业机会，开始对未来职业进行尝试性选择。

(2) 转变期（18~21岁）：正式进入劳动力市场，或者进行专门的职业培训，由一般性的职业选择转变为特定目标的选择。

(3) 尝试期（22~24岁）：选定工作领域，开始从事某种职业，对职业发展目标的可行性进行实验。

3）确立阶段（establishment stage）

这属于选择、安置阶段。这一阶段一般在25~44岁这一年龄段。这是经过早期的试探与尝试后，最终确立稳定的职业，并谋求发展的阶段，这一阶段是大多数人职业生涯周期中的核心部分。确立期又分为2个阶段：

（1）尝试期（25～30岁）：对最初就业选定的职业和目标进行检讨，如有问题则需要重新进行选择、变换职业。重点是寻求职业及生活上的稳定。

（2）稳定期（31～44岁）：最终确定稳定的职业目标，并且致力于实现这些目标。

4）维持阶段（maintenance stage）

这属于升迁和专精阶段。这一阶段大体上在45～64岁这一年龄段。在这一阶段，劳动者长时间从事某一职业，在该领域内已占有一席之地，已不再考虑变换职业，只力求保住这一位置，维持已取得的成就和社会地位。

5）衰退阶段（decline stage）

这属于退休阶段。当人达到65岁以上，临近退休时，其健康状况和工作能力逐步衰退，即将退出工作，结束职业生涯。因此，这一阶段要学会接受权力和责任的减少，学习接受一种新的角色，适应退休后的生活，以减缓身心的不适，维持生命力。

9.3.3 金斯伯格的职业生涯发展阶段理论

金斯伯格是美国著名的职业指导专家、职业生涯发展理论的先驱和典型代表人物，他通过研究美国富裕家庭的人从童年期到成年早期和成熟过程中的有关职业选择的想法和行动，将职业生涯分为幻想期、尝试期和现实期3个阶段：

1）幻想期

幻想期即11岁之前的儿童时期。儿童们对大千世界，特别是对于他们所看到或接触到的各类职业工作者，充满了新奇、好玩的感觉。这个时期的职业需求特点是：单纯由自己的兴趣爱好决定，不考虑自身的条件、能力水平、社会需要、机遇，完全处于幻想之中。

2）尝试期

尝试期即11～17岁，这是由少年儿童向青年过渡的时期。从此时起，人的心理和生理在迅速成长、发育和变化，有独立的意识，价值观念开始形成，知识和能力显著增长和增强，初步懂得社会生产和生活的经验。这个时期的职业需求特点是：有职业兴趣，但不仅限于此，更多地和客观地审视自身各方面的条件和能力；开始注意职业角色的社会地位、社会意义，以及社会对该职业的需要。尝试期又分为4个阶段：

（1）兴趣阶段（11～12岁），开始注意并培养对某些职业的兴趣。

（2）能力阶段（13～14岁），开始以个人的能力为核心，衡量并测验自己的能力，将其表现在各种相关的职业活动上。

（3）价值观阶段（15～16岁），逐渐了解自己的职业价值观，并能兼顾个人与社会的需要，以职业的价值性选择职业。

(4) 综合阶段(17岁),将上述3个阶段进行综合考虑,并综合相关的职业选择资料,以此来正确了解和判定未来的职业生涯发展方向。

3) 现实期

现实期即17岁以后的青年和成年期。在这一时期,个人即将步入社会劳动,能够把自己的职业愿望和自己的主观条件以及社会现实的职业需要密切联系起来,寻找适合自己的职业角色。此时个人所需求的职业不再模糊不清,已有具体的、现实的职业目标,表现出的最大特点是客观性、现实性、讲求实际。现实期又可以分为3个阶段:

(1) 试探阶段,根据尝试期的结果,进行各种试探活动,试探各种职业机会和可能的选择。

(2) 具体化阶段,根据尝试阶段的经历作进一步的选择,进入具体化阶段。

(3) 专业化阶段,根据自我选择的目标,作具体的就业准备。

金斯伯格的职业发展理论,事实上是前期职业生涯发展的不同阶段,也就是说,是初就业前人们职业意识或职业追求的变化发展过程。

9.3.4 格林豪斯的职业生涯发展阶段理论

格林豪斯从人生不同年龄段职业生涯发展所面临的主要任务的角度对职业生涯发展进行研究,并以此为依据将职业生涯发展划分为5个阶段:

1) 职业准备阶段

其年龄段一般为0~17岁。这一时期的主要任务是:发展职业想象力,培养职业兴趣和能力,对职业进行评估和选择,接受必需的职业教育和培训。

2) 进入组织阶段

其年龄段一般为18~24岁。进入组织阶段的主要任务是:以求职者的身份出现在劳动力市场上,在获取足量信息的基础上,尽量选择一种合适的、较为满意的职业,并在一个理想的组织中获得一份工作。

3) 职业生涯初期

其年龄段一般为25~39岁。这一时期的主要任务是:了解和学习组织纪律与规范,接受组织文化,逐步适应职业工作,提高工作能力,为未来职业生涯成功做好准备。

4) 职业生涯中期

其年龄段一般为40~54岁。职业生涯中期阶段的主要任务是:不断学习新的知识,努力工作,并力争有所成就;对早期职业生涯进行重新评估,以便强化或改变自己的职业理想,重新选定职业。

5) 职业生涯后期

其年龄段一般在55岁至退休之间。职业生涯后期的主要任务是:继续保持已有的职业成就,成为一名良师,对他人承担责任,维护自尊,准备引退。

9.4 影响职业选择的因素

9.4.1 个人因素对职业选择的影响

1）职业兴趣

兴趣是人们力求认识某种事物和从事某项活动的心理倾向。它表现为人们对某件事、某项活动的选择性态度和积极的情绪反应。当兴趣直接指向与职业有关的活动时，我们就称之为职业兴趣。职业兴趣是人们对某种职业活动较稳定而持久的心理倾向，在人的职业活动中起着重要作用，主要表现为影响人的职业定向和职业选择、开发人的能力、激发人的探索与创造能力、增强人的职业适应性和稳定性。据研究，如果一个人对某项工作感兴趣，就能发挥他的全部才能的80%～90%，而且能长时间保持高效率的工作而不会感到疲倦，但对工作没有兴趣的人，只能发挥全部才能的20%～30%，并且容易劳累。因此，职业兴趣是一个人工作的重要推动力。

著名职业兴趣研究专家约翰·霍兰德（John Holland）从有关的职业生活的知识中建立了职业人格理论，提出了“职业兴趣就是人格的体现”的观点，认为个体对职业的选择受到动机、知识、爱好等因素的支配，最主要的是一个人之所以选择某职业领域基本上是受其人格和兴趣的影响。职业兴趣的差异导致了众多的职业兴趣类型，霍兰德认为可将职业兴趣划分为6种类型：现实型（realistic）、研究型（investigative）、艺术型（artistic）、社会型（social）、企业型（enterprising）和常规型（conventional）。关于这部分内容，在本章第二节有重点论述。

测试职业兴趣的方法通常有专业的测验和量表：

（1）库德测验

库德（G.F.Kuder）在20世纪30年代编制了库德个人爱好记录表（Kuder personal preference record，KPPR），方法是对一群大学生进行测验，使用描述各种不同活动的短句，从被试者的反应中确定句子的种类，不需要对照组，采用“强迫选择”技术记录被试者的反应。1966年，该量表改为库德职业兴趣量表（Kuder occupational interest survey，KOIS），主要用于检查人们的特定职业兴趣。

（2）霍兰德测验

霍兰德从20世纪50年代开始研究职业兴趣，他以职业人格理论为依据，编制了职业偏好量表（vocational preference inventory，VPI）和自我职业选择量表（self-directed search，SDS）两种职业兴趣量表，并修订过多次。VPI有7个部分：第一部分是您心目中的理想职业；第二部分是您感兴趣的活动；第三部分是您所擅长或胜任的活动；第四部分是您所喜欢的职业（第二、三、四部分，每一部分都划分为6种职业类型，每种类型10道题）；第五部分是您的能力类型简评；第六部分是统计和确定您的职业倾向；第七部分是职业价值观。SDS是在VPI基础上发展而成的量表，整个量表有四个部分：第一部分是列出与应用自己理想的职业；第二部分是测查部分，分别测查活动、能力、爱好的职业及自我能力评定4个方面，每个方面有6种类型，每个类型有38道题；第三部分按6种类型的4个方面测得结果的得分高低，从大到小取3种类型构成3个字母的职业码；第四部分为职业寻找表，包括115个职业。

2）职业能力

成功完成任何一项工作，不仅需要兴趣和动力，还需要自身的能力作支撑。因此，你需要搞清楚自身具备哪些能力，或者在哪些方面有特长。因此，能力是一个人择业的“筹码”。能力指完成一定活动的本领，是在掌握和运用知识技能的条件下，直接影响活动效率的一种个性心理特征。职业能力即职业作为一种重要而又复杂的社会活动，要求从业者具备的生理和心理条件。职业能力包括体力、智力、知识和技能几个方面。体力指人的身体素质；智力是人们认识客观事物、运用知识解决问题的能力；知识是人们通过学习和实践所掌握的有关职业活动的理论和经验；技能是人们从事具体的职业活动的本领。

从能力测量的角度看，职业能力又可以分为一般能力和特殊能力。一般能力包括：注意力、观察力、记忆力等，是人们顺利完成各项任务都必须具备的一些基本能力。特殊能力指从事各项专业活动的能力，一般包括：计算能力、音乐能力、语言表达能力等。能力不同，人们在选择职业的时候就会不同，从能力差异的角度看，在职业选择时应遵循以下原则：

（1）主要能力类型与职业相吻合

① 人的能力类型是有差异的，即不同人的能力发展方向不尽相同，职业也可以根据工作的性质、内容和环境而分为不同的类型，而且对人的能力也有不同的要求。

② 能力水平要与职业层次一致或基本一致。一种职业类型由于所承担的责任不同，可分为不同的层次，不同的职业层次对人的能力有不同的要求。因此，还要根据自己所达到的能力水平确定职业层次。这样才能使能力与职业的吻合具体化。

③ 充分发挥优势能力的作用。一个人各种能力的发展是不平衡的，常常是某方面的能力占优势，而其他方面的能力相对弱一些。因此在进行职业选择时要考虑最佳能力，选择最能运用其优势能力的职业。

（2）一般能力与职业相吻合

一般能力指在不同种类的活动中表现出的共同能力，包括观察能力、思维能力、想象能力等。不同的职业对一般能力的要求不同，有些职业对从业者的智力水平有绝对的要求，如律师、工程师、科研人员、大学教师等都要求有很高的智商；智力在相当大的程度上决定着其所从事的职业类型。

（3）特殊能力与职业相吻合

特殊能力指从事某项专业活动的能力，也可称为一个人的特长。特殊能力包括：语言表达能力、算术能力、空间判断能力、形态知觉能力、动作协调能力等。

一个人要顺利地完成工作，既要有一般能力，也要有特殊能力，具备了这两种能力，他在从事个性职业的道路上就有了保障。

3）职业性向

当你对自己的兴趣、能力有了一个初步的认识后，就可以从总体上对自己的职业方向有个把握，确定自己的职业性向。职业性向包括：实际性向、调研性向、社会性向、艺术性向、企业性向和常规性向。有关霍兰德的职业性向理论的内容前面已经做了介绍。

4）职业生涯发展阶段

每个人的职业都要经历几个阶段，即职业周期。职业周期之所以重要，是因为你所处的职业阶段将会影响你的知识水平以及你对各种职业的偏好程度。每个人一旦选择了自己的职业，就意味着职业生涯就此开始。每个人的职业生涯发展过程不同，并且每个阶段都有自己独特的问题和任务。而在相同的年龄阶段，人们往往会表现出大致相同的职业特征、职业需求和职业发展任务。正确认识职业生涯发展阶段，可以更好地帮助个人有效地管理自己的职业生涯，同时也能帮助组织管理和开发它们的人力资源。

5）职业锚

职业锚的理论是美国麻省理工学院斯隆管理学院教授埃德加·H.施恩提出来的，职业锚指当一个人不得不做出选择的时候，他无论如何都不会放弃的职业中那种至关重要的东西，即人们选择和发展自己的职业时所围绕的中心。用施恩自己的话说，设计这个概念是为了解释那些当我们在更多的生活经验基础上发展了更深入的自我洞察时，我们的生命中成长得更加稳定的部分。职业锚在个人同工作环境互动的过程中产生，并在实际的工作中不断调整。个人能力、动机和价值观三方面的相互作用与整合是职业锚所强调的。

施恩前期的研究发现了5种职业锚，后来又补充了3种，共有8种职业锚：

（1）技术或功能型职业锚

特定工作对个人应具有挑战性，可通过该项工作体现个人的能力和技巧。

（2）管理型职业锚

渴望承担更大的责任，希望接受充满挑战性、变化丰富的工作，有领导他人的机会。

（3）创造型职业锚

喜欢需要创造性的工作，不喜欢墨守成规。在自己的企业中，会不断地开发新产品和服务，否则会失去对工作的兴趣。

（4）自主与独立型职业锚

喜好有明确时限，有能发挥个人专长的工作，偏好做项目类的工作，厌恶监工式的管理；能接受组织交给的目标，但目标一旦设定，希望按自我方式工作。

（5）安全型职业锚

喜好稳定、可测的工作性质，对工作内容的兴趣胜过工作本身的性质。

（6）服务型职业锚

喜欢从事符合自己价值观的工作，可以影响所服务的组织或社会政策。在缺少他人支持的情况下，会向有更大自由度的职业发展，如咨询师。

（7）纯挑战型职业锚

工作领域、组织类型、薪酬系统、晋升方式和认同形式都必须服从于在工作中能够不断提供挑战自我的机会，缺少这样的机会会使个人感到厌烦和无趣。

（8）生活型职业锚

需要灵活的工作时间安排，如弹性工作制，需要更多的休息日、哺乳假、在家办公等。

在个人的工作周期和组织的管理过程中，职业锚都发挥着重要的作用：①使组织获得正确的反馈；②为员工设置有效的职业通道；③使员工职业发展所需的工作经验得到增长；④是员工中后期工作的基础。职业锚是个人经过搜索确定的长期职业定位，清楚地反映着个人的职业追求和抱负，同时组织也可以根据员工的职业锚判断员工在职业选择和发展上的偏好。

6）气质类型

从心理学上讲，气质即人们进行心理活动或在行为方式上表现出来的强度、速度、稳定性和灵活性等动态的心理特征。它既表现在情绪发作的快慢、情绪体验的强弱、情绪状态的稳定性和气质变化的幅度上，也表现在行为动作和语言的速度与灵活性上。与个性不同，气质与生俱来，每个人都有其固定的、与众不同的气质。气质类型不同的人对待同一件事情的态度和处理方法可能会迥然不同。苏联的生理学家巴甫洛夫把人的气质分为4种：多血质、胆汁质、黏液质、抑郁质。

（1）多血质（活泼型）

多血质的心理特征属于敏捷而好动的类型。由于神经过程平衡且灵活性强，这种人更易于适应环境的变化，他们性格开朗、热情，在群体中精神愉快，能机智地摆脱困境。他们在工作和学习上肯动脑筋，常表现出机敏的工作能力和较高的办事效率。多血质气质类型的人适合从事与外界打交道、灵活多变、富有刺激性的工作，如外交、管理、记者、律师、运动员等。他们不太适合做过细的、单调的机械性工作。

（2）胆汁质（兴奋型）

胆汁质的心理特征属于兴奋而热烈的类型，表现为有理想、有抱负、有独立见解。他们精力旺盛，行动迅速、表里如一。这种人在语言上、面部表情和体态上都给人以热情直爽、善于交际的印象，不愿受人指挥而愿意指挥别人。他们一旦认准目标，就希望尽快实现，遇到困难也不屈不挠，有魄力、敢负责，但往往比较粗心、容易感情用事、自制力差、性情急躁、主观任性，有时刚愎自用。胆汁质的人喜欢从事与人打交道、工作内容不断变化、环境不断转换，并且热闹的职业，如导游、推销员、节目主持人、公共关系人员等。

(3) 黏液质（安静型）

黏液质的心理特征属于缄默而安静的类型。由于神经过程平衡，且灵活性低，反应较迟缓，无论环境如何变化，这种人都能基本保持心理平衡。他们凡事力求稳妥，一般不做没有把握的事，具有很强的自我克制能力。这种人大多外柔内刚、沉静多思、很少流露出内心的真情实感。与人交往时，他们的态度不卑不亢、不爱抛头露面，或做空泛的清谈，行动缓慢而沉着。因此，黏液质的人能够高质量地完成那些要求有坚忍不拔、埋头苦干的品质和长时间集中注意力的工作，但不足之处是过于拘谨，不善于随机应变，常常墨守成规、故步自封。

黏液质的人不仅能从事学术、教育、研究、技术、医生等内向职业，而且可以活跃在政治家、外交官、商人、律师等外向型职业领域。他们中以其独特才能驰骋在作家、艺术家、广告宣传、新闻报道领域的也不少。在实际工作岗位上，黏液质的人多数精明强干，如出色的公务员、有才气的作家、头脑精明的银行家。

(4) 抑郁质（羞涩型）

抑郁质的心理特征属于呆板而羞涩的类型，这种人对事物敏感，精神上难以承受过大的压力，常因微不足道的小事而引起情绪波动。他们情绪体验的方式比较少，极少在外流露自己的情感，但内心体验却相当深刻。这种人大多沉静含蓄、感情专一、喜欢独处、交往拘束、性格孤僻，在友爱的集体里，可能是一个很容易相处的人，对力所能及的工作认真完成，遇事三思而后行，求稳不求快，因而显得迟缓刻板。不过，他们学习工作易疲倦，在困难面前怯懦、自卑、优柔寡断，往往缺乏果断和自信。抑郁质的人在只需要一个人刻苦奋斗，不需要人际交往的学术、教育、研究、医学等内在要求慎重、细致、周密思考的职业领域往往有较好的发展，校对、打字、排版、检验、化验、登记、保管等工作也比较适合他们。

9.4.2 环境因素对职业选择的影响

1）社会环境

(1) 经济发展水平

在经济发展水平高的地区，企业相对集中，个人职业选择的机会就比较多，因而有利于个人职业发展；反之，在经济落后的地区，个人职业发展会受到阻碍。

(2) 社会文化环境

社会文化环境包括教育条件和水平、社会文化设施等。在良好的社会文化环境中，个人能受到良好的教育和熏陶，从而为职业发展打下更好的基础。

(3) 政治制度和氛围

政治不仅影响一国的经济体制，而且影响着企业的组织体制，从而直接影响个人的职业发展；政治制度和氛围还会潜移默化地影响个人的追求，从而对职业生涯产生影响。

(4) 价值观念

一个人生活在社会环境中，必然会受到社会价值观念的影响。大多数人的价值取向甚至都是被社会主体价值取向所左右的。一个人的思想发展、成熟的过程，其实就是认可、接受社会主体价值观念的过程。社会价值观念正是通过影响个人价值观而影响个人的职业选择的。

2）组织环境

（1）企业文化

员工的职业生涯发展，与所在企业的文化有很大的关系。一个主张员工参与管理的企业显然比一个独裁的企业能为员工提供更多的发展机会；渴望发展的员工也很难在论资排辈的企业中受到重用。

（2）管理制度

员工的职业发展要靠组织的管理制度进行保障。管理制度包括培训制度、晋升制度、考核制度、奖惩制度等。企业的价值观和经营哲学也只有渗透到制度中，才能得到切实的贯彻执行。没有制度或者制度制定得不合理，员工的职业发展就会受到影响。

（3）领导者素质和价值观

组织文化和管理风格与其领导者的素质和价值观有直接的影响。如果组织领导者不重视员工的职业发展，这个企业的员工也就没有希望了。

9.5 职业生涯的成功

9.5.1 职业生涯成功的含义

在现代社会观念中，所谓职业成功的定义往往只限于地位和财富的满足。于是，许多人为了达到社会观念中有关成功的标准而拼命工作。如果达不到这个标准，或者没有一下子达到这一标准，甚至因为没有能够在所期望的时间内达到这一目标，便灰心地自认为是失败者。职业成功的定义不止一个，对不同的人来说，职业需求不同、职业目标各异，成功标准就不一样。有的人以获得高社会地位和社会声望的职业为成功；有的人以有一个薪资不低、安稳轻松的职业为成功；有的人获得了很多金钱，于是有一种财富的满足感和职业成就感；还有的人把勤奋努力工作，取得成绩，看作成功；有的人以事业辉煌，充满了工作成就感为成功；还有的人以自我的存在能帮助许多人，并使他们高兴和感到满足，同时也实现了自我价值，作为成功的表现。总的来说，个人职业生涯成功有如下几种情况：

（1）个人的价值取向、能力、个人的特质与其所选择的职业正相适合，且在这一职业岗位上，工作得心应手、顺心、顺利。

（2）个人有自我职业目标，无论是初就业便一直在某种职业岗位上，还是历经坎坷，发生多次职业流动或转移，最终个人既定职业目标得以实现，就是一种职业成功。

（3）在所从事的职业工作岗位上，尽心尽力、尽职尽责，作出突出成绩，本人有一种自我满足感、成就感，或者得到组织、同事的认同也是一种职业的成功。

（4）勇于创新，敢于另辟蹊径，“不要总是顺着老路走，在没有路的地方去踏出一行新的脚印”。但凡这样的人，必是有所建树、有所成就者，所以这也是个人职业的成功。

布鲁克林·德尔（Brooklyn Derr，1988）总结出公司员工有5类职业生涯成功方向：

- 进取型——使其达到集团和系统的最高地位。
- 安全型——追求认可、工作安全、尊敬和成为“圈内人”。
- 自由型——在工作过程中得到最大的控制，而不是被控制。
- 攀登型——得到刺激、挑战、冒险和“擦边”的机会。
- 平衡型——在工作、家庭关系和自我发展之间取得均衡协调发展，以使工作不至于变得太耗精力或太乏味。

迈克尔·德赖弗（Michael Driver，1979，1980，1982）在对不同公司的经理和人事专家进行调查后，根据他们的自我意识，系统地阐述了4种职业生涯成功的标准：

- 一些人将成功定义为一种螺旋形的东西，不断上升和自我完善（攀登型）。
- 一些踏实的人需要长期的稳定和相应不变的工作认可（安全型）。
- 还有一些是暂时的——他们视成功为经历的多样性（自由型）。
- 直线型的人视成功为升入企业或职业较高阶层（进取型）。

德维假设这些职业生涯观念来自个人的思维习惯、动机和决策类型，并成为指导人们长期职业生涯选择的依据。

9.5.2 职业生涯成功的因素

雇员个人取得职业成功，其影响因素是多方面的，有企业的外部环境因素，如社会政治经济形势、经济体制、政府政策等；有企业的内部环境因素，如组织的政策制度、组织的领导管理水平、组织文化与人际关系等。除此之外，尚有雇员个人因素，这是根本的决定性因素。

综合国外学者们有关职业生涯成功因素的研究，可以将职业成功的因素大致归为4个层次：

（1）心理因素：职业使命（Hall & Chanlder，2005）、自我效能（Appelbaum Steven H.，Hare Alen，1996）、动机、人格特质等。

（2）能力素质因素：职业胜任力（Timothy A.Judge，1999）、专业知识和技能等。

（3）技巧策略因素：职业规划、目标设置等。

（4）组织和社会因素：种族、组织性质规模绩效、社会资源等（Timothy A.Judge，1995）。

以上4个层次，相比较而言，组织和社会因素属于个体的职业成功外生变量，而其他因素是内生变量。

有学者从20世纪美国最成功的几百位名人的终身经验中提炼出17条职业成功条件：（1）积极的心态；（2）确定的目的；（3）多走些路；（4）正确地思考；（5）自我控制；（6）集体心理；（7）应用心理；（8）令人愉快的个性；（9）个人的首创精神；（10）热情；（11）集中注意力；（12）协作精神；（13）总结经验教训；（14）创造性的见识；（15）预算时间和金钱；（16）保持身心健康；（17）应用普遍规律的力量。

高度概括和总结已有的实践经验，雇员欲获取职业成功，个人必须具备的决定性基本要素或条件是信心、目标、行动。

（1）信心。要想做一个成功者，首先要一心想成为成功者，明白人生掌握在自己手中的道理，一定要有坚定的意识和信念，这是成功的先决条件。

（2）目标。确定总目标，还要确定达到总目标的步步为营的具体目标。人生的意义在于追求一个目标，人生就是不断打破现状、追求超越的过程。一个人的职业人生尤其如此，必须瞄准顶峰目标，步步攀登，以至抵达巅峰。

（3）行动。这是获取职业成功的关键。如果不付诸行动，所谓信心、目标只是空谈。

以下是争得职业成功的必要活动：

（1）积极主动，坚持不懈，保持旺盛激情。不能坐等成功，必须付出极大努力和汗水，始终充满信心和热情，锲而不舍，积极主动争取成功，脚踏实地采取可行步骤去发现、去把握、去争取，甚至去创造。

（2）适应形势与环境，不断有所创新。客观形势与环境是影响和制约个人职业成功的重要因素。雇员个人面对经济政治形势、政策制度等大环境自然无能为力，但是可以不为其左右，应当适应环境要求与变化，以自己的想法、新的生活、新的活动作为催化剂，继续个人的职业成长。与此同时，适应自己周围的小环境，变不利为有利。

（3）把握机遇，有助于职业成功。在职业生涯中，一般会出现几次转折关头或几次大的考验，这正是争取个人职业成功的机遇，要善于发现和挖掘机遇，把握机遇，创造机遇。

（4）有超前眼光。要有远见、有预见力，看见别人尚未看见的或比别人早一步行动，先占据主动。

（5）善于利用时间。时间作为一种最宝贵和稀缺的资源，善于利用时间就成了决定一个人职业成功的关键因素。在把握时间既定长度的前提下，积极主动地拓展时间的深度，使时间得到最大限度地利用。

9.5.3　职业生涯成功的评价

1）职业生涯成功公式

美国学者达姆洛斯提出了成功的公式，该公式为：

成功=［（EE+CT+SP）×DD］^{b}

式中：EE指教育和工作经验；CT指创造性思考；SP指推销自我的能力；DD指目标和驱动力；b指个人的机遇。

可以看到，前面3个因素对人的成功都有一定的作用，但并不是必需的，当某一个以至两个因素缺少时，仍然能够使人成功。当然，在这样的条件下，成功的水平要大打折扣。

"目标"和"驱动力"两个因素是缺一不可的，如果某一个因素为零，那么整个公式的结果也就为零，绝无成功可言。

指数b可能大、可能小，也可能为零。在其大于1时，机会就能够发挥较大的作用。

2）职业生涯成功的评价体系（见表9-3）

表9-3 职业生涯成功的评价体系

评价方式	评价者	评价内容	评价标准
自我评价	本人	•自己的才能是否充分施展 •对自己在企业发展、社会进步中所做的贡献是否满意 •对自己在职称、职务、工资待遇等方面的变化是否满意 •对处理职业生涯发展与其他人生活动的关系的结果是否满意	根据个人的价值观念及个人的知识水平、能力
家庭评价	父母、配偶、子女等家庭成员	•是否能够理解和肯定 •是否能够给予支持和帮助	根据家庭文化
企业评价	上级、平级、下级	•是否有下级、平级同事的赞赏 •是否有上级的肯定和表扬 •是否有职称、职务的晋升或相同职务责任权力范围的扩大 •是否有工资待遇的提高	根据企业文化及总体经营结果
社会评价	社会舆论、社会组织	•是否有社会舆论的支持和好评 •是否有社会组织的承认和奖励	根据社会文明程度、社会历史进程

9.5.4 职业生涯成功的策略

第一，结合自己的实际，制定适合自己个性和能力的职业生涯目标和规划。一般来说，如果人们忠诚于某一职业或者专业，可通过长期积累形成优势，有利于降低压力，增加成功的可能性。如果执着于自己不适合的职业或者专业，那么就可能无法形成优势，没有市场竞争力；即使适合自己，但职业本身的市场价值低，缺乏竞争力，也会降低市场价值。因此，选择适合自己能力、个性，并具有市场价值的职业或者专业非常重要。人的个性和能力的形成受制于先天和后天的影响。特别是成年人，许多人的能力和性格已经形成，相对比较稳定，改变比较困难。比如，对于大多数30岁以上的人来说，要形成有市场竞争力的外语能力，相对比较困难；对于动作技能一类的职业，如乐器演奏、体育活动，成年人除了将其作为业余爱好外，很难把它们变成具有市场竞争力的职业。制定职业生涯目标，可以使人们确定努力方向，合理地利用自己的有限时间和资源，促成职业目标的实现。而要实现职业生涯目标，就应该制定合理的职业生涯规划。合理的职业生涯规划应该符合SMART原则，即特定（specific）、可衡量（measurable）、可接受（acceptable）、现实（realistic）和规定时间表（time-bounded）。“特定”主要指针对职业生涯发展本身，比如评职称、攻读学位等，而不是其他泛泛的目标，如成名、成家等；“可衡量”要求职业生涯规划更具体，以便到时候可以检查实施效果，为了便于检查，需要制定客观指标，如晋升科长或者处长，需要发表多少篇论文等；“可接受”主要指自己对职业生涯目标有承诺，要下决心，不能摇摆；“现实”指要保证职业生涯规划符合自己的客观实际，比如有家庭的，要适当考虑工作和家庭的冲突，不可能像学生一样，把全部时间都用来提高自己，还需要处理好工作和自我发展的关系等；“规定时间表”则主要帮助自己对照检查来发现问题，及时解决问题，使职业生涯管理朝着自己制定的目标发展。

第二，不断学习，与社会的科学技术进步同步发展。知识经济的特点是产品更新周期短、速度快，是对人力资源交流和整合的全球性竞争，最终要求人们不断提高应变能力。过去，知识更新的速度比较慢，适应起来比较容易，人们通过学习获得的知识和技能可以享用一生。现在，与高科技直接联系的职业知识和技能更新速度加快，与高科技联系相对不密切的职业也在发生变化，因为技术进步导致了组织变革，组织变革又导致职业变化。知识经济就是强化知识的作用，受教育水平是影响个人竞争力的核心要素。要形成竞争优势，除了扬长还应注意补短，特别是弥补计算机和网络基础知识，以及交往技能等方面的不足。学习形式的多样化也有利于在职员工的学习和提高，如互动的网络学习、远程学习、在岗培训、业余培训等，个人可以选择适合自己的学习形式。

第三，建立内部和外部的人际关系网络，拓宽信息来源，敢于探索，掌握职业生涯发展的主动权。市场经济的显著特征就是资源的市场化配置。人力资源既然是一种资源，就需要开发利用，充分实现其价值。要取得在劳动力市场上的竞争力，机会非常重要。过去，人们的工作比较稳定，大多数人“从一而终”，对职业信息关注比较少；现在，人们迫切需要关注内部和外部职业信息，寻找就业机会。许多研究发现，熟人推荐是组织获得人力资源的非常有效的方法。在组织内外建立相应的人际关系网络十分重要，人才在流动中增值。以前，组织的稳定性高，组织的未来很容易把握，组织须关心自己承诺的措施和办法；现今，组织自身不稳定，要保持自己的竞争力和低成本，往往直接从外部劳动力市场招聘所需要的人员。据研究，从外部直接引进，相对于组织内部培养而言，成本比较低，而且见效快。只要自己有价值，就应该充分利用自己的优势，创造更大的价值。盲目忠诚于某一特定组织，可能使自己失去发展动力和发展机会，导致知识技能老化，在该组织面临危机时成为牺牲品。许多失业人员就是这种牺牲品。对于年轻人来说，除了关注机会外，还需要有探索新职业的勇气。有些职业受市场的影响，价值降低、竞争加剧，如果可能，只要有适合自己能力的、有前途的新职业，就应该主动调离。比如，过去学习计算机的人，年纪大了，学习能力差了，可以向管理类职业发展。因为对于管理职业而言，经验很重要，如果具备一定的人际交往技能、影响力，就可以通过学习，转换职业，产生新的竞争力。

第四，关心内部成就标准，学会接纳自己。受知识经济的影响，组织的扁平化、兼并和融合，以及组织的业务外包等，使得晋升成为许多人的困扰。对此，除了努力加入少数职位的竞争外，还需要有健康的心态。不论如何努力，不能获得晋升的人总是绝大多数，这是客观现实。只要能维持已有的职位，做自己喜欢的工作，就应该感到满足。否则，升职的压力和烦恼会严重影响自己的生活质量，最终也会影响工作本身。

【案例】

鱼与熊掌不可兼得：哪个才是更好的职业规划？

黑夜如幕，似要吞噬天地间的一切，料峭的春风打在窗上却只能发出不甘的低吼。凭什么？赵鑫有些怒气，一下子挂断了电话，打开窗，想让风帮忙驱散心中的烦躁。“闺女，你怎么就不听爸爸的话呢？”父亲从微信上发来信息，“你自己好好想想吧，是家里好还是外面好。”

1.矛盾初现，如堕烟海

思绪回到2017年12月，一整年的努力付出都要在这一天得到检验，赵鑫刚刚结束了自己在山东大学本校的博士研究生入学考试，走出考场的她深呼了一口气，顿时感觉一直压在自己身上的担子忽然没了。这时，手机铃声忽然响了起来，“喂，明珠啊（小名），考完试了吗？”

“考完了，还行。”赵鑫回答道。

“你妈妈想你了，这两天回家吗？爸爸去接你吧。”

“不用，我自己回去就行，没什么行李。”和父亲又闲聊了几句，赵鑫挂断了电话。

回到家，母亲准备了一桌子赵鑫爱吃的菜，犒劳一下半年没回家还有些消瘦的女儿。饭后，一家人坐在一起，一边看电视一边闲聊，父亲一本正经地对赵鑫说：“你看，最近咱县里的医院发布了招聘公告，正好需要心血管专业的硕士毕业生，你要不要去试试？”父亲眼中透露出询问的目光，“毕竟试一下就多一个机会，总归是有好处的，还能增加自己的经验，对以后找工作也有帮助。”家乡的县医院现在已发展成三级乙等医院，而且赵鑫早就听说现在心血管内科的主任同是山东大学毕业的学长，抱着试一试的心态，赵鑫答应下来，趁着在家这几天准备考试。

1月下旬，笔试和面试的成绩相继公布，凭借自身扎实的基础，赵鑫获得了总分第一的好成绩，成功接到医院的录取通知书，被通知等毕业后，10月份将安排正式的实习。

与此同时，另一个好消息也从天而降，考博成绩终于公布，赵鑫成功被山东大学研究生院录取。这一年的努力得到了回报，赵鑫喜出望外，她第一时间告诉了自己的父母，喜悦过后，父亲问道："读博还是去县医院，你更倾向于哪一种呢？"赵鑫渐渐冷静了下来，她开始动摇了，自己以后的生活会是什么样子的呢？博士生还是一个小实习生？

2.鱼与熊掌，不可兼得

为了帮助自己做出选择，赵鑫询问了父母和舍友们的意见。

"你想毕业回家乡工作？你不是已经考博录取了吗？"舍友张心怡诧异地问道。

"我还没有想好，前段时间考博成绩还没出来，我就回家乡医院应聘试了试，面试和笔试都通过了。如果就在家乡医院工作的话，以后家里人身体不适看病治疗都会方便很多。咱们之前在大型医院规范化培训，让我觉得大型医院的工作环境太冷清了，职工之间平常很少互相联系，彼此间的关系不亲密，我不想在太冷漠的气氛下工作，所以小一些的县医院的工作氛围可能会更适合我。"

"可是规模小的医院平时需要照顾的病人多呀，工作负担可能会更重一些。"

"我听在我们家乡县医院工作的学长说大家都互相帮忙、非常团结，下班后也常常会安排聚餐放松，这是我更向往的工作环境。"

"可是你考上的博士名额要放弃了吗？付出这么多才争取到别人抢破头的名额，你之前不是说未来工作想去市医院嘛，拿到博士学位就可以去市医院应聘了。而且你也知道咱们班的徐雨桐考博成绩正好是差一个名额没进线，你这样放弃，浪费掉一个名额，没考上的人得多生气。"

选择读博还是直接就业将会影响到自己未来职业生涯的发展方向。如果拿到博士学位，赵鑫就可以到一直以来心仪的市医院应聘工作，在未来的工作晋升中也将占据更多优势，而放弃攻读博士也意味着自己一年多的努力付之东流。

思来想去，赵鑫告诉自己的父亲："爸爸，我想放弃县医院的工作。好不容易考上博士，我想读完博士学位之后去临沂市医院的心血管内科应聘，市医院的医疗条件和发展机会都比县医院好得多。"

父亲听后说道："读博士学位深造当然很好，但我看现在市医院也在招聘，影像技术岗位是要硕士学位的，你要真想去市医院可以考虑换部门工作，现在就可以应聘。"

"影像技术岗位和我的专业不对口呀，不在心血管内科的话我研究生期间学习研究的知识就都白费了，我还是想去心血管内科工作。姥姥一直心脏不好，我学心血管内科专业就是为了能在工作之后帮姥姥和其他家人看病医治。"

"那你在县医院工作，咱家人生病时你帮忙看病不更方便了吗？而且回家还方便。"

父亲的意思是让赵鑫放弃读博士，抓住这次的工作机会回家乡县医院工作。可是赵鑫不忍心让自己为考博士付出的汗水付之东流，也不想放弃未来市医院更广阔的平台和更好的机会。

就在踌躇之际，赵鑫又突然被告知她的毕业论文被抽中外审答辩，时间一下子变得紧迫起来，到底读博士还是工作？在毕业论文外审答辩的压力下，赵鑫愈发焦虑起来。

3.压力激化，纠结难平

正在进行毕业论文的修改，赵鑫突然接到父亲的电话，“明珠呀，”电话那头声音传来，“你这两天考虑得怎么样了？县医院这边开始报到和政治审核了，要不咱就早点留在家里工作吧。你听爸爸一句，哪里都没有家里好，家人是最重要的，你在外面待上几年，虽然市医院离家不远，那回家也不方便，你有什么事情也不方便我们照顾你。”

赵鑫说：“爸爸，我知道你的意思，但我现在也不需要你们照顾了呀。”

“爸爸其实是想让你早点找到工作安稳下来，准备找对象，早日结婚成家。等你读完博士再到市医院工作，稳定下来之后就快30岁了，到那时候再找对象就太晚了。你要是做不出决定的话就准备去县医院吧，爸爸的老同学也在那边，还能照顾你一下。”

毕业论文的压力和这些天的纠结情绪一股脑儿地冲上来，“凭什么你要替我做决定，我自己的事情我自己解决！你别问了！”赵鑫气呼呼地向爸爸吼道，说完就挂断了电话。在窗户边静静地待到路灯一盏盏亮起，脸颊上的泪花不知何时已经干了。赵鑫逐渐冷静了下来，但是刚刚朝爸爸发火的愧疚感却缭绕上了心头，父母都是为了儿女着想的，自己的父母更是如此，自己应该考虑父母的意见。可是究竟该回家工作还是继续读博呢？她还是无法做出决断。

第二天，赵鑫向导师钟明教授请教毕业论文的问题，顺便向导师倾诉了自己现在面临的选择与纠结，钟教授听后说道：“放弃读博士的机会，真的很可惜呀！但是如果你留在县医院里工作，照你说的，虽然第一年的实习工资只有五千元左右，但一年之后你就可以考取主治医师了，到时候就可以自己独立看诊，工资也会成倍地增长。在你们家乡县医院里职工相对较少，你未来晋升科室副主任的竞争压力也会小很多。考取主治医师之后你也可以再找机会去市医院应聘，有了一定的工资积累和储蓄后，也可以考在职博士，继续进行深造学习。如果继续读博士，2年之后去市医院应聘，虽然拿到博士学位之后就可以考取主治医师，但你依然要经过一年的实习期，加薪和晋升的速度会比在县医院慢很多，市医院的竞争肯定也会比县医院里大得多。这样来看，留在县医院工作也很适合你的职业生涯发展规划。”

听完钟教授的话后，考虑到家里的情况：只有父亲一个人在高中任教，母亲没有工作，还有两个上初中的弟弟妹妹要照顾，赵鑫觉得自己也该考虑早些担起责任，缓解父亲的经济压力，按钟教授所言进入家乡县医院工作，早些进行职业生涯规划是不错的选择……

4.尾声

整理了自己的思绪，内部、外部各种因素带来的纠结在眼前一幕幕上演，赵鑫觉得自己是该赶快做出决定让父亲和身边的人放心，也该向父亲为自己昨天的态度道歉。可是，职业选择是一项需要认真考虑的人生课题，她究竟应该选择继续读博士还是去县医院就职呢？

资料来源　中国管理案例共享中心案例库．鱼与熊掌不可兼得：哪个才是更好的职业规划？[EB/OL]．(2019-09-11)．http：//www.cmcc-dlut.cn/Cases/Detail/3845.

本章小结

1.职业生涯不仅表示职业工作时间的长短，而且内含着职业发展、变更的经历和过程，包括从事何种职业的工作、职业发展的阶段、由一种职业向另一种职业的转换等具体的内容。

2.职业选择是劳动者依照自己的职业期望和兴趣，凭借自身能力挑选职业，使自身能力素质与职业需求特征相符合的过程。

3.霍兰德的职业性向理论，实质在于劳动者的职业性向与职业类型的适应。

关键概念

职业分层　职业选择　职业生涯管理　职业生涯成功

课堂讨论题

1.为什么要进行职业生涯管理？

2.职业选择理论以及职业生涯发展阶段理论有哪些？

3.影响职业选择的因素是什么？

复习思考题

1.霍兰德认为可将职业兴趣划分为6种类型：________、________、________、________、________和________。

2.职业生涯成功的公式及含义。

3.佛隆的择业动机理论公式及步骤。

第10章 /员工个人职业生涯分析

学习目标

本章重点讨论了员工个人的职业生涯发展以及规划问题。通过本章的学习，要把握如何进行职业的定位、合理地设定职业生涯目标，掌握不同的职业生涯阶段需要不同的管理方法，使员工具备设计职业生涯规划的能力。

10.1 员工个人的职业定位

10.1.1 自我评定

自我评定可以帮助员工对自己有清晰的了解和认识，其中包括认识自己的优点与缺点，发现并调整自己的情绪、意向、动机、个性和欲望。自我评定的核心是对个人特点及个人环境关系的知觉和评价。可用“两面三点”来描述，所谓“两面”是指自我知觉所反映的对象：一是个人的各种特点和能力，二是自己与他人及环境的关系；所谓“三点”是指对上述两个方面的反应，包括知觉、评价和理想。清楚的自我认知使员工能够了解自己的职业价值观、职业兴趣、能力倾向及特长，以便做出明确的职业选择，找到一份适合自己的工作，并在职业生涯管理中获得成功。传记式的自我陈述，价值观分类练习，生活经历分析都有助于个人将自己的能力、愿望同别人的希望、社会的期待分开，认清一个独特的自我。正确地认识自我，给自己一个尽可能客观的评价，有助于再进行有意识的职业生涯管理。

我们不妨常常问自己下列一些问题：

• 你现在是否待在你想待的地方，如果不是，你知道自己想要的是什么吗？

• 你知道怎样才能得到自己想要的东西吗？中间需要经过哪些步骤？

• 和你的职业生涯相关的真正重要的是什么？

• 你曾有过的最大成功是什么？

• 在你的职业生涯中，你愿意在哪些方面与众不同？为什么？怎样才能做到？

• 你是怎样找到原来的工作的？

• 你是否曾经注意包装你的技能或者你是否对自己的兴趣、价值观、个人偏好进行过评估？如果是，你是怎样确定这些因素的？

如果你能回答这些问题，那么你可能采取了一种有意识的方式管理自己的职业生涯。

自我评定的工具有：

1）优/缺点平衡表（见表10-1）

表10-1　**优/缺点平衡表**

优点	缺点
有团队意识	与多数人非常亲密
乐于接受任务并按自己的方式去完成	不喜欢连续不断的监视
受人称赞的好管理者	不容易跟作为我上级的人交朋友
示范领导	极度紧张
公正无私	经常说一些没有意识到后果的话
精力充沛	当无事可做时，不能保持一种看起来忙碌的状态
在现行环境中很好发挥作用	好动
思想相当开放	仅仅是心理反对，但却把自己描述成一名真正的敌对者
与高级商人打交道时感到很舒畅	性情比较保守
喜欢玩弄政治手腕	有时在不熟悉的环境中会紧张
一旦工作确定下来，就干完它	真正的朋友很少
善于组织别人的时间，从为我工作的人身上得到的最多	不是遵奉者，兴趣层次忽高忽低
性格开朗	情绪不稳定
关心那些关心我的人	性情有点急躁
有大量的感情投入	不喜欢琐事
通过他人干好工作	在只有自己参与的环境中，工作干不好

由本杰明·富兰克林（Benjamin Franklin）开创的帮助人们认识他们的优点和缺点的自我评价程序称为优/缺点平衡表。它的优点是，通过填表可以对自己有更深刻的认识；缺点是它不能提供一个人的全部优点和缺点，而且填表时还需要一定的时间。

2）好恶调查表（见表10-2）

好恶调查表示帮助个人认识他们加在自己身上的约束。例如，某些人不愿意住在这个国家的某些地方，这种感觉应被视为一种约束。认识到这种自我强加的限制条件，可以减少将来的职业问题。另一种限制是一个人将考虑为之工作的公司类型、规模和知名度。所有可能影响一个人工作业绩的因素都应列在好恶调查表中。它的优点是：首先，它能帮助你认识自己的基本动机，并且有针对性地满足你的需要；其次，它能为职业规划与发展提供前进的方向；最后，它能帮助你发现自己的职业锚。它的缺点是：它不能罗列出你的所有好恶，并且它需要很长的时间让你对自己进行考察，以求更确切地表明自己的好恶。随着个人在人生中的进步，其优先考虑的事情会发生变化。因此自我评定应被看成一个连续的过程。

表 10-2 **好恶调查表**

喜好	厌恶
喜欢旅行	不想为小公司工作
喜欢住在闹市区	不愿在大城市里工作
喜欢做自己的老板	不喜欢整天在桌子后面工作
喜欢住在中等城市	不喜欢一直穿套装
爱看足球和棒球比赛	工作时间不喜欢说话
爱玩篮球	

3）职业价值观

所谓职业价值观是指一个人究竟想从职业中获得什么，它反映了人们对奖励、报酬、晋升发展和职业中的其他方面的不同爱好，它体现了一个人最想从工作中获得什么，在工作中最看重什么。

萨柏（Super）提出了一系列与工作相关的更具体的价值观，包括15项，分别是利他主义、爱美、创造力、知识激励、独立性、成就、威望、管理、经济回报、安全感、环境、监督关系、协作、变化、生活方式。人们从本质上会看重不同的价值观，不同职业和工作会在不同程度上满足人们某方面的价值观。

10.1.2 理想的生活方式

“生活方式”是个人组织及维持生活的一种独特形态。由于每个人的成长环境、生活经验、兴趣、性格等不同，人们具有不同的生活形态。每种生活方式事实上没有所谓对错或好坏，而在于它是否适合自己。每个人都有权利决定自己的生活方式。虽然，有时我们心目中理想的生活方式会受到外在现实环境或个人成长、成熟所导致的价值观念的改变及影响，致使必须对原先拥有或期待的生活方式作适当的调整或改变，但拥有一个适合自己的生活方式是很重要的生活目标，值得我们去追求（见表10-3）。

表 10-3 **生活方式——特征表 续表**

生活方式	特征
1.社会取向的生活方式	拥有参与社会活动的机会，以贡献社会
2.家庭取向的生活方式	能够给家庭提供充分的经济安全，并积极参与家庭活动
3.休闲取向的生活方式	休闲活动为生活方式中的重要因素
4.流动取向的生活方式	有充分的机会因业务关系到各地去旅行
5.领导取向的生活方式	有机会独立行动，并担任领导的角色
6.教育取向的生活方式	借学历的提高，可以获得成就和晋升
7.经济取向的生活方式	拥有相当多的资产和社会知名度

续表

生活方式	特征
8.无压力取向的生活方式	工作压力小，工作时间固定，有足够的时间参与家庭活动
9.利他取向的生活方式	帮助他人，并对社会有所贡献
10.独立、创造取向的生活方式	具有面对挑战和创新的机会
11.宗教、社区服务取向的生活方式	有足够的机会参与宗教、社区事务和社会服务
12.财务、成就需求取向的生活方式	获得财务上的安全感，及财务、社会、教育上的成就感
13.世界主义取向的生活方式	限制少，成为工作上的领导人物
14.传统取向的生活方式	获得家庭经济上的安全感和社会的赞许

10.1.3 职业的分析和定位

职业的分析和定位包括两层含义：（1）确定自己是谁，以及适合做什么工作；（2）告诉别人你是谁，你擅长做什么工作。定位是自我定位和社会定位两者的统一，一个人只有在了解自己和了解职业的基础上才能够给自己准确定位。

首先，要了解自己：主要是核心价值观念、动力系统、个性特点、天赋能力、缺陷等。方法：可以自我探索，可以请他人做评价，也可以借助心理测验——充分地了解自己。

其次，要了解职业：包括职业的工作内容、知识要求、技能要求、经验要求、性格要求、工作环境、工作角色等。

最后，要了解自己和职业要求的差距，需要仔细地比较各个方面要求的差距。你可能会有多种职业目标，但是每个目标带给你的好处和弊端不同，你需要根据自己的特点仔细地权衡选择不同目标的利弊得失，还要根据自己的现实条件确定达到目标的方案。

下面这份问卷是由职业指导专家詹姆斯C.戈尼亚（James C.Gonyea）提出的。詹姆斯是1987年在美国在线（AOL）上推广“在线职业指导”的先行者。下面的问卷能帮你认清自己的职业方向。请依次写下每一道题的答案。

（1）你最喜欢读哪方面的书？

（2）你最喜欢什么电视节目或者广播节目？

（3）你最喜欢什么类型的电影？

（4）你在业余时间最喜欢做什么？

（5）你喜欢什么类型的志愿活动？

（6）你最喜欢和朋友讨论什么话题？

（7）在你做白日梦的时候，你脑海中会浮现什么样的想法？

（8）你曾经喜欢过什么样的工作？

（9）在学校的时候你最喜欢什么科目？

(10) 什么最容易使你烦躁?

(11) 如果你随便画画,你经常画什么?

(12) 如果让你管理世界,你最想改变什么?

(13) 如果你赢了一百万元大奖,你想怎么花这笔钱?

(14) 你最喜欢什么类型的人?

(15) 在你死后,你最想别人记住你什么?

(16) 你最喜欢什么类型的玩具?

(17) 你怎么描述你的政治信仰?

(18) 在这个世界上你最尊敬谁?为什么?

(19) 什么样的任务能带给你最大的成就感?

(20) 什么工作你刚开始就能做得很好,尽管你以前从没做过?

检查一下你的答案。你从中发现自己的同一行为或信仰可能存在于生活的不同方面了吗?在你反复阅读这些答案的时候,你从中挖掘出什么信息?

这些信息展现了你什么样的行为模式?你持续时间最长的兴趣是什么?

利用你得到的信息,补充完成下面的句子:

我主要的兴趣在……

我最相信……

我最大的价值在于……

为了生活得更好,我觉得自己需要……

我能把下面这些事情做得很好……

现在问问自己,你目前的工作能帮你达成上述5个句子中的内容吗?如果可以,那么你的事业已经处在正确的轨道上了。如果不行,那么你之所以充满抱怨是因为你目前的事业还不能满足你人生的核心目标。如果是这样,那么现在是时候寻找更适合自己的职业了。

10.2 员工职业生涯的目标设定

所谓目标,就是一个人行动的方向、目的。职业生涯的目标是指一个人渴望获得的与职业相关的结果。职业生涯目标可以通过很多方式影响个人的行为和表现:第一,它可以促成高水平的努力;第二,它可以给高水平的努力确定方向;第三,它可以提高向目标努力的坚持性;第四,具体的目标有助于形成实现目标的战略;第五,目标可以衡量行为结果的有效性,向个体提供积极的反馈。

10.2.1 对职业生涯目标的理解

1) 从时间因素上看职业生涯目标

(1) 长期发展目标

职业生涯的长期目标指基于自身的能力、发展潜力和社会经济发展的趋势,勾画出未来的个人职业前景和职业生涯高峰。它具有“未来预期”“宏观综合”“人生理想”“发展方向”“引导短期”和“自身可变”的性质。长期目标一般为10年、20年、30年，是短期和近期目标所追求的最终“目标”。

（2）短期发展目标

职业生涯的短期目标是一种现实性的目标，是具有实际价值的目标，是以长期的人生大目标为发展方向的行动性、操作性目标。达到短期目标的活动，就是人们的职业活动实践。这种活动实践，不仅意味着人要付出一定的努力、付出各种成本，而且意味着对人的职业道路的“试错法”式的检验以及随之的矫正。

在选择短期职业生涯目标的时候，要注意以下几点：

① 要把短期目标作为达到长期目标的初始步骤，通过一个一个地攻克近期目标，逐步逼近并最终达到长期目标。

② 要讲求目标的有效性，注意目标是否易于达到。

③ 目标应符合社会需要。个人经过努力取得的成果，若能满足社会需要，社会也就能承认个人的成果，即认可人的职业生涯的局部成功。

2）从内容结构上看职业生涯目标

（1）岗位目标

岗位目标即在选择的职业领域要达到的岗位目标，如管理领域的总经理、副总经理、部门经理；技术领域的主任设计师、副主任设计师；对跨越两种职业以上的职业选择，如从事技术职业，同时兼职从事管理工作。岗位目标可以在两个领域分别确定，如高级工程师、副总经理。

（2）技术等级目标

职称通常是技术等级的衡量标准，如助理工程师、工程师、高级工程师，助教、讲师、副教授、教授。此外，还有其他标准，如技术工人的技术等级。

（3）收入目标

收入水平是个人成就的重要标准之一。用经济收入水平作为职业生涯目标并非“俗气”，当然，如果仅仅用收入水平作为职业生涯目标，就难免被冠以“俗人”称号了。

（4）社会影响目标

一些贡献较大的人，不仅促进了企业的发展，而且给社会带来了明显的福利。因此，这些人的贡献不仅能够得到企业组织内部的肯定，也会得到社会的承认。因此，在制定职业生涯目标的时候，应当考虑到个人对社会的贡献和得到的社会肯定，如把目标定为“本地区劳动模范”“在本行业有一定知名度”“成为国内某领域的著名专家”等。

（5）重大成果目标

重大成果目标如负责一项大型工程建设、设计出世界一流的汽车发动机、出版一部有全国影响的学术著作等。

（6）其他方面

其他方面指社会地位、接受培训情况等。

3）从概念性和操作性角度看职业生涯目标

概念性的目标可以概括为哲学意义上的目标，与具体的工作和职位无关。它反映一个人的价值观、兴趣、才干和生活方式的偏好，而操作性的目标则是将概念性目标转化到具体工作和岗位上。职业生涯目标举例见表10-4。

表10-4　职业生涯目标举例

人力资源经理助理的职业生涯目标	短期目标	长期目标
概念性的	承担人力资源管理的更多职责；揭示人力资源的各个方面；与直线经理进行更多的互动	参与人力资源规划活动；参与公司长期规划；参与政策的制定和执行
操作性的	2～3年成为人力资源部经理	6～8年成为公司人力资源部总监

10.2.2　职业生涯目标设定的原则

员工职业生涯目标的设定遵循8条原则，按这些原则的第一个英文字母，可以组合成两个英文单词，即灵活（smart）和少（few）。

1）行为的明确性（specification）

行为的明确性即要明确描述出员工与主管在每一项工作职责下所需完成的行动方案。

2）目标的可测量性（measurable）

目标的可测量性指目标应该是可以衡量的，要有定量数据，如数量、质量、时间等。

3）可实现性（attainable）

它包括两方面的含义：首先，必须是合理的并且是在员工可以控制的范围之内；其次，必须是“要经过一定努力”才可以实现的。要加把力，而不仅仅是上年目标的重复。

4）相关性（relevant）

相关性指该目标要与公司目标、部门目标尤其是与个人的职业发展目标相联系。

5）时限性（time-bound）

时限性即在特定的时间内完成目标。

6）重点集中性（focused targets）

重点集中性指目标不要定得太多，太多就意味着没有重点，一般3~5条即可。

7）授权激励性（empowerment level）

授权激励性指有的工作个人可以完全做主，有的需要考虑企业的限制。当要考虑企业的制度制约时，可在允许的范围内给予个人自主性的权利。

8）重要等级性（weighted grade）

重要等级性指个人在目标设定时，要把全部的权重依重要性不同分配给不同的关键任务。这样让员工分清不同工作的轻重缓急，而且在评估中也会有不同的重要性的体现。

10.2.3　职业生涯目标设定的步骤

1）职业生涯目标设定的模型

目标理论又称目标设置理论，是由美国行为科学家洛克（Locke）于1968年提出的。洛克认为，目标设置是管理领域中最有效的激励手段之一，他在总结前人研究成果的基础上，把目标与工作激励过程归纳为工作激励目标设置模型（如图10-1所示）。

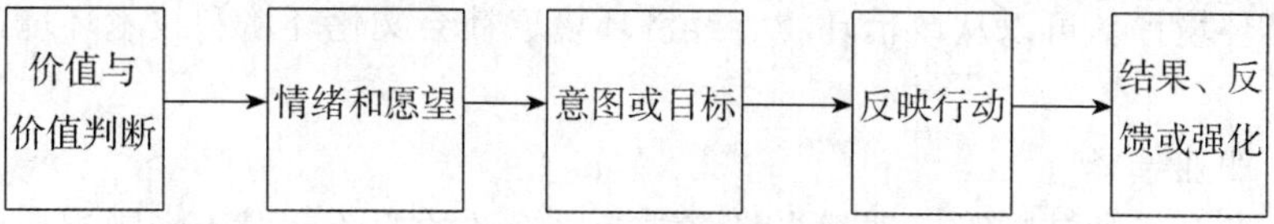

图10-1　工作激励目标设置图

由于目标设置对人的工作绩效具有明显的影响，洛克提出目标设置必须遵循5条基本原则：第一，目标应当是具体的；第二，目标应当是难度适中的；第三，目标应当被个人所接受；第四，必须对达到目标的进程有及时、客观的反馈信息；第五，个人参与制定的目标要比别人为他设置的目标更为有效。

美国学者戴维·坎贝尔（David Campbell）曾经指出：“目标之所以有用，仅仅是因为它能帮助我们从现在走向未来。”

2）职业生涯目标设定的步骤（如图10-2所示）

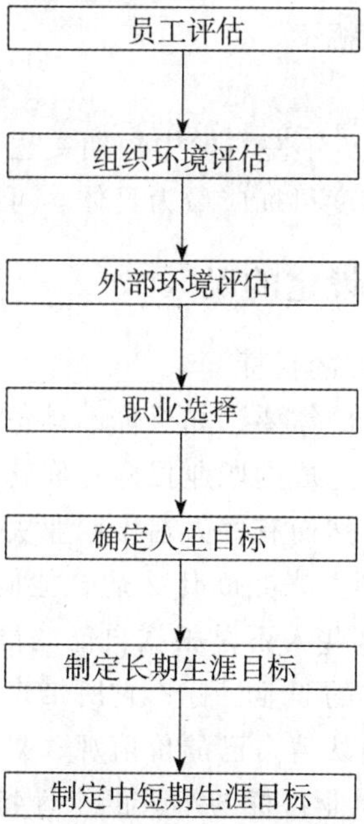

图10-2　职业生涯目标设定的步骤

（1）员工评估

员工评估就是让员工“知己”的过程，这是目标设计的基础。员工评估的内容包括能力评估、气质评估、价值观评估等。

（2）组织环境评估

组织环境评估包括企业文化评估、企业目标与发展战略评估、岗位供给评估和竞争者评估等。这些评估有助于员工发现职业机会。

（3）外部环境评估

外部环境评估是对组织环境评估的必要延伸，可以帮助员工开阔视野，展望未来。外部环境评估可以从政治环境、经济环境、社会文化环境和技术环境四个方面进行。

（4）职业选择

在上述分析的基础上，选择自己将要为之奋斗的职业。对于刚刚进入就业领域的年轻人来说，仅仅通过上述分析可能还不能准确选择真正合适的职业发展方向，而需要在刚刚就业的几年中，不断地变换岗位，寻找自己的职业锚。

（5）确定人生目标

在职业选择的基础上，确定在这一个或几个职业方向上可以达到的最高成就，内容表达上可以模糊一些。

（6）制定长期生涯目标

阶段生涯目标有两种表达方式：一是以一定时间要达到的成就来表达；二是以达到一定成就所需要的时间来表达，长期目标如此，短期目标也如此。长期目标是人生目标和中短期目标之间的桥梁。

（7）制定中短期生涯目标

在长期目标指导下，制定5年左右的中短期要达到的目标，是实现长期目标的基础。短期目标应该具体，年度目标应最为具体，可操作性应该最强。

10.2.4 职业生涯目标设定的误区

1）制定了一个并不属于你的目标

如果职业目标不能满足你的需要，如果你不具备这项工作所要求的才能，如果你对工作不感兴趣，那么你所达成的职业目标对你就没有任何意义。这是你自己的工作、你的职业、你的生活。然而有些人在做职业决策时，目的是取悦他人——父母、配偶或老板等。他们让别人来判断什么适合他们。有人常常说，我并不重要，我不知道什么适合我自己。这些人不是根据自己的能力、兴趣来选择自己的职业。从长远来看，即使实现了这样的职业目标，它所带来的往往是挫折而不是成长。

解决这一问题就需要人们认清自己的价值观、兴趣、能力以及自己所偏爱的生活方式。另外，还要意识到职业目标与个人的个性特征相协调的重要性。实质上，所有自我评估的程序都可以提供自我认识的机会。比较困难的任务是按照自我意识去行动。职业规划能起到这样的作用。

2）职业目标与人生的其他目标不相关联

很多人在追求职业生涯目标时，往往忽略了它对人生其他方面的影响。很多人在职业生涯的中期，有意识地进行工作责任和家庭及休闲活动的角色转换。然而，工作与非工作角色的相互作用贯穿于人生的每一个阶段。有经验的职业生涯管理者一开始就知道职业和生活之间的联系，所设定的职业目标和自己所渴望的生活方式是一致的。职业生涯规划本身包含对生活方式、生活风格的考虑。

3）职业目标和目前从事的工作相分离

具体的工作仅仅是实现职业目标的一个媒介。在很多时候，人们狭隘地寻找另外一种工作，而忽视了现在所从事的工作。其实，你目前所从事的工作应该成为你职业成长的资源。成功的职业生涯管理基于了解概念性的职业目标，拥有用现在的工作实现目标的经验。

4）太过模糊的目标

一般来说，具体的目标比模糊的目标更有用。具体目标可以有效指出奋斗的方向，可以更好地衡量努力的结果。长期目标比较宽泛，应该由一些比较具体的要素构成，以便于转化成可操作性的目标。可操作性的目标一定要具体，可以衡量。

5）过分关注工具性目标要素

尽管具体的职业目标有许多优势，但是过分关注具体目标会导致目光短浅。如果只知道完成具体目标，人们就会忘记其为什么要追求这样的目标。更重要的是，只为一系列的目标奋斗，往往会忽略人生的终极目标，人生就成了没有乐趣的苦旅。这是一种困境：一方面现在的职业目标可以提升你将来的满意度，促使你成长；另一方面，关注外在目标又会降低内在满意度。解决的方法是：保持两者之间的平衡。

6）太易或太难的目标

目标必须具有挑战性，太容易或者太难的目标都不能带来成就感。合理的目标是具有挑战性又有实现的可能性。要设置这样的目标，要求你具有独特的能力和深刻的洞察力，了解工作环境中的机会和障碍。如果你选择了一个困难的目标，就要有承受风险和失败的心理准备。

7）不灵活的职业生涯目标

灵活的目标对于有效的职业生涯管理是必不可少的。因为工作环境和人都会不可避免地随时间变化，过去合适的目标在目前或者将来不一定有效。公司雇佣具有不确定性，这就需要个人在职业生涯目标设定中采取灵活的方式。比如说，职业生涯路径可能随着组织结构或者新战略的制定而消失或者改变，所以不能适应的员工往往被淘汰。类似地，技术和结构的变化可能产生新的职业生涯路径，需要对个人目标进行重新审视。换句话说，人们需要了解他们的工作和生活经历以使职业生涯目标实现。

10.3 职业生涯规划

张某，1989年大学毕业，进入一家不知名的国企，6年后这家企业发展成为国内具有相当知名度的大型企业，而张某也成为这家企业最年轻的高管人员。1996年，张某在事业如日中天之时突然离职，原因是另外一家企业出更高的年薪聘请他。但是2年后，后去的这家公司因缺少必要的资金支持而濒临倒闭，张某也被迫离开。2000年，张某又与朋友合作创业，结果在一年后企业亏损而又一次不得不离开。经过数次的职场变动后，张某陷入迷茫。后来在朋友的帮助下，他从猎头公司那里第一次听说了“职业生涯规划”一词。回顾过去，他发现自己第一次职业变动是高薪吸引了他。曾经取得的优秀业绩让他以为自己无所不能，低估了职业变化的风险。第二次职业变动是因为自己难以承受失败的打击，没有正视自己的不足，选择了不适合自己的创业之路。张某在猎头公司的帮助下梳理了自己的职业发展经历，认清了自身未来的职业发展道路。在年近不惑的时候，他谨慎地选择了一家企业，重新走上了健康的职业发展之路。

张某的前期职业发展因为没有做职业生涯的自我规划而导致多次的职业失败。后来他懂得了如何进行职业生涯自我规划，正确地对自身及环境等作出估量，又慎重地选择了职业，从而使自己重新走上了健康的职业发展之路。张某的前后对比，说明了职业生涯规划对个人的职业生涯发展具有非常重要的意义。

10.3.1 个人职业生涯规划的含义

职业生涯规划指个人在对自己的主观因素、客观因素进行分析的基础上，确立自己的职业生涯发展目标，根据这一目标选择合适的职业，并且制订相应的工作、培训和教育计划，按照一定的时间安排，采取行动实施目标的过程。个人职业生涯规划包括4个方面的内容，即自我剖析、目标设定、目标实现策略和反馈与修正。

1）自我剖析

自我剖析指全面、深入地分析和了解自己，即员工了解自己的价值观念以及为人处世追求的价值目标；了解自己的能力、兴趣和个人潜质；熟悉自己的技能特长，了解自己的优势和缺点，对“我能够做什么”形成一个合理的定位。

2）目标设定

目标设定是在正确自我定位的基础上，设立更加具体的职业目标，对“我要做什么”形成一个比较清晰的思路。由于职业生涯跨越个人的青年、中年和老年，人在各时期的体能精力、技能经验、处事特点有明显差别，因而就整个个人职业生涯来说，目标设定可以是多层次、分阶段的。越来越多的人为了追求挑战，愿意在自己的职业生涯中追求不止一种职业，一个远大雄伟的目标一般要分解成若干个易于达到的阶段性目标。

3）目标实现策略

目标实现策略是通过各种积极的具体行动去争取达成的。它解决“我准备怎样做”的问题。其主要内容包括个人在工作中的表现和业绩，超出现实工作之外前瞻性的专业知识和技能准备以及为平衡职业目标和非职业目标（生活目标、家庭目标）而做出的种种努力。目标实现的策略有很多，如撰写求职简历、参加面试应聘、商议工资待遇、制定和完成工资目标、参加公司培训和发展计划、构建人际关系网、谋求晋升、参加业余时间的课程学习等都是目标实现的措施。

4）反馈与修正

反馈与修正是指在达成职业目标的过程中，自觉地总结经验和教训，修正对自我的认知和最终的职业目标。人只有在实践工作中，才能更清楚、更透彻地自我认知和定位。实践表明，不少人是经过一段时间的尝试和寻找之后，才了解自己到底适合哪个领域、哪个层面的工作的。因此，反馈与修正也是员工职业生涯规划不可缺少的内容和环节。

10.3.2　个人职业生涯规划的原则

个人职业生涯规划的原则包括：

（1）清晰性原则：考虑目标、措施是否清晰、明确？实现目标的步骤是否直截了当？

（2）挑战性原则：目标或措施是具有挑战性，还是仅保持其原来的状况而已？

（3）变动性原则：目标或措施是否有弹性或缓冲性？是否能依循环境的变化而做出有效调整？

（4）一致性原则：主要目标与分目标是否一致？目标与措施是否一致？个人目标与组织发展目标是否一致？

（5）激励性原则：目标是否符合自己的性格、兴趣和特长？是否能对自己产生内在激励作用？

（6）合作性原则：个人的目标与他人的目标是否具有合作性与协调性？

（7）全程原则：在拟定职业生涯规划时必须考虑到职业生涯发展的整个历程，作全程的考虑。

（8）具体原则：职业生涯规划各阶段的路线划分与安排必须具体可行。

（9）实际原则：实现职业生涯目标的途径很多，在作规划时必须要考虑到自己的特质、社会环境、组织环境以及其他相关的因素，选择确实可行的途径。

（10）可评量原则：规划的设计应有明确的时间限制或标准，以便评价、检查，使自己随时掌握执行状况，并为规划的修正提供参考依据。

10.3.3　个人职业生涯规划的作用和意义

1）职业生涯规划是个人成才的有效方法

通过对一个人职业生涯的主客观因素进行分析、总结和测定，可以发现职业生涯规划具有的潜质、优点和缺点。在此基础上，通过学习和实践，个人能充分发挥其长处，努力克服弱点，挖掘潜在的能力，使之成为有用的人才。

2）职业生涯规划是组织开发人才的有效手段

随着知识经济的到来，知识已成为社会的主体，而掌握和创造这些知识的恰恰就是人。现代许多管理学家认为，早期的传统产品属“集成资源”，而未来的产品则属“集成知识”。企业应该更加重视人的智慧、技艺和能力的提高，通过企业员工职业生涯的开发与管理，使人尽其才，才尽其用，这是资源合理配置的首要问题。

3）职业生涯规划是组织留住人才的最佳措施

任何成功的企业，成功的根本原因是拥有高素质的企业家和高素质的员工。通过对企业员工职业生涯的开发与管理，努力提供人才施展才能的舞台，实现人才的自我价值，是留住人才、凝聚人才的根本保证，也是企业长盛不衰的组织保证。一旦人的才能和潜力得到充分发挥，企业的成长就有了用之不竭的资源。

4）职业生涯规划使企业与员工双赢

企业的发展建立在个人发展的基础上，而个人人生梦想的实现也离不开企业这片用武之地。加强对组织中个人职业生涯规划的管理，不仅更容易与组织目标达成一致，而且还是实现组织目标的有效手段。这样，通过员工职业生涯规划管理，可以使员工的个人奋斗与企业总的目标和发展计划相结合；同时通过有计划的培养，可为企业将来的发展准备后备高级管理人才，最终达到员工个人发展与企业长远发展的互动双赢效果（如图10-3所示）。

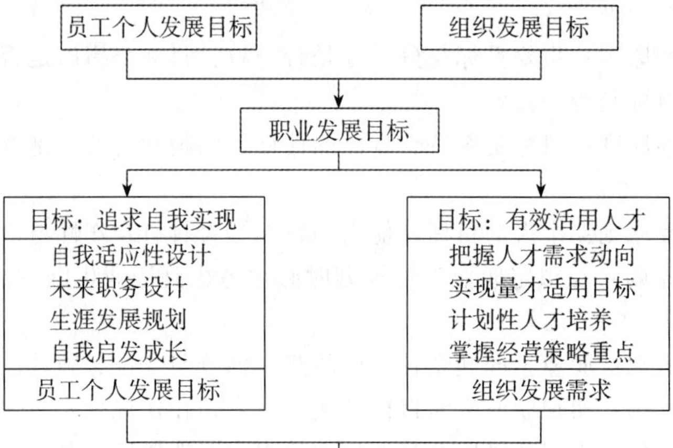

图10-3　企业和员工双赢图

10.3.4　个人职业生涯规划的方法和步骤

职业生涯规划是员工对自己一生职业发展的总体计划和总轮廓的勾画，它为个人一生的职业发展指明了路径和方向。个人职业生涯规划包括以下几个步骤：

1）个人自我评价

个人自我评价就是对自己进行全面的分析，包括对人生观、价值观、受教育程度、职业锚、兴趣、特长等进行分析评价，达到了解自己的目的。个人自我评价是职业生涯规划的基础，直接关系到个人的职业成功与否。

个人自我评价的方法有很多，包括：橱窗分析法、自我测试法、计算机测试法。通过不同方法的测试，员工可以全面了解自己，并以此为基础规划和设计自己的职业生涯。

（1）橱窗分析法

橱窗分析法是自我剖析的重要方法之一。心理学家把对个人的了解比喻成一个橱窗。为了便于理解，我们可以把橱窗放在一个直角坐标中加以分析。坐标的横轴正向表示别人知道，负向表示别人不知道；纵轴正向表示自己知道，负向表示自己不知道（如图10-4所示）。

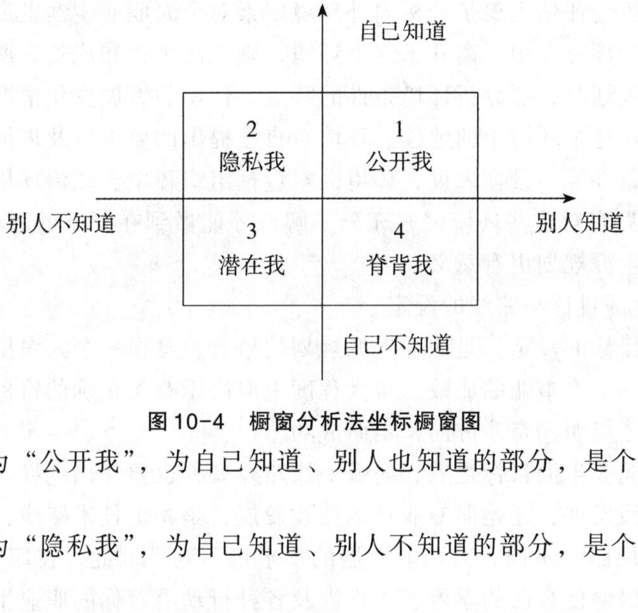

图10-4　橱窗分析法坐标橱窗图

橱窗1称为“公开我”，为自己知道、别人也知道的部分，是个人展现在外的部分。

橱窗2称为“隐私我”，为自己知道、别人不知道的部分，是个人内在的私有秘密部分。

橱窗3称为“潜在我”，为自己不知道、别人也不知道的部分，是有待开发的部分。

橱窗4称为“脊背我”，为自己不知道、别人知道的部分，犹如一个人的背部，自己看不到，别人却看得很清楚。

“潜在我”是影响一个人未来发展的重要因素。许多研究表明，人类一般只发挥了大脑功能的一小部分。著名心理学家奥托指出，一个人所发挥出来的能力，只占他全部能力的4%，控制论的奠基人维纳指出，即使是那些做出了辉煌成就的人，在他们的一生中，利用自己的大脑潜能还不到百亿分之一。由此可见，认识与了解潜在我，是自我剖析的重要内容之一。

“脊背我”是正确对自己进行评价的重要方面。只有你真心诚意地对待别人的意见，才能听到别人的真实评价。

（2）自我测试法

自我测试法是通过回答有关题目来了解自己、认识自己。测试题目由心理学家设定。通过这种测试，员工能在一定程度上了解自己的有关情况。

自我测试的量表有很多，如性格测试、智力测试、记忆力测试、想象力测试、人际关系测试、行动能力测试等。

（3）计算机测试法

计算机测试法是一种现代测试手段，科学性、准确性较高，是了解自己、认识自己的有效方法。具体如人格测试方面的明尼苏达多项人格测验、卡特尔人格测验；智力测试方面的威斯曼人员分类测验、高级人员测验；能力测试方面的机械能力测验、一般办事员测验、短期雇佣测验等。

2）职业生涯机会评估

职业生涯机会评估主要是分析内外环境因素对个人职业生涯发展的影响。每个人都处在一定的环境之中，离开了这个环境，则无法生存和成长。所以，在制定个人的职业生涯规划时，要分析环境条件的特点、环境的发展变化情况、自己与环境的关系、自己在这个环境中的地位、环境对自己提出的要求以及环境对自己有利的条件和不利的条件等。具体来说，环境因素包括组织环境、政治环境、社会环境以及经济环境。只有对这些环境因素充分了解，才能做到在复杂的环境中趋利避害，使自己的职业生涯规划更有意义。

3）职业生涯目标与路线的设定

职业生涯目标的设定，是职业生涯规划的核心，是指一个人渴望获得的与职业相关的结果。一个人事业的成败，很大程度上取决于有无正确的目标。只有确定了明确的目标，才能明确奋斗方向，走向成功。

在确定了职业生涯目标之后，向哪一线路发展，也要作出选择。也就是说，是向行政管理路线发展，还是向专业技术路线发展；是先走技术路线，再转行政管理路线等等。发展路线不同，对职业发展的要求也不同。因此，在职业生涯规划中，须作出抉择，以便使自己的学习、工作以及各种行动沿着你的职业生涯路线或预定的方向前进。通常职业生涯路线的选择需要考虑3个问题：我想往哪一路线发展？我能往哪一路线发展？我可以往哪一路线发展？

4）职业生涯策略的制定

员工在确定了职业生涯目标和路线之后，还需要有职业生涯的策略作保证。职业生涯策略是指为争取职业生涯目标的实现，所采取的各种行动和措施，如参加公司的教育、培训与轮岗、构建人际关系网、掌握额外的技能与知识等都是职业生涯的具体策略。职业生涯策略要具体、明确，以便定期检查落实的情况。

5）职业生涯规划的反馈和修正

影响职业生涯的因素有很多，有的变化因素是可以预测的，而有的变化因素则难以预测。在此状况下，要使职业生涯规划有效，就要不断地对职业生涯规划进行反馈和修正。修正的内容包括：职业的重新选择、职业生涯路线的选择、人生目标的修正、实施措施与计划的变更等。

10.4　员工职业生涯的阶段管理

10.4.1　员工职业生涯早期阶段的管理

职业生涯早期阶段指一个人由学校进入企业组织，在企业内逐步“组织化”，并为企业组织所接纳的过程。这一阶段一般发生在20～30岁，是一个人由学校走向社会，由学生变成雇员，由单身生活变成家庭生活的过程。一系列角色和身份的变化，必然要求经历一个适应过程。在这一阶段，个人的组织化以及个人与企业的相互接纳是个人和企业组织共同面临的、重要的职业生涯管理任务。

1）职业生涯早期阶段的个人特征

在职业生涯早期阶段，员工个人正值青年时期，无论从个人生物社会生命周期、职业生命周期，还是家庭生命周期来看，其任务都较为单纯、简单。该时期个人的主要任务包括：一是进入组织，学会工作；二是学会独立开展工作，并且寻找职业锚；三是完成向成熟员工的过渡。这一时期，其突出的个人和心理特征是：

（1）进取心强，具有争强好胜的心态

进取心是一种积极的推动力量，这种心理状态能使员工不断上进，并求得发展。不过这种心理状态如果不善加引导也会导致员工经常高估自己、低估他人，在职业上这山望着那山高；强调客观，工作一旦出现失误，就会怨天尤人；在工作的团队中，由于争强好胜，很可能会影响到与周围人际关系的和谐；由于尚处在职业生涯初期，员工往往对职业锚的选择犹豫不决。

（2）职业竞争力不断增强，向往能干一番轰轰烈烈的事业

对于刚就业的青年人来说，精力旺盛，具有远大的理想和抱负，成功的心理诉求强烈。随着工作时间的延长，他们会逐步提高工作能力，熟悉工作环境，决心作出一番事业。

（3）开始组建家庭，承担家庭责任

职业生涯早期阶段，常常是员工处于由单身向初组家庭或有第一个子女过渡的时期。这一时期的家庭问题较少、任务较轻，但是由于员工刚成家，不可避免地会产生处理同配偶的关系和抚育子女的问题。这一时期家庭和事业难免会发生冲突，家庭责任使员工自我意识逐渐削弱，家庭观念增强，开始具有养家的动机和责任心。

在职业生涯早期阶段，个人刚刚从事工作，一切还在学习、探索之中。这一阶段的心理特征将对其职业生涯产生重要影响。

2）职业生涯早期阶段的主要问题及其后果

员工进入组织，是一个由自由人向组织人转化的过程，这个过程包括向员工灌输组织及部门所期望的主要态度、规范、价值观和行为模式。个人组织化的途径是组织创造氛围和条件，使新员工学会如何在组织中工作、如何与他人相处，充当好个人在组织中的角色，接受组织文化，并且逐渐融入组织的过程。

（1）现实冲击

在个人职业生涯的开始阶段，大多数人都希望找到一个具有挑战性的工作，以证明自己的能力，但可能面对的却是枯燥乏味的现实。因此，对于许多第一次参加工作的人来说，这可能是个痛苦的时期。比如，陷入错综复杂的部门间冲突，或者遇到一位让人沮丧的上司。这个上司可能既不值得你为之工作，而且其本人也未受过任何关于如何与新员工相处的培训，而这种技能对于监督指导新员工是十分必要的。

在这一时期，员工们被招聘并且第一次被分配工作和认识上级。因此，他们需要建立一种自信的感觉。员工需要学会与上级相处，需要学会承担责任，还需要学会对自己的才能、需要以及价值观是否与自己最初的职业目标相吻合进行分析判断。在这一时期，他们第一次面对组织生活的现实，第一次与自己的能力和需要面对面碰在一起。因此，现实冲击和失望是常有的事情。

（2）新员工难以得到第一任上司的信任和重用

员工刚刚进入组织，对于组织和环境都不了解，相反，组织对员工也存在不了解的问题，因此，员工很难取得第一任上司的信任。上司认为只有等到新员工真正了解公司运作的真实情况之后，才可以让其承担重要的工作。因此，最初交给新员工的往往是不重要和乏味的工作。

对于这个问题，员工应该尽快熟悉企业文化和企业制度，虚心向老员工学习，以出色的工作成绩获得上级的认可。

（3）组织成员往往对新员工心存偏见或者嫉妒

由于年龄和时代的差别，企业中的老员工往往会对新员工怀有某种偏见，认为新员工经验不足、自视清高、幼稚单纯等。这种偏见使得上司和老员工不能正确地对待新员工。另外，当新员工进入组织时，上司和老员工会认为新员工是一种威胁，因为新员工常常意味着更好的教育和较高的年薪。因此，十分难办的任务往往分配给新员工，以显示其不称职。

（4）急于求成

工作积极、充满激情是新员工的普遍特点，因为他们都希望能尽快脱颖而出，更快得到晋升走上管理岗位。有斗志固然好，但是幻想短时间内做到优秀并担任重要职务，则很容易受到挫折。

事实上，刚入职时，新员工面对的是一个完全陌生的环境，上司最初交付的任务往往是简单乏味的工作，一旦急于求成很可能与成功失之交臂。

员工在职业生涯早期面对的上述问题可能带来一些负面的后果。

(1) 阻碍个人的职业生涯发展

新员工一般都是充满热情地投入工作，但是现实冲击往往使他们不知所措。新员工最初面对的工作太难、太容易，或者纯属重复劳动，结果工作了一段时间后，始终得不到一个真正展示自我才能的机会，其积极性就会严重受挫，并且由此对企业失望、对工作失去兴趣。第一项工作如何，很可能会影响到其整个职业生涯的发展。

(2) 造成企业人力资本投资的巨大浪费

如果新员工进入组织，得不到妥善任用，或者在从事某种工作之前离职，就会使组织的投资得不到回报；如果新员工不思进取，同样会使组织无法获得员工个人潜力相应的贡献。其结果是企业进行了大量的成本投资，却没有得到相应的收益或回报，造成了投资的浪费。

(3) 造成企业人才流失或人才被埋没

新员工进入组织后，常常不能充分展现自我、实现自我。这对于有着强烈抱负的新员工来讲，是不能忍受的。因此，许多有潜力的新员工会因此而流失。企业因此造成重大损失。即使有许多新员工留下，但是由于受到不友好的对待，他们的知识和技术没有得到正常发挥，久而久之，他们的才华也会被埋没。

(4) 破坏企业文化

新员工接触的第一任上司和第一批同事是组织文化的代表者。他们将塑造新员工对组织的看法和对工作的基本态度。但是，如果第一任上司和第一批同事有不良习气，将使新员工感受到不良的组织文化。他们的态度也会随之由热情变成失望。新员工的流失作为一种企业现象，会形成不良的企业影响，对企业和员工都很不利。

3) 职业生涯早期阶段的员工自我管理

(1) 熟悉工作环境，树立良好形象

第一次交往所形成的印象对人的态度会产生深远而持久的影响。新员工进入一个新的组织，会接触同事、上级，他们可能成为好的合作伙伴，也可能成为不想多交往的人。在一般情况下，新员工如果不注意建立良好的印象，往往会给别人造成消极的印象，影响自己的职业生涯历程。

(2) 把握职业技能，学会如何工作

承担职业任务、做好本职工作是员工的基本任务。对于新员工来讲，首先要掌握职业的技能，学会如何在组织中开展工作。这需要弄清岗位职责、明确工作任务；克服依赖心理，学会自主地开展工作；从小事做起，树立良好的职业形象。

(3) 知己知彼，百战不殆

做自己能做的，做自己喜欢做的。员工既要很好地认识自己，也要很好地认识职业，使自己找到合适的职业。另外，在企业中，员工还要了解竞争对手的情况。

员工需要了解：竞争对手的优势何在？自己的竞争优势何在？竞争优势可以从以下方面进行比较：学历、工作能力、年龄层次、技术职称、性格、发展潜力、社会背景、人际关系等。对这些问题的明确回答，有利于做到知己知彼，准确把握努力的方向。

（4）观察、处理好人际关系

新员工进入一个组织，对周围的环境比较陌生，因此，就需要新员工尽快适应交往对象，融入群体之中。如果处理不好人际关系，不但影响工作，也会影响生活质量。与上司的关系是新员工特别要注意的事情。因为上司代表组织行事，占有相对多的资源，因此与上司关系处理得好，个人的发展空间就会拓宽。

（5）正确面对困难，学会如何进步

对于刚开始工作的新员工来讲，工作中遇到各种困难是正常的。最重要的是，新员工要用正确的态度，来对待生活中的困难和障碍，逐渐学会克服困难的技巧：不要心灰意冷，学会面对困难，在困境中学会进步。

10.4.2 员工职业生涯中期阶段的管理

职业生涯中期不仅是生命周期最重要的阶段，也是个人职业生涯最重要的时期。处于职业生涯中期的员工，既是社会的中流砥柱，又是企业的中坚力量，还是家庭的顶梁柱。由于任务繁、责任重、冲突多、压力大、易倦怠，所以如何减轻他们的职业倦怠感，帮助他们更好地发展，实现组织与个人的双赢，是组织职业生涯管理所面临的挑战。

1）职业生涯中期阶段的个人特征

职业生涯中期是个体生命周期中最重要的阶段。在这一时期，个人生物社会生命周期和个人心理特质都会发生明显变化，并且呈现出明显的阶段性特征。

（1）个人总体生命空间特征

①职业生涯中期处于三个生命周期的完全重叠时期

人的生物社会生命周期贯穿人的一生，职业生命周期从20岁左右开始到60岁结束，家庭生命周期从25岁左右开始贯穿人的后半生。如果从25岁算起至50岁为职业生涯中期，那么三者重叠的时间长达20多年。而在职业生涯的其他阶段，三者重叠的时间相对较短。

②生命运行任务最繁重

在这一时期，面对工作中的客观现实、婚姻家庭状态及自己所负的财务、教育子女和其他方面的责任，员工需要重新审视自己、评估自己；重新确立目标，进行自我发展的重新选择；解决家庭和职业要求之间的潜在冲突。

在家庭生命周期方面，员工要面对以下问题：家庭关系复杂、任务重，既要担当家庭责任，处理好同配偶、子女的关系；又要抚养、教育子女；还要为子女的生活方式、角色变化做好准备；及时调整与配偶的新关系；承担赡养父母的责任。

③不同生命周期间的相互作用性最强

这一时期是个人职业发展向上走并且逐渐达到顶峰的时期，同时也是家庭关系复杂、家庭任务繁重的时期。因此，三个生命周期间的矛盾冲突也最多。日常最容易发生的是三个生命周期在时间分割上的矛盾。在时间一定的情况下，员工投入职业工作的时间越多，相对地给予家庭的时间就必然越少，甚至为了工作，不得不牺牲个人和家庭的利益。牺牲家庭利益超过一定限度，家庭生命周期的运行就会阻碍另外两个周期的运行。

（2）个人的心理特质

①职业认同感受到冲击

人到中年后，开始面临个人梦想和实际成就之间的不一致。青春期曾发生的职业和生活道路的矛盾会再现。子女虽已长大成人，但子女的职业走向尚不明朗，会引起自己对昔日职业选择的怀疑和焦虑。此外，父母同子女间存在代沟，年轻的子女常常向父母亲的价值观提出挑战。这些情感、心理的变化会给中年人的职业发展带来一定影响：有的人会看轻工作和工作要求、组织的准则和政策，并且依据自己的价值观对其进行重新评估，以重新评估中产生的新抱负审视自己现在的工作。

②家庭结构和内部关系改变

家庭结构出现明显变化：充当抚育子女任务的父母角色的消失；“空巢”家庭中的夫妻二人，需要重新分配感情，重新处理彼此的关系；饮食、娱乐等日常活动会有所改变；家庭经济负担减轻，个人有财力运用于其他活动，有精力重新评估职业目标。

③承认时间有限和生命有限的事实，从而产生心理变化

在职业生涯早期和职业生涯中期的初始阶段，人们往往尚未意识到生命的有限性。当步入中年，遇到朋友、同事、父母或者配偶甚至子女的去世，个人才从感情上真正认识到了生命的有限性，并会反思自己的过去，思考在自己的职业中是否完成了预计要做的事情。当意识到个人的学习能力正在下降，已没有时间、精力去完成梦寐以求的事情的时候，个人常常会出现抑郁的心态，产生心理负担。

④意识到职业机会有限而产生焦虑

人到中年，会逐渐意识到职业机会随年龄增长越来越受到限制，个人更加难以作出职业选择。一般有两种情况：正在走向成功道路的人，在欲达到更高层次时，由于“金字塔”式职位结构的存在，越向上，路越窄，职位越少；同时由于年龄较大的人与年轻人相比，竞争力越来越差，不免产生焦虑；平日工作稳定，想调换工作的人，由于自身年龄较大，适合的岗位和机会越来越少，以致无法找到新的岗位，从而引起焦虑。

（3）个人能力和职业生涯特征

①职业能力稳步提高，并逐渐成熟

人到中年，具备了很多的生活阅历，具有了处理人际交往和各种事情的技能经验；四十不惑，价值观成熟，大多数人的事业心、责任心增强，形成了沉稳的工作

作风；有较为稳定的长期贡献区，职业技能娴熟，积累了丰富的工作经验。

②创造力旺盛，工作业绩突出

在职业生涯中期，员工一般在企业中发挥中流砥柱的作用，个人具有了发展的实力。一方面，这种实力来自于工作能力的增强和经验的积累；另一方面，这种实力来自于自身长期形成的个性和能力。因此，职业生涯中期是个人创造力最强、工作卓有成效的时期。

③职业发展轨迹呈现倒“U”形

职业生涯中期是一个长达20多年的时间段。在初始阶段，职业发展轨迹呈现由低到高逐步上升的趋势，职业顶峰多出现在职业生涯中期的中间段，跨过辉煌的职业高峰后，职业轨迹就会呈现下降的趋势。整个过程呈现为一条倒“U”形曲线。当然，由于个人的情况不同，职业生涯轨迹的倒“U”形曲线的形状也各有差别。

2）职业生涯中期危机和个人管理任务

职业生涯中期危机通常发生在人们30～40岁之间的某个阶段，这一阶段人们会根据自己最初的理想和目标对自己的职业状况做一次重要的重新评价。他们有可能发现自己并没有朝着自己梦想的目标靠近，或者已经完成了他们预定的任务以后发现，自己过去的梦想并不是自己想要的。在这一时期，人们还有可能会思考工作和职业在自己的全部生活中到底占有多大的比例。通常在这种情况下，人们不得不面临一个艰难的选择，即判断自己到底需要什么，什么目标是可以达成的，以及为了达成这一目标自己需要做多大的牺牲。

（1）职业生涯中期所面临的问题

①缺乏明确的组织认同和个人职业认同

一个人工作了十余年后，却发现还没有找到自己的职业锚，工作业绩平平。这种情况常常发生在一些流水线工人的身上，甚至某些中层经理身上。他们往往陷入既没有清晰、可以认同的工作，又不被组织赏识，也没有显赫地位，不为人知的默默无闻的境地。这些中层经理不仅难以向家人或朋友讲述自己的职业工作，而且在一个基本的水平上，很难认同自己的贡献区是什么，自己的突出成绩是什么。

如果一个人出现了这种问题，往往会出现两种结果：一是放弃工作参与，转向更多地关注工作之外的自我发展和自己的家庭；二是对工作本身失去“兴趣”，其注意力已经不在工作上，而是放在了组织的福利薪酬上，即对津贴、安全、工作条件等问题的计较上。

②现实与职业理想不一致

许多人在职业生涯中期陷入一种自我矛盾之中。因为现实的职业发展和职业目标不一致。这有三种情况：一是虽然从事自己理想的职业，但是并没有取得期望的成就。二是自己的职业锚完全不同于最初的设想，现实的职业成就比最初的设想要低，或者与早期的职业设想相比，更需要职业以外的东西。三是实际获得的职业成就比预期的高。值得注意的是，现实与理想的矛盾常常会因员工职业锚的不同而有所差异。管理型和安全型职业锚的员工，其成功主要依赖于组织，取决于组织的奖酬和给予的机会，他们一般不会轻易减少工作参与或者重新设计职业方向，他们多数被锁住，即锁进了一种不能放弃的成功模式。创造型和自主型职业锚的员工，一般会重新定义自己的职业方向，受到的外部约束会少一些。技术型职业锚的员工，适应性较强，能够进行多样性选择，既可以在组织中干下去，也可以从事咨询、教育等其他工作。

③职业工作发生急剧转折或下滑

在职业生涯中期，特别是人到中年以后，每个人都不可避免地要承担生命周期运行的繁重任务，出现各种矛盾和心理变化；不少人感到工作不顺心，无成就感。常见的情况如下：一是由于工作对他们来讲不再具有挑战性，也就不能再使他们感到兴奋，从而落入职业陷阱；二是对工作不再有进取心，平淡应付，消沉抑郁；三是如果经济收入不减少，其他条件允许的话，会突然地、戏剧性地转换职业；四是发生“战略转移”，由原来以工作为重，转向以家庭和个性发展为重，精力指向个人业余爱好、兴趣、社交关系，甚至冒险方面。

（2）职业生涯中期个人的管理任务

①保持积极进取的精神和乐观的心态

在职业生涯中期，个人将面对诸多问题和生命周期运行的变化，这又成为人生的一个关键时刻和转折点。对于有信心晋升的人来说，他们有充分的潜力进步。而相当数量的中年员工，由于面临职业生涯中期危机和家庭问题，减弱甚至丧失了原有的工作热情，只求安安稳稳地度过后期职业生涯。这种情况的出现对个人、家庭和组织都十分不利。诚然，职业生涯的诸多问题，会给个人造成巨大压力，但同时也提供了发展的新机遇。如果个人能够正确控制自己的感情，正视客观现实，积极寻找解决问题的方法，那么还是可以实现职业发展的新跨越的。

②面临新的职业与职业角色选择

在职业生涯中期，每个人也面临着新的职业选择：一是继续留在原来的职位上，使自己的知识和技术更加熟练，成为专家；二是通过一定的方式使自己的技能通用化，更多地充当带头人的角色；三是离开原职业角色，寻求新的适宜的职业角色；四是进入行政管理领域，从根本上改变职业角色。每个人都需要在某个时点上作出选择。这一决策受到内外两方面因素的影响。从内部因素来看，主要受到个人职业锚的约束和指导；外部因素主要是组织对个人才干和个人经验的价值判别。

③成为一名良师，担负起言传身教的责任

随着个人职业生涯的发展、职业锚的稳固，自己的工作经验也日益丰富，而这些对于年轻员工来说是十分必要的。因此，处于职业生涯中期的员工应给年轻人以监督、教诲和支持，承担起良师的责任。老员工主要的言传身教角色有：老师或教练；正面的榜样角色；充当伯乐，作为人才的发现者；指路人，给予新员工迎接挑战和出成果的工作机会；保护人；成功的带头人，在自己成功的同时，保证年轻人一起受益。

在现实中，有些处在职业生涯中期的员工往往并未意识到自己所担负的良师益友的责任，不愿意对新员工言传身教，或者不负责任地进行言传身教。例如，有的老员工对年轻人有偏见，不愿意接触年轻人；有的老员工提供错误的指导；有的老员工利用言传身教的关系拉拢自己的帮派势力；有的老员工扮演附和者的角色，企图依赖年轻人等。这些做法都与良师的角色相背离。因此，处于职业生涯中期阶段的员工，应当主动、自觉地承担好良师的责任和角色。

④维护职业工作、家庭生活和自我发展三者间的平衡

要完成这一任务，可以从两方面入手：一是自我重估，包括重估自己的职业锚和贡献区，现实地看待自己的职业才干，重新思考自己的目标定位等。二是对今后的人生进行重新定位，决定职业工作、家庭生活和自我发展三者的运作模式。显然，这种决策不一定是永久的，但是它将代表对未来的一种主要承诺。由于三个生命周期运行本身就存在矛盾，因此，作出决策、作好决策是十分困难的。这就需要根据自我重估和再认识后的需求，综合考虑各方面的因素，妥善处理工作、家庭和自我发展三者的关系，求得三个区间的适当均衡。

10.4.3 员工职业生涯后期阶段的管理

1）职业生涯后期阶段的个人特征

（1）个人家庭和心理特征

①员工的家庭情况发生很大变化

员工家庭出现空巢，夫妻相依为命，产生了对家庭的依赖感，温馨的家庭、天伦之乐成为职业生涯后期阶段的一大需求。

②自我意识上升，怀旧心重

这突出表现在三个方面：一是追求自我发展，觉得干了一辈子，现在应该是从事个人活动、实现个人兴趣爱好的时候了。二是从感情上意识到健康的重要性，自我保健意识大大增强。三是人已近老年，怀旧念友之情油然而生，渴望与过去的同学、朋友交往，以满足精神上的需求。

③进取心逐渐下降，开始安于现状，淡泊人生

随着年龄的增长，个人的体力、精力开始衰退，学习能力下降，进取心逐渐减弱。人到了职业生涯后期阶段，已走完了人生的大半，凡事看透，不再有追求，平静面对人生。

（2）个人职业特征

①进取心、竞争力和职业能力明显下降

处在职业生涯后期的员工，体能和精力衰退，学习能力和整体的职业能力下降，知识、技能老化，竞争力逐渐减退。

②权力、责任的中心地位下降，角色发生明显变化

在职业生涯中期，正是职业发展的顶峰时期，有的员工攀升至中、高层领导职位，拥有相当权力，就算是一般员工，也多是工作中的骨干。但是到了职业生涯后

期，领导职位逐渐被年轻人代替，权力与责任削弱，老员工的核心骨干、中心地位和作用逐渐消失。

③优势尚存，仍可发挥余热

进入职业生涯后期阶段，员工的体能、智能明显下降，在职业工作中处于次要地位，但是他们仍然有优势。年老员工熟知企业及其发展过程，已经深深融入企业文化之中；他们具有熟练的技能，积累了丰富的实践知识；他们有丰富的人生阅历，具有处理工作中各种复杂事情、矛盾的经验。因此，进入职业生涯后期的员工仍可以发挥余热，担当良师的角色。

2）职业生涯后期的个人任务

（1）承认竞争力和进取心的下降，学会接受和发展新角色

处在职业生涯后期阶段的员工，要勇敢地接受生理机能衰退和其导致的竞争力、进取心下降的客观事实，寻求适合自己的新职业角色。在现实工作中，老员工可以当师傅、带徒弟、培育新员工；充当教练，对新员工进行技能培训；充当顾问的角色，提供咨询；从事力所能及的事务性工作等。

（2）学会和接受权力、责任和中心地位的下降

① 要从思想上认识和接受"长江后浪推前浪"是必然规律，认可自己工作权力、责任的减小，以及中心地位的下降。

② 将思想、生活重心逐渐从工作转移到个人活动和家庭生活方面，善于在业余爱好、家庭、社交、社区活动和非全日工作等方面，寻找新的满足源。

（3）学会如何应付"空巢"的问题

在职业生涯后期阶段，"空巢"的出现是家庭生活的一大变化。应付好这一变化，对于职业生涯后期的工作和发展都很重要。①员工思想重心应向家庭倾斜，通过多种方式密切同配偶的关系。②转移生活重心，使个人时间增多，有条件和兴趣发展自己的业余爱好，满足以前难以实现的个人需求，充实和丰富个人的"空巢"家庭生活。③注重社会人际交往，增进亲情、友情。④积极参加社会活动，寻找适合的新职业。

（4）回顾自己的整个职业生涯，着手退休准备

一方面，个人可以总结自己的职业生涯过程；另一方面，个人通过总结自己职业生涯成功的经验和失败的教训，可以以现身说法对新员工进行培训教育。同时，个人应做好退休的准备工作：①做好充分的思想准备。②抓紧退休前的时间，使自己的职业生涯有个满意的结果。③培养个人兴趣，策划退休后的生活。

【案例】

我的人生我做主：大学生员工的国企成长之路

2020年6月的一天，中国邮政集团有限公司武汉市分公司（以下简称"武汉邮政"）公示栏上贴出这样一则公示："经武汉市分公司党委研究：杨明等16名同志拟任武汉邮政四级副领导职务，现予以公示……"读罢，小杨不禁感到一阵激动，

这些年的工作经历历历在目。

小杨，一名来自外地的90后大学生员工，普通院校本科毕业，工作8年，在公司大学生员工年晋升率不足10%的情况下脱颖而出，成为区分公司的中层领导，他是如何做到的呢？

（一）不想当将军的士兵不是好士兵——初入职场

1.与邮政结缘

小杨，1990年出生于湖南一个普通的农村家庭，父母务农。他自幼爱好音乐，高中毕业后，考入当地一所普通本科院校，主修音乐学专业。大学期间，活泼开朗的小杨参加了很多学生会工作，锻炼了他的人际交往能力。

2012年夏天，小杨临近毕业，湖南一家中学录用他为音乐教师，属于学校自主招聘的合同工。他还以应届生身份被武汉邮政录取。小杨有些迷茫：选择哪一份工作呢？前者可以继续从事他热爱的音乐专业，但是工作不稳定；后者是国有企业的正式编制，发展空间大。深思熟虑后，小杨决定，在稳定中谋发展，还可以为家庭减轻负担。同时，他决定不放弃热爱的音乐，将其作为业余爱好坚持下去。于是他选择了后者，与邮政结缘。

2.立下雄心壮志

初进武汉邮政，小杨被分配到武汉邮区中心局实习。他了解到公司每年会提拔一定比例的大学生员工进入后备干部队伍，心中暗想：只要努力，我也一定能获得晋升！怀揣这个目标，小杨在轮岗的过程中积极完成各生产单位领导分配的任务，还踊跃参加工会活动。他经常担任活动的主持人，在大学生新员工演讲比赛中勇夺桂冠。实习期结束，他被调到综合办公室，负责新闻宣传工作。

在工作中，他带领一线单位的宣传干事撰写新闻稿，踊跃向《中国邮政报》《湖北邮电报》等报纸投稿，经常有他们团队的新闻见报。很快，他的工作成效显著，中心局的新闻宣传工作名列全国七大中心局前一二名。3个月后，他被调入市邮政局团委，一年后，又被借调到省公司新闻中心锻炼。

（二）干一行爱一行——崭露头角

大家眼中的积极分子进入省公司新闻中心后，小杨发现，周围的同事都是重点大学科班毕业，有的还是研究生甚至博士毕业。他感觉舞台更大了，压力也更大了。小杨深知自己在学历上没有优势，只能更加努力工作。因为工作原因，他有机会接触到《中国邮政报》的编辑老师。其中，有一个徐老师特别喜欢他。因为小杨谦虚又好学，每次投稿后都恭恭敬敬地向徐老师请教，因此，徐老师也特别愿意将自己的专业知识倾囊相授。很快，小杨的新闻写作能力得到了显著提升。在此期间，小杨参加了团委组织的志愿者活动，到某孤儿院做公益，他与小朋友一起唱歌、跳绳、讲故事，深受小朋友喜欢。他还组织了单位与中建三单身青年的联谊活动。通过他的大力宣传和精心策划，联谊活动热闹非凡，他还被同事们戏称为“职业红娘”。

2014年11月的一天，小杨感冒了。下午三点左右，他觉得头疼加剧，便向领导请假提前回家休息。刚踏入家门，直接领导李主任紧急来电："接到通知，文明城市申报材料需要在明天之前发给各区局，由于这个项目的整个申报过程是你经手的，还得麻烦你处理一下！"听到李主任焦急的语气，小杨想，这个时候若是换别人来处理材料肯定不合适。于是他毫不犹豫地答应了。这天晚上，小杨强忍身体的不适在办公室加班。当他最终把申报材料整理成册时，已经凌晨4点了。

一周后，小杨正在埋头整理文明城市申报材料，突然接到徐老师的来电，他告诉小杨有个到北京邮政系统学习新闻写作的机会。放下电话，小杨心里有点纠结，一边是期待已久的学习机会，一边是未完成的工作。经过一个晚上的思考，小杨婉拒了徐老师的邀请。不久，李主任得知此事，欣慰地对小杨说："上次你带病工作，这次又主动放弃宝贵的学习机会，真是难能可贵。以后有机会，组织会优先考虑你的。"

（三）到基层去——急流勇退

2016年春节后，小杨的工作越来越驾轻就熟，但他也越来越苦恼：虽然目前工作安稳，收入可观，但他觉得自己对基层业务并不了解，写出的稿件没有灵魂。同时，他认为金融是邮政的盈利增长点，更能为公司创造价值。经过一番激烈的思想斗争，他脑子里的一个念头越来越清晰：去基层锻炼！

小杨向市局领导王局长说出了自己的想法。王局长点头道："你的申请我同意了，你回去准备一下吧。"小杨非常诧异："您怎么这么快就同意了？为什么同事小吴的申请您不同意，却答应我了呢？"王局长笑了笑说："你和小吴性格能力各异，发展路线肯定不一样。你开朗活泼，具有较强的组织协调能力，省公司绝对不会是你的职业终点，去基层锻炼对你有好处；小吴为人内敛，更适合在省公司从事稳定的工作。"听完局长的肺腑之言，小杨感激不已。

同年四月，小杨如愿被"下派"到HS区分公司LX支局从事邮政柜员工作。

"小杨，还没搞清楚吗？具体是哪个环节操作失误造成了200元的短款？"听到主管催促，小杨抱歉地回答："不好意思，这钱我先垫着。"这已经是这个月第二次出现错账的情况了，小杨有点沮丧。晚上，小杨闷闷不乐地回到家，妻子埋怨道："收入这么低，每天还这么晚回家。"面对妻子的唠叨，小杨难以抑制怒火："你能不能让我安静会儿？"小杨的怒吼吓着了妻子，她摔门而出，四周陷入一片沉寂。

第二天清早，和往常一样，小杨不得不五点半起床赶公交，从家里到单位需要两个小时的车程。一路上，他思绪万千："主动放弃省公司的管理岗到基层来锻炼，不仅收入低，还看不到希望。我的选择到底正确吗？"

（四）我的人生我做主——大显身手

2017年夏天，小杨在柜员岗位上工作快2年了。他开始担忧自己的前途。于是，他硬着头皮找到主管HS区分公司的李局长。"我想换个岗位，请组织给我个机会。"小杨说明来意。"你再坚持一下，有合适的岗位我们会优先考虑你。"李局长语重心长道。小杨缓缓地点了下头，沉默地离开了局长办公室。他下定决心，如果这次组织不给他调动岗位，他就辞职。

小杨走后，李局长深感担忧，他觉得小杨是个好苗子，千万不能让这样的人才流失了，是该好好考虑调整他的岗位了。一周后，小杨接到调令，被安排到HS区分公司渠道平台部担任电商经理，负责邮储开卡与农产品买卖分销等多项业务，干得好还可以获得提成。面对全新的岗位，小杨又充满干劲，他自学市场营销知识，积极向同事请教，跑业务冲在第一线。不负众望，几个月下来，HS区电商的销售额就从原先全市第四的水平跃居第一。随着收入的改观，他的家庭危机也得到了缓解。

一天下午，市局领导王局长来到HS区调研，他问小杨："这个季度你们的业务收入排名全市第一，你们部门是怎么做到的？"小杨胸有成竹地回答：我对区电商业务现状做了一个统计，我发现，在营业收入中，目前超过70%的销售额来源于存量客户，我们新量渠道客户量的获得率过低。因此我们在巩固好存量客户的基础上，加大了对新客户的开发力度……"他说得头头是道，各类业务数据都脱口而出。"看来你对数据非常敏感，我觉得你更适合金融工作，不知道你有没有兴趣接受挑战？"王局长问。

受到领导鼓励，小杨也想试试。搞金融虽然有业绩压力，但凭借自己敢闯敢干的决心和能力，一定能大有作为。此后，小杨向HS区分公司申请希望转到金融经营岗。于是，公司将他先调入一家金融网点跟班学习网点经营四个月，熟悉金融业务后，便让他全面主持HS区WX邮政所的工作。

WX邮政所是一块难啃的"硬骨头"，该网点的业绩一直不佳。小杨担任网点经理后，便开始思考如何改善经营。他突然想起李局长曾经提到的"窝边行"理念，即以邮政网点为"窝"，走进社区拓展业务。考虑到WX网点周边社区多、商户多的特点，小杨决定实施这个方案。

小杨利用自己主持、唱歌、钢琴等特长，免费给社区居民上音乐课，还在国庆、中秋节等社区晚会上担任主持人。这样一来，社区里的居民几乎都认识了他，许多阿姨还给他打电话倾诉家里的烦心事，就像对自己的孩子一样信任。小杨还与琴行、健身房、药店等商户开展异业联盟，共同走进社区，实现了网点与商户间的双向引流与合作共赢。不到两年时间，WX网点的综合资产就从全区排名倒数上升到第二名，余额规模也突破两亿元。这个时候，小杨的心态悄悄发生了变化，他的目标不再是追求晋升，而是把握当下，全力以赴做好本职工作。

（五）青春是用来奋斗的——未来可期

2020年夏天，又有一批来自五湖四海的大学毕业生加入企业。在新员工入职仪式上，小杨应邀发言。他演讲的主题是："我的人生我做主"。他深情地对台下的大学生说："恭喜大家进入武汉邮政这个国企大家庭。希望大家明确自己的职业目标，积极主动，努力拼搏，未来可期！"台下传来阵阵掌声……

资料来源　中国管理案例共享中心．我的人生我做主：大学生员工的国企成长之路［EB/OL］．［2020-05-09］．http：//www.cmccdlut.cn/Cases/Detail/4648.

【拓展阅读】

从20世纪80年代中期开始，3M公司的员工职业生涯咨询小组一直向个人提供职业生涯问题咨询、测试和评估，并举办个人职业生涯问题公开研讨班。通过人力资源分析过程，各级主管对自己的下属进行评估。公司采集有关职位稳定性和个人职业生涯潜力的数据，通过电脑进行处理，然后用于内部人选的提拔。

3M公司的员工职业生涯管理体系

本章小结

1.要从认识自我开始，给自己一个尽量客观的评价，才能进行有意识的职业生涯管理。

2.职业生涯目标指一个人渴望获得的与职业相关的结果，它可以通过很多方式影响个人的行为和表现。

3.个人职业生涯规划包括四个方面的内容，即自我剖析、目标设定、目标实现策略和反馈与修正。

4.个人自我评价的方法有很多，包括：橱窗分析法、自我测试法、计算机测试法。

关键概念

职业生涯规划　职业生涯目标　橱窗分析法

课堂讨论题

1.自我评定的工具有哪些？

2.职业生涯目标是如何设定的？

3.在设定职业生涯目标时，可能会出现哪些问题？

4.在不同的职业生涯发展阶段，员工需要做哪些不同的事情？

5.为你自己设计一个职业生涯方案。

第11章 /组织职业生涯管理

学习目标

本章重点讨论组织如何为员工制定职业生涯规划，通过本章的学习，了解员工个人的职业生涯设计只有与组织的职业生涯管理相结合，才能实现双赢；了解职业生涯开发的原则和方法；掌握职业生涯通道设计的模式；掌握组织职业生涯开发针对各种人员通用的一般开发方法和专门针对管理人员的特殊开发方法。

11.1 职业生涯管理的基本内容

11.1.1 个人职业计划与组织职业计划的管理

员工开展的职业生涯管理如果与组织的职业生涯管理相互配合，就会实现双赢，如果两者不配合的话，从长久考虑，总有一方会受到损失。如果组织仅仅是根据企业的目标，命令式地对员工进行职业生涯规划，员工就会缺乏主动性，企业只能实现在短期内收益；如果职业生涯管理只是由个人进行的，组织不予以支持，那么员工承受的时间、经济压力大，可能会影响工作，甚至会使员工对组织没有感情。最后，只要员工有更好的发展机会，他们就会选择离开。

组织与员工职业生涯规划的关系有以下三点：①目标协同是基础。就业过程就是企业和个人相互选择的过程，二者在相互选择中共同进步。当个人目标与组织目标一致时，就能加速目标的实现；当两者不一致时则会阻碍目标的实现。②共同努力是手段。职业生涯规划可以为组织合理配置人才，使组织具有持续竞争力，也可以为个人剖析其优势与能力所在，适应组织变革。③利益一致是前提。如果能同时满足个人与组织的需要，才能算是一个成功的组织职业生涯规划，组织和个人的目标最终都是为了最大程度地实现职业生涯发展。

个人与组织进行职业生涯管理有一个内在的逻辑。雪恩（Schein，1978）对这种关系进行了比较系统的阐述。

图11-1从组织人力资源管理的全过程分析组织与员工职业发展的配合过程。组织本身发展有一定的内在逻辑，有许多工作需要人来做，这就需要从组织内部或者外部吸引合适的员工，而员工为了生存和发展的需要，也要寻求进入一定的职业领域。这样个人和组织找到了第一个结合点。组织不是一成不变的，总是要通过考查

和了解，看进入组织的员工哪些是适应组织的，哪些是适应不良的，哪些是要淘汰的。如果是优秀的员工，则可能要提升到更重要的岗位，承担更多的责任；适应不良的员工，可以通过培训、安排其他的工作予以弥补适应不良，以进一步了解情况；而要淘汰的人，则需要安置，帮助其寻找再就业机会。个人需要面对的是选择合适的岗位，接受一定的岗位和组织文化的培训，逐步探寻自己终生努力奋斗的领域。这是组织与个人的第二次结合。当员工在组织中度过了大部分的时光，组织还应让这些员工考虑退出组织的重要岗位，并逐步进入退休者行列，结束自己的职业生涯。组织要做的工作分成两个方面：一是做好员工退休前的过渡和准备工作；二是物色或者招聘新的员工，补充空缺的岗位。对于个人来说，就是准备退休后的生活。

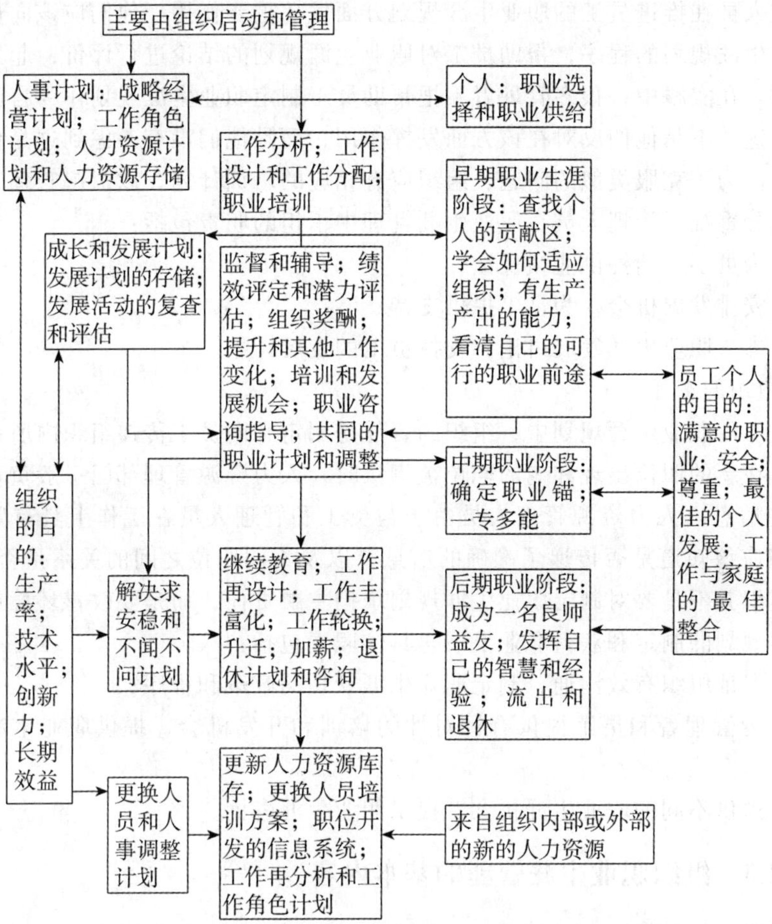

图11-1 组织职业计划与员工职业生涯匹配模型

11.1.2 职业生涯管理中三方的责任

1）员工本身的责任

对员工职业生涯规划负主要责任的是员工本身，只有员工本人知道自己真正要从职业中获得什么。制定自己的职业生涯规划是一项非常有难度的工作，尽管个人对自己的职业生涯规划承担最终责任，但是如果没有鼓励和指导，则很难取得进展。组织可以通过专家来帮助员工制定职业生涯规划。因而，员工在职业生涯管理中需要承担以下责任：

（1）制订自身的职业计划，评定兴趣、技能和价值观；

（2）寻求职业信息和资源，确定目标和职业生涯规划；

（3）利用现实机会，与管理者探讨自己的职业生涯规划，对具有现实意义的职业生涯规划坚持到底。

2）管理人员的责任

管理人员在推进员工的职业生涯规划方面发挥重要作用。他们应该向员工表明进行职业生涯规划的程序，帮助员工对职业生涯规划的结论进行评价，起到催化和反馈作用。在实践中，很多管理者不把帮助员工制定职业生涯规划作为自己责任的一部分，这并不是他们反对在该方面发挥作用，而是他们没有考虑到这是他们工作的一部分。为了克服类似的问题，组织应有相应的培训计划，以引起管理人员在这方面的充分重视。管理人员在职业生涯管理中承担的职责包括：

（1）为员工定期提供业绩反馈；

（2）安排发展机会，为员工提供支持；

（3）参与职业生涯发展讨论，支持员工的发展计划。

3）组织的责任

在员工的职业生涯规划中，组织的责任是制定和向员工传递组织内所存在的职业选择。在新的职位出现和老的职位被淘汰时，人力资源管理部门一般负责让员工了解这些信息。人力资源管理人员由于与员工和管理人员在工作上具有紧密的联系，他们应该知道是否传递了准确的信息，以及不同职位之间的关系是否被理解。因此，组织并不是要对制定职业生涯规划承担主要责任，而是要改善环境促进员工职业生涯规划的制定和获得职业发展。具体职责包括：

（1）保证组织有效沟通，制定职业生涯管理的政策和程序；

（2）为管理者和员工提供有针对性的培训和开发机会，提供职业生涯信息和方案；

（3）提供不同的职业生涯机会，提供职业生涯咨询。

11.1.3 组织职业生涯管理的基本内容

组织职业生涯管理就是从组织的角度出发，为了使员工能够不断地满足组织的要求，向员工提供组织的职业需求信息及职业提升路线和策略，了解自己的资源储备，并且有针对性地开发组织内部人力资源的活动。这些工作一般包括以下几个方面：

1）组织发展目标的宣传教育

可以通过刊物、会议、主管人员的宣传等方式，让员工了解组织的发展目标，使员工对组织的目标产生认同，建立使命感，由此激发员工内在的积极性，从而促进员工之间的了解、沟通，为完成组织目标而共同奋斗。

2）建立员工资料档案

档案资料包括员工个人的基本情况，如性别、学历、工作经历、训练记录、任职记录、工作绩效评估与考核资料等，这些都可以作为员工培训的重要参考资料。

3）设立员工职业生涯发展评估中心

对于大中型企业，可在组织内设立职业生涯发展评估中心，对员工进行评估。例如，IBM公司、日本松下电器公司等都有咨询辅导专家，协助员工解决职业生涯发展问题。对于小型组织，人事部门的工作人员可兼任员工的辅导和评估工作，也可以聘请社会上的职业生涯专家，负责本组织的职业生涯指导与咨询。

4）人力资源管理活动的配合

人力资源管理活动要密切配合职业生涯管理工作，如确定员工的职业生涯路径发展方向、对员工的工作进行岗位轮换、对领导候选人进行培训、预测未来人力供需与调配计划等。

5）建立奖赏升迁制度

奖赏与升迁是满足员工物质需求与精神需求的重要手段，也是激励员工的主要方式。人事部门要开辟多种升迁渠道，包括行政管理系列、技术职务系列、非领导职位等，让优秀员工均能达到其级别，享受其待遇，使其职业生涯目标得到实现，以此提高组织的整体素质，调动员工的积极性。

6）加强员工的训练和教育

训练是为了提高员工的工作技能，是为了满足当前的工作需要。教育则是培养未来组织所需的人才。对于员工而言，训练和教育是职业生涯发展的重要内容之一。可通过培训和教育，促进其职业生涯发展，使其成为有用之才，为企业作出更大的贡献。

11.2 职业生涯开发的原则

为保证职业生涯开发的正确实施，组织职业生涯开发活动应当遵循：利益结合原则、公平性原则、共同性原则、时间性原则、发展创新性原则、动态目标原则、全程推动原则以及全面评价和反馈原则（程社明，1999）。

1）利益结合原则

利益结合原则即个人发展、组织发展和社会发展相结合的原则。通过利益结合原则，组织可以帮助员工更好地处理个人发展和组织发展、社会发展的关系。寻找员工个人发展与组织发展的结合点，并在发展策略中起杠杆作用。

员工个人的发展不能置身于组织发展之外。员工职业能力的发展和应用都离不开组织。在破产或造成大批人员失业的企业里，员工的才能很难得到发挥，也难以达到自我实现的目标。国外许多学者都非常重视职业生涯开发中企业和个人的关系。法国学者加朗贝（Galambert，1992）指出，职业生涯开发必须注意协调组织与员工之间的矛盾和冲突。

同时，组织员工也不能损害社会利益，那样势必会遭到社会舆论的谴责。因此，在职业生涯开发中个人、社会、企业利益相结合是一个基本原则。

2）公平性原则

公平性原则是指组织公开、公平、公正地开展职业生涯开发活动，员工有均等的机会接受组织的职业生涯开发活动。组织在提供发展信息、提供教育培训机会、提供任职机会时都应该公开其条件和标准，保持高度的透明度。公平性原则是人格价值与人人平等的体现，是维护员工整体积极性的重要保证。

3）共同性原则

共同性原则是指组织职业生涯开发战略的制定和实施过程，由管理者和实施对象共同参与、共同制定、共同实施与共同完成。

法国学者贝尔纳（Bernard，1992）指出，在组织职业生涯开发活动中，可能会出现组织与个人双方的担忧。组织可能担忧由于在职业生涯的发展过程中，帮助一些员工发现了自身的潜能，使他们拥有新的职业技能，而失去了这些员工。而员工也担忧由于接受了组织的教育培训而不得不受到组织的操纵。为避免这些由于缺乏沟通而造成的双方的风险，必须建立相互信任的上下级关系，而最有效的方法，就是始终共同参与、共同制定、共同实施职业生涯开发策略。

4）时间性原则

时间性原则是指对组织职业生涯开发活动中的每一个事件都标记两个时间：开始执行行动方案的时间和目标实现的时间。由于职业发展具有阶段性和职业生涯周期发展任务具有特殊性，组织职业生涯开发的内容与完成必须分解为有明确时间坐标的里程碑，否则，没有明确的时间规定的开发活动，将失去其意义。

管理好有限的职业生涯开发时机对一个人的职业发展特别重要。美国学者罗宾斯教授认为，时间是一种特殊的资源，一旦浪费了就再也不能恢复。虽然人们总在谈论节约时间，但事实上时间是不能被节约的，它不能被储存起来供未来某个时期使用。这种资源积极的一面是，它对所有人都是一样慷慨的，而金钱、劳动力和其他资源在这个世界上的分配却是不均等的，因此，罗宾斯特别强调在制定和实施个人职业规划时的时间管理。

5）发展创新性原则

发展创新性原则是指在职业生涯开发中提倡采用新的方法、新的思路发现和解决问题。职业生涯开发战略并不是让员工学习和掌握一套规章程序，而是要让员工发现、发挥和发展自己的潜能，获得有创造性的成果。职业生涯成功也不仅仅是职务的晋升，更有工作内容的转换或增加、责任范围扩大、创造性增强等内在质量的变化。发展创新性原则从确定职业生涯目标时就应得到体现，要敢于制定前人没有制定过的奋斗目标，以实现更好的职业发展。

6）动态目标原则

组织是变动的，组织的职位是动态的，因此组织对于员工的职业生涯规划也应当是动态的。在“未来职位”的供给方面，组织除了要用自身的良好成长加以保证之外，还要注重员工在成长中所能开拓和创造的岗位。

此外，在职业生涯规划的动态目标设置中，还要考虑部分员工的流出和从外部招聘人才的问题。

7）全程推动原则

全程推动原则是指在实施职业生涯规划的各个环节上，对员工进行全过程的观察、设计、实施和调整，以保证职业生涯规划与管理活动的持续性，使其效果得到保证。

8）全面评价和反馈原则

全面评价和反馈原则是指对组织职业生涯开发进行全过程评价、多角度评价，并将评价结果反馈给有关员工和管理人员，以促进其改正缺点，更好地实现职业发展目标。

员工职业生涯开发成功与否需要由员工个人、家庭成员、组织和社会全面评价，并注重评价的反馈，以便员工更好地改进自己的工作。在全面评价过程中，要注意下级对上级的评价。美国运通公司每年请下属给其直接上级写评语，一般有四五个下属对其直接上级填写由下向上的反馈表。该公司行政总裁柯尔蒂介绍：“这个由下向上的反馈表是秘密填写的，是员工对其经理的评语。填表者的名字不写在上面，只写其经理的名字。写好之后，封在机密信封里，统一寄到明尼苏达州的一个计算机统计公司进行计分，再由公司外的另一个组织将结果寄给这个经理。”等到下一年，下属对其上级再评价一次，在两次评价之间会有比较，看该经理是否有改进。他们的老板每次也对该经理进行评价，看其是否有改进，所以对某一管理人员来讲，这是一种要越做越好、努力工作的激励方法。

11.3　职业生涯开发方法

组织职业生涯开发的方法有多种，随职业种类和岗位的不同而有所不同。每种方法也各有自己独特的优点。在职业开发计划中采用何种方法，最好由职业生涯管理专家和心理学家来决定。一般而言，组织职业生涯开发方法有两类：①各种人员通用的一般开发方法。②专门针对管理人员的特殊开发方法。下边分别介绍这几种方法。

11.3.1　一般开发方法

1）现场培训法

（1）在职培训法

在职培训法是历史最悠久、采用最普遍的职业生涯开发方法，是在实际工作岗位和工作场地进行的职业训练和学习。员工可以通过这种方法观察教员和熟练工人的作业过程，并且模仿他们的动作和行为。在职培训特别适用于许多技术性和半技术性职业的新员工的培训，其中最典型的是艺徒培训。

在职培训法的优点是：①节约培训资金，企业不需要专门设置培训机构，如果用老员工作为领导者，企业还可以节省雇用专职教师的费用。②在职培训为员工提供了“正迁移训练”。因受训者学习时所用的设备与他们以后在实际工作中所用的设备相同，这样他们在训练情景中学的东西就可以迁移到实际工作情景中。

在职培训法的缺点是：①在职培训存在潜在的成本问题。如指导者不得不丢开正常的工作，使劳动生产率降低，或者新员工可能会使产品的产量降低，并有可能损坏机器设备。②对于有些工作而言，让新员工操作机器是很危险的，新员工出事故的概率要比有经验的工人高很多。

（2）见习培训法

见习培训法是在实际生产线的附近安排适当的培训任务，但培训并不影响正常的生产活动。这种方法比较适用于那些技术要求比较高的职业岗位。见习培训法比较灵活，易于安排和设计，很受人力资源管理部门的接受和欢迎，但是这种方法的培训效率比较低，不能同时培训很多人。

（3）工作轮换法

工作轮换法是指在组织的几种不同职能领域中为员工作出一系列的工作任务安排，或者在某个单一的职能领域或部门中为员工提供在各种不同工作岗位之间流动的机会。在一些组织中，工作轮换是无计划的，而有些组织则有详细的图表规划每个员工的计划。

工作轮换有助于员工对组织的目标有一个总体性的把握，增强他们对公司中不同岗位的理解和认识，形成一个组织内部的联系网络，并且有助于提高他们解决问题的能力和决策能力。尽管这种方法有很多好处，但是也应该意识到工作轮换的成本是昂贵的。而且，当受训者改变职位时，往往丧失了大量的管理时间，因为他们必须熟悉每个新岗位中的人和技术。

2）脱产培训法

（1）演讲授课法

演讲授课法是员工培训中最为普遍的方法。它是由培训者用语言向受训者传授知识的一种方法。其形式多种多样，适合以简单获取知识为目标的情况。

这种方法的优点是：在时间、资金等方面成本低，并可一次性地将知识传授给很多人，易于掌握和控制培训进度。这种方法的缺点是：比较单调，基本上属于一种单向沟通，受训者比较被动，参与程度低，很少有实践机会。这种方法更多是与其他培训方法结合起来使用或者作为一种辅助手段。

（2）计划性指导法

计划性指导法是一种以书面教材和电脑屏幕提供阶段性培训信息的培训方法。

受训者在学习了每一阶段教材后，首先必须回答这一阶段的有关问题，回答完相关问题，电脑会提供正确答案作为反馈。受训者只有回答完前一阶段的所有问题后，才能进入下一阶段学习。

计划性指导法的优点是：受训者可以根据自己的速度进行学习；反馈程度高而且及时；对答对问题的受训者可以提供激励；不受时间、地点的限制等。这种方法的缺点是：教材或者软件的开发成本较高；学到的知识较难转移到实际工作中去。

（3）商业游戏法

商业游戏法是通过把培训内容制作成模拟仿真的游戏，让受训者通过游戏进行训练的一种培训方法，其实质是一种模拟训练。利用商业游戏进行培训，一般是让受训者模拟担任游戏中的某一角色，通过模拟设定的情景，培训受训者分析和解决问题的能力。这种培训方法特别适用于培训和开发管理技能，因而也适用于管理人员的培训。

（4）视听材料法

视听材料法就是把要讲授或者示范的内容做成幻灯、电影、录像等视听教材进行培训。这种方法主要是利用人的感觉，通过视听感官刺激向受训者传授知识或者技能，其中录像是最常用的培训方法。视听材料法的优点是：视听材料可以反复使用，能够更好地适应学员的个性差异和不同水平的要求；教材内容和现实情况比较接近，易于使受训者借助感觉理解培训内容，同时借助生动的图像、声音等可以给受训者留下深刻印象。视听材料法的缺点是：成本较高且制作培训内容的时间较长，而且合适的视听教材也不易选择，受训者易受视听教材和视听场所的限制等。因此，这种培训方法很少单独采用，往往是与讲座法等一起使用。

（5）培训部培训法

由于在职训练可能会影响正常的生产过程，所以许多公司喜欢采用培训部培训法。培训部的设备和程序与实际工作环境中的设备和程序相同，受训者在这里接受训练，可以大大缩短时间，使受训者的工作水平快速提高。

这种培训方法的优点是：培训部没有生产指标的压力；受训者可以专心学习技能，不用担心因为损坏设备而感到在同事面前出丑。这种方法的最大缺点是投资较大。公司必须为培训部提供设备和雇用训练员，尤其是那些不必要经常训练员工的单位，更感到另设一个训练部成本高。另外，由于训练环境与实际环境并不十分相符，常常会造成学习的“负迁移”，从而影响培训的效果。

11.3.2　特殊开发方法

1）研讨会法

研讨会法就是通过举办专题、综合讨论会或者研讨会的形式，通过与会者的共同讨论，找到问题的答案或解决办法，或者搞清问题的发展变化规律及关键环节，使受训者学习和掌握有关的知识与技能，从而达到培训的目的。目前，这种方法在工业操作领域和管理领域被广泛采用。

2）工作模拟法

工作模拟法采用一组模拟情景或者模拟工作任务来对管理人员进行培训，以提高其解决问题的能力和处理人际关系的能力等。这种方法常常用于需要从事大量信息加工的高层管理人员的培训。

工作模拟法的具体操作方法是：由受训者组成小组，每个小组代表一家公司，相互竞争。关于每家公司的详细情况，如财政、销售、广告、生产等都告诉各个小组，然后由每个小组自己安排活动，并决定每个成员的责任和任务，通过大家讨论研究解决公司面临的问题。在小组作出决定后，培训者再使用计算机评价小组所作的决定。通过这种学习，受训者学会了在规定的时间内，在与别的公司竞争的情况下，如何解决各种问题。在各个小组都作出决定以后，培训者进行讲评，并鼓励受训者进行讨论，提出其他可能的决策。模拟的业务问题往往有几百个，这些问题有难有易，大体可以分为两类：①高层管理问题，是公司高层管理者遇到的需要作出决定的问题。②功能问题，是公司某一部门遇到的问题，如生产控制和销售问题。

工作模拟法中的情景与实际工作情景越是相似，训练的效果就会越好。国外很多企业在培训管理人员时，都经常运用工作模拟法，让受训者完成一组模拟任务，并以模拟工作的成效，作为培训效果的检验。工作模拟法还可以与案例法和角色扮演法等相结合，使学员感到更加真实。

3）角色扮演法

角色扮演法这种开发技巧要求受训者在一个给定的情景中扮演一个角色，并且展示与该角色相联系的行为。参与者需要理解许多影响工作情况的行为因素。角色扮演在一些情形中是有用的工具，但是也要小心应用。受训者在角色扮演中常感到不自在，培训者必须很好地介绍情景，以使学员能够更好地进行学习。

4）敏感性训练法

敏感性训练法，也称作T小组法，是提高管理人员的意识水平和改善人际关系的一种很流行的方法。敏感性训练的目的是通过向管理者表明其他人是如何看待他们的，从而使他们对自己有一个更清晰的看法，使管理者有机会了解他们的行为对其他人将产生什么影响。

敏感性训练法可以明显地提高人际关系技能，并能促进受训者成长与发展。这一方法已成为发达国家整个管理者开发规划中重要的一部分。敏感性训练法的效果很大程度上依赖于培训者的水平，否则，很难把培训效果转移到实际工作中去。

11.4　职业生涯发展通道管理

11.4.1　职业生涯发展通道的内涵

职业生涯发展通道指组织为内部员工设计的自我认知、成长和晋升的管理方案，指明了组织内员工可能的发展方向及发展机会，组织内每一个员工可以沿着本组织的发展通道变换工作岗位。职业生涯发展通道通过帮助员工胜任工作，确立组织内晋升的不同条件，对员工职业生涯发展施加影响，使员工的职业生涯发展目标有利于满足组织的需要。职业生涯发展通道的主要内容有：职业生涯通道模式、职业生涯通道设置、职业策划以及工作进展辅助情况等。其中，职业生涯通道模式和职业生涯通道设置是核心内容。

（1）职业生涯通道的宽度

根据组织类型和工作需要的不同，职业生涯通道可分为宽职业生涯通道和窄职业生涯通道。前者要求员工在多个职能部门、多个工作环境轮换工作，适应对员工高度综合能力的要求；后者要求员工在有限的职能部门和工作环境工作，适应对员工有限专业经验和能力的要求。

（2）职业生涯通道的速度

根据员工能力和业绩的不同，职业生涯通道的设计有快慢之分。正常晋升和破格晋升都要做到有政策依据。设置快速职业生涯通道的前提是公司不会长久地将具备较高素质和能力的员工安排在同其条件不相称的工作岗位上。事实上，大量的大学毕业生的第一份工作都是基础性工作，公司有意日后安排更复杂困难的工作给他们，可是由于背离了前提，新毕业生的流动率比别的职业人群要高。因此，职业生涯通道的建立可能导致公司在招聘和晋升中对员工的差别对待。

（3）职业生涯通道的长度

根据组织规模和工作复杂程度的需要不同，职业生涯通道有长短之分。职业生涯通道中的等级在4级及以下的是短通道，在10级以上的是长通道。在5～10级之间的是中等长度的职业生涯通道。组织职业生涯通道的长短对雇员的发展和潜力的发挥具有重要影响。

11.4.2　职业生涯通道设计模式

一般来说，刚进入职业领域的年轻人，不论是学什么专业的，最初几年都会在专业技术、管理或其他职业类别的初级岗位上不断轮换，通过“试错”，以最终决定适合自己的职业发展方向。

1）如从最终目标来看，职业生涯通道设计有以下几种模式：

（1）起点和终点均为技术岗位的模式

这种模式要求当事人精力集中，专心钻研，促进自己专业技术的不断进步和提高，最终达到非常精湛的程度，所以它对于加速培养某个领域的技术专家十分有效。但在市场经济条件下，这种模式容易造成技术人员对于生产过程和市场缺乏了解，有可能导致产品市场开发方向偏离市场走向。因此，在这种职业生涯通道设计中，如能加入营销岗位、生产岗位等，会更有利于技术人员的全面发展和成长。

在酒店行业，厨师的成长一般都是这种模式。要成为一名出色的酒店厨师，不但要了解菜肴的原料构成和制作方法，以及餐饮发展的趋势，还要了解消费者餐饮需求的变化。因为，厨师做出来的菜好还是不好，最终要由消费者来决定。

（2）起点和终点均为管理岗位的模式

这一模式有利于促进管理人员的快速成长，对于学习各类管理专业的大学毕业生比较适合。它要求当事人始终把精力和时间集中于管理领域，不要有所分散。这种模式的不足主要表现在管理人员往往缺乏专业技术。因此，当事人在职业发展的过程中，要尽可能地深入到技术岗位进行锻炼和学习。

（3）起点为技术岗位，终点为管理岗位的模式

这是职业生涯通道设计的一种主要模式，而从实际的情况来看，大多数管理人员也都是从技术人员中产生的。这种模式的最大优点是：由于管理人员有比较深厚的技术基础，不仅在自己的管理实践中能够有效地处理大量与专业技术相关的各类问题，而且还可以全面提高其专业决策的科学性和准确性。当然，员工从技术岗位到管理岗位的转变，期间一定要经过一系列的技术岗位和管理岗位的锻炼。

从旅游行业来看，酒店从业人员的发展明显具有这种特点，不论是国外著名的酒店（集团）还是国内的知名酒店，其中高层管理者不少都是从最基层的服务员做起，逐步提升上来的。而且这些管理者在较低的职位上工作时，都经历过多个岗位或部门的轮换，从而对酒店的整体运营情况有比较全面和深入的了解。

（4）其他模式

除上述三种比较常见的模式外，还有其他一些职业通道设计模式，如起点为管理岗位，终点为技术岗位的模式；起点为技术或管理岗位，终点为经营岗位的模式（如私营企业家）等。

2）如从职业生涯发展的形式来看，职业生涯通道设计有以下几种模式：

（1）单通道模式

单通道模式即纵向职业通道，指在组织中员工沿职位纵向发展的通道，员工由下到上，由下一个职位向上一个职位进行变动，并在此过程中获得必要的技术、解决问题的能力和责任心。单通道模式为员工设置的目标是晋升。员工的个人发展很大程度上依赖于经验积累和培训。这种模式包括一系列等级，这些等级是线性的，较高等级意味着较大的权力和较高的报酬。

（2）双通道模式（如图11-2所示）

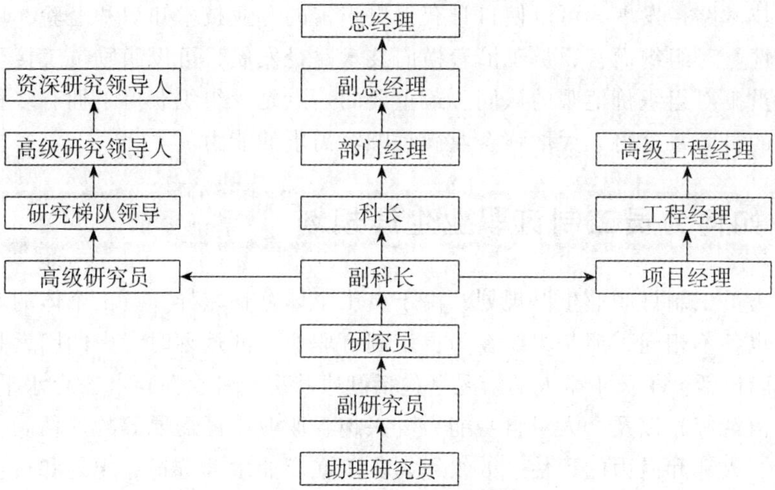

图11-2　职业生涯双通道模式

传统的留住专业技术人员的做法是将其提拔到管理层，这种做法有严重的弊病。管理工作可能不符合某些技术人员的职业目标，强迫他们走上管理岗位。一方面他们会因为没有兴趣干不好管理工作；另一方面因为脱离了技术工作，他们多年积累的技术和经验都不能发挥作用。这是人力资源的巨大浪费。

职业生涯的双通道模式有效地解决了这一问题。这种体系提供两条或多条平等的升迁路径，包括管理路径和技术路径。这种路径的层级结构是平等的，每一个技术等级都有其对应的管理等级，不同路径中相同级别人的地位和薪水待遇是相同的。这种体系不但解决了专业技术人员晋升的问题，而且使组织资源得到充分利用。

双通道模式需要管理人员、技术人员和人力资源管理人员共同参与设计。第一步，要制定功能说明书，以说明管理职位和技术职位所需要的技能和绩效水平。第二步，要建立技能考核制度，以描述各条职业通道中每种职位所需要的技能。通过技能考核可以让员工了解如何提高绩效，接受何种培训以及积累什么样的经验，来达到目前职位的要求，并为将来晋升作准备。

（3）多通道模式

由于双通道模式对专业技术人员职业生涯通道的定义太狭窄，为此，如将一个技术通道分成多个技术通道，双通道模式也就变成了多通道模式，同时也为专业技术人员的职业发展提供了更大的空间。例如，美国一家化工厂将技术轨道分为三种：研究轨道、技术服务和开发轨道、工艺工程轨道。深圳某公司将技术人员的职业发展轨道分成六种：软件轨道、系统轨道、硬件轨道、测试轨道、工艺轨道与管理轨道，不同的轨道又分成8～10个不同的等级。

（4）横向职业通道模式

近年来，由于管理岗位的减少，以及员工个人兴趣的变化、锻炼技能的需要，组织越来越多地采用横向调动员工职位的方法来激励员工。这种横向职业路径指组织中各平行部门之间的职位调动。例如，由工艺工程转至采购和市场销售等。员工沿着横向技术路径发展，可以使自身获得更丰富的专业技术知识和经验，增强员工的可雇佣性。对组织而言，员工沿着横向技术路径发展，可以激励员工接受新的挑战，增强员工对组织价值观的认同。最重要的一点是，组织获得了拥有多种专业知识与技能的员工，这将大大增强企业满足顾客需求的能力。

11.5 如何为员工制订职业生涯规划

如何为员工制订职业生涯规划？由于员工个体存在差异，员工个体的职业生涯规划内容也各不相同，但是组织在为员工制订职业生涯规划时考虑的因素是基本相同的，一般包括：①员工个人的情况（包括健康状况、社会阶层、教育水平、性别、年龄、价值观等）以及个人对自身能力、兴趣、职业生涯需要等的评估。②组织对员工能力、兴趣和潜力的评估。③组织与员工在职业生涯选择、规划和机会方面的沟通。在综合考虑了上述因素的基础上，组织职业生涯规划一般分为4个步骤：

11.5.1 对员工进行分析与定位

在这一阶段，组织应帮助员工进行自我评价，同时还须对员工所处的相关环境进行深层次的分析，并根据员工自身的特点设计相应的职业发展方向和目标。这一阶段的主要任务是开展员工个人评估，组织对员工进行评估和环境分析。

1）员工个人评估

职业生涯规划是从员工对自己的能力、兴趣、职业生涯需要及其目标的评估开始的。员工的自我评估过程实际上就是自我暴露和解剖的过程。员工个人评估重在评估自己的性格、兴趣、特长与需求等。个人评估是职业生涯规划的基础，直接关系到员工的职业成功与否。人力资源管理人员对员工的个人评估提供指导，如提供问卷、量表等。

测评的主要方法和技术包括：

（1）管理能力测评。应用情景模拟方法对每个管理人员的管理能力进行测评。

（2）智力测验。测验人的逻辑能力、言语能力、数字理解等方面的基本能力。

（3）卡特尔个性测验。测验人的内向或外向程度，迟钝或聪明以及激进或保守等方面的个性特征。

（4）职业兴趣测验以及气质测验。

（5）一般能力倾向测验。测验想象能力、空间能力等能力的倾向性。

2）组织对员工进行评估

首先，企业通过信息资料的研究分析，对员工的价值观、职业愿望、个人能力、个人生活方式等诸多方面的情况分别作出结论，继而与员工个人归纳的一般结论作出对照比较，帮助个人得出全面结论，即得到一个较为客观、真实的自我评价。其次，将员工自我评价结果用于员工职业指导。在第一过程自我评价完成以后，企业各部门经理人员开始找其下属谈话，了解员工职业的愿望与要求，了解他们欲抛锚的职业目标；根据员工自我评价结果，帮助他们分析其适宜于哪种类型和哪一种职业的工作；最后，将员工职业锚目标、适宜的工作记录下来，以作为企业为其开辟职业通道的信息资料与依据。

另外，企业还要帮助员工设置职业锚通道。通过对员工工作实践的考查，通过员工个人评价结果的信息，切实对每个员工的职业进行综合分析，以便使企业的需要和个人的需要相匹配。

3）环境分析

人都是生活在一定的环境当中，特别是生活在一定的企业环境当中的。环境为每个人提供了活动的空间、发展的条件、成功的机遇。特别是近年来，社会的快速变迁、科技的高速发展、市场的竞争加剧，对员工的发展产生了巨大的影响。在这种情况下，员工如果能够很好地了解和利用外部的环境，就会有助于事业的成功。否则，就会处处碰壁，甚至寸步难行。环境分析主要通过对企业环境、社会环境、经济环境等有关问题的分析与探讨，使员工弄清环境对职业发展的作用和要求，以便他们更好地选择职业和规划职业目标。

11.5.2　帮助员工确定职业生涯目标

职业的发展需要有清晰的目标和方向，目标的选择是职业生涯的关键。实践表明，凡是成功的人士都有明确的奋斗目标，那些没有奋斗目标的人大都没有获得成功。帮助员工确定职业生涯目标主要包括职业选择和职业生涯发展路线的选择两个方面。一个人的职业选择恰当与否，关系到其职业愿望、兴趣能否得到满足，关系到其才能能否得到发挥，关系到其在岗位上的工作状况，也关系到其一生的生活道路。因此，企业应当开展必要的职业指导活动，通过对员工的分析和企业岗位的分析，为员工选择合适的职业岗位。职业生涯路线是整个人生规划的展开。我们在确定自己的人生目标后，就必须考虑向哪一条路线发展，即走行政管理路线，向行政方向发展；还是走专业技术路线，向业务方面发展等。发展路线不同，对员工的要求也就不同。

企业内部的职业信息系统是员工制定职业生涯目标的重要参考。员工需要了解有关职业选择及其机会方面的情况，包括可能的职业方向、职业发展道路以及具体的工作空缺。企业应当根据具体的经营战略，预测未来可能存在的职位，以及这些职位所需要的技能，并对每一职位进行工作分析。员工可以根据企业公布的结果来确定自己的职业目标。企业可以通过多种方式向员工传递有关职业发展方面的信息，许多职业生涯规划比较正规的企业通常使用企业内部职位海报、工作手册、招聘材料等向员工提供职业选择与职位发展机会的信息。

11.5.3　帮助员工制定职业生涯策略

职业生涯策略是指为争取职业目标的实现而采取的各种行动和措施。例如，参与公司的各类人力资源开发与培训活动，参加业余时间的课程学习，掌握额外的技能等都是职业目标实现的具体策略，也包括为平衡职业目标与其他目标而作出的种种努力。根据员工的不同情况采取不同的职业生涯策略对企业和员工的发展具有重要的意义。一般说来，在人生的不同年龄阶段，员工的志趣、价值取向等会有所转变，因此，应当采取不同的职业管理方法。

（1）职业生涯初期

企业此时应当为新员工提供富有挑战性的工作，同时培养他们良好的工作态度，保持其在今后职业生涯中的热情。企业要准确把握这一阶段员工的特点并对他们进行培训，帮助他们发现职业生涯的路径，并帮其寻找一个经验丰富且值得信任的向导。

（2）职业生涯中期

职业生涯中期是一个时间长、变化多，既有可能取得成功，又有可能引发职业危机的敏感时期。这一阶段的员工大多已经有了明确的职业生涯目标，但可能会面临职业生涯"高原现象"，即发现职业通道越来越窄，发展机会越来越少。面对这一现象，企业可以用满足心理成就感的方式来代替晋升，实现激励效果，也可以安排一定范围的职业轮换，使工作变得丰富多彩，从而提高员工对工作的兴趣。对于处在职业生涯中期的员工，企业可以安排他们对年轻员工进行传、帮、带，使他们认识到自己的重要性；鼓励他们经常充电，防止知识老化，增强他们的就业保障感。

（3）职业生涯后期

此时大多数员工都将走向退休，企业应当帮助他们做好退休前的各种心理和工作上的准备，让他们愉快地结束自己的职业生涯，向退休生活过渡。企业可以为他们创造一些机会或提供一些条件来从事有益的娱乐活动，营造一个良好的氛围。

11.5.4 职业生涯规划的评估与修正

由于种种原因，最初企业员工制定的职业目标往往是比较抽象的，有时甚至是错误的。这就需要回顾员工的工作表现，检验员工的职业定位是否正确。在实施职业生涯规划的过程中评估现有的职业生涯规划，企业就可以修正对员工的认识和判断。通过反馈和修正，企业可以纠正员工最终职业目标与分阶段职业目标的偏差。

通过职业生涯规划的评估和修正，企业可以架设其发展战略与员工职业目标之间的桥梁。企业在了解了员工的自我评价与职业目标之类的信息后，就可以全盘规划和调整人力资源。当企业未来的人力资源需求与某些员工的职业目标和个人条件大体一致时，企业就可以事先安排员工接触这些工作，也可以根据未来职位的要求安排有关员工进行相关的培训，以便做好承担此项工作的任职准备。

11.6　组织职业生涯的阶段管理

11.6.1　个人组织化过程中组织承担的职责

1）对新员工进行上岗引导和岗位配置

新员工进入组织，最初的上岗引导和岗位配置非常重要。新员工上岗引导主要指给新员工提供有关组织的基本背景情况，包括：工资如何发放和增长，怎样获得工作证，工作时间为多少，新员工将要与谁一起工作等。这种信息对于新员工做好本职工作是必需的。事实上，上岗引导是新员工组织化的一个重要组成部分。新员工的组织化是一个不断发展的过程，包括向所有员工灌输组织及其所在部门期望的主要态度、规范、价值观和行为模式等。新员工的上岗引导如果处理得好，有助于减少新员工上岗初期的紧张不安，以及可能感受的现实冲击。

组织开展的上岗引导计划是多种多样的，从简短的介绍到较长的正式介绍，不一而足。就长期正式计划而言，新员工在接受上岗引导时，一般会得到一本工作手册或者一些相关的印刷资料，其中包括工作小时数、工作绩效评审、休假等说明，详细的还包括人事政策、公司组织及运营情况、规章制度等。

在多数组织中，上岗引导活动的第一部分由人力资源专家来完成，这些专家介绍组织的基本情况，组织的发展历史、现状、宗旨、任务及目标等；解释工作小时数和休假一类问题；进行遵守劳动纪律和遵纪守法的教育；明确组织对员工的要求；进行敬业和发扬组织优良传统教育，培养员工对组织的归属感等。然后，将新员工分配到一定岗位，并介绍给他的新主管，由新主管继续进行上岗引导，包括准确讲解新工作的性质，将新员工介绍给他的新同事，让新员工熟悉工作场所，向新员工灌输组织文化，使他们接受组织正确的价值观等。

有些公司还举办减轻新员工焦虑感特别讨论会。例如，当得克萨斯仪器公司发现其新员工有很强的焦虑感时，便举办了一天的特殊讨论会。这些活动将重点放在提供有关企业和工作的信息上，并使新员工有很多问答机会。上岗引导活动还告诉新员工相信来自老员工的谣传和恶作剧会导致什么样的结果，告诉新员工他们在自己的工作中很可能获得成功。事实证明，这些特殊讨论会是十分必要的。在进入企业的第一个月的月底，那些参加了讨论会的新员工比那些没有参加讨论会的新员工表现要好得多。上岗引导是对新员工进入组织并成功完成个人组织化过程的一项重要活动。

目前，在许多公司，上岗引导活动已经远远超出向新员工提供如工作小时数之类基本信息的范围，越来越多的公司发现，可以将上岗引导期用于其他目的，包括使新员工熟悉企业的目标和价值观。因此，上岗引导便成为雇员目标与企业目标一体化过程的开端，而这个过程也是赢得员工对企业及其价值观、目标认同的一个步骤。通过这些内容的融入，使参加活动的员工潜移默化地接受了组织的使命、团队价值观、改进和解决问题的方式等组织文化的内容。

2）提供一个富有挑战性的最初工作

分配给新员工一项富有挑战性的工作，帮助新员工学会如何工作，并对其潜能进行考查，根据新员工的工作表现、潜能，对其职业生涯发展做到心中有数，这对组织的发展和员工未来的发展会产生重要影响。

大多数专家认为，组织能够做的最重要的事情之一就是争取为新员工提供一份富有挑战性的最初工作。比如，在一项以美国电报电话公司的年轻管理人员为对象的研究中，研究者们发现，这些人在公司的第一年中所承担的工作越富有挑战性，他们的工作也就显得越有效率。即使是五六年以后，这种情况依然存在。霍尔根据自己的研究指出，提供富有挑战性的最初工作是"帮助新员工取得职业发展的最有力但并不复杂的途径之一"。然而在大多数组织中，提供富有挑战性的工作似乎并不是一种普遍的事实，反倒更像是一种例外情况。比如，以研究开发性公司为对象的一项调查发现，在22个公司中，只有一家公司有正式向新员工提供富有挑战性工作的政策。而这正如一位专家所指出的，如果考虑到招募、雇用和培训新雇员过程中所花费的大量精力和金钱，我们将不难看出，这是一个多么"巨大的管理失误"。

另外一些公司则完全不同，它们通过赋予新员工较多的责任而"在一开始就增加"工作的挑战性。在萨顿公司和丰田公司，即使是流水线上的工人也会被立即分配到由具有高技能和强大工作动力的同事所组成的自我管理工作小组之中。在这些自我管理小组中，他们必须快速地学会变成一位具有高生产效率的小组成员。在古德曼·萨奇公司，管理者们总期望公司的年轻专业人员能够比较快地作出贡献，并希望他们能够通过在富有挑战性项目的工作小组中工作而迅速地找到自己的位置。

3）在招聘时提供较为现实的工作展望

最大限度地降低现实冲击，并且提高新员工的长期工作绩效的有效途径之一就是在招聘时向被招聘者提供较为现实的、关于未来工作的描述，使他们明白，如果自己到企业中来工作，能够得到哪些利益。施恩指出，新员工在初进企业阶段所面临的一个最大问题就是在一种"双向买卖关系"中获得（关于对方的）精确信息。在面试阶段，由于双方都急于将自己优秀的一面展现给对方，在发出不真实信息的同时，他们也都会接收到对方所提供的不真实信息。其结果是，面试主考人员对求职者的职业目标可能难以形成较真实的印象，而求职者对企业形成了一种较好的但也许是不真实的印象。

对未来的工作进行较为现实的展示所能起到的重要作用表现在，它能够显著地提高那些被雇用来从事相对复杂工作的员工长期留在企业中的比率。这种做法已经被丰田公司和萨顿公司加以使用，并获得成功。这些企业坚持向被招聘来从事装配工作的新员工展示他们未来的工作是什么样子的以及在企业中工作所接触的环境条件是怎样的。

4）对新员工严格要求，并且开展职业生涯规划活动

在新员工及其上级之间，往往存在一种“皮格马利翁”效应。也就是说，上司的期望越高，对自己的新员工越信任、越支持，那么你的新员工干得就越好。

企业还应当采取措施，加强员工对自己职业生涯规划和开发活动的参与性。企业可以通过开展相应的活动使员工意识到对自己的职业加以规划以及改善职业决策的必要性。在这些活动中，员工可以学到职业生涯规划的基本知识，一个人的职业生涯可以划分为哪几个基本阶段，并有机会参与各种以明确自己的职业锚为目的的活动。类似地，企业还应该多举办一些职业咨询会议。在这种会议上，员工和他们的主管人员将根据每一位员工的职业目标来分别评价他们的职业生涯发展与进步情况，同时确认他们还需要在哪些方面开展职业生涯规划活动。

11.6.2 职业生涯中期组织承担的职责

1）组织在员工职业生涯中期的管理原则

（1）双赢原则

在职业工作岗位上，员工与组织是息息相关的。员工个人职业发展顺利，必然极大地促进组织的兴旺发达；相反，个人发生职业危机，必然制约组织经济效益的提高。同时，两者的利益也有矛盾的一面，特别是在职业生涯中期容易产生矛盾。例如，员工个人的晋升愿望与组织有限的职位之间的矛盾、员工的培训需求和组织的培训机会之间的矛盾、工作和家庭之间的矛盾等。如果这些矛盾没有得到很好的解决，员工的职业生涯发展就会受到阻碍，会影响员工和组织双方的利益。因此，在职业生涯中期，组织应当协调好双方的需要。

（2）与雇员个人沟通原则

通过沟通，了解员工的需要，防止管理的盲目性；通过沟通，了解员工的心理变化，以及未来的打算，才能提高管理职业生涯的科学性；通过沟通，可以帮助员工更加客观地评估自己，审视自己的职业需求和现实的可能性，从而有助于员工顺利渡过职业生涯中期阶段，作出实事求是的、具有可行性的决策；通过沟通，有利于增强员工的信任感，预防职业生涯中期危机的出现。

（3）对症下药原则

职业生涯中期是人生最复杂、任务最繁重的时期。每个员工的生物社会生命周期、职业生命周期和家庭生命周期的情况千差万别；各个生命周期相互影响的情况也存在着很大的差异；每个员工所面临的各个生命周期运行的任务不同，因此决定了每个员工在职业生涯中期的心态和价值观等有所差别。所以，对职业生涯中期的管理应该因人而异。

（4）重点管理原则

在职业生涯的中期阶段，加强对员工的管理是十分必要的。管理的重点应该是处于职业生涯中期危机的员工，而不是在职业生涯中期能获得进一步发展的员工。因为在职业生涯中期仍能获得进一步发展的员工所占的比例并不是很大，且这些人

在组织的关照下会顺利发展。而相当数量的员工因为其职业生涯发展停止了，变得不再关心工作，安于现状，但组织很少注意到这种情况。组织需要对员工职业动力不足的情况及其原因进行深入分析，有针对性地采取措施，激发员工的活力，预防职业生涯危机。

（5）动态管理原则

无论是员工还是组织，都处在动态变化发展之中。在职业生涯中期，员工的职业工作已经有了一定的基础，熟悉组织中的人和事，有了自己独立的思考和见解。此时，他们在人生态度、价值观、心理等方面有了很大的变化。在职业工作中，员工的队伍也发生了很大的变化：有的走向顶峰，有的平平稳稳，有的则不闻不问，重心由工作转向个人和家庭。组织应该根据变化了的情况实施动态管理，才能取得较好的效果。

2）组织管理措施

（1）帮助员工自我实现

在职业生涯中期，很少有哪种需要能够比实现自己的理想、发挥自己的才能、取得与其能力相称的成就感更为强烈。那些未能满足员工这方面需要的组织，往往会失去它们最优秀的员工，或者导致员工表现越来越差。心理学家马斯洛提出，人的最终需要就是“越来越接近自己希望的那种样子，越来越接近自己能够成为的那种人。”组织赢得员工献身精神的一个关键就是帮助他们完成自我实现，使他们都充分发挥自己的潜能，并且获得职业成功。

许多优秀的企业都在努力帮助员工满足他们的这种需要，像德尔塔航空公司、萨顿公司以及联邦快递公司等所实行的管理实践都是以确保所有员工都有机会完成自我实现、发挥他们的潜能并获得成功为出发点的。常见的组织开展的帮助员工自我实现的措施主要有：

①提拔晋升，畅通职业生涯通道

晋升主要有三种路径：一是行政职务的提拔晋升。根据员工的具体情况，由行政管理科员提升为副科长、科长、副处长、处长等；由业务员提升为业务主管、部门经理、总经理等。二是转变职业，由操作工提拔为管理者。这对于员工积极性的调动、工作的开展是有益处的。三是技术职务的提拔晋升，通过承担重要的技术工程项目，培养员工成为技术专才。对于受到“金字塔”形职务结构的限制而不能获得行政晋升的员工来讲，可将其由助理工程师提拔为工程师、高级工程师等，虽然不一定有行政职务的上升，但随着技术能力走向顶峰，他们仍然会创造职业生涯中期的辉煌。

②安排富有挑战性、探索性的职业工作

处于职业生涯中期的员工经验丰富，组织要大胆地将富有挑战性和探索性的任务交给他们。一方面，这表明组织看重他们的才能，对其能很好地完成任务充满信任；另一方面，员工有了自我展现的机会，成就感增强。对于出色完成任务的员工，组织应当给予奖励，以调动员工工作的积极性。

③实施工作轮换

美国学者卡茨等人研究发现，员工的工作满足源会随着一个人从事一项给定工作的实际时间的长度，发生系统的变化。在员工从事职业的最初几年，工作的丰富化、工作的再设计，以及涉及作业本身的其他方案，都会对员工产生很大的吸引力。员工会对工作的任何变化和改进感到兴奋，会不遗余力地作出自己的贡献。这就是卡茨所说的“反应期”。特别是在就职于一项工作的最初半年里，个人充满了新鲜感，有检验自身知识和能力的愿望。在持续工作的5年中，个人的满足源集中于尽快了解工作、适应工作的需要。当工作时间超过了5年，他对工作再设计可能失去了兴趣，对工作本身产生了“疲顿倾向”，出现失去进取心和创新精神的潜在危险。这时，其工作满足源转向了工作的外在因素，如监督的性质、作业环境与条件、报酬和福利、退休方案等。

④赋予员工以良师角色，提供适宜职业生涯的发展机会

对于处在职业生涯中期且年龄较大的员工，由于其进取心和工作参与感的降低，组织应当为其安排适当的角色。A.让年长的员工充当良师的角色。对于在技术领域已达到顶峰或失去进取心的员工，组织可以更多地利用其经验和智慧，让其担当年轻人的老师或教练，以便进一步发挥其作用。B.为中年期的员工提供适宜的职业发展机会，担当临时性组织者的角色。例如，让员工在做好本职工作的同时，到另一领域尝试其想法，或发挥其长处。

⑤改善工作环境，预防职业生涯中期危机

工作环境和条件对员工的发展有很大影响，组织的硬环境，如机器设备、厂房、各种设施、温度、照明度、卫生清洁度、噪声粉尘的污染度和绿化水平等，会对员工的身心健康产生直接的影响；组织的软环境，如组织文化、目标、价值观、劳动关系、价值关系、组织风气等，会对员工的进取心、归属感和工作积极性产生重要影响。组织进行职业生涯管理的一个重要措施，就是要不断改进上述环境，促进员工的职业生涯发展。对于那些已经处在职业生涯中期危机的员工，组织可以实施灵活的方案，包括允许其从事非全日制工作、灵活安排工作时间、休假等。只要这些员工的工作对组织来讲仍然有价值，那么某种形式的非全日制工作总是比终止其职业工作更有意义。

（2）建立内部晋升计划

对于许多员工来说，“发挥潜能并且获得成功”就是其在组织中实现职业生涯发展。因而，许多公司制订了具有综合性的职业生涯管理以及内部晋升计划。在IBM公司，“晋升者都是从内部提拔上来的——当然同样要看他们的业绩。”在彭尼公司，“当公司的某一部门内部出现了职位空缺而又有一个相关的内部候选人符合填补职位空缺的条件的话，我们就愿意搞内部晋升。”在联邦快递公司，“只要有可能，我们就从企业现有的员工中寻找合适的人选填补职位空缺。”

在一些比较先进的企业中，内部晋升计划是由以下5个部分组成的：内部晋升政策；以价值观为基础的雇佣；人力开发活动；以职业发展为导向的工作绩效评

价；职业记录和工作公告的协调制度等。这5种策略计划的综合实施是保证员工发展的关键。

（3）落实内部晋升计划，促进员工发展的组织策略

①实施“以价值观为基础的雇佣”

内部晋升计划应得到“以价值观为基础的雇佣”制度的支持。正如一位德尔塔航空公司的管理人员所说的：“首先，我们是为未来而雇用的……雇用过程有利于那些因某种优势而具有晋升潜力的人。”德尔塔航空公司同意应当几乎完全实行内部晋升政策。除了少数具有特殊技能的人之外，所有的人都应当从初级岗位干起。在其他一些比较先进的企业当中，这方面的做法也大体如此。雇用有晋升潜力而且具有与企业同步的价值观的人是任何内部晋升政策的先决条件。

②落实员工职业生涯开发计划

组织职业生涯开发计划是保证员工职业生涯发展的重要措施。因此，组织需要明确：A.要加强和扩大对处于职业生涯中期员工的人力资本投资；B.准确掌握每个员工的具体情况和培训需求；C.根据不同员工的情况和需求，采取不同的对策和教育培训方式。总之，在教育培训上，组织要尽可能地培养员工的学习意识，给予他们更多受教育和培训的机会。

许多比较先进的公司为落实内部晋升计划、促进员工发展，都提供了必要的教育培训资源来帮助员工确认并开发自己的晋升潜力。比如，IBM公司制订了一项本行业最具综合性的培训和教育计划。IBM公司资助员工到公司外部的大学或学院参加脱产或者业余的高等教育课程。“这与IBM管理个人职业生涯开发的目标是一致的。”IBM还建立了网上大学，员工可以根据自己的时间随时安排学习，解决学习、培训与工作之间的矛盾和冲突。

IBM公司所实行的广泛的员工开发计划是以所有的员工为对象的自愿参与计划。IBM公司强调，根据自己的工作兴趣和未来目标决定是否参与开发计划是每一位员工的责任。尽管IBM公司的员工通常是根据自己的时间和精力状况来确定自己参与何种开发活动的，但他们在进行自我开发的过程中，都会得到公司的鼓励：“尽管参加这些员工开发项目本身并不能保证你一定会得到提升、调动或变换工作，但却肯定能够帮助你确定自己的工作目标、提高自己的能力。”IBM公司还制订了学费返还计划，当员工参加公司批准的信誉较高的大学、机构开设的课程时，公司将全部返还员工所缴纳的学费以及其他收费。

③开展以职业生涯发展为导向的工作绩效评价

以职业生涯发展为导向的企业往往也注重以职业生涯发展为导向的工作绩效评价。它们不仅仅评价员工过去的工作绩效，主管人员和被评价者还负责把后者过去的工作绩效、职业偏好与他们的发展需要以一种正式规划的形式联系起来。

彭尼公司的这种评价系统的运行方式是，在每年一度的工作绩效评价开始之前，相关人员及其上级管理人员都要审查彭尼公司的管理职业表。表中列出了彭尼

公司所有主管职位的名称，还包括像“地区目录式销售管理员这样特殊工作的名称。此外，公司还提供了一份“工作描述清单”。这张单子包含了对职业表中的所有工作的简短描述。

萨顿公司的管理职业表还确定了典型的提升路线。正如指南中所说的：“当为一位相关的管理人员安排晋升计划时，你不仅要考虑贸易职位，还应当考虑经营职位、人事职位以及综合管理职位。”

④建立职业记录和职业公告制度，建立组织职业信息系统

大多数比较先进的企业都还有职业记录和职业公告制度，这种制度的基本目的在于，确保内部候选人的职业目标和技能与各种晋升机会公开、公正以及有效地匹配起来。

古德曼·萨奇公司的内部工作配置中心（internal placement center，IPC），就是这种制度的一个很好实例。古德曼·萨奇公司的这一机构设置的目的在于：唤起古德曼·萨奇公司的员工对追求在公司不同领域中谋求职业发展的机会的兴趣。内部工作配置中心还简化了公司在填补职位空缺时考虑内部合格候选人的任务，因为它可以向管理人员提供关于能够为他们的员工提供职业发展机会的空缺职位的信息。

古德曼·萨奇公司的内部工作配置中心的工作过程共分为5个步骤：①当某一职位出现空缺时，管理人员可以首先进行一项内部、外部或综合性的调查，但是公司鼓励进行内部调查或综合性调查。②管理人员和招募人员为此空缺职位填写一份工作描述表。这张表包括工作名称、部分管理人员、对职位职责的描述和该职位对从业者的总体资格要求。③将空缺职位机会在内部工作配置中心以及在每一楼层的接待处公布出来。④对空缺职位感兴趣的员工向公司的内部工作配置中心递交申请报告以及最新的履历介绍。⑤由内部工作配置中心的协调员和招募工作人员对每一位员工的申请书进行资格审查。在一般情况下，员工在递交申请报告的两周内就会得到内部工作配置中心协调员寄到家里的通知，告知他们申请报告的结果。这是决定员工能否被邀请参与求职面谈的步骤，那些被挑选上的员工将进入面谈阶段。

11.6.3　职业生涯后期组织承担的职责

1）退休计划的内涵和管理

在职业生涯后期阶段，组织和员工都面临着退休的问题。事实表明，退休很可能会伤害员工，对组织的工作也会产生影响。对于许多退休者来说，在不从事全日制工作的情况下，维护一种归属感和自我价值感是他们需要面对的一项最为重要的任务。因此，为了减少可能的伤害，组织对员工退休的具体事宜加以细致周到的计划和管理是非常必要的，许多企业也越来越注重开展退休计划以帮助企业要退休的员工解决这一问题。

退休计划是组织向处于职业生涯后期的员工提供的，用于帮助他们准备结束职

业工作，适应退休生活的计划和活动。良好的退休计划可以使员工顺利地适应退休生活，维持正常的退休秩序，最终达到稳定组织从业人员心理、保持组织员工年龄结构的正常新陈代谢、提供更多的工作和晋升机会的目的。

对退休计划的管理应该采取如下步骤：

（1）树立正确观念，坦然面对退休

员工到了职业生涯后期，不可避免地要面对结束职业生涯的问题，组织有责任帮助员工接受这一事实。组织可以通过开展退休咨询、召开退休咨询会等，了解员工对退休的认识和看法，交流退休后的打算，使即将退休的员工有充分的思想准备，减轻他们因退休产生的失落感。

（2）开展退休咨询，着手退休行动

退休咨询就是向即将和已经退休的人提供财务、住房、搬迁、家庭和法律、再就业等方面的咨询和帮助。最近的一项调查显示，大约30%的企业说它们已经制订了正式的退休准备计划，来帮助员工顺利完成退休过程。最为常见的退休准备计划包括：说明各项社会保障福利（97%）；休闲咨询（86%）；财务与投资咨询（84%）；健康咨询（82%）；生活安排（59%）；心理咨询（35%）；公司外第二职业咨询（31%）；公司内第二职业咨询（4%）。在没有实行退休教育计划的企业中，有64%的企业认为这种计划是必要的，并且大多数企业表示它们已经有计划在2～3年内制订这种计划。

（3）做好退休员工的职业工作衔接

组织要有计划地安排应当退休的员工退休，不能因为退休影响工作的正常进行。在退休计划中，选好退休员工职业工作的接替人，及早进行接替人的培养工作，是非常重要的。组织可以采取多种形式对接替人进行职业岗位的培训，帮助退休员工与其接替者做好具体的交接工作，保证工作顺利进行。

（4）采取多种措施，做好员工退休后的生活安排

① 因人而异地帮助每一个即将退休的员工制订具体的退休计划，尽可能把退休生活安排得丰富多彩而又有意义。例如，鼓励退休员工多参加社会公益活动，也可以组建团体，把有意愿的员工组织起来，通过团队内部的交流鼓励他们为社区服务，以达到使退休员工广交朋友、增进身心健康的目的。

② 组织可以通过经常召开退休员工座谈会的形式，增进员工与组织的互动。同时，组织要以多种形式关心退休员工。例如，为退休员工办好医疗保险和养老保险；切实解决退休员工的实际困难；召开退休员工联谊会等。

③ 如果退休员工个人身体和家庭允许的话，还可以继续参加工作，组织可以采取兼职、顾问等方式雇用他们。国外最近几项以蓝领和白领工人为对象所作的调查表明，55岁以上的员工中，有一半以上的人都愿意在退休后继续从事兼职工作，企业也很可能将这种做法吸收到它们的职业生涯管理过程之中。

2）提前退休计划

提前退休计划是指付给员工一定的经费，让其提前离开职业组织。这类计划往

往是职业组织降低成本但不削减人员的策略的一部分。退休经费一般是指一笔退休金及按一定比例发放的月工资或年工资。这些经济待遇对员工，特别是那些在职业组织工作时间较长的员工来说，是有一定吸引力的。退休经济待遇是按员工在组织的工作年限计算的。提前退休计划存在着两个主要问题：①暂时无法替代的技术专家选择了提前退休会带来很多麻烦；②老员工认为提前退休当中包含有歧视的成分。为避免因此而带来的麻烦，组织应该弄清楚自己制订的提前退休计划是否具备下列条件：

（1）是不是员工福利计划的一部分。

（2）调整以年龄为区分尺度的提前退休条件。

（3）允许员工自愿选择提前退休。

退休条件一定不要涉及与年龄有关的能力、技术等方面的因素。研究表明，与年龄有关的细微能力差异其实与员工个人的工作绩效几乎没有什么关系。员工的退休决定应该建立在自愿的基础上，他们需要得到提前退休计划的全部信息，并且应该给予其充分的时间考虑，最后作决定。

美国的一些公司规定提前退休的员工可以享受公司的利润分享计划、医疗保险待遇、人寿保险待遇等。需要明确的是，提前退休计划成功的关键是在提供物质刺激之前，明确预计提前退休员工的需要。美国企业为了降低成本，诱使员工提前退休的做法一般是以下4种方案的某种组合：

（1）增加企业支付的员工养老金计算的时间，一般是增加5年。

（2）在员工离开企业时，向员工支付一笔钱。

（3）企业向员工进行每年额外的支付直到社会保障计划开始生效。

（4）企业继续向提前退休的员工提供健康保险，直到60岁甚至以后。

由此可见，在某些国家，诱使员工提前退休的费用也是很高的。在意大利，法律规定企业解聘一名员工需要支付的费用高达13万美元；在西班牙，这一数额为12.5万美元；在英国，这一数额为1.9万美元。

3）下岗

（1）下岗的组织管理

组织改组、裁员、合并、兼并、接管或组织倒闭，都会造成许多工人、技术人员、管理人员失业。在经济不景气的时候，下岗也许能帮助组织生存下来。但是，下岗的代价是昂贵的。辞退员工的组织一般都会经历留任员工工作投入不足、对管理层的不信任和招聘新员工等困难。企业一般有下面几种做法：

① 实施工作分担，即由留任员工分担被解雇员工的工作，可以降低公司的劳动力成本。

② 不解雇员工，但是缩短工作时间，并按照缩短后的工作时间支付工作报酬。

③ 用物质刺激鼓励员工提前退休，这样，员工在退休后的若干年里仍然可以领取部分工资和享受企业的福利待遇。

组织应该尽量避免让员工下岗，除非在特别严重的经济环境下，应该保证对经营有关键作用的员工的岗位，可以通过“缓冲措施”来做到这一点。另外，通过弄清下岗对象是否能够转入其他工作岗位来解决下岗问题。

(2) 组织需要对员工作出的下岗安排措施

①提前告知和解释裁员下岗问题

在下岗问题不可避免时，组织应该告诉员工实际情况，解释裁员问题，让员工了解企业的困难，让他们感觉到下岗不是人为因素而是组织无力再提供更多的发展机会，以得到他们的支持见表11-1。

表11-1 结束性会谈提要

计划
·告知外部安置的对方职业组织结束性会谈开始（如果恰当的话）
·准备解除契约和辞退金
·准备岗位聘任期满的公告
·准备告知员工不要因此受到影响
·准备好医疗、安全部门的电话号码
时间安排
·结束性会谈不要安排在星期五下午、一天中太晚的时候或假日前，要安排在一周中较早的时候，以便下岗员工能接受咨询和外部安置帮助
地点安排
·通常安排在员工的办公室
·须由人事代表出面解释契约的解除，并发放辞退安置费
·在强烈情感反应可能发生的情况下，第三方人员在场也是必要的
时间长度
·会谈宜简短、中肯，在最初的两分钟内，就要告知对方辞退的消息，剩下的时间主要用来说明辞退金的发放，并让员工表达他们的情绪
方法
·提供直截了当的解释，说明解雇的原因
·说明解雇的决定是管理层作出的，无法更改
·不要讨论自己的感受、需要和问题
经费
·提供工资关系、奖金、外部安置等书面材料和其他条件，并与员工商量

②提供心理、经济和重新谋求职业方面的咨询

下岗会给员工带来不理解、愤怒等情绪，造成经济上的困难。及时提供心理、经济等方面的咨询，可以使员工以平静的心情面对下岗。

③提供兴趣和能力方面的评定

在员工临下岗时，组织应向员工提供能力和兴趣方面的测定，使员工重新审视自身的职业潜能和职业兴趣，设定新的职业目标和职业实现之路，重新获得职业生

涯的发展。

④提高再就业方面的服务

许多下岗员工都存在着知识老化的现象，很难适应新经济和新变革的要求。组织应提供下岗再就业培训或专门技术培训等方面的服务，使得他们掌握一技之长，重新获得工作机会。

⑤汇集通过各种传播媒介得到的职业信息

组织及时通过各种媒体，包括报刊、广播电视、书籍、网络等广泛地搜集各种职业信息，为下岗员工提供再就业信息服务，有助于下岗员工的再就业。

(3) 安排员工下岗的程序

① 在组织领导集体研究的基础上，至少提前15天向工会或者职代会说明组织的生产状况，以及职工下岗分流的意见。

② 制订职工下岗及再就业方案，内容主要包括：拟安排下岗的人数、实施步骤、促进再就业的措施，并征求工会或者职代会的意见，做好宣传和准备工作。

③ 由组织填报职工下岗登记表，内容主要包括：把职工基本情况、工会或职代会的意见报送地方劳动和社会保障部门或其委托的组织主管部门，由其核实、认定并备案。

总之，组织通过提前作出下岗安排措施，可以预防或减少下岗带来的混乱状况，保证组织的正常运行。组织对下岗员工进行外部安置所做的投入通常比留任的员工要大得多，而组织的成功却要依靠这些留任员工。研究表明，留任员工的态度和效率都会受组织对下岗员工的优待和自己工作条件变化的影响。留任员工需要通过培训以适应因裁员而不断增加的工作负荷和岗位职责。组织也需要向留任员工提供有关组织未来发展的客观信息。

【案例】

腾讯员工职业发展体系建设与实践

腾讯为其员工在职业生涯管理中规划了管理与专业两条发展通道。管理发展通道——基层管理者、中层管理者和高层管理者；专业发展通道——骨干、专家/资深专家、权威。

在纵向上，腾讯为员工搭建职业发展阶梯，清晰指引员工发展目标，体现了对员工能力发展的期望与要求。纵向上分为六个等级（由高到低）：

6级——权威 (Fellow)，作为公司内外公认的权威，推动公司决策；

5级——资深专家 (Master)，作为公司内外公认的某方面专家，参与战略制定并对大型项目/领域成功负责；

4级——专家 (Expert)，作为公司某一领域专家，能够解决较复杂的问题或领导中型项目/领域，能推动和实施本专业领域内重大变革；

3级——骨干 (Specialist)，能够独立承担部门内某一方面工作/项目的策划和执行，能够发现本专业业务流程中存在的重大问题，并提出合理有效的解决方案；

2级——有经验者（Intermediate），作为一个有经验的专业成员能够应用专业知识独立解决常见问题；

1级——初作者（Entry），能做好被安排的一般性工作。

以上六个等级，每个等级还包括有三个子等级，分为基础等、普通等和职业等。

1. 基础等是指刚达到本级别能力要求，尚需巩固；

2. 普通等是指完全达到本级别各项能力要求；

3. 职业等是指本级别各项能力及表现成为公司或部门内标杆。

之所以还要设计子等级，腾讯就是考虑到每个员工的个人能力发展是一个逐步积累和提升的过程，并需要有持续的绩效表现。

在横向上，按能力与职责相近的原则，腾讯为不同能力的员工设计了不同的职业发展通道。

技术族（T1-6），包含软件开发类、技术研究类、设计类、游戏美术类等；

产品/项目族（P1-6），包含游戏策划类、项目类等；

市场族（M1-6）包含战略类、销售类、营销类、客服类等；

专业族（S1-6）包含企管类、财务类、人力资源类、法律类、行政类等。

腾讯按照通道/职位建立员工专业技术能力标准。包括的项目有专业经验、绩效表现、通用能力、专业能力和组织影响力。

在职级评定中，腾讯鼓励员工充分参与，结合业绩与能力评估，并确保评定过程的客观与公正，以提高评定的规范性和专业性。

资料来源　新浪爱问共享资料. 腾讯员工职业发展体系建设与实践［EB/OL］.［2021-07-26］. http：//wenku.so.com/d/8b20dfd6eb92a5410b92a5410bf3b65eba4677fo.

本章小结

1. 员工开展的职业生涯管理如果与组织的职业生涯管理相互配合，就会实现双赢。

2. 职业生涯发展通道指组织为内部员工设计的自我认知、成长和晋升的管理方案，指明了组织内员工可能的发展方向及发展机会，组织内每一位员工可能沿着本组织的发展通道变换工作岗位。

3. 职业策划指组织在员工进行个人评估和确定未来职业发展的策略时给予他们有效的援助，帮助员工确认自身的能力、价值目标和优势，协助其制定职业生涯开发策略和职业发展路线的过程。

4. 一般而言，组织职业生涯开发的方法有两类：①各种人员通用的一般开发方法。②专门针对管理人员的特殊开发方法。

关键概念

职业生涯发展通道　横向职业通道模式

课堂讨论题

1.个人和企业怎样才能达到双赢？

2.职业生涯开发的方法有哪些？

3.在不同的职业生涯发展阶段，组织需要为员工做哪些事情？

4.如何为员工制定职业生涯规划？

复习思考题

1.管理人员的开发方法是________、________、________、________、________和________。

2.对于退休人员，应该怎样安排？

3.职业生涯通道模式对于培训与开发活动的意义。

主要参考文献

［1］ Robinson DG， Robinson J C.Training for Impact： How to Link Training to Business Needs and Measure the Results ［M］. San Francisco： Jossey-Bass Publishers， 1989.

［2］ 圣吉. 第五项修炼［M］. 郭进隆，译. 上海：上海三联书店，2003.

［3］ Carnevale A， Gainer L， Villet J.Training in America ［M］. San Francisco： Jossey-Bass Publishers， 1991.

［4］ KLEIMAN S.Human Resource Management： A Managerial Tool for Competitive Advantage ［M］. Stanford： Cengage Learning： 2012.

［5］ 诺伊R A，霍伦贝克J R，格哈特B，等. 人力资源管理：赢得竞争优势［M］. 刘昕，译. 9版. 北京：中国人民大学出版社，2018.

［6］ 诺伊R A. 雇员培训与开发［M］. 徐芳，邵晨，译. 6版. 北京：中国人民大学出版社，2015.

［7］ 菲利普斯J. 培训评估与衡量方法手册［M］. 李元明，等译. 3版. 天津：南开大学出版社，2001.

［8］ 罗宾斯 P. 组织行为学［M］. 孙健敏，李原，译. 18版. 北京：中国人民大学出版社，2020.

［9］ 沃克 W. 人力资源战略［M］. 吴雯芳，译. 北京：中国人民大学出版社，2001.

［10］ 马士斌. 生涯管理：让辉煌事业伴随人的一生［M］. 北京：人民日报出版社，2001.

［11］ 张德. 人力资源开发与管理［M］. 5版. 北京：清华大学出版社，2016.

［12］ 郭京生，张立兴，潘立. 人员培训实务手册［M］. 2版. 北京：机械工业出版社，2005.

［13］ 吉雷 W. 组织学习、绩效与变革［M］. 康青，译. 北京：中国人民大学出版社，2005.

［14］ 戈尔茨坦I，伏特K. 组织中的培训［M］. 常玉轩，译. 北京：清华大学出版社，2002.

［15］ 陈全明. 培训管理［M］. 深圳：海天出版社，2002.

［16］ 郑晓明. 人员培训实务［M］. 3版. 北京：机械工业出版社，2011.

［17］ 徐娅伟. 职业生涯管理［M］. 深圳：海天出版社，2002.

［18］ 张再生. 职业生涯管理［M］. 北京：经济管理出版社，2002.

[19] 李剑锋. 人力资源管理：原理与技术 [M]. 北京：电子工业出版社，2002.

[20] 李燕萍. 人力资源管理 [M]. 3版. 武汉：武汉大学出版社，2020.

[21] 张再生. 职业生涯开发与管理 [M]. 天津：南开大学出版社，2003.

[22] 赵曙明. 中国企业集团人力资源管理战略研究 [M]. 南京：南京大学出版社，2003.

[23] 彭剑锋. 人力资源管理概论 [M]. 3版. 上海：复旦大学出版社，2018.

[24] 菲利普斯 J. 寻找隐性收益——培训投资回报率评估方 [M]. 蒋龙琴，江涛，译. 北京：人民邮电出版社，2004.

[25] 萧鸣政. 人力资源开发的理论与方法 [M]. 3版. 北京：高等教育出版社，2016.

[26] 杜映梅. 职业生涯规划 [M]. 北京：对外经济贸易大学出版社，2004.

[27] 刘冰，张欣平. 职业生涯管理 [M]. 济南：山东人民出版社，2004.

[28] 周文霞. 职业生涯管理 [M]. 上海：复旦大学出版社，2020.

[29] 徐芳. 培训与开发理论及技术 [M]. 上海：复旦大学出版社，2009.

[30] 谌新民. 员工培训成本收益分析 [M]. 广州：广东经济出版社，2005.

[31] 杨蓉. 人力资源管理 [M]. 大连：东北财经大学出版社，2013.

[32] 盛晓东，赵琼. 培训师的工具箱 [M]. 3版. 北京：企业管理出版社，2019.

[33] 俞文钊. 人力资源管理心理学 [M]. 上海：上海教育出版社，2005.

[34] 徐源. 培训主管实务 [M]. 广州：广东经济出版社，2012.

[35] 陈国荣，汤涛，刘雪芬. CGLC模式：职业生涯规划 [M]. 北京：中国劳动社会保障出版社，2005.

[36] 张春兴. 现代心理学：现代人研究自身问题的科学 [M]. 3版. 上海：上海人民出版社，2009.

[37] 李宝元，王文周，蒯鹏州. 人力资源战略管理 [M]. 北京：清华大学出版社，2013.

[38] 程延园. 人力资源管理 [M]. 北京：清华大学出版社，北京交通大学出版社，2009.

[39] 戴昌钧. 人力资源管理 [M]. 3版. 天津：南开大学出版社，2013.

[40] 潘平. 上承战略 下接人才——人力资源管理高端视野 [M]. 北京：清华大学出版社，2015.

[41] 谢晋宇. 人力资源开发概论 [M]. 北京：清华大学出版社，2005.

[42] DESSLER G. Human Resource Management [M]. New York: Pearson Education Inc., 2017.

[43] 朴愚. 人力资源制度范例与解析 [M]. 2版. 北京：电子工业出版社，2011.

[44] 唐建光，刘怀忠. 企业培训师教程 [M]. 北京：北京大学出版社，2008.

[45] 姚裕群，文跃然. 人力资源管理教学案例精选 [M]. 上海：复旦大学出版社，2009.

[46] 刘超. 企业如何建立培训中心 [M]. 北京：机械工业出版社，2009.

[47] 石金涛，唐宁玉. 培训与开发 [M]. 北京：中国人民大学出版社，2021.

[48] 王淑珍，王铜安. 现代人力资源培训与开发 [M]. 北京：清华大学出版社，2015.

[49] 赵永乐. 人力资源管理概论 [M]. 上海：上海交通大学出版社，2010.

[50] 莱文森. 职业生涯的设计与管理 [M]. 李特朗，侯剑，译. 北京：商务印书馆，2010.

[51] 姚裕群，李从国，童汝根. 职业生涯规划与管理 [M]. 北京：北京师范大学出版社，2011.

[52] 德斯勒. 人力资源管理 [M]. 刘昕，译. 北京：中国人民大学出版社，2012.

[53] 冉军，万玺. 职业生涯管理 [M]. 北京：科学出版社，2012.